师说

名著五维解读

《傅雷家书》

主编◎桑田

河北出版传媒集团

河北人民出版社

石家庄

师者，传道授业解惑也

图书在版编目（CIP）数据

师说. 名著五维解读《傅雷家书》/ 桑田主编. --
石家庄：河北人民出版社，2021.6
ISBN 978-7-202-15474-8

Ⅰ．①师… Ⅱ．①桑… Ⅲ．①阅读课—初中—教学参
考资料 Ⅳ．① G634.333

中国版本图书馆 CIP 数据核字 (2021) 第 127210 号

书　　名	师说：名著五维解读《傅雷家书》
	SHISHUO MINGZHU WUWEI JIEDU FULEIJIASHU
主　　编	桑　田
责任编辑	李　莉　安　贝　项一莎
美术编辑	秦春霞
版式设计	桑田文化
责任校对	付敬华
出版发行	河北出版传媒集团　河北人民出版社
	（石家庄市友谊北大街 330 号）
印　　刷	保定虹光印刷有限公司
开　　本	880 毫米 × 1230 毫米　　　　1/16
印　　张	17.5
字　　数	460 000
版　　次	2021 年 6 月第 1 版　　　2021 年 6 月第 1 次印刷
书　　号	ISBN 978-7-202-15474-8
定　　价	48.80 元

前 言

FOREWORD

　　这是一部最好的艺术学徒修养读物，这也是一部充满着父爱的苦心孤诣、呕心沥血的教子篇。

——楼适夷

　　《傅雷家书》是我国文学艺术翻译家傅雷及其夫人写给儿子傅聪、傅敏及儿媳弥拉的家信集，由傅雷次子傅敏选编。其中包含一九五四年至一九六六年的百余封书信，字里行间充满着傅雷及其夫人对孩子的挚爱、期望，以及对国家的深厚情感。本书是书信汇编，内容零散，没有明显的逻辑线条，没有生动精彩的故事情节，也没有鲜活丰满的人物形象，但凝聚着傅雷对孩子、对祖国的深厚之爱，如山间潺潺的清泉、碧空中舒卷的白云，感情纯真、质朴，令人动容。

　　在做人方面，傅雷以亲身经历为"镜"，教导儿子待人要谦虚，做事要严谨，礼仪要得体；遇到困难不气馁，获大奖不骄傲；要有国家和民族的荣辱感，要有艺术、人格的尊严，做一个"德艺俱备、人格卓越"的艺术家。

　　在生活细节方面，傅雷多次教导儿子怎样理财，这对我们树立正确的金钱观具有良好的教育意义；教导儿子要劳逸结合，多亲近大自然；对爱情、婚姻，也如良师益友般给予了诚恳的建议与指导。

　　在艺术方面，傅雷对傅聪的错误毫不掩饰地指正批评，同时，也从不掩饰对儿子的欣赏。

　　…………

　　此书信集涉及内容较多，读此书，可以采用选择性阅读的方法。选择性阅读是一种理性的、目的性很强的阅读方式，它往往和阅读者的兴趣、思考、关注点密不可分。读此书时，可以选择特别吸引你的地方，可以关注一个方面的焦点，可以设置适合自己的读书目的，可以采用"冷读"的方法。

　　为了帮助同学们更好地阅读，我们在原著的基础上做了精心编排：

- 选择权威版本，尊重原作，确保内容的权威性与经典性。
- 对生僻字词加以注释，方便同学们阅读。
- 原文添加批注，如同名师在旁讲解，有助于同学们深度理解原文。
- 增加写作模块，助力同学们提升思考能力与写作水平。
- 进行阅读规划，引导同学们合理地、有计划地进行阅读。
- 设置阶段训练，辑录全国各地中考真题，帮助同学们了解中考题型及动向。
- 附赠模拟试卷，便于老师或家长整体检测学生阅读效果。

　　本书全面展示了傅雷家风，再现了傅家兄弟成长的家教背景。傅雷呕心沥血培养的两个儿子——著名的钢琴演奏家傅聪、特级英语老师傅敏，便是其因材施教等教育思想的完美呈现。无论是为人处世、生活细节方面还是艺术修养、演奏姿态方面，傅雷都给予了悉心、严格的指导。阅读此书，我们能获得思想的启迪，艺术的熏陶，学习做人的道理以及如何和父母沟通相处。

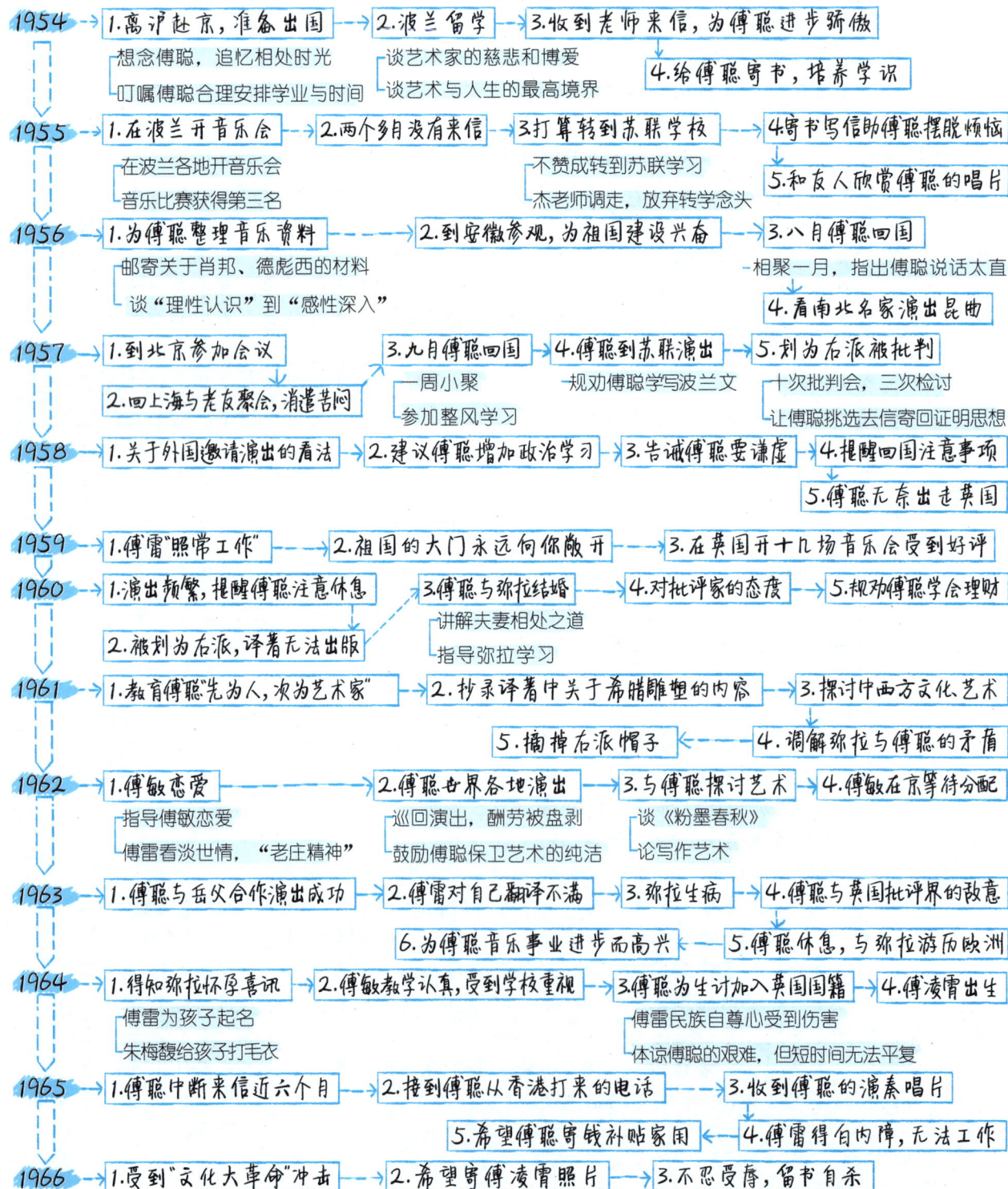

名著速读

书名：《傅雷家书》

体裁：应用文

作者：傅雷

人物：傅雷、朱梅馥、傅聪、傅敏、弥拉等

成书时间：1981 年

文学地位：中国素质教育经典范本、青年思想修养读物

关键词：家书、傅雷、傅聪、父爱、教子

思维导图：

1954
1. 离沪赴京，准备出国 → 2. 波兰留学 → 3. 收到老师来信，为傅聪进步骄傲
- 想念傅聪，追忆相处时光
- 叮嘱傅聪合理安排学业与时间
- 谈艺术家的慈悲和博爱
- 谈艺术与人生的最高境界
- 4. 给傅聪寄书，培养学识

1955
1. 在波兰开音乐会 → 2. 两个多月没有来信 → 3. 打算转到苏联学校 → 4. 寄书写信助傅聪摆脱烦恼
- 在波兰各地开音乐会
- 音乐比赛获得第三名
- 不赞成转到苏联学习
- 杰老师调走，放弃转学念头
- 5. 和友人欣赏傅聪的唱片

1956
1. 为傅聪整理音乐资料 → 2. 到安徽参观，为祖国建设兴奋 → 3. 八月傅聪回国
- 邮寄关于肖邦、德彪西的材料
- 谈"理性认识"到"感性深入"
- 相聚一月，指出傅聪说话太直
- 4. 看南北名家演出昆曲

1957
1. 到北京参加会议
2. 回上海与老友聚会，消遣苦闷 → 3. 九月傅聪回国 → 4. 傅聪到苏联演出 → 5. 划为右派被批判
- 一周小聚
- 参加整风学习
- 规劝傅聪学写波兰文
- 十次批判会，三次检讨
- 让傅聪挑选去信寄回证明思想

1958
1. 关于外国邀请演出的看法 → 2. 建议傅聪增加政治学习 → 3. 告诫傅聪要谦虚 → 4. 提醒回国注意事项
- 5. 傅聪无奈出走英国

1959
1. 傅雷"照常工作" → 2. 祖国的大门永远向你敞开 → 3. 在英国开十几场音乐会受到好评

1960
1. 演出频繁，提醒傅聪注意休息 → 3. 傅聪与弥拉结婚 → 4. 对批评家的态度 → 5. 规劝傅聪学会理财
2. 被划为右派，译著无法出版
- 讲解夫妻相处之道
- 指导弥拉学习

1961
1. 教育傅聪"先为人，次为艺术家" → 2. 抄录译著中关于希腊雕塑的内容 → 3. 探讨中西方文化、艺术
- 5. 摘掉右派帽子 ← 4. 调解弥拉与傅聪的矛盾

1962
1. 傅敏恋爱 → 2. 傅聪世界各地演出 → 3. 与傅聪探讨艺术 → 4. 傅敏在京等待分配
- 指导傅敏恋爱
- 傅雷看淡世情，"老庄精神"
- 巡回演出，酬劳被盘剥
- 鼓励傅聪保卫艺术的纯洁
- 谈《粉墨春秋》
- 论写作艺术

1963
1. 傅聪与岳父合作演出成功 → 2. 傅雷对自己翻译不满 → 3. 弥拉生病 → 4. 傅聪与英国批评界的敌意
- 6. 为傅聪音乐事业进步而高兴 ← 5. 傅聪休息，与弥拉游历欧洲

1964
1. 得知弥拉怀孕喜讯 → 2. 傅敏教学认真，受到学校重视 → 3. 傅聪为生计加入英国国籍 → 4. 傅凌霄出生
- 傅雷为孩子起名
- 朱梅馥给孩子打毛衣
- 傅雷民族自尊心受到伤害
- 体谅傅聪的艰难，但短时间无法平复

1965
1. 傅聪中断来信近六个月 → 2. 接到傅聪从香港打来的电话 → 3. 收到傅聪的演奏唱片
- 5. 希望傅聪寄钱补贴家用 ← 4. 傅雷得白内障，无法工作

1966
1. 受到"文化大革命"冲击 → 2. 希望寄傅凌霄照片 → 3. 不忍受辱，留书自杀

目　录

第一卷／一九五四年

【卷首语】

一九五四年傅聪远赴波兰留学，一家人开始依靠信件沟通交流。在信中，傅雷不仅关心儿子的身体状况、学习情况，与儿子分享交流如何处理感情困扰，纠正儿子的错别字，教儿子如何做人、如何为人处世，更是时时提醒儿子要学习中国文化，为傅聪挑选中国书籍邮寄，分享自己的经历与感受。傅雷与中国大多数父母不同，在信中不只向儿子传达自己的喜，还向儿子传达自己的忧。傅雷以自身经历引导儿子正确面对问题，以平等的姿态与儿子探讨音乐。朱梅馥则同每一位母亲一样，关心着儿子的生活、身体，为儿子取得的进步与成就感到骄傲与自豪。

※ 一月十八日晚至十九日晚

车一开动，大家都变了泪人儿，呆呆地直立在月台上，等到冗长的列车全部出了站方始回身（傅聪应波兰政府邀请，参加《第五届肖邦国际钢琴比赛》并留学波兰。一九五四年一月十七日全家到上海火车站送傅聪去北京准备出国）。出站时沈伯伯（沈知白，时任上海音乐学院作曲系主任。傅雷挚友，傅聪青少年时期的乐理老师，"文革"中被迫害致死）再三劝慰我。但在回家的三轮车上，个个人都止不住流泪。敏一直抽抽噎噎。昨天一夜我们都没睡好，时时刻刻惊醒。今天睡午觉，刚刚蒙眬阖眼，又是心惊肉跳地醒了。昨夜月台上的滋味，多少年来没尝到了，胸口抽痛，胃里难过，只有从前失恋的时候有过这经验。今儿一天好像大病之后，一点劲儿都没得。妈妈随时随地都想哭——眼睛已经肿得不像样了，干得发痛了，还是忍不住要哭。只说了句"一天到晚堆着笑脸"，她又呜咽不成声了。[1]

真的，孩子，你这一次真是"一天到晚堆着笑脸"，教人怎么舍得！老想到五三年正月的事（一九五三年正月，就贝多芬小提琴奏鸣曲哪一首最重要的问题，傅聪与傅雷争论激烈。傅聪根据自己的音乐感受，不同意傅雷认为第九首《"克勒策"奏鸣曲》最为重要的观点，认为《第十小提琴奏鸣曲》最重要。双方争执不下。傅雷认为傅聪太狂妄，"才看过多少书！"而当时国外音乐界一般都认同第九首最为重要，所以傅雷坚持己见，导致双方严重冲突。在傅雷勃然大怒的情况下，倔强的傅聪毅然离家出走，住在傅雷好友毛楚恩家一月余。后因傅雷姑夫去世，傅雷觉得人生在世何其短促，父子何必如此认真，感慨万千，遂让傅敏陪同朱梅馥接傅聪回家，双方才和解），我良心上的责备简直消释不了。孩子，我虐待了你，我永远对不起你，我永远补赎不了这种罪过！这些念头整整一天没离开过我的头脑，只是不敢向妈妈说。人生做错了一件事，良心就永久不得安宁！真的，巴尔扎克说得好：有些罪过只能补赎，不能洗刷！

十八日晚

[1] 情节分析：与傅聪离别后的感人画面。"止不住流泪""胸口抽痛，胃里难过""失恋"等话语写出了傅雷夫妻二人内心的痛苦与煎熬，都说父爱如山，其实父爱也有如水的温情。

昨夜一上床，又把你的童年温了一遍。可怜的孩子，怎么你的童年会跟我的那么相似呢？我也知道你从小受的挫折对于你今日的成就并非没有帮助；但我做爸爸的总是犯了很多很重大的错误。自问一生对朋友对社会没有做什么对不起的事，就是在家里，对你和你妈妈做了不少有亏良心的事（傅雷教子极严，有时几乎不近人情，朱梅馥也因此往往在精神上受折磨），这些都是近一年中常常想到的，不过这几天特别在脑海中盘旋不去，像噩梦一般。可怜过了四十五岁，父性才真正觉醒！

[1] 写作指导：
直抒胸臆，抒发了作者对儿子强烈的爱与思念，使读者感同身受，易于共情。

今儿一天精神仍未恢复。人生的关是过不完的，等到过得差不多的时候，又要离开世界了。分析这两天来精神的波动，大半是因为我从来没爱你像现在这样爱得深切，而正在这爱的最深切的关头，偏偏来了离别！[1] 这一关对我，对你妈妈都是从未有过的考验。别忘了妈妈之于你不仅仅是一般的母爱，而尤其因为她为了你花的心血最多，为你受的委屈——当然是我的过失——最多而且最深最痛苦。园丁以血泪灌溉出来的花果迟早得送到人间去让别人享受，可是在离别的关头怎么免得了割舍不得的情绪呢？[2]

[2] 写作指导：
类比，用园丁对花果的爱与不舍来类比父母对孩子的爱与不舍，生动形象，富于感染力。再以反问的形式加强语气，将对儿子的不舍表达得更为强烈、鲜明。

跟着你痛苦的童年一起过去的，是我不懂做爸爸的艺术的壮年。幸亏你得天独厚，任凭如何打击都摧毁不了你，因而减少了我一部分罪过。可是结果是一回事，当年的事实又是一回事，尽管我埋葬了自己的过去，却始终埋葬不了自己的错误。孩子，孩子，孩子！我要怎样地拥抱你才能表示我的悔恨与热爱呢！

十九日晚

写

【篇末小结】

傅雷以全家目送列车离开的画面开篇，用饱含深情的笔触描绘了对儿子傅聪的爱与不舍。由自己和儿子关于音乐的争执，引出自己对儿子的愧疚之情，作者一直围绕着对儿子的悔恨与自责展开，懊悔自己对儿子的严苛，甚至用"虐待"这样严厉的字眼对自己进行指责。对于一向耿直严厉的傅雷来说，这也是对自身巨大的超越，体现了一个父亲光明磊落的胸怀。

【思考探究】

1. 傅雷说的"父性才真正觉醒"指的是什么？

2. 你认为傅雷所悔恨的事情是父亲犯下的错误还是对儿子的磨砺？

【写作乐园】

在你的成长过程中，父亲对你做过最严厉的事情是什么？谈谈这件事对你的教育意义。（不少于100字）

_____

_____

※ 一月三十日晚

你走后第二天就想写信，怕你嫌烦，也就罢了。可是没一天不想着你，每天清早六七点就醒，翻来覆去睡不着，也说不出为什么，好像克利斯朵夫（傅雷译罗曼·罗兰长篇小说《约翰·克利斯朵夫》中的主人公）的母亲独自守在家里，想起孩子童年一幕幕的形象一样；我和你妈妈老是想着你二三岁到六七岁间的小故事——这一类的话我们不知有多少可以和你说，可是不敢说，你这个年纪是一切向前的，不愿意回顾的；我们啰里啰唆的抖出你尿布时代与一把鼻涕一把眼泪时代的往事，会引起你的憎厌。孩子，这些我都很懂得，妈妈也懂得。只是你的一切终身会印在我们脑海中，随时随地会浮起来，像一幅幅的小品图画，使我们又快乐又惆怅。[1]

真的，你这次在家一个半月，是我们一生最愉快的时期；这幸福不知应当向谁感谢，即使我没宗教信仰，至此也不由得要谢谢上帝了！我高兴的是我又多了一个朋友；儿子变成朋友，世界上有什么事可以和这种幸福相比的！尽管将来你我之间离多聚少，但我精神上至少是温暖的、不孤独的。[2] 我相信我一定会做到不太落伍、不太冬烘（糊涂懵懂；迂腐浅陋，含讽刺意），不至于惹你厌烦。也希望你不要以为我在高峰的顶尖上所想的、所见到的，比你们的不真实。年纪大的人终是往更远的前途看，许多事你们一时觉得我看得不对，日子久了，现实会给你证明我并没大错。

孩子，我从你身上得到的教训，恐怕不比你从我得到的少。尤其是近三年来，你不知使我对人生多增了几许深刻的体验，我从与你相处的过程中学到了忍耐，学到了说话的技巧，学到了把感情升华！[3]

你走后第二天，妈妈哭了，眼睛肿了两天，这叫作悲喜交集的眼泪。我们可以不用怕羞地这样告诉你，也可以不担心你憎厌而这样告诉你。人毕竟是感情的动物，偶然流露也不是可耻的事。何况母亲的眼泪永远是圣洁的、慈爱的！

[1] 情节分析：和其他父母一样，傅雷夫妇在与儿子分别的日子里，靠回忆曾经在一起的时光缓解思念之情。舐犊情深，感人肺腑。

[2] 情节分析：无论是对儿子幼时的严厉，还是对儿子成长的欣喜，都源自对儿子的爱。

[3] 情节分析：在教育儿子的过程中，积极学习儿子身上的优点，这种教育方法在今天都非常值得我们学习。

写

【篇末小结】

信中傅雷怀念曾经的天伦之乐，表达了自己与儿子能像朋友一样相处的喜悦，肯定了自己在儿子成长过程中学到的经验。放下身段与儿子平等交流，体现了一位父亲难能可贵的谦虚。

【思考探究】

1. 你认同"年纪大的人终是往更远的前途看""现实会给你证明我并没有大错"吗，为什么？

2. 作者为什么说"母亲的眼泪永远是圣洁的、慈爱的"？

【写作乐园】

写一写在你成长过程中令你印象最深的一幅"小品图画"。（不少于100字）

一月三十日晚 *

——此信系母亲所写。以下标有"*"号的，均为母亲信，不一一注明。

自昨天起我们开始等你的信了，算起日子来，也该有信来了。你真不知道为娘的牵肠挂肚，放怀不开。你走后，忙着为你搬运钢琴的事，今天中午已由旅行社车运去，等车皮有空就可装运。接着阴历年底快要到了，我又忙着家务，整天都是些琐碎事儿，可是等到空下来，或是深夜，就老是想着你，同爸爸两人谈你，过去的、现在的，**抱着快乐而带点惆怅的心情**，[1]忍不住要流下泪来，不能自已。你这次回来的一个半月，真是值得纪念的，因为是我一生中最愉快、最兴奋、最幸福的一个时期。看到你们父子之间的融洽，互相倾诉，毫无顾忌，以前我常常要为之担心的恐惧扫除一空。我只有抱着欢乐静听你们的谈论，我觉得多幸福、多安慰，由痛苦换来的欢乐才是永恒的。虽然我们将来在一起的时候不会多，但是凭着回忆，宝贵的回忆，我也会破涕而笑的。我们之间，除了"爱"之外，没有可说的了。我对你的希望和前途是乐观的，就是有这么一点母子之情割舍不得。只要常常写信来，只要看见你写着"亲爱的爸爸妈妈"，我已满足了。

[1] 语言赏析：无论是傅雷的信还是妻子的信，都提到"快乐""惆怅"，欣喜于儿子的成长，也为儿子长大后不再紧紧依赖自己而感到失落。

写

【篇末小结】

在这封信中，朱梅馥表示做父母的在等儿子的来信，对运钢琴的事做了交代，直写了对傅聪的牵挂和思念，认为傅聪这次回来的一个半月是她"一生中最愉快、最兴奋、最幸福的一个时期"，还表达了对傅聪的希望和前途抱有乐观的态度。

【思考探究】

1. 作者说"以前我常常要为之担心的恐惧扫除一空"，"恐惧"指什么？

2. 作者为什么说"只要常常写信来，只要看见你写着'亲爱的爸爸妈妈'，我已满足了"？

【写作乐园】

当空闲下来，你会想些什么呢？请你写一写。（不少于100字）

_____

_____

二月二日大除夕

勃隆斯丹夫人（上海音乐学院钢琴系苏联籍教师，一九五一年傅聪自昆明返沪后，曾正式教过傅聪一年，一九五二年移居加拿大，从事演奏与教学）有信来，附给你。看过了，仍望寄回。昨晚七时一刻至八时五十分电台广播你在"市三"弹的四曲 Chopin（肖邦），外加 encore（加奏）的一支 Polonaise（《波洛奈兹》），效果甚好，就是低音部分模糊得很；琴声太扬，像我第一天晚上到小礼堂空屋子里去听的情形。以演奏而论，我觉得大体很好，一气呵成，精神饱满，细腻的地方非常细腻，tonecolour（音色）变化的确很多。[1] 我们听了都很高兴，很感动。好孩子，我真该夸奖你几句才好。回想五一年四月刚从昆明回沪的时期，你真是从低洼中到了半山腰了。希望你从此注意整个的修养，将来一定能攀登峰顶。从你的录音中清清楚楚感觉到你一切都成熟多了，尤其是我盼望了多少年的——你的意志，终于抬头了。我真高兴，这一点我看得比什么都重。你能掌握整个的乐曲，就是对艺术加增深度，也就是你的艺术灵魂更坚强、更广阔，也就是你整个的人格和心胸扩大了。孩子，我要重复 Bronstein（勃隆斯丹）信中的一句话，就是我为了你而感到骄傲！

今天是除夕了，想到你在远方用功、努力，我心里说不尽的欢喜。别了，孩子，我在心里拥抱你！

[1] 写作指导：对时间和曲目的详细记叙，表现了傅雷对儿子演奏的关注。之后的指导，字字珠玑，体现了傅雷对儿子艺术之路的支持与期望。

写

【篇末小结】
这封信主要是对儿子艺术上的指导，最后直抒胸臆，表达对儿子的不舍与思念，体现了一位父亲对儿子深深的爱与关怀。傅雷对儿子的演奏进行详细点评，先赞扬，再指出不足，最后表达自己对儿子的成长感到骄傲，堪称教育的范本。

【思考探究】
1.在这封信中，傅雷对儿子哪方面的成长最为看重？

2.傅雷对儿子傅聪的演奏是如何评价的？

【写作乐园】
音乐所能传递的不仅仅是信息，更是情感。请分享一首你最喜欢的乐曲，并说说你领悟到的情感。（不少于100字）

二月十日

上海这两天忽然奇暖，东南风加沙土，很像昆明的春天。阿敏和恩德（牛恩德，傅聪青年时期的琴友，傅聪出国后，常去探望傅雷夫妇，后被傅雷夫妇认作干女儿）一起跟我念诗，敏说你常常背"朝回日日典春衣，每日江头尽醉归"两句，现在他也背得了。我正在预备一样小小的礼物，将来给你带出国的，预料你一定很喜欢。[1] 再过一星期是你妈妈的生日，再过一个月是你生日，想到此不由得悲喜交集。

二月十日

[1] 情节分析："小小的礼物"以及朋友般的口吻，展现了一位慈祥、富有情趣的父亲形象。

这几日开始看伏尔泰的作品，他的作品故事性不强，全靠文章内若有若无的讽喻。我看了真是栗栗危惧，觉得没能力表达出来。那种风格最好要必姨（必姨即杨必）、钱伯母（钱锺书夫人杨绛，杨必之姐）那一套。我的文字太死板、太"实"，不够俏皮、不够轻灵。

写

【篇末小结】

　　傅雷讲述了几件与傅聪有关的家庭琐事。无论是谈到曾一起生活过的昆明，次子背诵的诗句，还是对傅聪收到礼物的期待，都表现了一位父亲对儿子最深切的思念与关怀。最后借对伏尔泰作品的评价，再次展现出自己的谦虚与自省，时时刻刻以身作则。

【思考探究】

1. 傅雷为何会"悲喜交集"？

2. 傅雷对伏尔泰的作品有怎样的评价？他在给儿子的信中写这段评价的用意是什么？

【写作乐园】

你读过让你感到"栗栗危惧"的作品吗？写一段推介词和大家分享一下吧。（不少于100字）

_____

_____

二月二十四日 *

　　你的信今天终于收到了，很快慰。你走后，我们心里的矛盾真是无法形容，当然为你的前途，我们应该庆幸，你有那么好的机会，再幸运也没有了；可是一想到那么长的别离，总有些不舒服，但愿你努力学习，保重身体，我相信你决不会辜负国家对你的期望，我们的一番苦心。你在国外，千万多写些家信，把什么都告诉我们，不论琐碎的、重大的，我们都乐意知道，有机会拍了照片，也不时寄来。[1] 你的信我们看得多宝贵，我们虽然分离了，可是心永久在一起，这是你给我们的唯一的安慰。

　　在京洗的衣服成绩怎么样？希望你慢慢地仔仔细细整理东西，妈妈不能代你理东西，真是件遗憾的事。今天冒雨为你添印了一打派司（上海话"身份证件"之意，来自英文的 Pass〔通行证件〕）照片，现在附上，希望你收到后就放在黑包内，以备将来派上用场。维生素 B 一定要吃，以后生活一定要有规律，你现在懂事了，我也不再操心了。不过空下来老念着你，很高兴会常常梦见你，孩子，妈妈多疼你，只愿你多多来信，我们才感谢不尽呢！不多谈了，要说的话，爸爸已写了许多，望你多多保重！祝快乐！

[1] 情节分析：
对于儿子的任何事都期望了解，表现了母亲对儿子深沉的爱。

写

【篇末小结】

　　这是一封傅雷妻子写给儿子的信，不同于傅雷想念中糅合着谆谆教导，朱梅馥在这封信中诉说了自己对儿子远去深切的思念，并表达了对儿子能有光明前途的欣慰。最后如同每一位母亲一样，关心儿子生活的方方面面，让人感叹母爱的温柔与细腻。

【思考探究】

1. 对傅聪的离开，母亲为何会感到心里矛盾？

2. 从朱梅馥的信件中，体会父爱与母爱的不同。

【写作乐园】

母爱如水，浸润万物。请你写一首小诗，赞美一下自己的母亲。（不少于 8 句）

_____

_____

三月十九日

上回刚想写信给你，不料病倒了。病好了不及两天，又发烧，前后八九天，至今还没恢复。今天初到阳台上一望，柳枝上一星星的已经有了绿意，想起"蕉草如碧丝，秦桑低绿枝"两句，不知北地春光是否已有消息？

我病的时候，恩德差不多每天来陪我。初期是热度高，昏沉的厉害；后来是眼睛昏花（到现在还没好），看校样每二三行就像一片云雾在眼前飘过，书也不能看，只能躺躺坐坐，整日待着；幸亏恩德来给我说说笑笑，还拿我打趣，逗我上当，解了不少寂寞。

你近来忙得如何？乐理开始没有？希望你把练琴时间抽一部分出来研究理论。琴的问题一时急不来，而且技巧根本要改。乐理却是可以趁早赶一赶，无论如何要有个初步概念。否则到国外去，加上文字的困难，念乐理比较更慢了。此点务要注意。[1]

三月十九日

川戏中的《秋江》，[2] 艄公是做得好，可惜戏本身没有把陈妙常急于追赶的心理同时并重。其余则以《五台会兄》中的杨五郎为最妙，有声有色，有感情，唱做俱好。因为川戏中的"生"这次角色都差，唱正派的尤其不行，既无嗓子，又乏训练；倒是反派角色的"生"好些。大抵川戏与中国一切的戏都相同，长处是做功特别细腻，短处是音乐太幼稚，且编剧也不够好；全靠艺人自己凭天才去咂摸出来，没有经作家仔细安排。而且 tempo（节奏）松弛，不必要的闲戏总嫌太多。

[1] 情节分析：
傅雷询问儿子的学业情况，特意叮嘱儿子注意乐理的学习。实践离不开理论的指导，这样才能少走弯路，这对我们同样适用。

[2] 知识拓展：
经典川戏，作者高濂，讲述的是南宋年间书生潘必正和女尼陈妙常的恋爱故事。

写

【篇末小结】

不同于中国传统父母，傅雷愿意将自己的"忧"告诉儿子，生病的同时，傅雷也不忘观察大自然的一切美好："柳枝上一星星的已经有了绿意"。傅雷重点告诫儿子要注意对乐理的学习，可谓"父母之爱子，则为之计深远"。

【思考探究】

1. 父母往往报喜不报忧，而傅雷却在信中说自己生病的事情，从中可以看出傅雷是位怎样的父亲？

2. 傅雷对中国的川戏持怎样的看法？

【写作乐园】

请你谈谈在学习过程中我们应该如何做到理论与实践的有机结合。（不少于100字）

_____

_____

※ 三月二十四日上午

在公共团体中，赶任务而妨碍正常学习是免不了的，这一点我早料到。一切只有你自己用坚定的意志和立场，向领导婉转而有力地去争取。否则出国的准备又能做到多少呢？特别是乐理方面，我一直放心不下。从今以后，处处都要靠你个人的毅力、信念与意志——实践的意志。我不再和你说教条式的话，去年那三封长信把我所想的话都说尽了；你也已经长大成人，用不着我一再叮嘱。但若你缺少勇气的时候，尽管来信告诉我，我可以替你打气。倘若你心绪不好，也老老实实和我谈谈，我可以安慰安慰你，代你解决一些或大或小的烦恼。[1]关于××的事，你早已跟我表明态度，相信你一定会实际做到。你年事尚少，出国在即；眼光、嗜好、趣味，都还要经过许多变化；即使一切条件都极美满，也不能担保你最近三四年中，双方的观点不会改变，从而也没法保证双方的感情不变。最好能让时间来考验。我二十岁出国，出国前后和你妈妈已经订婚，但出国四年中间，对她的看法三番四次的改变，动摇得很厉害。这个实在的例子很可以作你的参考，使你做事可以比我谨慎，少些痛苦——尤其为了你的学习，你的艺术前途！[2]

另外一点我可以告诉你，就是我一生任何时期，闹恋爱最热烈的时候，也没忘却对学问的忠诚。学问第一、艺术第一、真理第一、爱情第二，这是我至此为止没有变过的原则。你的情形与我不同，少年得志，更要想到"盛名之下，其实难副（名望很大，而实际情况难以和名望相符）"，更要战战兢兢，不负国人对你的期望。你对政府的感激，只有用行动来表现才算是真正的感激！[3]我想你心目中的上帝一定也是Bach（巴赫）、Beethoven（贝多芬）、Chopin（肖邦）等等第一，爱人第二。既然如此，你目前所能支配的精力与时间，只能贡献给你第一个偶像，还轮不到第二个神明。你说是不是？可惜你没有早学好写作的技术，否则过剩的感情就可用写作（乐曲）来发泄，一个艺术家必须能把自己的感情升华，才能于人有益。我绝不是看了来信，夸张你的苦闷，因而着急；但我知道你多少是有苦闷的，我随便和你谈谈，也许能帮助你廓清（澄清；肃清；清除）一些心情。

[1] 情节分析：儿子即将独自赴国外求学，傅雷对其有千般担忧，希望用自己的经验使儿子少走弯路，做儿子的良师益友。

[2] 情节分析：对儿子感情上的指导，没有强硬地命令，而是以自己做例子对儿子进行劝导，告诫儿子不要因为感情荒废学业。

[3] 情节分析：告诫儿子要谦虚，要不负祖国的培养，表达了傅雷对祖国的热爱和对儿子的期望。

写

【篇末小结】

　　这封信充分表达了作者对儿子学业的重视，当看到儿子被公共团体的任务以及感情困扰时，作者不是空洞地说教条式的话，而是以自身的具体事例给予了儿子详细的指导。尤其面对青涩的爱情，"一个艺术家必须能把自己的感情升华，才能于人有益"，作者希望儿子能够有坚定的意志和立场，正确处理感情问题给自己带来的伤痛。

【思考探究】

　　1. 傅雷认为，当学习与公共团体中的任务发生冲突时，我们应当如何解决？

　　2. 对待青涩的感情，我们应该如何处理？

【写作乐园】

　　作者告诫了儿子在学业、公共团体任务、情感中如何进行取舍。请你以"舍与得"为话题写一段话，谈谈你的观点。（不少于100字）

_____

_____

三月二十九日

　　感情问题能自己想通，我们听了都很安慰。你还该想到，目前你一切都已"如愿以偿"，全中国学音乐的青年，没有一个人有你那么好的条件。你冬天回沪前所担心的事都迎刃而解，顺利得出乎你的意料之外。你也该满足了。满足以后更当在别方面多多克制。人生没有一桩幸福不要付代价的。东边占了便宜，西边就得吃亏些。何况如我前信所云，这也不是吃亏的事，而是"明哲"的举动。

写

【篇末小结】

　　这封信是上封信得到了儿子的回应，对儿子处理感情问题的结果感到认同与满意，同时就儿子的现状对其进行劝慰，希望儿子能够按行自抑。

【思考探究】

　　1. 谈谈你对"人生没有一桩幸福不要付代价的"的理解。

　　2. 作者所说的"'明哲'的举动"指的是什么？

【写作乐园】

　　老话常说"吃亏是福"。请写一件在你身上发生的事情来印证这句话。（不少于100字）

_____

_____

三月三十一日 *

聪！我心里有一件事，已经放在肚里嘀咕了好久，一直想跟你谈谈。牛恩德这次开刀，吃了很多苦，开刀时的痛苦，比去年加了十倍，去年开刀你是知道的，而且你常常陪着她，念书给她听，解了她不少病中的苦闷。这次医生说她眼睛的肌肉非常弱，恢复的时期会更长，要她耐心静养，真要极大的克制工夫及努力，要三四个月不能弹琴，想她这样的性格，真是相当苦闷的，而且后果如何，谁也不知道。我们只有安慰她、鼓励她，叫她耐心等待。你与她一度感情非常深，为了友谊，你也应该给她写封信，至少站在朋友的立场上，也应该给她一些精神上的帮助。

…………

这孩子心地厚道、天真、坦白，我很同情她。她对你非常关心，从无怨言。这次在医院里住了九天，出院的前一天，牛伯母突然眼睛发炎，很厉害，不能去接她出院，于是由我们去接她出的院。

…………

聪！你们既然是很好的朋友，你在百忙中终得写封信给她，安慰安慰她，鼓励鼓励她！给她一些勇气。现在她们母女两人都是瞎眼睛，此情此景，也够可怜的了！她常常跟我们谈起你，你这次回来给她不少启发，她很需要你在音乐方面的帮助。可怜她眼睛将来就是复原，我想受了伤，终要打折扣，这是她天生的缺陷，谁也没有办法。她记忆力很好，爸爸教了她六十几首诗歌，她都能背诵，闭着眼睛想想诗歌，想想音乐，就这样过日子。这几天可以听听唱片了，否则日子的确很不容易过。好了，谈得很多了，抽空给她一封信，不一定要长信，给她一些精神上的安慰就够了！

写

【篇末小结】
  这是一封母亲为了牛恩德特意写给儿子的信。在儿子离开后，牛恩德时常的陪伴给了傅雷夫妇心理慰藉，因此当不幸降临到恩德身上时，朱梅馥用尽办法给她鼓励，可见朱梅馥与牛恩德的感情深厚。

【思考探究】
  1.从朱梅馥的这封信中，可以看出她怎样的性格特点？

  2.傅雷的信中也提到了"牛恩德"这一人物，请你总结一下其人物形象。

【写作乐园】
  请你帮傅聪给牛恩德写一封信，鼓励她，给她勇气。（不少于100字）

_____

_____

※ 四月七日

记得我从十三岁到十五岁念过三年法文；老师教的方法既有问题，我又念得很不用功，成绩很糟（十分之九已忘了）。从十六岁到二十岁在大同改念英文，也没念好，只是比法文成绩好一些。二十岁出国时，对法文的知识只会比你现在的俄文程度差。到了法国，半年之间，请私人教师与房东太太双管齐下补习法文，教师管读本与文法，房东太太管会话与发音，整天的改正，不用上课方式，而是随时在谈话中纠正。半年以后，我在法国的知识分子家庭中过生活，已经一切无问题。十个月以后开始能听几门不太难的功课。可见国外学语文，以随时随地应用的关系，比国内的进度不啻一与五六倍之比。[1] 这一点你在莫斯科遇到李德伦时也听他谈过。我特意跟你提，为的是要你别把俄文学习弄成"突击式"。一个半月之间念完文法，这是强记，决不能消化，而且过了一晌大半会忘了的。我认为目前主要是抓住俄文的要点，学得慢一些，但所学的必须牢记，这样才能基础扎实。贪多务得（原指学习上务求尽多地获得知识，后泛指对其他事物贪多并务求取得）是没用的，反而影响钢琴业务，甚至使你身心困顿，一空下来即昏昏欲睡。这问题希望你自己细细想一想，想通了就得下决心更改方法，与俄文老师细细商量。一切学问没有速成的，尤其是语言。倘若你目前停止上新课，把已学的从头温一遍，我敢断言，你会发觉有许多已经完全忘了。

你出国去所遭遇的最大困难，大概和我二十六年前的情形差不多，就是对所在国的语言程度太浅。过去我再三再四强调你在京赶学理论，便是为了这个缘故。倘若你对理论有了一个基本概念，那么日后在国外念的时候，不至于语言的困难加上乐理的困难，使你对乐理格外觉得难学。换句话说，理论上先略有门径之后，在国外念起来可以比较方便些。可是你自始至终没有和我提过在京学习理论的情形，连是否已开始亦未提过。我只知道你初到时因罗君患病而搁置，以后如何，虽经我屡次在信中问你，你也没复过一个字。现在我再和你说一遍，我的意思最好把俄文学习的时间分出一部分，移作学习乐理之用。

提早出国，我很赞成。你以前觉得俄文程度太差，应多多准备后再走。其实像你这样学俄文，即使用最大的努力，再学一年也未必能说准备充分——除非你在北京不与中国人来往，而整天生活在俄国人堆里。但领导方面究竟如何决定，最好请周广仁或别的比较能参与机密的朋友时时探听，让我们早些知道，早些准备。

恩德那里无论如何忙也得写封信去。自己责备自己而没有行动表现，我是最不赞成的。这是做人的基本作风，不仅对某人某事而已，我以前常和你说的，只有事实才能证明你的心意，只有行动才能表明你的心迹。待朋友不能如此马虎。[2] 生性并非"薄情"的人，在行动上做得跟"薄情"一样，是最冤枉的，犯不着的。正如一个并不调皮的人要调皮而结果反吃亏，一个道理。[3]

德伏夏克谱二册收到没有？尽管忙，写信时也得提一提"来信及谱二册均已收到"，不能光提"来信都收到"。

[1] 情节分析：
傅雷用自己学习法语的经验来告诉儿子如何学好俄语："随时随地应用"。

[2] 情节分析：
对儿子交友方面的指导，同时融入做人的道理。教导儿子空谈无用，要用行动表明心迹。

[3] 写作指导：
类比。将比较复杂的道理用通俗易懂的事情表达出来，易于理解，形象生动。

一切做人的道理，你心里无不明白，吃亏的是没有事实表现；希望你从今以后，一辈子记住这一点。大小事都要对人家有交代！

其次，你对时间的安排，学业的安排，轻重的看法，缓急的分别，还不能有清楚明确的认识与实践。这是我为你最操心的。因为你的生活将来要和我一样地忙，也许更忙。不能充分掌握时间与区别事情的缓急先后，你的一切都会打折扣。所以有关这些方面的问题，不但希望你多听听我的意见，更要自己多想想，想过以后立刻想办法实行，应改的应调整的都应当立刻改，立刻调整，不以任何理由耽搁。[1]

[1] 情节分析：
教育儿子要科学地安排时间，不仅要从父亲这里得到经验，还要自己结合实际进行快速调整。

写

【篇末小结】

作者在这封信中主要告诉儿子如何学习俄语，并告诫儿子不要顾此失彼影响学习。作者对儿子的教育不是强硬的说教，而是对自己的建议加以解释，以更平等的交流方式进行指导。除了学习，他还在交友以及时间安排的问题上对儿子进行了悉心的指导。

【思考探究】

1. 作者围绕儿子学习俄语提出了哪些建议？

2. 作者一直要求儿子重视乐理学习的原因是什么？

【写作乐园】

话说三千，不如行动一次。请你谈谈行动的重要性。（不少于100字）

_____

_____

四月二十一日

接十七日信，很高兴你又过了一关。人生的苦难，theme（主题）不过是这几个，其余只是 variations（变奏曲）而已。爱情的苦汁早尝，壮年中年时代可以比较冷静。古语说得好，"塞翁失马，未始非福"。你比一般青年经历人事都更早，所以成熟也早。这一回痛苦的经验，大概又使你灵智的长成进了一步。你对艺术的领会又可深入一步。我祝贺你有跟自己斗争的勇气。[1] 一个又一个的筋斗栽过去，只要爬得起来，一定会逐渐攀上高峰，超脱在小我之上。辛酸的眼泪是培养你心灵的酒浆。[2] 不经历尖锐的痛苦的人，不会有深厚博大的同情心。所以孩子，我很高兴你这种蜕变的过程，但愿你将来比我对人生有更深切的了解，对人类有更热烈的爱，对艺术有更诚挚的信心！孩子，我相信你一定不会辜负我的期望。

[1] 情节分析：
告诉儿子这些痛苦经历就是精神财富，会让他变得更成熟、更有智慧，对艺术的理解更深入。

[2] 写作指导：
运用比喻的修辞手法，将眼泪比作酒浆，激励儿子将痛苦转化为力量，领悟生活，在艺术的道路上更好地前进。

写

【篇末小结】

这封信借儿子失恋的痛苦，表达了作者对人生苦难的看法。作者认为失恋带来的痛苦是值得高兴的，因为经历过痛苦对于艺术家来说能让心灵更加醇厚，更富有同情心，对艺术创作有更深的领悟。

【思考探究】

1.作者认为傅聪所历经的人生苦难的主题是什么？

2.作者为什么会高兴儿子这种"蜕变的过程"？

【写作乐园】

"不经历尖锐的痛苦的人，不会有深厚博大的同情心"。请就此谈谈你对苦难的理解。（不少于100字）

_____

_____

※ 六月二十四日下午

终于你的信到了！联络局没早告诉你出国的时间，固然可惜，但你迟早要离开我们，大家感情上也迟早要受一番考验；送君千里终须一别，<u>人生不是都要靠隐忍来撑过去吗？</u> [1] 你初到的那天，我心里很想要你二十以后再走，但始终守法和未雨绸缪的脾气把我的念头压下去了，在此等待期间，<u>你应当把所有留京的琴谱整理一个彻底，用英文写两份目录，一份寄家里来存查。</u>[2] 这种工作也可以帮助你消磨时间，省却烦恼。孩子，你此去前程远大，这几天更应当仔仔细细把过去种种作一个总结，未来种种作一个安排；在心理上、精神上多作准备，多多锻炼意志，预备忍受四五年中的寂寞和感情的波动。这才是你目前应做的事。孩子，别烦恼。我前封信把心里的话和你说了，精神上如释重负。一个人发泄是要求心理健康，不是使自己越来越苦闷。多听听贝多芬的第五（系指《第五命运交响曲》），多念念克利斯朵夫里几段艰苦的事迹（第一册末了，第四册第九卷末了），可以增加你的勇气，使你更镇静。好孩子，安安静静地准备出国吧。一切零星小事都要想周到，别怕天热、贪懒，一切事情都要做得妥帖。行前必须把带去的衣服什物记在"小手册"上，把留京及寄沪的东西写一清账。想念我们的时候，看看照相簿。为什么写信如此简单呢？要是我，一定把到京时罗君来接及到团以后的情形描写一番，即使借此练练文字也是好的。

近来你很多地方像你妈妈，使我很高兴。但是办事认真一点，却望你像我。最要紧，不能怕烦！

[1] 情节分析：面对离别，纵使有万般不舍，但为了儿子的前途，还是选择了隐忍。

[2] 情节分析：正因为傅雷对儿子在细节上的严格要求，傅聪在艺术上才会有如此高的成就。

写

【篇末小结】

这封信主要是作者对儿子在生活上的嘱托，从琴谱的整理到情绪的疏导再到衣服什物的整理等生活细节，面面俱到。傅雷不仅是儿子在学习上的引路人，更是儿子在精神上的良师益友。信中处处体现了一位父亲对儿子的关心与体贴。

【思考探究】

1.作者认为什么才是傅聪目前应做的事？

2.作者最后说"为什么写信如此简单呢"，这句话的用意是什么？

【写作乐园】

当你不开心时，你会怎样疏导自己的情绪？写一写。（不少于100字）

_____

_____

七月四日晨

[1] 情节分析：告诫儿子要劳逸结合，对父母来说，孩子的前途固然重要，但孩子身体健康才是最重要的。

也许这是你出国以前接到的最后一封信了，也许连这封信也来不及收到，思之怆然。要嘱咐你的话是说不完的，只怕你听得起腻了。可是关于感情问题，我还是要郑重告诫，无论如何要克制，以前途为重，以健康为重。在外好好利用时间，不但要利用时间来工作，还要利用时间来休息、写信。[1] 别忘了杜甫那句诗："家书抵万金！"

孩子，别了，我们没一天不想念你，没一天不祝福你，在精神上拥抱你！

写

【篇末小结】

作者对儿子的情感问题极为重视，在儿子出国之前再三叮嘱。一句"家书抵万金"，以及之前多次强调让儿子不要忘记写信，表现了作者对儿子的担忧与思念。

【思考探究】

1.作者明明知道这封信儿子可能收不到，为何还要写？

2.作者再三就感情问题给儿子写信，表现了他怎样的心理？

【写作乐园】

面对繁重的学业，我们应该如何做到劳逸结合？（不少于100字）

_____

_____

※ 七月十五日 *

你临走前七日发的信，到十日下午才收到，那几天我们左等右等老不见你来信，焦急万分，究竟怎么回事？走了没有？终于信来了，一块石头落了地。原来你是一个人走的，旅途的寂寞，这种滋味我也想象得出来。到了苏联、波兰，是否都有人来接你，我们只有等你的消息了。[1]

关于你感情的事，我看了后感到无限惶惑不安。对这个问题我总觉得你太冲动，不够沉着。这次发生的有些出乎人情之常，虽然这也是对你多一次教训，但是你应该深深地自己检讨一番，对自己应该加以严厉的责备。我也不愿对你多有埋怨，不过我觉得你有些滥用感情，太不自爱了，这是不必要的痛苦。[2]

············

得到这次教训后，千万要提高警惕，不能重蹈覆辙。你的感情太多了，对你终身是个累赘。所以你要大彻大悟，交朋友的时候，一定要事先考虑周详，而且也不能五分钟热度，凭一时冲动，冒冒失失地做了。我有句话，久已在心里嘀咕，我觉得你的爱情不专，一个接着一个，在你现在的年龄上不算少了。我是一个女子，对这方面很了解女人的心理，要是碰到你这样善变，见了真有些寒心。你这次出国数年，除了努力学习以外，再也不要出乱子，这事出入重大，除了你，对爸爸的前途也有影响的。望你把全部精力放在研究学问上，多用理智，少用感情，当然那是要靠你坚强的信心，克制一切的烦恼，不是件容易的事，但是非克服不可。对于你的感情问题，我向来不参加任何意见，觉得你各方面都在进步，你是聪明人，自会觉悟的。我既是你妈妈，我们是休戚相关的骨肉，不得不要唠叨几句，加以规劝。

回想我跟你爸爸结婚以来，二十余年感情始终如一，我十四岁时，你爸爸就爱上了我（他跟你一样早熟），十五岁就订婚，当年冬天爸爸就出国了。在他出国的四年中，虽然不免也有波动，但是他主意老，觉悟得快，所以回国后就结婚。婚后因为他脾气急躁，大大小小的折磨总是难免的，不过我们感情还是那么融洽、那么牢固，到现在年龄大了，火气也退了，爸爸对我更体贴了，更爱护我了。我虽不智，天性懦弱，可是靠了我的耐性，对他无形中或大或小多少有些帮助，这是我觉得可以骄傲的，可以安慰的。我们现在真是终身伴侣，缺一不可的。现在你也长大成人，父母对儿女的终身问题，也常在心中牵挂，不过你年纪还轻，不要操之过急。以你这些才具（才能），将来不难找到一个满意的对象。好了，唠唠叨叨写得太多，你要头痛了。

今天接到你发自满洲里的信，于是意想不到的快乐，高兴极了！等到你接到我们的信时，你早已一切安顿妥当。望你将经过情形详细告诉我们，你的消息对我们永远是新鲜的。

[1] 情节分析：
心疼儿子独行的寂寞，担忧儿子出国后是否有人来接，对儿子处处担忧，表现了母爱的细腻。

[2] 情节分析：
对儿子的错误加以批评，希望儿子变得更好。

写

【篇末小结】
傅雷对儿子的感情问题更多是建议、开导，朱梅馥则更多地站在女性角度上，直言儿子"不自爱"，并以自己与丈夫的感情经历对儿子进行劝导。字字珠玑，体现了母亲对儿子深沉的爱。

【思考探究】

1. 对于感情，朱梅馥对儿子提了怎样的建议？

2. 朱梅馥形容儿子的来信是"意想不到的快乐"，这表现了她怎样的感情？

【写作乐园】

你认为青少年应该如何对待感情问题？（不少于100字）

七月二十七日深夜至二十八日午夜

你车上的信写得很有趣，可见只要有实情、实事，不会写不好信。你说到李、杜的分别，的确如此。写实正如其他的宗派一样，有长处也有短处。短处就是雕琢太甚，缺少天然和灵动的韵致。但杜也有极浑成的诗，例如"风急天高猿啸哀，渚清沙白鸟飞回。无边落木萧萧下，不尽长江滚滚来。"那种胸襟意境都与李白相仿佛。还有《梦李白》《天末怀李白》几首，也是缠绵悱恻，至情至性，非常动人的。但比起苏、李的离别诗来，似乎还缺少一些浑厚古朴。这是时代使然，无法可想的。汉魏人的胸怀比较更近原始，味道浓，苍茫一片，千古之下，犹令人缅想不已。杜甫有许多田园诗，虽然受渊明影响，但比较之下，似乎也"隔"（王国维语）了一层。回过来说，写实可学，浪漫底克（英文Romantic的旧译，现在写作罗曼蒂克）不可学；故杜可学，李不可学；国人谈诗的尊杜的多于尊李的，也是这个缘故。[1]而且究竟像太白那样的天纵之才不多，共鸣的人也少。所谓曲高和寡也。同时，积雪的高峰也令人有"琼楼玉宇，高处不胜寒"之感，平常人也不敢随便瞻仰。

词人中苏、辛确是宋代两大家，也是我最喜欢的。苏的词颇有些咏田园的，那就比杜的田园诗洒脱自然了。此外，欧阳永叔的温厚蕴藉也极可喜，五代的冯延巳也极多佳句，但因人品关系，我不免对他有些成见。[2]

…………

在外倘有任何精神苦闷，也切勿隐瞒，别怕受埋怨。一个人有个大二十几岁的人代出主意，决不会坏事。你务必信任我，也不要怕我说话太严，我平时对老朋友讲话也无顾忌，那是你素知的。并且有些心理波动或是郁闷，写了出来等于有了发泄，自己可痛快些，或许还可免做许多傻事。孩子，我真恨不得天天在你旁边，做个监护的好天使，随时勉励你、安慰你、劝告你，帮你铺平将来的路，准备将来的学业和塑造你的人格。

…………

七月二十七日深夜

[1] 情节分析：傅雷与儿子交流李杜的写作风格。傅雷对古诗词文化非常喜爱，为儿子编写的国文教材中有很多李杜的诗篇，可见他对两位诗人颇为喜欢，并有很深的研究。

[2] 人物性格：不仅关注诗人的作品，对其人品也非常看重，可见傅雷性情高洁、爱憎分明。

上星期我替恩德讲《长恨歌》与《琵琶行》，觉得大有妙处。白居易对音节与情绪的关系悟得很深。凡是转到伤感的地方，必定改用仄声韵。《琵琶行》中"大弦嘈嘈""小弦切切"一段，好比 staccato（断音），像琵琶的声音极切；而"此时无声胜有声"的几句，等于一个长的 pause（休止）；"银瓶……水浆迸"两句，又是突然的 attack（明确起音），声势雄壮。至于《长恨歌》，那气息的超脱，写情的不落凡俗，处处不脱帝皇的 nobleness（雍容气派），更是千古奇笔。看的时候可以有几种不同的方法：一是分出段落看叙事的起伏转折；二是看情绪的忽悲忽喜，忽而沉潜，忽而飘逸；三是体会全诗音节与韵的变化。再从总的方面看，把悲剧送到仙界上去，更显得那段罗曼史的奇丽清新，而仍富于人间味（如太真对道士说的一番话）。还有白居易写动作的手腕也是了不起："侍儿扶起娇无力""君王掩面救不得""九华帐里梦魂惊"几段，都是何等生动！"九重城阙烟尘生，千乘万骑西南行"，写帝王逃难自有帝王气概。"翠华摇摇行复止"又是多鲜明的图画！最后还有一点妙处：全诗写得如此婉转细腻，却仍不失其雍容华贵，没有半点纤巧之病（细腻与纤巧大不同）！明明是悲剧，而写得不过分的哭哭啼啼，多么中庸有度，这是浪漫底克兼有古典美的绝妙典型。[1]

[1] 情节分析：对白居易诗词的评析，"婉转细腻""中庸有度"，让读者充分领悟其中的魅力。

二十八日 午夜

【篇末小结】
这两封信是傅雷与儿子从艺术的角度交流中国古代诗词。第一封信重点谈到了李白与杜甫两位诗人诗风的区别以及对后世的影响，虽然傅雷认为"李不可学"，但肯定了李白在诗词上的造诣。第二封信主要阐述了自己对于白居易诗词的理解，将《琵琶行》中的诗句与音乐巧妙结合，指导儿子怎样品析白居易的诗词，展现了傅雷深厚的文学素养。

【思考探究】
1. 在傅雷看来，为什么"杜可学，李不可学"？

2. 从第二封信看，我们应该如何赏析《长恨歌》这首诗？

【写作乐园】
李白素有"诗仙"之称，有很多脍炙人口的作品，请你选择一首诗加以赏析。（不少于100字）

七月二十九日 *

上星期六（七月二十四日）爸爸说三天之内应该有聪的信，果然他的预感一点儿也不错，二十六日收到你在车中写的，莫斯科发的，由张宁和转寄的信，我们多高兴！[1]

[1] 情节分析：从时间、地点到转寄人都写得清楚详细，可见儿子的来信对父母有多重要。

你的信，字迹虽然草率，但是写得太好了，我们大为欣赏，一个人孤独了，思想集中，所发的感想都是真情实意。你所赏识的李太白、白居易、苏东坡、辛稼轩等各大诗人也是我们所喜欢的，一切都有同感，亦是一乐也。等到你有什么苦闷、寂寞的时候，多多接触我们祖国的伟大诗人，可以为你遣兴解忧，给你温暖。

············

阿敏的琴也脱胶了，正在修理。这一星期来，他又恢复正常，他也有自知之明，并不固执了，因为我们同他讲欣赏与学习是两件事。他是平均发展的，把中学放弃了未免可惜，我们赞成他提琴不要放弃，中学也不要放弃，陈又新的看法亦然如此。现在他似乎想通了，不闹情绪了，每天拉琴四小时，余下时间看克利斯朵夫，还有听音乐，偶尔出去看看电影。这次波兰电影周，《肖邦的青年时代》他陪我去看了，有些不过瘾，编剧有问题，光线太阴暗，还不是理想的。

修理的房子还没有干透，爸爸还在三楼工作，他对工作有规律，你是深知的。伏尔泰的作品译了三分之二，每天总得十小时以上，预计九月可出版。近来工作紧张了，晚上不容易睡好，我叫他少做些，他总是非把每天规定的做完不可，性格如此，也没办法。[1] 一空下来，他还要为你千思百虑地操心，替你想这样想那样，因为他是出过国的，要把过去的经验尽量告诉你，可以减少许多不必要的周折。他又是样样想得周到，有许多宝贵的意见，他得告诉你、指导你、提醒你。[2] 孩子，千万别把爸爸的话当耳边风，一定要牢牢记住，而且要经过一番思索，我们的信可以收起来，一个人孤寂的时候，可以不时翻翻。我们做父母的人，为了儿女，不怕艰难，不辞劳苦，只要为你们好，能够有助于你们的，我们总尽量地给。希望你也能多告诉我们。你的忧、你的乐就是我们的，让我们永远联结在一起。我们虽然年纪会老，但是不甘落后，永远也想追随在你们后面。

[1] 人物性格：通过朱梅馥之口，表现了傅雷对工作的态度：认真负责、勤勉自律。

[2] 情节分析：通过母亲之口讲述出的父爱更有力量。

写

【篇末小结】

这封信中提到了傅雷的次子——傅敏。傅敏热爱音乐，但他的天赋远远不及哥哥傅聪，所以父母并不支持傅敏报考音乐相关的学校。之后又提到了傅雷的工作以及他对儿子的付出，母爱就在这样的家长里短中涓涓流出。最后"我们虽然年纪会老，但是不甘落后，永远也想追随在你们后面"，和现在许多父母一样，希望能与孩子有可以交流的话题，表现了对儿子的爱。

【思考探究】

1.你怎样理解朱梅馥所说"欣赏与学习是两件事"？

2.读完这封信，谈谈傅雷先生对儿子都有哪些"宝贵的意见"。

【写作乐园】

读完这封信，谈谈我们应该如何协调兴趣与学习之间的关系。（不少于100字）

_____

_____

※ 八月十一日午前

你的生活我想象得出，好比一九二九年我在瑞士。但你更幸运，有良师益友为伴，有你的音乐做你崇拜的对象。我二十一岁在瑞士正患着青春期的、浪漫底克的忧郁病：悲观、厌世、彷徨、烦闷、无聊，我在《贝多芬传》译序中说的就是指那个时期。孩子，你比我成熟多了，所有青春期的苦闷都提前几年，早在国内度过；所以你现在更能够定下心神，发愤为学，不至于像我当年蹉跎岁月，到如今后悔莫及。

你的弹琴成绩，叫我们非常高兴。对自己父母，不用怕"自吹自捧"的嫌疑，只要同时分析一下弱点，把别人没说出而自己感觉到的短处也一起告诉我们。把人家的赞美报告我们，是你对我们最大的安慰；但同时必须深深地检讨自己的缺陷。这样你写的信就不会显得过火；而且这种自我批判的功夫也好比一面镜子，对你有很大帮助。[1] 把自己的思想写下来（不管在信中或是用别的方式），比光在脑中空想是大不同的。写下来需要正确精密的思想，所以写在纸上的自我检讨格外深刻，对自己也印象深刻。你觉得我这段话对不对？[2]

我对你这次来信还有一个很深的感想，便是你的感觉性极强、极快。这是你的特长，也是你的缺点。你去年一到波兰，弹 Chopin（肖邦）的 style（风格）立刻变了；回国后却保持不住，这一回一到波兰又变了。这证明你的感受力极快。但是天下事有利必有弊，有长必有短，往往感受快的，不能沉浸得深，不能保持得久。去年时间短促，固然不足为定论。但你至少得承认，你的不容易"牢固执着"是事实。我现在特别提醒你，希望你时时警惕，对于你新感受的东西不要让它浮在感受的表面；而要仔细分析，究竟新感受的东西和你原来的观念、情绪、表达方式有何不同。这是需要冷静而强有力的智力才能分析清楚的。希望你常常用这个步骤来"巩固"你很快得来的新东西（不管是技术还是表达）。长此做去，不但你的演奏风格可以趋于稳定、成熟（当然所谓稳定不是刻板化、公式化）；而且你一般的智力也可大大提高，受到锻炼。孩子，记住这些！深深地记住！还要实地做去！这些话我相信只有我能告诉你。

还要补充几句，弹琴不能徒恃 sensation（感觉），sensibility（感受，敏感）。那些心理作用太容易变。从这两方面得来的，必要经过理性的整理、归纳，才能深深地化入自己的心灵，成为你个性的一部分，人格的一部分。当然你在波兰几年住下来，熏陶的结果多少也（自然而然的）会把握住精华。但倘若你事前有了思想准备，特别在智力方面多下功夫，那么你将来的收获一定更大更丰富，基础也更稳固。再说得明白些，艺术家天生敏感，换一个地方，换一批群众，换一种精神气氛，不知不觉会改变自己的气质与表达方式。但主要的是你心灵中最优秀最突出的部分，从人家那儿学来的精华，都要紧紧抓住，深深地种在自己性格里，无论何时何地这一部分始终不变。这样你才能把独有的特点培养得厚实。

关于这个问题，我想你听了必有所感。不妨跟我多谈谈。

其次，我不得不再提醒你一句，尽量控制你的感情，把它移到艺术中去。[3] 你周围美好的天使太多了，我怕你又要把持不住。你别忘了，你自誓要做几年清教徒

[1] 情节分析：肯定儿子取得的成绩，同时告诫儿子要戒骄戒躁，敢于自我批判。

[2] 情节分析：由理智的建议转变为商讨的语气，亲切自然，更容易被孩子接受。

[3] 情节分析：再次提醒儿子，要以学业为重，将自己的感情升华到艺术中去。

的，在男女之爱方面要过几年僧侣生活，禁欲生活的！这一点千万要提醒自己！时时刻刻提防自己！一切都要醒悟得早，收篷收得早；不要让自己的热情升高之后再去压制，那时痛苦更多，而且收效也少。亲爱的孩子，无论如何你要在这方面听从我的忠告！爸爸妈妈最不放心的不过是这些。

·············

罗忠镕和李凌都有回信来，你的行李因大水为灾，货车停开，故耽误了。你不必再去信向他们提。我认为你也应该写信给李凌，报告一些情形，当然口气要缓和。人家说你好的时候，你不妨先写上"承蒙他们谬许"，"承他们夸奖"一类的套语。李（李凌，时任中央乐团团长）是团体的负责人，你每隔一个月或一个半月都应该写信；信末还应该附一笔，"请代向周团长致敬"。这是你的责任，切不能马虎。信不妨写得简略，但要多报告一些事实，切不可二三个月不写信给李凌——你不能忘了团体对你的好意与帮助，要表示你不忘记，除了不时写信没有第二个办法。[1]

[1] 情节分析：
傅雷不仅看重儿子的学业，对儿子做人也有要求，教育儿子怎样才能不给人留下"忘恩负义"的印象。

你记住一句话，青年人最容易给人一个"忘恩负义"的印象。其实他是眼睛望着前面，饥渴一般地忙着吸收新东西，并不一定是"忘恩负义"；但懂得这心理的人很少，你千万不要让人误会。

写

【篇末小结】

傅雷从学习、艺术、感情、做人等多个方面给予儿子很好的建议。他告诫儿子要戒骄戒躁，不要一味地沉溺在过去的成绩中。他在肯定儿子特长的同时，理智冷静地分析了儿子的缺点，希望儿子形成自己独特的风格，而不是随外界环境而变化。最后他在为人处事上给予儿子指导，希望儿子能少走弯路，在学业和为人处世上都能有很好的进步。

【思考探究】

1. 傅雷说儿子"更幸运"，请概括一下傅聪的幸运都体现在哪些方面。

2. 信中"关于这个问题"指的是哪个问题？

【写作乐园】

"天下事有利必有弊"，我们要辩证地看待问题，请谈谈你的看法。（不少于100字）

_____

_____

八月十六日 *

天天想写信，老是忙不过来。房子还没收拾好，天气又热，汗流浃背。爸爸照样在三楼工作，大概到月底能搬下来。

这几天，这里为了防台防汛，各单位各组织都紧张非凡，日夜赶着防御工程，抵抗大潮汛的侵袭。据预测，今年的潮水特别大，有高出黄浦江数尺的可能，为预防起见，故特别忙碌辛苦。长江淮河水患已有数月之久，非常艰苦，为了抢修抢救，不知牺牲了多少生命，同时又保全了多少生命财产，都是些英雄与水在搏斗。听说水涨最高的地方，老百姓无处安身，躲在树上，大小便、死尸、脏物都漂浮河内，多少的党员团员领先抢救。筑堤筑坝，先得打桩，但是水势太猛，非有一个人把桩把住，让另外一个人打下去不可；听说打桩的人，有时会不慎打在抱桩人的身上、头上、手上，或是水流湍急就这么把抱着桩的人淹没了；光是打桩一件事，已不知牺牲了多少人，他们都是不出怨言的那么无声无息地死去，为了与自然斗争而死去。许多悲惨的传闻都令人心惊胆战。牛家的大妹，不久就要出发到淮河做卫生工作，同时去有上千的医务人员，这是困苦万状的工作，都是冒着生命危险去的。[1] 你想先是饮水一项，已是危险万分，何况疟疾伤寒那些病菌的传染，简直不堪设想。我看了《保卫延安》以后，更可以想象得出大小干部为了水患而艰苦的斗争是怎么一回事。那是一样的可怕，一样的伟大。（好像楼伯伯送你一部，你看过没有？）我常常联想起你，你不用参加这件与自然的残酷斗争。幸运的孩子，你在中国可说是史无前例的天之骄子。一个人的机会、享受，是以千千万万人的代价换来的，那是多么宝贵。你得抓住时间，提高警惕，非苦修苦练，不足以报效国家，对得住同胞。看重自己就是看重国家。不要忘记了祖国千万同胞都在自己的岗位上努力，为人类的幸福而努力。尤其要想到目前国内生灵所受的威胁，所做的牺牲。[2] 把你个人的烦闷，小小的感情上的苦恼一齐割舍干净。这也是你爸爸常常和我提到的。我想到爸爸前信要求你在这几年中要过等于僧侣的生活，现在我觉得这句话更重要了。你在万里之外这样舒服，跟着别人跟不到的老师；学到别人学不到的东西；感受到别人感受不到的气氛；享受到别人享受不到的山水之美、艺术之美，所以在大大小小的地方不能有对不起国家、对不起同胞的事发生。否则艺术家的慈悲与博爱就等于一句空话了。爸爸一再说你懂得多而表现得少，尤其是在人事方面，我也有同感。但我相信你慢慢会有进步的，不会辜负我们的。我又想到国内学艺术的人中间，没有一个人像你这样，从小受了那么多的道德教训。你爸爸花的心血，希望你去完成它；你的成功，应该是你们父子两人合起来的成功。我的感想很多，可怜我不能完全表达出来。

[1] 写作指导：虚实结合，虚写英雄打桩、抱桩的想象场面，实写"牛家的大妹"，由远及近，更加真实，强化教育力度。

[2] 情节分析：由国内的忧患，千万同胞的努力与牺牲，告诫儿子要为了国家而努力，热爱自己的祖国。

写

【篇末小结】
　　朱梅馥从爱国的角度告诫儿子要努力学习，在做人做事上都要有所进步。为了将来能为祖国贡献自己的力量，自己的感情苦恼不值一提。傅雷和朱梅馥对祖国都有深深的眷恋与热爱，他们希望儿子能与自己一样。最后再次提到丈夫对儿子的期望，望子成龙的心情不言而喻。

【思考探究】
1. 朱梅馥用了大量笔墨描绘了中国人抢修抢救的场景有什么深意？

2. 你认为艺术家的"慈悲"与"博爱"指的是什么，体现在哪些方面？

【写作乐园】
　　朱梅馥说："一个人的机会、享受，是以千千万万人的代价换来的，那是多么宝贵。"请你谈谈我们应该如何对待这个"宝贵"的机会。（不少于100字）

※ 八月十六日晚

我忙得很，只能和你谈几桩重要的事。[1]

你素来有两个习惯：一是到别人家里，进了屋子，脱了大衣，却留着丝围巾；二是常常把手插在上衣口袋里，或是裤袋里。这两件都不合西洋的礼貌。围巾必须和大衣一同脱在衣帽间，不穿大衣时，也要除去围巾。手插在上衣袋里比插在裤袋里更无礼貌，切忌切忌！何况还要使衣服走样，你所来往的圈子特别是有教养的圈子，一举一动必须特别留意。对客气的人，或是师长，或是老年人，说话时手要垂直，人要立直。你这种规矩成了习惯，一辈子都有好处。

在饭桌上，两手不拿刀叉时，也要平放在桌面上，不能放在桌下，搁在自己腿上或膝盖上。你只要留心别的有教养的青年就可知道。刀叉尤其不要掉在盘下，叮叮当当的！

出台行礼或谢幕，面部表情要温和，切勿像过去那样太严肃。这与群众情绪大有关系，应及时注意。只要不急，心里放平静些，表情自然会和缓。

…………

总而言之，你要学习的不仅仅在音乐，还要在举动、态度、礼貌各方面吸收别人的长处。[2] 这些我在留学的时代是极注意的；否则我对你们也不会从小就管这管那，在各种 manners（礼节，仪态）方面跟你们烦了。但望你不要嫌我烦琐，而要想到一切都是要使你更完满、更受人欢喜！

写

【篇末小结】

作者开门见山要谈"重要的事"，一开始，便将读者（即儿子傅聪）的心紧紧抓住，引起重视。接着傅雷指出儿子两个不合礼仪的习惯，告诫儿子要养成良好的礼仪习惯，并列举了几个生活上的例子，要求儿子吸取别人在举动、态度、礼貌各方面的长处，成为一个"更完满、更受人欢喜"的人。

【思考探究】

1.信的开头"重要的事"指的是哪些事？

2.通过这几封信，说说傅雷希望儿子成长为一个怎样的人。

【写作乐园】

细微的生活习惯能折射出一个人的修养。请你谈谈礼仪的重要性。（不少于100字）

※ 九月四日

多高兴，收到你在波兰的第四信和许多照片，邮程只有九日，比以前快了一天。看照片你并不胖，是否太用功，睡眠不足？还是室内拍的照，光暗对比之下显得瘦？又是谁替你拍的？在什么地方拍的，怎么室内有两架琴？又有些背后有竞赛会的广告，是怎么回事呢？[1] 通常总该在照片反面写印日期、地方，以便他日查考。

你的"鬆"字始终写别字，记住上面是"髟"，下面是"松"，"松"便是"鬆"字的读音，记了这点就不会写错了。要写行书，可以如此写：鬆。"高"字的草书是高。[2]

还有一件要紧的小事情，信封上的字别太大，把整个封面都占满了；两次来信，一封是路名被邮票掩去一部分，一封是我的姓名被贴去一只角。因为信封上实在没有地方可贴邮票了。你看看我给你的信封上的字，就可知道怎样才合适。

你的批评精神越来越强，没有被人捧得"忘其所以"，我真快活！你说的脑与心的话，尤其使我安慰。你有这样的了解，才显出你真正的进步。一到波兰，遇到一个如此严格、冷静、着重小节和分析曲体的老师，真是太幸运了。经过他的锻炼，你除了热情澎湃以外，更有个钢铁般的骨骼，使人觉得又热烈又庄严，又有感情又有理智，给人家的力量更深更强！我祝贺你，孩子，我相信你早晚会走到这条路上。过了几年，你的修养一定能够使你的 brain（理智）与 heart（感情）保持平衡。你的性灵越发掘越深厚、越丰富，你的技巧越磨越细，两样凑在一处，必有更广大的听众与批评家会欣赏你。孩子，我真替你快活。

你此次上台紧张，据我分析，还不在于场面太严肃——去年在罗京比赛不是一样严肃得可怕吗？主要是没先试琴，一上去听见 tone（声音）大，已自吓了一跳；touch（触键）不平均，又吓了一跳；pedal（踏板）不好，再吓了一跳。这三个刺激是你二十日上台紧张的最大原因。你说是不是？所以今后你切须牢记，除非是上台比赛，谁也不能先去摸琴，否则无论在私人家或在同学演奏会中，都得先试试 touch（触键）与 pedal（踏板）。我相信下一回你决不会再 nervous（紧张）的。

大家对你的欣赏，妈妈一边念信一边直淌眼泪。你瞧，孩子，你的成功给我们多大的欢乐！而你的自我批评更使我们喜悦得无可形容。

要是你看我的信，总觉得有教训意味，仿佛父亲老做牧师似的；或者我的一套言论，你从小听得太熟，耳朵起了茧；那么希望你从感情出发，体会我的苦心；同时更要想到，只要是真理，是真切的教训，不管出之于父母或朋友之口，出之于熟人生人，都得接受。别因为是听腻了的，无动于衷，当作耳边风！你别忘了，你从小到现在的家庭背景，不但在中国独一无二，而且在世界上也很少很少。哪个人教育一个年轻的艺术学生，除了艺术以外，再加上这么多的道德的。我完全信任你，我多少年来播的种子，必有一日在你身上开花结果——我指的是一个德艺俱备、人格卓越的艺术家！[3]

你的随和脾气多少得改掉一些。对外国人比较容易，有时不妨直说我有事，或者我要写家信。艺术家特别需要冥思默想。老在人堆里（你自己已经心烦了）会缺少反省的机会；思想、感觉、感情也不能好好地整理、归纳。

Krakow（克拉可夫）是一个古城，古色古香的街道、教堂、桥，都是耐人寻味的。清早、黄昏、深夜，在这种地方徘徊必另有一番感触，足以做你诗情画意的材料。我从前住在法国内地一个古城里，叫作 Pettier（博济哀），十三世纪的古城，那种古文化的气息至今不忘，而且常常梦见在那儿踯躅。北欧哥特式（Gothique）建筑，Krakow（克拉可夫）一定不少，也是有特殊风格的。我恨不得飞到你身畔，和你一同赏玩呢！倘有什么风景片（那到处都有卖，很便宜的），不妨写上地名，作明信片寄来。

…………

阿敏已开学，功课之外加上提琴，已忙得不可开交，何来时间学乐理呢？想想他真可怜。他不像你，他童年比你快乐，少年时代却不及你幸运了。现在要补的东西太多了。诗、国文特别要补。暑假中他看了《约翰·克利斯朵夫》，摘下来不懂的 phrase（词语）共有几百之多；去年夏天念《邦斯舅舅》，也是如此。我就在饭后半小时内替他解释，不知解释了多少回才全部解决。一般青年都感到求知欲极旺，根底太差，一下子补又补不起来的苦闷。

这几日因为译完了伏尔泰，休息几天，身心都很疲倦。夏天工作不比平时，格外容易累人。煦良（周煦良，傅雷挚友，著名作家、翻译家）平日谈翻译极有见解，前天送来万余字精心苦练过的译稿要我看看，哪知一塌糊涂。可见理论与实践距离之大！[1] 北京那位苏联戏剧专家老是责备导演们："为什么你们都是理论家，为什么不提提具体问题？"我真有同感。三年前北京《翻译通报》几次要我写文章，我都拒绝了，原因即是空谈理论是没用的，主要是自己动手。

[1] 人物性格：好友精心的译稿在他看来一塌糊涂，可见他对工作的认真、负责，也可以看出他非常的坦诚和耿直。

写

【篇末小结】
　　傅雷的理智与智慧在这封信中展露无遗。他对儿子的问题进行理智分析，并给予解决办法，以最慈爱的心，表达了对儿子取得成功的喜悦，对儿子的自我批评更是喜悦得无法形容。之后傅雷向儿子分享了自己的工作与生活，真正相处得如同朋友一般，做到了"父子如朋友"。他对好友的直言不讳，体现了他耿直的性格特点。

【思考探究】
1.这封信的第四段两次提到"快活"，作者为何感到"快活"，表达了作者怎样的感情？

2.傅雷说的"家庭背景"指的是什么？为什么说傅聪的家庭背景在中国独一无二？

【写作乐园】
傅敏的苦恼带给你哪些启示？（不少于100字）

_____

_____

九月二十一日晨

昨天还有一件事，使我去开了一次会。华东美协为黄宾虹办了一个个人展览会，昨日下午举行开幕式，兼带座谈。我去了，画是非常好。一百多件近作，虽然色调浓黑，但是浑厚深沉得很，而且好些作品远看很细致，近看则笔头仍很粗。这种技术才是上品！我被赖少其（美协主席）逼得没法，座谈会上也讲了话。大概是西画与中画，近代已发展到同一条路上；中画家的技术根基应向西画家学，如写生、写石膏等等；中西画家应互相观摩、学习；任何部门的艺术家都应对旁的艺术感兴趣。发言的人一大半是颂扬作者，我觉得这不是座谈的意义。开会之前，昨天上午八点半，黄老先生就来我家。昨天在会场中遇见许多国画界的老朋友，如贺天健、刘海粟等，他们都说黄先生常常向他们提到我，认为我是他平生一大知己。

写

【篇末小结】

作者在这封信中向儿子分享了自己参加的一个展览会。傅雷对黄宾虹画作的分析鞭辟入里，身为一个大翻译家，他不仅能对儿子进行音乐上的指导，对国画也颇有研究，有自己独到的见解，真正做到了"任何部门的艺术家都应对旁的艺术感兴趣"。

【思考探究】

1.对黄宾虹的画作，作者是如何评价的？

2.作者为什么说"西画与中画，近代已发展到同一条路上"？

【写作乐园】

请你谈谈我们应该如何对待外来文化。（不少于100字）

_____

_____

九月二十一日 *

我差不多无时无刻不在念着你！这次的信隔了二十天才收到。[1]知道你病了几天，做妈妈的更心痛了，我不能照顾你，真有些难受。望你自己格外保重，为了我们也要特别当心。只身在外，言语隔膜，相当孤寂，那是一定的，好在你有音乐陶醉，尤其还有那个艰难的任务，需要你努力，需要你完成。不过练琴也要有个节制、计算，第一不要妨碍你的健康为上。

想到自己的儿子，我也想到年老白发的母亲，最近阿敏搬三楼，我已把你外婆

[1] 写作指导：
直抒胸臆"二十天""才"，具体的数字写出了对儿子思念之深。

接来了，她老态龙钟（形容年老体弱、行动不灵便的样子），知觉迟钝，很是可怜。

九月二十一日

烦闷时，可独自上街走走，看看古教堂、古建筑，或是到郊外散散步。多接近大自然，精神即会松动。

写

【篇末小结】

得知儿子生病，母亲担忧不已，一再叮嘱儿子"健康为上"，流露出对儿子的心疼与关爱。自己对儿子的心，正如母亲对自己的心，母爱就这样一代代延续。

【思考探究】

1.信中"那个艰难的任务"指的是什么？

2.心情烦闷时，除了信上写的几条建议，你还有哪些方法可以排解苦闷？

【写作乐园】

请你给母亲写封信，表达对母亲的爱与感激。（不少于100字）

_____

_____

九月二十八日夜

[1] 人物性格：对人对己都很严格，可见傅雷耿直，不怕得罪人。

[2] 语言赏析："痴痴"二字，形象地写出了作者对儿子的思念。

近来又翻出老舍的《四世同堂》看看，发觉文字的毛病很多，不但修辞不好，上下文语气不接的地方也很多。还有是硬拉硬扯，啰里啰唆，装腔作势，前几年我很佩服他的文章，现在竟发现他毛病百出。可见我不但对自己的译文不满，对别人的创作也不满了。[1]翻老舍的小说出来，原意是想学习，结果找不到什么可学的东西。

…………

平日没有一天不想到你，只是痴痴地等你的信，虽然知道你忙，不到十天左右休想有信，但心里总禁不住存着希望。[2]

外婆还住在我家，可是不但精神麻木已极，连相貌也变得不像从前了。看看这种老态，想到自己也在一天天地往这条路上走，不禁黯然！

写

【篇末小结】

作者对老舍的《四世同堂》进行了批评，可见随着阅历的增加，作者的鉴赏水平也在提高。对生活中看到的作品，他产生的感想随时随地与儿子进行交流。同时他也希望儿子能和自己分享生活，用外婆的老去想到自己不久的将来，希望儿子对自己有所回应。

【思考探究】

1.为什么作者前几年还"很佩服他的文章,现在竟发现他毛病百出"?

2.作者为何在信的最后"不禁黯然",是害怕自己老去吗?

【写作乐园】

衰老病死是自然规律,请你谈谈我们应该如何看待这一问题。(不少于100字)

_____

_____

※ 十月二日

收到九月二十二日晚发的第六封信,很高兴。我们并没为你前信感到什么烦恼或是不安。我在第八信中还对你预告,这种精神消沉的情形,以后还是会有的。我是过来人,决不至于大惊小怪。你也不必为此担心,更不必硬压在肚里不告诉我们。心中的苦闷不在家信中发泄,又哪里去发泄呢?孩子不向父母诉苦向谁诉呢?我们不来安慰你,又该谁来安慰你呢?[1]人一辈子都在高潮低潮中浮沉,唯有庸碌的人,生活才如死水一般;或者要有极高的修养,方能廓然无累,真正地解脱。只要高潮不过分使你紧张,低潮不过分使你颓废就好了。太阳太强烈,会把五谷晒焦;雨水太猛,也会淹死庄稼。[2]我们只求心理相当平衡,不至于受伤而已。你也不是栽了筋斗爬不起来的人。我预料国外这几年,对你整个的人也有很大的帮助。这次来信所说的痛苦,我都理会得;我很同情,我愿意尽量安慰你、鼓励你。克利斯朵夫不是经过多少回这种情形吗?他不是一切艺术家的缩影与结晶吗?慢慢地你会养成另外一种心情对付过去的事,就是能够想到而不再惊心动魄,能够从客观的立场分析前因后果作将来的借鉴,以免重蹈覆辙。一个人唯有敢于正视现实、正视错误,用理智分析,彻底感悟,终不至于被回忆侵蚀。我相信你逐渐会学会这一套,越来越坚强的。我以前在信中和你提过感情的ruin(创伤,覆灭),就是要你把这些事当作心灵的灰烬看,看的时候当然不免感触万端,但不要刻骨铭心地伤害自己,而要像对着古战场一般地存着凭吊的心怀。倘若你认为这些话是对的,对你有些启发作用,那么将来在遇到因回忆而痛苦的时候(那一定免不了会再来的),拿出这封信来重读几遍。

说到音乐的内容,非大家指导见不到高天厚地的话,我也有另外的感触,就是学生本人先要具备条件:心中没有的人,再经名师指点也是枉然的。[3]

[1] 情节分析:
希望分担儿子的苦闷,三个问句写出了父母对儿子毫无保留、至真至纯的爱。

[2] 写作指导:
类比。形象地为儿子讲述过犹不及的道理,让儿子可以用正确的心态面对生活中的高潮与低谷。

[3] 情节分析:
振聋发聩。想学好一门艺术,必须心有所感,兴趣所致。

写

【篇末小结】
这封信是傅雷劝慰意志消沉的儿子的。作者首先以过来人的身份告诉儿子,意志消沉是一种正常的情绪,并以克利斯朵夫为例,鼓励儿子面对现实,正视得失。

【思考探究】

1."慢慢地你会养成另外一种心情对付过去的事"，是一种怎样的心情？

2."像对着古战场一般地存着凭吊的心怀"是一种怎样的心怀？

【写作乐园】

读了这封信，谈谈我们应该如何面对人生的低谷。（不少于100字）

_____

_____

※ 十月二十二日晨

昨天尚宗（吴尚宗，系傅雷二十世纪三十年代在上海美专任教时的学生）打电话来，约我们到他家去看作品，给他提些意见。话说得相当那个，不好意思拒绝。下午三时便同你妈妈一起去了。他最近参加华东美展落选的油画《洛神》，和以前画佛像、观音等等是一类东西。面部既没有庄严沉静的表情（《观音》），又没有出尘绝俗的世外之态（《洛神》），而色彩又是既不强烈鲜明，又不深沉含蓄。显得作者的思想只是一些莫名其妙的烟雾，作者的情绪只是浑浑沌沌的一片无名东西。我问："你是否有宗教情绪，有佛教思想？"他说："我只喜欢富丽的色彩，至于宗教的精神，我也曾从佛教画中追寻他们的天堂等等的观念。"我说："他们是先有了佛教思想、佛教情绪，然后求那种色彩来表达他们那种思想与情绪的。你现在却是倒过来。而且你追求的只是色彩，而你的色彩又没有感情的根源。受外来美术的影响是免不了的，但必须与一个人的思想感情结合。[1]否则徒袭形貌，只是作别人的奴隶。佛教画不是不可画，而是要先有强烈、真诚的佛教感情，有佛教人生观与宇宙观。或者是自己有一套人生观、宇宙观，觉得佛教美术的构图与色彩恰好表达出自己的观念情绪，借用人家的外形，这当然可以。倘若单从形与色方面去追求，未免舍本逐末，犯了形式主义的大毛病。何况即以现代欧洲画派而论，纯粹感官派的作品是有极强烈的刺激感官的力量的。自己没有强烈的感情，如何叫看的人被你的作品引起强烈的感情？自己胸中的境界倘若不美，人家看了你作品怎么会觉得美？你自以为追求富丽，结果画面上根本没有富丽，只有俗气乡气，岂不说明你的情绪就是俗气乡气（当时我措辞没有如此露骨）？[2]唯其如此，你虽犯了形式主义的毛病，连形式主义的效果也丝毫产生不出来。"

我又说："神话题材并非不能画，但第一，跟现在的环境距离太远；第二，跟现在的年龄与学习阶段也距离太远。没有认清现实而先钻到神话中去，等于少年人醇酒、妇人的自我麻醉，对前途是很危险的。学西洋画的人第一步要训练技巧，要多看外国作品，其次要把外国作品忘得干干净净——这是一件很艰苦的工作——同时再追求自己的民族精神与自己的个性。"

[1] 情节分析：作者对儿子的教育融入方方面面，告诫儿子不仅仅是美术，音乐同样要与思想感情结合。

[2] 语言赏析：连用反问句，表现了傅雷对此事激烈的态度。

以尚宗的根基来说，至少再要在人体花五年十年工夫才能画理想的题材，而那时是否能成功，还要看他才具而定。后来又谈了许多整个中国绘画的将来问题，不再细述了。总之，我很感慨，学艺术的人完全没有准确的指导。解放以前，上海、杭州、北京三个美术学校的教学各有特殊缺点，一个都没有把艺术教育用心想过、研究过。新中国成立以来，成天闹思想改造，而没有击中思想问题的要害。许多有关根本的技术训练与思想启发，政治以外的思想启发，不要说没人提过，恐怕脑中连影子也没有人有过。

学画的人事实上比你们学音乐的人，在此时此地的环境中更苦闷。先是你们有唱片可听，他们只有些印刷品可看；印刷品与原作的差别和唱片与原演奏的差别，相去不可以道里计。其次你们是讲解西洋人的著作（以演奏家论），他们是创造中国民族的艺术。你们即使弄作曲，因为音乐在中国是处女地，故可以自由发展；不比绘画有一千多年的传统压在青年们精神上，缚手缚脚。你们不管怎样无好先生指导，至少从小起有科学方法的训练，每天数小时的指法练习给你们打根基；他们画素描先在时间上远不如你们的长，顶用功的学生也不过画一二年基本素描，其次也没有科学方法帮助。出了美术院就得"创作"，不创作就谈不到有表现；而创作是解放以来整个文艺界，连中欧各国在内，都没法找出路（心理状态与情绪尚未成熟，还没到瓜熟蒂落、能自然而然找到适当的形象表现）。

从胡尚宗家回来，就看到你的信与照片，今晨又收到大照片两张。

…………

你的比赛问题固然是重负，但无论如何要作一番思想准备。只要尽量以得失置之度外，就能心平气和，精神肉体完全放松，只有如此才能希望有好成绩。这种修养趁现在做起还来得及，倘若能常常想到"文章千古事，得失寸心知"的名句，你一定会精神上放松得多。唯如此才能避免过度的劳顿与疲乏的感觉。最折磨人的不是脑力劳动，也不是体力劳动（那种疲乏很容易消除，休息一下就能恢复精力），而是操心（worry）！孩子，千万听我的话。

下功夫叫自己心理上松动，包管你有好成绩。紧张对什么事都有弊无利。从现在起到比赛还有三个多月，只要凭"愚公移山"的意志，存着"我尽我心"的观念；一紧张就马上叫自己宽弛，对付你的精神要像对付你的手与指一样，时时刻刻注意放松，我保证你明年会成功。[1] 这个心理卫生的功夫对你比练琴更重要，因为练琴的成绩以心理的状态为基础，为主要条件！你要我们少为你操心，也只有尽量叫你放松。这些话你听了一定赞成，也一定早想到的，但要紧的是实地做去，而且也要跟自己斗争；斗争的方式当然不是紧张，而是冲淡，而是多想想人生问题、宇宙问题，把个人看得渺小一些，那么自然会减少患得患失之心，结果身心反而舒泰，工作反而顺利！下次信来，希望你报告我们在这方面努力的结果如何。

…………

平日你不能太忙。人家拉你出去，你事后要补足功课，这个对你精力是有妨碍的。还是以练琴的理由，多推辞几次吧。要不紧张，就不宜于太忙；宁可空下来自己静静地想想，念一两首诗玩味一下。切勿一味重情，不好意思。工作时间不跟人出去，做成了习惯，也不会得罪人的。人生精力有限，谁都只有二十四小时；不是安排得严密，像你这样要弄坏身体的，人家技巧不需苦练，比你闲，你得向他们婉转说明。这一点上，你不妨常常想起我的榜样，朋友们也并不怪怨我呀。

[1] 写作指导：
将精神具象化，提到与手指一样的地位，写出了心理卫生的重要性。

写

【篇末小结】

这封信主要有两部分：第一部分和儿子分享自己对油画的看法，强调感情对油画作品的重要性，再由画联想到音乐，分析儿子走音乐道路的优越性。第二部分告诫儿子要重视心理卫生，体现了傅雷在教育上的独特见解。

【思考探究】

1. 作者为什么认为学画的人比学音乐的人更苦闷？

2. 读完这封信，请你谈谈心理卫生的重要性。

【写作乐园】

人的精力有限，我们应该如何平衡朋友交往与学业之间的关系？（不少于100字）

_____

_____

十月二十二日晨

你来信鼓励敏立即停学。我的意思是问题不简单。第一，在家不能单学小提琴，他的语文根底太差。我自己太忙，不能兼顾；要请好教员，大家又忙得要命，再无时间精力出来教课。其他如文史常识也缺乏适当的人教。第二，他自此为止在提琴方面的表现只能说中等；在家专学两三年后是否有发展可能毫无把握。第三，倘要为将来学乐理作准备，则更需要学钢琴，而照我们的学理论的标准，此方面的程度也要和顾圣婴、李名强差不多。此事更难，他年龄已大，目前又有新旧方法两派，既知道了新的，再从旧方法开场，心里有些不乐意。学新方法只有一个夏国琼能教，而这样一个初学的人是否值得去麻烦她呢？敏的看谱能力不强，夜长梦多，对钢琴更渺茫。第四，截至目前，敏根底最好的还是自然科学与数学，至少这是在学校里有系统的训练的；不比语文、文史的教学毫无方法。倘等高中毕业以后再酌量情形决定，则进退自如。倘目前即辍学，假如过了两年，提琴无甚希望，再要回头重读正规学校，困难就多了。我对现在的学校教育当然有很多地方不满，但别无更好的方案可以代替学校教育。你学了二三个月琴，就有显著的特点，所以雷伯伯（雷垣，傅雷上海大同附中的同学、傅聪钢琴启蒙老师）、李阿姨（李惠芳，著名男低音歌唱家斯义桂的夫人、傅聪的第二位钢琴老师。傅聪忆及自己儿时学琴的老师，称李惠芳自由开放的教学方式对他影响最大）也热心。而且你的时代还能请到好教员补英文、国文。敏本身的资质不及你，环境也不及你的好，而且年龄也大了，我不能对他如法炮制。不知你看了我这些分析觉得怎样？

即使我们的目的并不在于训练一个演奏人才，但到乐队去当一个普通的小提琴手，也不是容易的事。

写

【篇末小结】

这封信解释了傅雷为何不赞同傅敏停学学习音乐。傅雷和傅聪对傅敏的音乐道路持不同的观点，傅雷对傅敏的资质及所处的环境一一做了分析，并以傅聪做对比，不主张傅敏走傅聪的道路，希望能得到儿子的理解。傅雷因材施教的教育方法值得学习。

【思考探究】

1.傅雷为什么不赞同傅敏暂停学业专攻音乐？

2.查阅资料，品读傅敏的人物生平，你赞成傅雷的决定吗？

【写作乐园】

没有天赋就能抹杀兴趣吗？你如何看待这个问题？（不少于100字）

_____

_____

十一月一日夜

刚听了波兰 Regina Smangianka（雷吉娜·斯曼齐安卡）音乐会回来，上半场由上海乐队奏德伏夏克的第五（"New World"〔"新世界"〕），下半场是 Egmont Overture（《哀格蒙特序曲》）和 Smangianka（斯曼齐安卡）弹的贝多芬《第一钢琴协奏曲》。

··········

Concerto（《协奏曲》）弹得很好；乐队伴奏居然也很像样，出乎意外，因为照上半场的德伏夏克听来，叫人替他们捏一把汗。Scarlatti（斯卡拉蒂）光芒灿烂，意大利风格的 brio（活力，生气）都弹出来了。Chopin（肖邦）的 Etude（《练习曲》），又有火气，又是干净。这是近年来听到的最好的音乐会。[1]

[1] 情节分析：与儿子分享自己参加音乐会的经历，并进行了简单的评价。

我们今晚送了一只花篮，附了一封信（法文）给她，说你早在九月中报告过，我借此机会表示欢迎和祝贺之意。不知她能否收到，因为门上的干事也许会奇怪，从来没有"个人"送礼给外宾的。

··········

斯曼齐安卡从前是谁的学生，你知道吗？她倒是极有个性、极有前途的。上届肖邦竞赛中她得了第几奖？望来信告知。台上的 manners（仪表）和谢幕的风度也够迷人，以品貌而论，也是近年来第一。

写

【篇末小结】

傅雷听到了"近年来听到的最好的音乐会"，迫不及待地分享给儿子。傅雷询问儿子斯曼齐安卡的老师和其他信息，以引起远在波兰的儿子对其的关注，做到见贤思齐，并告诉他自己为这场美妙的音乐会的演奏者送上了花篮。就傅雷对音乐的鉴赏水平而言，音乐会的演奏者必定十分出色，才能得到他如此高的评价。

【思考探究】

1. 结合语义，"从来没有'个人'送礼给外宾的"中的"个人"是什么意思？

2. 为什么傅雷说"这是近年来听到的最好的音乐会"？

【写作乐园】

请描述一下你参加过的盛会。（不少于100字）

_____

_____

※ 十一月十七日午

[1] 情节分析：
对时间的精确记忆，是父爱深沉的一种体现。

从十月二十一日接到你波兰第七信到现在，已有二十七天，算是隔得最长久的一次得不到你消息。[1] 所担心的是你身体怎样，无论如何忙，总不至于四星期不写信吧。你到波以后常常提到精神极度疲乏，除了工作的"时间"以外，更重要的恐怕还是工作时"消耗精力"的问题。倘使练琴时能多抑制情感，多着重于技巧，多用理智，我相信一定可以减少疲劳。比赛距今尚有三个多月，长时期的心理紧张与感情高昂，足以影响你的成绩。千万小心，自己警惕，尽量冷静为要！我十几年前译书，有时也一边译一边感情冲动得很，后来慢慢改好了。

因为天气太好了，忍不住到杭州去了三天，在黄宾翁家看了一整天他收藏的画，元、明、清都有。回沪后便格外忙碌，上星期日全天"加班"。除了自己工作以外，尚有朋友们托的事。例如最近西禾（陈西禾，傅雷挚友，著名电影编导、评论家）译了一篇罗曼·罗兰写的童年回忆，拿来要我校阅，从头至尾花了大半日工夫，把五千字的译文用红笔画出问题，又花了三小时和他当面说明。他原来文字修养很好，但译的经验太少，根本体会不到原作的风格、节奏。原文中的短句子和一个一个的形容词都译成长句，拼在一起那就走了样，失了原文的神韵。而且用字不恰当的地方几乎每行都有。

[2] 情节分析：
以陈西禾的事情告诫儿子不要怕吃苦，有付出才有收获。

毛病就是他功夫用得不够，没吃足苦头决不能有好成绩！[2]

…………

孩子，你尽管忙，家信还是要多写，即使短短几行也可以；你不知父母常常在心里惦念，沉默久了，就要怕你身体是否健康；我这一星期就是精神很不安定，虽则忙着工作，肚里老是有个疙瘩；一定要收到了你的信，才"一块石头落地"！

练琴一定要节制感情，你既然自知责任重大，就应当竭力爱惜精神。好比一个参加世运的选手，比赛以前的几个月，一定要把身心的健康保护得非常好，才能有充沛的精力出场竞赛。俗语说"养兵千日"，"养"这个字极有道理。

你收发家信也要记账，平日可以查查有多少天不写信了。最近你是十月十二日写的信，你自己可记得吗？多少对你的爱、对你的友谊，不知如何在笔底下传达给你！孩子，我精神上永远和你在一起！

写

【篇末小结】

作者在这封信中，告诉了儿子两个道理。一个是想要有所收获，就一定要先有所付出。另一个是要学会节制感情，过度的紧张与压抑对学习生活有弊无利。作者开头、中间、结尾一直告诉儿子要多多写信，处处表现出父亲对儿子浓浓的思念。

【思考探究】

1. 分析"五千字""三小时"两组数据起到了怎样的作用？

2. 作者之前说艺术创作要有自己的感情，现在又说要节制感情，是否矛盾？

【写作乐园】

你有多久没有和父母深入交流过了？把你想对父母说的话写一写吧。（不少于100字）

_____

_____

※ 十一月二十三日夜

多少天的不安，好几夜三四点醒来睡不着觉，到今日才告一段落。你的第八信和第七信相隔整整一个月零三天。我常对你妈说："只要是孩子工作忙而没写信或者是信在路上丢了，倒也罢了。我只怕他用功过度，身体不舒服，或是病倒了。"谢天谢地！你果然是为了太忙而少写信。别笑我们，尤其别笑你爸爸这么容易着急。这不是我能够克制的。天性所在，有什么办法。以后若是太忙，只要寥寥几行也可以，让我们知道你平安就好了。等到稍空时再写长信，谈谈一切音乐和艺术的问题。

你为了俄国钢琴家（指苏联著名钢琴家李赫特）兴奋得一晚睡不着觉；我们也常常为了些特殊的事而睡不着觉。神经锐敏的血统都是一样的，所以我常常劝你尽量节制。那钢琴家是和你同一种气质的，有些话只能增加你的偏向。比如说每次练琴都要让整个人的感情激动。我承认在某些 romantic（浪漫底克）性格，这是无可避免的；但"无可避免"并不一定就是艺术方面的理想，相反有时反而是一个大累！为了艺术的修养，在 heart（感情）过多的人还需要尽量自制。中国哲学的理想、佛教的理想，都是要能控制感情，而不是让感情控制。假如你能掀动听众的感情，使他们如醉如狂、哭笑无常，而你自己屹如泰山，像调度千军万马的大将军一样不动声色，那才是你最大的成功，才是到了艺术与人生的最高境界。[1]你该记得贝多芬的故事，有一回他弹完了琴，看见听的人都流着泪，他哈哈大笑道："嘿！你们都是傻子。"艺术是火，艺术家是不哭的。这当然不能一蹴即成，尤其是你，但不能不把这境界作为你终生努力的目标。罗曼·罗兰心目中的大艺术家也是这一派。

关于这一点，最近几信我常与你提到，你认为怎样？

我前晌对恩德说："音乐主要是用你的脑子，把你朦朦胧胧的感情（对每一个乐曲、每一章、每一段的感情）分辨清楚，弄明白你的感觉究竟是怎么一回事；等

[1] 写作指导：运用比喻的修辞手法，形象地写出了什么才是艺术与人生的最高境界。告诫儿子要学会控制自己的感情，不要被感情支配。

到你弄明白了，你的境界十分明确了，然后你的 technic（技巧）自会跟踪而来的。"你听听，这话不是和 Richter（李赫特）说的一模一样吗？我很高兴，我从一般艺术上了解的音乐问题，居然与专门音乐家的了解并无分别。

技巧与音乐的宾主关系，你我都是早已肯定了的；本无须逢人请教，再在你我之间讨论不完，只因为你的技巧落后，存了一个自卑感，我连带也为你操心；再加近两年来国内为什么 school（学派）、什么派别，闹得惶惶然无所适从，所以不知不觉对这个问题特别重视起来。现在我深信这是一个魔障，凡是一天到晚闹技巧的，就是艺术工匠而不是艺术家。一个人跳不出这一关，一辈子也休想梦见艺术！艺术是目的，技巧是手段，老是只注意手段的人，必然会忘了他的目的。[1]甚至一些有名的 virtuoso（演奏家，演奏能手）也犯的这个毛病，不过程度高一些而已。

[1] 情节分析：探讨技巧与艺术的关系。告诫儿子要注意技巧只是达到艺术目的的手段。

写

【篇末小结】
　　作者用了较多笔墨告诉儿子什么是艺术的最高境界。先通过比喻进行详细描述，再以贝多芬的例子告诉儿子艺术家应该追求什么样的境界。后半部分主要探讨了艺术与技巧之间的关系。技巧固然重要，但忽视目的，一味注重技巧，只能成为艺术工匠，而不是艺术家。

【思考探究】
1. "那钢琴家是和你同一种气质的"，指的是哪一种气质？

2. 用自己的话说说技巧与艺术之间的关系。

【写作乐园】
　　傅聪为了音乐兴奋得一晚睡不着觉。你有没有这样为某事睡不着觉的经历？和大家分享一下吧！（不少于 100 字）

_____

_____

※ 十二月二十七日

　　十八日收到节目单、招贴、照片及杰老师的信，昨天（二十六日）又收到你的长信（这是你第九封），好消息太多了，简直来不及，不知欢喜了哪一样好！妈妈老说："想起了小囡（jiǎn；儿子），心里就快活！"好孩子，你太使人兴奋了。

　　一天练出一个 concerto（协奏曲）的三个乐章带 cadenza（华彩段），你的 technic（技巧）和了解真可以说是惊人。你上台的日子还要练足八小时以上的琴，也叫人佩服你的毅力。孩子，你真有这个劲儿，大家说还是像我，我听了好不 flattered（受宠若惊）！不过身体还得保重，别为了多争半小时一小时，而弄得筋疲力尽。从现在起，你尤其要保养得好，不能太累，休息要充分，常常保持 fresh（饱满）的精神。好比参加世运的选手，离上场的日期愈近，身心愈要调养得健康，精神饱满比什么都重要。所谓 The first prize is always "luck"（第一名总是"碰运气的"）这句话，一部分也是这个道理。目前你的比赛节目既然差不多了，technic（技巧）、pedal（踏板）也解决了，那更不必过分拖累身子！再加一个半月的琢磨，自然还会百尺竿头，更进一步；你不用急，不但你有信心，老师也有信心，我们大家都有信心，主要仍在于心理修养、精神修养，存了"得失置之度外""胜败兵家之常"那样无挂无碍的心，包你没有问题的。第一，饮食寒暖要极小心，一点儿差池不得。比赛以前，连小伤风都不让它有，那就行了。[1]

到波兰五个月，有这样的进步，恐怕你自己也有些出乎意外吧。李先生今年一月初说你 Gain scome with maturity（因日渐成熟而有所进步），真对。勃隆斯丹过去那样赏识你，也大有先见之明。还是我做父亲的比谁都保留，其实我也是 Expect the worst, hope for the best（作最坏的打算，抱最高的希望）。我是你的舵工，责任最重大；[2] 从你小时候起，我都怕好话把你宠坏了。现在你到了这地步，样样自己都把握得住，我当然不再顾忌，要跟你说我真高兴、真骄傲！中国人气质、中国人灵魂，在你身上和我一样强，我也大为高兴。

....

你现在手头没有散文的书（指古文），《世说新语》大可一读。日本人几百年来都把它当作枕中秘宝。我常常缅怀两晋六朝的文采风流，认为是中国文化的一个高峰。

《人间词话》，青年们读得懂得太少了；肚里要不是先有上百首诗、几十首词，读此书也就无用。再说目前的看法，王国维是"唯心"的；在此俞平伯"大吃生活"之际，王国维也是受批判的对象。其实唯心唯物不过是一物之两面，何必这样死拘！我个人认为中国有史以来，《人间词话》是最好的文学批评。开发性灵，此书等于一把金钥匙。一个人没有性灵，光谈理论，其不成为现代学究、当世腐儒、八股专家也鲜矣！为学最重要的是"通"，"通"才能不拘泥、不迂腐、不酸、不八股；"通"才能培养气节、胸襟、目光；"通"才能成为"大"，不大不博，便有坐井观天的危险。我始终认为弄学问也好，弄艺术也好，顶要紧是 humain（法文字，意为"人"），要把一个"人"尽量发展，没成为某某家以前，先要学做人；否则，那种某某家无论如何高明也不会对人类有多大贡献。这套话你从小听腻了，再听一遍恐怕更觉得烦了。[3]

....

妈妈说你的信好像满纸都是 sparkling（光芒四射，耀眼生辉）。当然你浑身都是青春的火花，青春的鲜艳，青春的生命、才华，自然写出来的有那么大的吸引力了。我和妈妈常说，这是你一生之中的黄金时代，希望你好好地享受、体验，给你一辈子做个最精彩的回忆的底子！眼看自己一天天地长大成熟、进步，了解的东西一天天地加多，精神领域一天天地加阔，胸襟一天天地宽大，感情一天天地丰满深刻，这不是人生最美满的幸福是什么！这不是最隽永最迷人的诗歌是什么！孩子，你好福气！

写

【篇末小结】
　　傅雷用充满自豪的口吻，对儿子在音乐上取得的进步进行了由衷的赞美和肯定，字里行间透露着作者难以掩饰的喜悦。与此同时不忘关心儿子的身体健康，浓浓父爱，尽诉于笔端。作者借《人间词话》告诫儿子，做学问、做艺术之前一定要先学会做人，不能对人类有所贡献的成就毫无用处。

【思考探究】
1. 傅聪的哪些表现令父母"兴奋"？

[1] 段落分析：
对儿子取得的进步感到非常自豪，夸赞的同时不忘嘱咐儿子保重身体。父爱如山，深沉感人。

[2] 写作指导：
将自己比喻成"舵工"，可见傅雷身为父亲的使命感和责任感。

[3] 情节分析：
教导孩子做学问之前要先学会做人。

2.作者认为人生最美满的幸福是什么？

【写作乐园】
请你谈谈做学问与做人之间的关系。（不少于100字）

_____

_____

十二月三十一日晚

寄你的书里，《古诗源选》《唐五代宋词选》《元明散曲选》前面都有序文，写得不坏；你可仔细看，而且要多看几遍；隔些日子温温，无形中可以增加文学史及文学体裁的学识，和外国朋友谈天也多些材料。[1]谈词、谈曲的序文中都提到中国固有音乐在隋唐时已衰敝，宫廷盛行外来音乐；故真正古乐府（指魏晋两汉的）如何唱法在唐时已不可知。这一点不但是历史知识，而且与我们将来创作音乐也有关系。换句话说，非但现时不知唐宋人如何唱诗、唱词，即使知道了也不能说那便是中国本土的唱法。至于龙沐勋氏在序中说"唐宋人唱诗唱词，中间常加'泛音'，这是不应该的（大意如此）"；我认为正是相反，加泛音的唱才有音乐可言。后人把泛音填上实字，反而是音乐的大阻碍。昆曲之所以如此费力、做作，中国音乐被文字束缚到如此地步，都是因为古人太重文字，不大懂音乐；懂音乐的人又不是士大夫，士大夫视音乐为工匠之事，所以弄来弄去发展不出。汉魏之时有《相和歌》，明明是 duet（二重唱）的雏形，倘能照此路演进，必然早有 polyphonic（复调）的音乐。不料《相和歌》辞不久即失传，故非但无 polyphony（复调音乐），连 harmony（和声）也产生不出。真是太可惜了。[2]

写

【篇末小结】
这封信中，作者主要就中国古代音乐与儿子进行交流探讨。作者对古代音乐的发展进行了剖析，对复调音乐没有在中国发展出来深表遗憾。作者言传身教，悉心教导儿子对中国音乐进行批判式的继承。傅聪在之后的人生中，常常借用中国文化与哲学，便是得益于父亲的启发教导。

【思考探究】
1.作者认为昆曲如此费力、做作的原因是什么？

2.为什么即使知道了唐宋人如何唱诗、唱词，也不能说这便是中国本土的唱法？

【写作乐园】
请你谈谈我们应该如何保护传统文化。（不少于100字）

_____

_____

第二卷 / 一九五五年

【卷首语】

为了迎接肖邦国际钢琴大赛，傅聪勤于练琴，傅雷劝导其在比赛前应该适当放松，保持精力充沛。对于儿子的赛事，傅雷更是时时刻刻都在关注，即使远隔千里，也在众多报道中细细寻找儿子的消息，并对其如数家珍。在得知儿子取得巨大成就之后，傅雷对其进行了赞叹与肯定。对于傅聪希望能赴苏联学习钢琴一事，傅雷进行了耐心细致的分析，认为此时赴苏联学习并不合适。对于傅聪希望换老师的想法，傅雷鼓励儿子向杰老师坦率地表达自己的想法。傅雷在信中要求儿子厉行节约，合理安排时间，多写信以整理自己的思想。傅雷对儿子的严格要求，为傅聪的成功打下了坚实的基础。

一月九日深夜

开音乐会的日子，你仍维持八小时工作；你的毅力、精神、意志固然是惊人，值得佩服，但我们毕竟为你操心。孩子，听我们的话，不要在已经觉得疲倦的时候再 force（勉强）自己。多留一分元气，在常理看还是占便宜的。尤其在比赛以前半个月，工作时间要减少一些，最要紧的是保养身心的新鲜，元气充沛，那么你的演奏也一定会更丰满、更 fresh（清新）！[1]

[1] 情节分析：叮嘱傅聪劳逸结合，比赛前夕，要保持元气充沛，更好地迎接比赛。

写

【篇末小结】

这封信是作者在儿子比赛前夕对他的叮嘱。傅聪即将参加一场非常重要的比赛，长时间努力练习，精神、毅力值得钦佩，但对一位父亲来讲，儿子的身体更为重要，而且音乐会考前适当放松，保持元气，更有助于取得好成绩。这种教育理念在今天仍是比较先进的。

【思考探究】

1. 减少工作时间，为什么是一件"占便宜"的事？

2. 作者认为比赛前最重要的事情是什么？

【写作乐园】

很多同学考试前一秒都不忘努力学习。读了这封信，你想对这些人说些什么？（不少于100字）

_____

_____

一月二十二日夜 *

[1] 语言赏析：
"望眼欲穿"写出了父母对儿子深深的思念。

差不多快一个月了没接到你的信，天天希望有你的信，真是望眼欲穿了。[1] 最近为了爸爸跌伤了右腿，又正逢过年，里里外外把我忙得不可开交，因此也不能静下来给你写信。上星期日（十七日）中午有位老先生，是黄宾虹的老朋友，请爸爸和周伯伯（煦良）在锦江饭店吃午饭。不幸得很，他一进门（是侧门），不知里面有四五级石阶就往下走，眼睛忙着看什么厅什么厅的一间间餐室，脚下却不留意，以为是平地，就这么踩空了，一跤摔下去，地下是水门汀，所以一跌下去就不能动，许多人把他扶起来，痛得厉害，勉强吃了一点东西。一方面周伯伯打电话回来告诉我，把我急死了，就通知林医生（即林俊卿医生，著名内科大夫，声乐教育家），等周伯伯送爸爸回来，经林医生诊断结果，真是不幸中之万幸，骨头没有跌断，伤了神经，可是也够痛苦的，自己一点也不能动弹，什么事都要人家帮忙，后来又找了一个伤科医生，诊断也是如此，贴了伤膏药，同时吃林医生给的止痛药，总算一天好似一天，到今天为止，在床上躺了一星期，痛是好多了，可是还不能行动，只能偶尔坐坐。今年天气特别冷，我就陪着他睡在书房内，开头几天痛得不能安睡，自己又不能翻身，我一夜要起来几次，幸而有炉子，就是睡眠不足而已。现在好得多了，我也安心些了。你知道爸爸还有腰酸背痛的病，这次的到底跌得太重了，所以又引起了腰酸的病，这几天倒是腰酸重于腿痛。希望能早日恢复，否则更要心焦。

一月二十二日夜

[2] 情节分析：
两个"爸爸说"，可见傅雷即使生病，依然关心儿子的比赛与身体健康，父爱令人动容。

爸爸说，评判员的名单希望你抄一份来。爸爸说比赛期越近，越要多休息，千万千万！[2] 多阅读中国的东西，可以转移你的精神紧张，同时也是精神养料，对比赛前期也是一种摄身之道。因为这样心情更可放松。

写

【篇末小结】
在信中，朱梅馥简述了丈夫傅雷的近况：赴友人之约，却不小心跌伤了腿。最后，从朱梅馥之口，可以看出傅雷对儿子的关怀，时刻不忘疏导儿子的情绪。

【思考探究】
1.信中说"不幸得很"，发生了什么不幸的事情？

2.你知道哪些可以在重要事情前放松心情的方法？

【写作乐园】
信中说："多阅读中国的东西，可以转移你的精神紧张，同时也是精神养料，对比赛前期也是一种摄身之道。"请你为他推荐一些"中国的东西"，并说明理由。（不少于100字）

※ 一月二十六日

元旦一手扶杖，一手搭在妈妈肩上，试了半步，勉强可走，这两日也就半坐半卧。但和残废一样，事事要人服侍，单独还是一步行不得。大概再要养息一星期方能照常。

早预算新年中必可接到你的信，我们都当作等待什么礼物一般地等着。果然昨天早上收到你来信，而且是多少可喜的消息。孩子！要是我们在会场上，一定会禁不住涕泗横流的。世界上最高的最纯洁的欢乐，莫过于欣赏艺术，更莫过于欣赏自己的孩子的手和心传达出来的艺术！[1] 其次，我们也因为你替祖国增光而快乐！更因为你能借音乐而使多少人欢笑而快乐！想到你将来一定有更大的成就，没有止境的进步，为更多的人更广大的群众服务，鼓舞他们的心情，抚慰他们的创痛，我们真是心都要跳出来了！能够把不朽的大师的不朽的作品发扬光大，传播到地球上每一个角落去，真是多神圣、多光荣的使命！孩子，你太幸福了，天待你太厚了。我更高兴的更安慰的是，多少过分的谀辞与夸奖，都没有使你丧失自知之明，众人的掌声、拥抱，名流的赞美，都没有减少你对艺术的谦卑！[2] 总算我的教育没有白费，你二十年的折磨没有白受！你能坚强（不为胜利冲昏了头脑是坚强的最好的证据），只要你能坚强，我就一辈子放了心！成就的大小、高低，是不在我们掌握之内的，一半靠人力，一半靠天赋，但只要坚强，就不怕失败、不怕挫折、不怕打击——不管是人事上的、生活上的、技术上的、学习上的——打击；从此以后你可以孤军奋斗了。何况事实上有多少良师益友在周围帮助你、扶掖你。还加上古今的名著，时时刻刻给你精神上的养料！孩子，从今以后，你永远不会孤独了，即使孤独也不怕了！

赤子之心这句话，我也一直记住。赤子便是不知道孤独的。赤子孤独了，会创造一个世界，创造许多心灵的朋友！[3] 永远保持赤子之心，到老也不会落伍，永远能够与普天下的赤子之心相接相契相抱！你那位朋友说得不错，艺术表现的动人，一定是从心灵的纯洁来的！不是纯洁到像明镜一般，怎能体会到前人的心灵？怎能打动听众的心灵？

斯曼齐安卡说的肖邦协奏曲的话，使我想起前两信你说 Richter（李赫特）弹柴可夫斯基的协奏曲的话。一切真实的成就，必有人真正的赏识。

音乐院院长说你的演奏像流水、像河，更令我想到克利斯朵夫的象征。天舅舅说你小时候常以克利斯朵夫自命；而你的个性居然和罗曼·罗兰的理想有些相像了。河、莱茵、江声浩荡……钟声复起，天已黎明……中国正到了"复旦"的黎明时期，但愿你做中国的——新中国的——钟声，响遍世界，响遍每个人的心！滔滔不竭的流水，流到每个人的心坎里去，把大家都带着，跟你一块儿到无边无岸的音响的海洋中去吧！名闻世界的扬子江与黄河，比莱茵的气势还要大呢！……[4] 黄河之水天上来，奔流到海不复回！……无边落木萧萧下，不尽长江滚滚来！……有这种诗人灵魂的传统的民族，应该有气吞牛斗的表现才对。

你说常在矛盾与快乐之中，但我相信艺术家没有矛盾不会进步、不会演变、不会深入。有矛盾正是生机蓬勃的明证。眼前你感到的还不过是技巧与理想的矛盾，将来你还有反复不已更大的矛盾呢：形式与内容的枘凿，自己内心的许许多多不可

---

[1] 情节分析：
欣赏艺术本就是最纯洁的快乐，欣赏自己儿子传达的艺术更是如此。心中的自豪溢于言表，这是傅雷 20 年情怀的释放。

[2] 情节分析：
欣喜之余，不忘夸赞儿子面对成功谦卑的心态。保持谦虚谨慎不仅是个人修养，也是获得更多、更大成功的基石。

[3] 情节分析：
赤子之心是世界上最纯洁的情感，赤子之所以会孤独，是因为世间往往对其有误解与排斥。赤子不孤独，是因为普天下的赤子心有灵犀，都有更强大的精神力量。

[4] 写作指导：
通过形象的比喻，傅雷心中浩瀚磅礴的情感倾泻而出，表达了对儿子的赞美以及对祖国的热爱，寄托了对儿子巨大的期望。

预料的矛盾，都在前途等着你。别担心，解决一个矛盾，便是前进一步！矛盾是解决不完的，所以艺术没有止境，没有 perfect（完美，十全十美）的一天，人生也没有 perfect（完美，十全十美）的一天！[1] 唯其如此，才需要我们夜以继日，终生的追求、苦练；要不然大家做了羲皇上人，垂手而天下治，做人也太腻了！

[1] 情节分析：
用辩证的观点来开导儿子。人生是不可能没有矛盾的，人的进步，往往是在解决矛盾的过程中获得的，揭示了矛盾与艺术辩证统一的关系。

附：一月十六日聪信摘录（波十）

从十二月十九日克拉可夫的第一次音乐会以后，我已经又开了三次音乐会——一月八日、九日、十三日。明天到另一个城市琴斯托霍瓦去，有两个交响音乐会，我弹肖邦的协奏曲。十九日再往比斯措举行独奏会。二十日去华沙，逗留两星期，那是波兰方面最后一次集体学习，所有的波兰选手与教授都在那里，我也参加。

克拉可夫的第一次音乐会非常成功，听众热烈得如醉若狂。雷吉娜·斯曼齐安卡说："肖邦这个协奏曲在波兰是听得烂熟的了，已经引不起人们的兴趣；但是在你的演奏中，差不多每一个小节都显露出新的面貌，那么有个性而又那么肖邦。总而言之，我重新认识了一个新的肖邦《协奏曲》。"

克拉可夫音乐院院长鲁特科夫斯基说我的演奏和李赫特极相似，音乐像水，像江河之水，只觉得滔滔不绝地流出来，完全是自然的，而且像是没有终结的。一位八十岁的老太太，曾经是肖邦的学生的学生，帕德雷夫斯基的好朋友，激动地跑来和我说，她多少年来以为真正的肖邦已经不为人所了解了，已经没有像她的老师和帕德雷夫斯基所表现的那种肖邦了，现在却从一个中国人身上重新感到了真正的肖邦。她说我的音质就像帕德雷夫斯基，那是不可解释的，只因为每一个音符的音质里面都包含着一颗伟大的心。

真的，那么多而那么过分的称赞，使我脸红；但你们听了会高兴，所以我才写。还有很多呢，等我慢慢地想，慢慢地写。

从十二月十九日那次音乐会以后，就是圣诞节，在波兰是大节日，到处放假，我却反而郁闷。因为今天这儿，明天那儿，到处请我做客，对我真是一种磨难，又是推辞不了的。差不多两星期没有练琴，心里却着急，你们的来信使我更着急。因为其实我并没有真正进步到那个地步。我还是常有矛盾，今天发现技巧好多了，明天又是失望；当然音乐大致不会有很大的下落，但技巧，我现在真弄不明白，前些时候弹好了的，最近又不行了。

一月八日、九日两场音乐会，在克拉可夫的"文化宫"举行，节目没有印，都是独奏会。八日成绩不甚佳，钢琴是贝希斯泰因，又小又旧。第二天换了一架斯丹威，虽不甚好，比第一次的强多了。两次音乐会，听众都非常热烈。从音乐来讲，九日成绩颇佳。

十三日的音乐会在音乐学院的音乐厅举行。那是一系列的音乐会。十日、十一日、十二日、十三日，由杰维茨基的四个学生演出。钢琴是彼德罗夫，又紧又重，音质也不好，加柔音踏板与不加柔音踏板距离极远，音乐控制极难。我对这次演出并不完全满意，但那天真是巨大的成功，因为当时的听众几乎都是"音乐家"，而且他们一连听了四天的演奏。我每一曲完了，大家都喊"再来一个"；而那种寂静也是我从来没有经历过的。音乐会完了以后，听众真是疯狂了，像潮水一般涌进来，拥抱我，吻我，让他们的泪水沾满了我的脸；许多人声音都哑了、变了，说他们一生从来没有如此感动过，甚至说："为什么你不是一个波兰人呢？"

什托姆卡教授说："所有的波兰钢琴家都不懂肖邦，唯有你这个中国人感受到了肖邦。"

上届肖邦竞赛的第一奖斯坦番斯卡说，若是上回比赛有我参加，她就根本不参加了。她说：《诙谐曲》《摇篮曲》《玛祖卡》从来没听到这样动人的演奏，"……对我来讲，你是一个远比李赫特更为了不起的钢琴家"；又说："……你比所有参赛的波兰钢琴家在音乐上要年长三十岁……你的技巧并非了不起，但是你坚强的意志使得所有超越你技巧的部分照样顺利而过。"她说我的音色变化是一种不可学的天赋，肖邦所特有的，那种忽明忽暗，那种细腻到极点的心理变化。她觉得我的《夜曲》的结尾真像一个最纯洁最温柔的笑容；而a小调《玛祖卡》（作品五十九号）却又是多么凄凉的笑容。这些话使我非常感动，表示她多么真切地了解我；至少没有一个人曾经像她这样，对我用言语来说出我心中最微妙的感受。她说："这种天赋很难说来自何方，多半是来自心灵的纯洁；唯有这样纯洁到像明镜一般的心灵才会给艺术家这种情感，这种激情。"

这儿，她的话不正是王国维的话吗："词人者，不失其赤子之心者也。"

关于成功，我不愿再写了，真是太多了，若是一个自己不了解自己的人，那是够危险的；但我很明白自己，总感到悲哀，因为没有做到十全十美的地步；也许我永远不可能十全十美。李赫特曾经和我说，真正的艺术家永远不会完美，完美永远不是艺术；这话有些道理。

对于比赛，我只抱着竭尽所能的心。我的确有非常特殊的长处，但可能并不适宜于比赛。比赛要求的是完美，比赛往往造就的是钢琴家，而不是艺术家。

不管这些罢，我是又矛盾又快乐的。最近的音乐会格外使我感动，看到自己竟有那么大的力量使人们如醉如痴，而且都是"音乐家"，都是波兰人！我感到的是一种真正的欢乐，也许一个作曲家创作的时候，感到的也是这种欢乐吧！

我现在还看到听众的泪水，发亮的眼睛，涨红的脸，听到他们的喘息，急促的心跳，嘶哑的声音，感觉到他们滚烫的手和脸颊；在他们拥抱我的一刹那，我的心顿时和他们的心交融了！

从波兹南寄来一个女孩子写的信，说："以前我从来不大想起中国的，中国是太远太远了，跟我有什么关系呢？但听到了你的独奏会以后，你和中国成了我整天思念的题目了。从你的对肖邦深刻而非凡的理解，我感到有一个伟大的，有着古老文明的民族在你的心灵里。"能够使人家对我最爱的祖国产生这种景仰之情，我真觉得幸福。

选自《傅聪版傅雷家书》

写

【篇末小结】

收到儿子来信，得知儿子的成就以及在面对成功时的谨慎谦卑，傅雷激动不已、赞叹不已。于是，他充满感情地写下了这封回信，表达了对儿子的自豪与赞叹，同时告诫儿子要戒骄戒躁。傅雷心中始终将儿子的成就与祖国联系在一起，培养儿子的爱国情怀。

【思考探究】

1.怎样理解"一切真实的成就，必有人真正的赏识"这句话？

2.谈谈你对"诗人灵魂"的理解。

【写作乐园】

傅雷说"没有矛盾不会进步、不会演变、不会深入"，请你谈谈对矛盾与人生的理解。（不少于100字）

一月三十日

——此信原件无抬头，父亲在勃隆斯丹夫人英文信的打字副本下接着写的信。

亲爱的傅先生：

今晨收到您十二月二十八日来信，跟好久以前九月份的来信一样，那么令人振奋。要是你能知道我在看那些信和聪的三份独奏会节目单时的感觉就好了。语言难以表达我对聪的成功和成就所感到的无比喜悦与钦佩。来信看了一遍又一遍，对聪的令人惊讶的成功，从心底里感到万分的高兴和自豪，你所写的似乎是发生在我儿子身上。我总认为天才加勤奋会产生难以置信的成绩，然而，就聪而论，机遇和特别好的运气也起了很重要的作用。我由衷地希望即将来临的五五年二月的比赛，将是聪音乐生涯的光辉开端，不断的成功将伴随着他生活的每一步。要在极有限时间内，尤其用的不是自己本国的语言，来说出我想说的话，那是很难很难的。但愿我能给你写一封长信，告诉你我内心深处的感受，但是时间对我来讲总是那么有限，而我又有那么多的事要去做。

来信说聪一天要练八小时琴，对我来说，这简直不可思议。我练琴从来没有一天超过六小时的，就是在我足有成效的最佳时期也是如此。[1] 聪将经受着神经的高度紧张，我衷心希望这对他的健康不会产生丝毫影响。请转告他，每天也应有数小时放松。此外一个非常敏感的演奏家，由于神经的高度紧张而导致悲惨的结局屡见不鲜，霍洛维兹和其他演奏家就是例证。

在结束此信时，我真诚祝愿聪在下个月重大的考验中取得巨大成功。鉴于二月二十二日是肖邦的生日（我也是），我确信聪会怀着这颗伟大的心灵，演奏得比以往任何时候都精彩。祝他好运！那天我会全身心地与聪在一起。

一九五五年一月十三日

这是最近 Bronstein（勃隆斯丹）的来信，摘要抄给你。她这番热烈的情意和殷勤的关切应当让你知道。等比赛完毕以后，无论如何寄一张签名的照片来，让我转给她，使她欢欢喜喜。

[1] 写作指导：
通过傅聪与勃隆斯丹夫人练琴时间的对比，更直观地让人体会到：傅聪的成就与勤奋不可分割。

写

【篇末小结】

这是一封转载的信件，是勃隆斯丹夫人写给傅雷的信。勃隆斯丹夫人表示了对傅聪成功的喜悦以及对其未来的期盼。借勃隆斯丹夫人之口，道出了傅聪的勤勉刻苦。

【思考探究】

1. 在勃隆斯丹夫人眼中，傅聪的成功都有哪些方面的因素？

2. "这简直不可思议"中的"这"指的是什么，从中能看到傅聪怎样的品质？

【写作乐园】
机遇对成功也有着很重要的影响。请你谈谈我们应该如何抓住机遇。（不少于100字）

_____

_____

三月六日 *

一天不接到你的信，我们一天不得安心。在比赛期间，我们也跟着紧张；比赛以后，太兴奋了，也是不定心。于是天天伸长头颈等你的信。我们预算月底月初一定会有你的信，可是到了今天已经是六日了，还是杳无音讯。我们满怀着愉快的心情写的前后八九封信，好像石沉大海，你竟只字不回。我们做了种种猜想，以为比赛过后你太忙了，也许紧张了一个月，身体支持不住而病了。这到底是怎么回事呢？实在弄不明白。至少马思聪先生（中国著名小提琴家、作曲家，中央音乐学院首任院长，本届肖邦钢琴比赛唯一中国评委）离开华沙的时候，你是好好的，因为他来信没有说你有什么病的情况。你是知道我们日夜关心你，尤其是爸爸，忍耐着。左等右等，等急了，只是叹气。这个不必要的给我们的磨难，真是太突兀了。爸爸说，工作对他是一种麻醉剂，可是一有空就会想到你。晚上翻来覆去地睡不着，也是想到你。因为弄不明白其中的原因而感到痛苦。孩子，你明明知道你是我们的安慰，为什么轻而易举的事，这样吝啬起来呢！我们之间是无话不谈的，你有什么意见，尽可来信商量，爸爸会深思熟虑地帮你解决问题，因为他可以冷静客观地分析问题，对你有很大的帮助。不论在哪方面，尤其在人情上来讲。你比赛后，一定急急地要告诉我们前后的经过，这是天经地义没有问题的。怎么你会令人不解到如此地步呢！因为没有你的信，我们做什么事都没有情绪，真是说不出的忧虑！

写

【篇末小结】
儿子远在异国他乡，长久的杳无音信令傅雷夫妇痛苦、忧虑，"不得安心""天天伸长头颈"，由此引发种种联想，将对儿子的担忧与思念表现得淋漓尽致。

【思考探究】
1. 收不到儿子的来信，对他们而言是"磨难"，你怎样理解这两个字？

2. 这封信表现了朱梅馥怎样的情感？

【写作乐园】
你认为孩子应该事无巨细都告诉父母，时时与父母保持联系吗？（不少于100字）

_____

_____

※ 三月十五日夜

快两个月没接到你的信，可是报上有了四次消息。第一次只报告比赛事，也没提到中国参加。第二次提到中国有你参加。第三次是本月七日（新华社六日电），报告第一轮从七十四人淘汰为四十一人，并说你进入第二轮。第四次是十四日（昨天），说你进入第三轮。接着也有一二个接近的朋友打电话来道喜了。

这一想你的紧张不问可知，单想想我们自己就感觉得到。[1]我好几次梦见你，觉得自己也在华沙；醒来就要老半天睡不着。人的感情真是不可解，尤其是梦，那是无从控制的，怎么最近一个月来，梦见你的次数会特别多呢？

此信到时，大会已告结束，成绩也已公布。不论怎样，你总可以详详细细来封信了吧？[2]马思聪先生有家信到京（还是在比赛前写的），由王棣华转给我们看。他说你在琴上身体动得厉害，表情十足，但指头触及键盘时仍紧张。他给你指出了，两天以内你的毛病居然全部改正，使老师也大为惊奇，不知经过情形究竟如何？

好些人看过 Glinka（格林卡）的电影，内中 Richter（李赫特）扮演李斯特在钢琴上表演，大家异口同声对于他火爆的表情觉得刺眼。我不知这是由于导演的关系，还是他本人也倾向于琴上动作偏多？记得你十月中来信，说他认为整个的人要跟表情一致。这句话似乎有些毛病，很容易鼓励弹琴的人身体多摇摆。以前你原是动得很剧烈的，好容易在一九五三年改了许多。从波兰寄回的照片上，有几张可看出你又动得加剧了。[3]这一点希望你注意。传说李斯特在琴上的戏剧式动作，实在是不可靠的。我读过一段当时人描写他的弹琴，说像 rock（磐石）一样。鲁宾斯坦（安东）也是身如岩石。唯有肉体静止，精神的活动才最圆满，这是千古不变的定律。在这方面，我很想听听你的意见。

[1] 情节分析：
设身处地考虑儿子的处境，与儿子共情，做到真正的理解与包容。

[2] 情节分析：
一个反问，表现了作者希望了解儿子近况的急切心情。

[3] 人物性格：
记得每封信的时间与内容，从照片中细细观察儿子的问题，他是一位细心、负责的父亲。

写

【篇末小结】
久久没有收到儿子的来信，如山的父爱也变得如水般柔情，即使在国内，也要细细地寻找哪怕是一点儿关于儿子的消息，父之爱子，胜于一切。从马思聪先生的家信，得知儿子又克服一个难关，并给予了细心的指导。傅雷对儿子的爱与关心全部融入这封家信中，感人至深。

【思考探究】
1. 很多艺术家表演时常常会有很多夸张的动作，对此傅雷有怎样的看法？

2. 怎样理解"唯有肉体静止，精神的活动才最圆满"？

【写作乐园】
日有所思，夜有所梦。你有没有频繁地做相同的梦的经历？描述一下。（不少于 100 字）

_____

_____

※ 三月二十一日上午

期待了一个月的结果终于揭晓了，多少夜没有睡好，十九日晚更是神思恍惚，昨（二十日）夜为了喜讯过于兴奋，我们仍没睡着。先是昨晚五点多钟，马太太从北京来长途电话；接着八时许无线电报告（仅至第五名为止），今晨报上又披露了十名的名单。难为你，亲爱的孩子！[1]你没有辜负大家的期望，没有辜负祖国的寄托，没有辜负老师的苦心指导，同时也没辜负波兰师友及广大群众这几个月来对你的鼓励！

也许你觉得应该名次再前一些才好，告诉我你是不是有"美中不足"之感。可是别忘了，孩子，以你离国前的根基而论，你七个月中已经作了最大的努力，这次比赛也已经 do your best（尽力而为）。不但如此，这七个月的成绩已经近乎奇迹。想不到你有这么些才华，想不到你的春天来得这么快，花开得这么美，开到世界的乐坛上放出你的异香。东方升起了一颗星，这么光明、这么纯净、这么深邃；替新中国创造了一个辉煌的世界纪录！[2]我做父亲的一向低估了你，你把我的错误用你的才具与苦功给点破了，我真高兴、我真骄傲，能够有这么一个儿子把我错误的估计全部推翻！妈妈是对的，母性的伟大不在于理智，而在于那种直觉的感情；多少年来她嘴上不说，心里是一向认为我低估你的能力；如今她统统向我说明了。我承认自己的错误，但是用多么愉快的心情承认错误，这也算是一个奇迹吧。

回想到一九五三年十二月你从北京回来，我同意你去波学习，但不鼓励你参加比赛，还写信给周巍峙（时任文化部艺术局局长）要求不让你参加。虽说我一向低估你，但以你那个时期的学力，我的看法也并不全错。你自己也觉得即使参加，也未必有什么把握。想你初到海滨时，也不见得有多大信心吧。可见这七个月的学习，上台的经验对你的帮助简直无法形容，非但出于我们意料之外，便是你以目前和七个月以前的成绩相比，你自己也要觉得出乎意料，是不是？

今天清早柯子岐打电话来，代表他父亲母亲向我们道贺。子岐说："与其你光得第二，宁可你得第三，加上一个玛祖卡奖。"这句话把我们心里的意思完全说中了。你自己有没有这个感想呢？

再想到一九四九年第四届比赛的时期，你流浪在昆明，那时你的生活、你的苦闷、你的渺茫的前途，跟今日之下相比，不像是做梦吧？谁想得到，一九五一年回上海时只弹"Pathetique" Sonata（《"悲怆"奏鸣曲》）还没弹好的人，五年以后会在国际乐坛的竞赛中名列第三。多少迂回的路、多少痛苦、多少失意、多少挫折，换来你今日的成功！可见为了获得更大的成功，只有加倍努力，同时也得期待别的迂回、别的挫折。我时时刻刻要提醒你，想着过去的艰难，让你以后遇到困难的时候更有勇气去克服，不至于失掉信心！人生本是没穷尽没终点的马拉松赛跑，你的路程还长得很呢，这不过是一个光辉的开场。[3]

回过来说，我过去对你的低估，在某些方面对你也许有不良的影响，但有一点至少是对你有极大的帮助的。唯其我对你要求严格，终不至于骄纵你——你该记得罗马尼亚三奖初宣布时你的愤懑心理，可见年轻人往往容易估高自己的力量。我多

[1] 情节分析：
得知喜讯，第一时间想到的是儿子在外漂泊一年多的辛酸与努力。写出了傅雷对儿子的心疼与骄傲。

[2] 写作指导：
将傅聪的成就比作春天与花香，将傅聪比作东方明星，肯定了儿子在音乐上取得的成绩，表达了对儿子为国争光的赞美。

[3] 写作指导：
将人生比作没终点的马拉松赛跑，告诫儿子不要被鲜花掌声所迷惑，始终保持谦卑，再接再厉。

少年来把你紧紧拉着，至少养成了你对艺术的严肃的观念，即使偶尔忘形，也极易拉回来。我提这些话，不是要为我过去的做法辩护，而是要趁你成功的时候特别让你提高警惕，绝对不让自满和骄傲的情绪抬头。我知道这也用不着多嘱咐，今日之下，你已经过了这一道骄傲自满的关，但我始终是中国儒家的门徒，遇到极盛的事，必定要有"如临深渊，如履薄冰"的格外郑重、危惧、戒备的感觉。

现在再谈谈实际问题，据我们猜测，你这一回还是吃亏在 technic（技巧），而不在于 music（音乐）；根据你技巧的根底，根据马先生到波兰后的家信，大概你在这方面还不能达到极有把握的程度。当然难怪你，过去你受的什么训练？七个月能有这成绩已是奇迹，如何再能苛求？你几次来信和在节目单上的批语，常常提到"佳，但不完整"。从这句话里，我们能看出你没有列入第一二名的最大关键。大概马先生到波以后的几天，你在技巧方面又进了一步，要不然眼前这个名次恐怕还不易保持。在你以后的法、苏、波几位竞争者，他们的技巧也许还胜过你呢。假若比赛是一九五四年夏季举行，可能你是会名落孙山的；假若你过去二三年中就受着杰维茨基教授指导，大概这一回稳是第一；即使再跟他多学半年吧，第二也该不成问题了。

告诉我，孩子，你自己有没有这种感想？

说到"不完整"，我对自己的翻译也有这样的自我批评。无论译哪一本书，总觉得不能从头至尾都好；可见任何艺术最难的是"完整"！你提到 perfection（完美），其实 perfection（完美）根本不存在的，整个人生、世界、宇宙都谈不上 perfection（完美）。要么就是存在于哲学家的理想和政治家的理想之中。我们一辈子的追求，有史以来多少世代的人的追求，无非是 perfection（完美），但永远是追求不到的，因为人的理想、幻想永无止境，所以 perfection（完美）像水中月、镜中花，始终可望而不可即。但能在某一个阶段求得总体的"完整"或是比较的"完整"，已经很不差了。[1]

[1] 情节分析：
人生虽然不可能达到完美，但我们不能停下追求完美的脚步。只有这样，才能达到"完整"。

写

【篇末小结】

得知儿子在国际大赛中取得非常好的成绩，傅雷对其进行了热烈的赞叹与肯定，并反省了自己对儿子的低估。之后傅雷不仅告诫儿子面对成功要有"如临深渊，如履薄冰"的格外郑重、危惧、戒备的感觉，还对其成绩做了细致的分析，最后告诫儿子不要苛求自己去追求完美，但不能放弃追求完美的脚步，表现了傅雷对儿子的良苦用心。

【思考探究】

1. 傅雷为什么说自己是"中国儒家的门徒"？

2. 针对傅聪取得的成绩和受名师指导的时间，傅雷做了种种设想，他的用意是什么？

【写作乐园】

人生不可能达到完美，我们应该如何对待人生的缺憾？（不少于100字）

三月二十七日夜

为你参考起见，我特意从一本专论莫扎特的书里译出一段给你。[1]另外还有罗曼·罗兰论莫扎特的文字，来不及译。不知你什么时候学莫扎特？肖邦在写作的 taste（品味，鉴赏力）方面，极注意而且极感染莫扎特的风格。刚弹完肖邦，接着研究莫扎特，我觉得精神血缘上比较相近。不妨和杰老师商量一下，你是否可在贝多芬第四弹好以后，接着上手莫扎特？等你快要动手时，先期来信，我再寄罗曼·罗兰的文字给你。

从我这次给你的译文中，我特别体会到莫扎特的那种温柔妩媚，所以与浪漫派的温柔妩媚不同，就是在于他像天使一样的纯洁，毫无世俗的感伤或是靡靡的 sweetness（甜腻）。[2]神明的温柔，当然与凡人的不同，就是达·芬奇与拉斐尔的圣母，那种妩媚的笑容决非尘世间所有的。能够把握到什么叫作脱尽人间烟火的温馨甘美，什么叫作天真无邪的爱娇，没有一点儿拽心，没有一点儿情欲的骚乱，那么我想表达莫扎特可以"虽不中，不远矣"。你觉得如何？往往十四五岁到十六七岁的少年特别适应莫扎特，也是因为他们的童心没有受过沾染。

将来你预备弹什么近代作家，望早些安排、早些来信；我也可以供给材料。在精神气氛方面，我还有些地方能帮你忙。

我再要和你说一遍，平日来信多谈谈音乐问题。你必有许多感想和心得，还有老师和别的教授们的意见。这儿的小朋友们一个一个都在觉醒，苦于没材料。他们常来看我，和我谈天；我当然要尽量帮助他们。你身在国外，见闻既广，自己不断地在那里进步，定有不少东西可以告诉我们。同时一个人的思想是一边写一边谈出来的，借此可以刺激头脑的敏捷性，也可以训练写作的能力与速度。此外也有一个道义的责任，使你要尽量把国外的思潮向我们报道。一个人对人民的服务不一定要站在大会上演讲或是做什么惊天动地的大事业，随时随地，点点滴滴地把自己知道的、想到的告诉人家，无形中就是替国家播种、施肥、垦植！[3]孩子，你千万记住这些话，多多提笔！

---

[1] 情节分析：
傅雷工作强度本就非常大，但仍不忘儿子的学业，为其翻译莫扎特相关文字，为儿子倾尽心血。

[2] 情节分析：
傅雷对莫扎特有极高的评价，表现了他对音乐的喜爱以及深厚的艺术功底。

[3] 情节分析：
傅雷希望儿子用自己所学对国家有所贡献。不一定要做什么惊天动地的大事，将自己微薄之力献给社会，同样是为人民服务。

写

【篇末小结】
　　这封信重点提到了两件事情。第一件关于学业，可见傅雷先生深厚的艺术功底。第二件关于爱国，让我们见到了傅雷先生对国家炽热、深厚的爱。

【思考探究】
1. 傅雷为什么建议傅聪在贝多芬第四弹好以后先学习莫扎特的音乐？

2. 联系时代背景，说说为何此时小朋友们"一个一个都在觉醒"。

【写作乐园】
对祖国的贡献不一定是有多高的成就。说说现阶段我们应如何做。（不少于100字）

※ 四月一日晚至三日

我们天天计算，假定二十二日你发信，昨天就该收到；假定二十三日发，今天也应到了。奇怪怎么二十日给奖，你二十三日还没寄家信呢？迟迟无消息，我又要担心你不要紧张过度，身体不舒服吧。自从一月二十五日收到你第十信（你是一月十六日发的）以后，两个月零一星期没有你只字片纸，我们却给了你七封信。[1]

…………

我知道你忙，可是你也知道我未尝不忙，至少也和你一样忙。我近七八个月身体大衰，跌跤后已有两个半月，腿力尚未恢复，腰部酸痛更是厉害。但我仍硬撑着工作、写信，替你译莫扎特等等都是拿休息时间、忍着腰痛来做的。孩子，你为什么老叫人牵肠挂肚呢？预算你的信该到的时期，一天不到，我们精神上就一天不得安定。

我们又猜想，也许马思聪先生回来可能带信来，但他究竟何时离开华沙？假定二十五日以后离波，难道你也要到那时才给我们写信吗？照片及其他文件剪报等等，因为厚重，交马先生带当然很好，省却许多航空邮费。但报告比赛详情的信总不会那么迟才动笔吧。要说音乐会，至早也得与比赛相隔一个星期，那你也不至于比赛完了，又忙得无暇写信。那又究竟是什么道理呢？难道两个多月不写家信这件事，对你不是一件精神负担吗？难道你真的身子不舒服吗？

我们历来问你讨家信，就像讨情一般。你该了解你爸爸的脾气，别为了写信的事叫他多受屈辱，好不好？[2]

四月一日晚

今日接马先生（三十日）来信，说你要转往苏联学习，又说已与文化部谈妥，让你先回国演奏几场；最后又提到预备叫你参加明年二月德国的Schumann（舒曼）比赛。

我认为回国一行，连同演奏至少要花两个月；而你还要等波兰的零星音乐会结束以后方能动身。这样前前后后要费掉三个多月。这在你学习上是极大的浪费。尤其你技巧方面还要加工，倘若再想参加明年的Schumann比赛，他的技巧比肖邦的更麻烦，你更需要急起直追。与其让政府花了一笔来回旅费而耽误你几个月学习，不如叫你在波兰灌好唱片寄回国内，大家都可以听到，而且是永久性的；同时也不妨碍你的学业。我们做父母的，在感情上极希望见见你，听到你这样成功的演奏，但为了你的学业，我们宁可牺牲这个福气。我已将此意写信告诉马先生，请他与文化部从长考虑。我想你对这个问题也不会不同意吧？

其次，转往苏联学习一节，你从来没和我们谈过。你去波以后我给你二十九封信，信中表现我的态度难道还使你不敢相信，什么事都可以和我细谈、细商吗？你对我一字不提，而托马先生直接向中央提出，老实说我是很有自卑感的，因为这反映你对我还是不放心。大概我对你从小的不得当、不合理的教育，后果还没有完全消灭。你比赛以后一直没信来，大概心里又有什么疙瘩吧！马先生回来，你也没托带什么信，因此我精神上的确非常难过，觉得自己功不补过。现在谁都认为（连马先生在内）

你今日的成功是我在你小时候打的基础，但事实上，谁都不再对你当前的问题再来征求我一分半分意见；是的，我承认老朽了，不能再帮助你了。

可是我还有几分自大的毛病，自以为看事情还能比你们青年看得远一些、清楚一些。同时我还有过分强的责任感，这个责任感使我忘记了自己的老朽，忘记了自己帮不了你忙而硬要帮你忙。[1]

所以倘使下面的话使你听了不愉快，使你觉得我不了解你，不了解你学习的需要，那么请你想到上面两个理由而原谅我，请你原谅我是人，原谅我抛不开天下父母对子女的心。

一个人要做一件事，事前必须考虑周详。尤其是想改弦易辙（比喻改变方法或态度），丢开老路，换走新路的时候，一定要把自己的理智做一个天平，把老路与新路放在两个盘里很精密地称过。[2]现在让我来替你做一件工作，帮你把一项项的理由放在秤盘里：

〔甲盘〕

（一）

杰老师过去对你的帮助是否不够？假如他指导得更好，你的技术是否还可以进步？

（二）

六个月在波兰的学习，使你得到这次比赛的成绩，你是否还不满意？

（三）

波兰得第一名的，也是杰老师的学生，他得第一的原因何在？

（四）

技术训练的方法，波兰派是否有毛病，或者不完全？

（五）

技术是否要靠时间慢慢地提高？

（六）

除了肖邦以外，对别的作家的了解，波兰的教师是否不大使你佩服？

（七）

去年八月周小燕在波兰知道杰老师为了要教你，特意训练他的英语，这点你知道吗？

〔乙盘〕

（一）

苏联的教授法是否一定比杰老师的高明？技术上对你可以有更大的帮助？

（二）

假定过去六个月在苏联学，你是否觉得这次的成绩可以更好？名次更前？

（三）

苏联得第二名的，为什么只得一个第二？

（四）

技术训练的方法，在苏联是否一定胜过任何国家？

（五）

苏联是否有比较快的方法提高？

（六）

对别的作家的了解，是否苏联比别国也高明得多？

（七）

苏联教授是否比杰老师还要热烈？

〔一般性的〕

（八）以你个人而论，是否换一个技术训练的方法，一定还能有更大的进步？所以对第（二）项要特别注意，你是否觉得以你六个月的努力，倘有更好的方法教你，你是否技术上可以和别人并驾齐驱，或是更接近？

（九）以学习Schumann（舒曼）而论，是否苏联也有特殊优越的条件？

（十）过去你盛称杰老师教古典与近代作品教得特别好，你现在是否改变了

[1] **情节分析：**
父母对子女的爱往往比我们所看到的还要多。在父母眼中，无论孩子多大，取得多少成就，还是需要父母的指导。写出了傅雷在孩子面前不服老却又不得不服老的辛酸失落。

[2] **写作指导：**
比喻。将"理智"比作"天平"，形象可感。

意见？

（十一）波兰居住七个月来的总结，是不是你的学习环境不大理想？苏联是否在这方面更好？

（十二）波兰各方面对你的关心、指点，是否在苏联同样可以得到？

（十三）波兰方面一般带着西欧气味，你是否觉得对你的学习不大好？

这些问题希望你平心静气，非常客观地逐条衡量，用"民主表决"的方法，自己来一个总结，到那时再作决定。总之，听不听由你，说不说由我。你过去承认我"在高山上看事情"，也许我是近视眼，看出来的形势都不准确。但至少你得用你不近视的眼睛，来检查我看到的是否不准确。果然不准确的话，你当然不用，也不该听我的。

假如你还不以为我顽固落伍，而愿意把我的意见加以考虑的话，那对我真是莫大的"荣幸"了！等到有一天，我发觉你处处比我看得清楚，我第一个会佩服你，非但不来和你"缠夹二"乱提意见，而且还要遇事来请教你呢！目前，第一不要给我们一个闷葫芦！磨难人最厉害的莫如 unknown（不知）和 uncertain（不定）！对别人同情之前，对父母先同情一下吧！

四月三日

附：四月三十日聪信摘录

这回我托马先生回国商量，主要是因为他了解具体情况，他当面和人谈起来，容易使人明白。我绝不是不想和爸爸商量，但这半年来我有些苦闷，又非常矛盾，一直不敢和你们谈，尤其因为比赛以前，要有所更改，事实上也不可能。我曾经向大使馆提出，要求不参加比赛；他们说已报了名，不能改了。因此我爽性不对你们提，等过了比赛再说。为了比赛，我不得不硬着头皮干，不让别的问题影响情绪。比赛后急于想回国，主要也就是怕你们不了解具体情况，只想能当面和你们谈。

现在就爸爸提出的问题逐条答复，昨天信里大部分已写了，现在只是补充：

（一）杰老师对我的帮助，主要是在最初几个月，在肖邦的总的风格方面。技巧，他在波兰是有名的不会教的。但我从来没有遇到过好教授，所以他即使不会教，他会的那一些已经使我当时觉得很多。但我现在知道得多了，对他的认识就清楚了。这绝不是我忘恩负义。波兰方面的人都认为，这半年我若是和别的教授或是在苏联学习，技巧一定不同。但可能会因了技巧而影响比赛，技巧要改不是一两天的事，也不可能同时练很大的节目；这也是我把这问题搁到比赛以后再提的主要原因。

（二）六个月在波兰，我和杰老师上课的次数决不超过二十次，原因是他老是忙（音乐会、会议等等），我也忙（也是为了音乐会）。后期我常常故意减少上课的次数，因为事实上所需要的，是我自己练。他的学生没有一个在风格和对音乐的感受方面和我相像，我弹的主要是"我自己"。哈拉谢维奇弹得有些像我，因为我给他上课。波兰音乐界，甚至还有许多人认为杰老师对我的肖邦反而有害处，说他太拘束。他们常常和我说："照你自己感觉的弹，不要听杰老师的；你懂肖邦，他不懂；他是个'学究'。"我完全承认杰老师是第一流的教授，知道的东西非常广博，但不是 Chopinist（意思是不仅是演奏肖邦作品的能手，而且演奏家具有肖邦的个性及诗人的气质），也非艺术家。事实上，Chopinist 是不可能教出来的。谁能感觉到，谁就有。

（三）技术训练的方法，波兰远不如苏联。杰老师除了头上几课略微讲了一些（主要仍是我自己摸索出来的），后来从未上过技巧的课。什托姆卡的方法在波兰是比较好的。斯坦番斯卡和斯曼齐安卡，原来都是他的学生，技巧的根基是由他打定的。

（四）技术是靠时间慢慢提高的，但若没有好方法，一辈子也不会真有进步。我这半年真要说技巧有进步是谈不上的；若说好一些，只因为我苦练；但几天不苦练，就完全不行了。

（五）过去我盛称杰老师教古典及现代作品教得特别好，我现在也没有改变意见。他知道的东西是广的，对于原作（text）的认识非常保险，但就是有些"学究"。他是个学者，不是个艺术家。我不能鱼与熊掌兼而有之，对我最迫切的是技巧。

（六）有一点是肯定的：苏联的学习环境更严肃，更刻苦。波兰的西欧风味甚浓，的确对我的散漫作风有影响。

（七）假如过去六个月在苏联学，我不敢说比赛的名次可以更高，但我敢说成绩一定可以更好——不一定在《玛祖卡》上，因为《玛祖卡》需要对波兰的人情、风味有特殊的体会。对比赛可能有影响，但对我的将来一定可以打下稳固而正确的基础。

顺便希望你们了解：比赛的结果往往不是比赛的情况。拿名次来衡量是要上当的，尤其是这一次的比赛，更不能以名次来衡量一个钢琴家。更有个性的艺术家，常常名次反而靠后。历次比赛的情况也可证明，我现在是知道一些了。

（八）技术训练，苏联比任何国家都高明。在技巧上，没有人能比得过苏联的选手。

希望你们千万不要误会上面所有的回答有什么个人意气用事的地方，我完全是以客观的眼光来看的。尤其对杰老师，我绝不是忘恩负义。但过去我一字不提，现在突然把全部事实摊开来，会使你们觉得不可置信；那的确是我的大错。

我急于想回国，还有一个原因，是想隔离一个时期，和杰老师疏远，当时还不知道他将改去华沙任教。我是不愿意使他伤心的。我也并非一定要去苏联，但技巧的方法一定得改，那是我终身事业的关键。所以，我想即使不去苏联，回国一次而再来波兰到什托姆卡班上去，也许容易解决问题。杰老师和任何教授都是死对头，那里的乌烟瘴气、明争暗斗，你们是不能想象的。

现在既然杰老师将去华沙，我想也许就借口我要留在克拉可夫而换教授。

总而言之，我不是坚持要去苏联。最重要的原因是我和波兰的感情是很深的了，在情理上，在政治上，都不大妥当。

选自《傅聪版傅雷家书》

写

【篇末小结】

这两封信读来颇感辛酸，我们了解的傅雷通常是秉性乖戾、严谨认真的，这两封信中却让我们看到了一位父亲的卑微与渴望，因希望儿子对自己有所回应，一直反省自己的过错。为了儿子的学业、为了国家，拒绝儿子回国演奏，可见傅雷心中的大义与信念。最后为了帮助儿子抉择，详细地将新路、旧路进行比较，希望能对儿子有所帮助。当我们遇到难以抉择的事情时，不妨参照一下傅雷的方法。将理智作为天平，将需要考虑的问题一一列出，放在天平左右，客观衡量。

【思考探究】

1.傅雷对儿子极度思念，为何却不赞同儿子回国演奏？

2.将新旧两条路放在盘里精密地称量，这对我们进行人生选择有怎样的帮助？

【写作乐园】

父爱如山，不要让父亲变得卑微。请给父亲写一封信，表达自己对父亲的爱。（不少于100字）

※ 四月二十一日夜

能够起床了，就想到给你写信。

邮局把你比赛后的长信遗失，真是害人不浅。我们心神不安半个多月，都是邮局害的。三月三十日是我的生日，本来预算可以接到你的信了。到四月初，心越来越焦急，越来越迷糊，无论如何也想不通你始终不来信的原因。到四月十日前后，已经根本抛弃希望，似乎永远也接不到你的家信了。

四月十日上午九时半至十一时，听北京电台广播你弹的 Berceuse（《摇篮曲》）和一支 Mazurka（《玛祖卡》），一边听，一边说不出有多少感触。耳朵里听的是你弹的音乐，可是心里已经没有把握孩子对我们的感情怎样——否则怎么会没有信呢？——真的，孩子，你万万想不到我跟你妈妈这一个月来的精神上的波动，除非你将来也有了孩子，而且也是一个像你这样的孩子！[1] 马先生三月三十日就从北京寄信来，说起你的情形，可见你那时身体是好的，那么迟迟不写家信更叫我们惶惑"不知所措"了。何况你对文化部提了要求，对我连一个字也没有，难道又不信任爸爸了吗？这个疑问给了我最大的痛苦，又使我想到舒曼痛惜他父亲早死的事，又想到莫扎特写给他父亲的那些亲切的信。其中有一封信是莫扎特离开了 Salzburg（萨尔茨堡）大主教，受到父亲责难，莫扎特回信说：

"是的，这是一封父亲的信，可不是我的父亲的信！"

聪，你想，我这些联想对我是怎样的一种滋味！四月三日（第三十号）的信，我写的时候不知怀着怎样痛苦、绝望的心情，我是永远忘不了的。妈妈说："大概我们一切都太顺利了、太幸福了，天也嫉妒我们，所以要给我们受这些挫折！"要不这样说，怎么能解释邮局会丢失这么一封要紧的信呢？

你那封信在我们看来是有历史意义的，在我替你编录的"学习经过"和"国外音乐报道"（这是我把你的信分成的类别，用两本簿子抄下来的），是极重要的材料。[2] 我早已决定，我和你见了面，每次长谈过后，我一定要把你谈话的要点记下来。为了青年朋友们的学习，为了中国这么一个处在音乐萌芽时代的国家，我做这些笔记是有很大的意义的。所以这次你长信的失落，逼得我留下一大段空白，怎么办呢？

可是事情不是没有挽回的。我们为了丢失那封信，二十多天的精神痛苦，不能不算是付了很大的代价；现在可不可以要求你也付些代价呢？只要你每天花一小时的工夫，连续三四天补写一封长信给我们，事情就给补救了。而且你离开比赛时间久一些，也许你一切的观感倒反客观一些。我们极需要知道你对自己的演出的评价，对别人的评价——尤其是对前四五名的。我一向希望你多发表些艺术感想，甚至对你弹的 Chopin（肖邦）某几个曲子的感想。我每次信里都谈些艺术问题，或是报告你国内乐坛消息，无非想引起你的回响，同时也使你经常了解国内的情形。

…………

倘说技巧问题，我敢担保，以你的根基而论，从去年八月到今年二月的成就，无论你跟世界上哪一位大师哪一个学派学习，都不可能超出这次比赛的成绩！你的才具、你的苦功，这一次都已发挥到最高度，老师教你也施展出他所有的本领和耐

[1] 情节分析：
表现了傅雷收不到信的焦虑与精神上的波动。"怎么会""万万""除非"等词将感情深化。

[2] 人物性格：
将儿子的信件进行细致地分类，表现了傅雷的细心、认真以及对儿子的重视。

性！你可曾研究过 program（节目单）上人家的学历吗？我是都仔细看过了的。我敢说所有参加比赛的人，除了非洲来的以外，没有一个人的学历像你这样可怜的——换句话说，跟到名师只有六七个月的竞选人，你是独一无二的例外！[1] 所以我在三月二十一日（第二十八号）信上就说拿你的根基来说，你的第三名实际是远超过了第三名。说得再明白些，你想：Harasiewicz（哈拉谢维兹）（参赛的波兰选手，获第一名）、Askenasi（阿什肯纳奇）（参赛的苏联选手，获第二名）、Ringeissen（林格森）（参赛的法国选手）这几位，假如过去学琴的情形和你一样，只有十至十二岁半的时候，跟到一个 Paci（百器），十七至十八岁跟到一个 Bronstein（勃隆斯丹），再到比赛前七个月跟到一个杰维茨基，你敢说他们能获得第三名和 Mazurka（《玛祖卡》）奖吗？

我说这样的话，绝对不是鼓励你自高自大，而是提醒你过去六七个月，你已经尽了最大的努力，杰老师也尽了最大的努力。假如你以为换一个 school（学派），你六七个月的成就可以更好，那你就太不自量，以为自己有超人的天才了。一个人太容易满足固然不行，太不知足而引起许多不现实的幻想也不是健全的！这一点，我想也只有我一个人会替你指出来。假如我把你的意思误会了（因为你的长信失落了，也许其中有许多理由关于这方面的），那么你不妨把我的话当作"有则改之，无则加勉"。爸爸一千句、一万句，无非是为你好，为你个人好，也就是为我们的音乐界好，也就是为我们的祖国、人民以及全世界的人类好！

我知道克利斯朵夫（晚年的）和乔治之间的距离，在一个动荡的时代是免不了的。但我还不甘落后，还想事事、处处追上你们、了解你们，从你们那儿汲取新生命、新血液、新空气，同时也想竭力把我们的经验和冷静的理智献给你们，做你们一支忠实的手杖！万一有一天，你们觉得我这根手杖是个累赘的时候，我会感觉到，我会销声匿迹，决不来绊你们的脚！[2]

你有一点也许还不大知道。我一生遇到重大的问题，很少不是找几个内行的、有经验的朋友商量的；反之朋友有重大的事也很少不来找我商量的。我希望和你始终能保持这样互相帮助的关系。

…………

说起 Berceuse（《摇篮曲》），大家都觉得你变了很多，认不得了；但你的 Mazurka（《玛祖卡》），大家又认出你的面目了！是不是现在的 style（风格）都如此？所谓自然、简单、朴实，是否可以此曲（照你比赛时弹的）为例？我特别觉得开头的 theme（主题）非常单调，太少起伏，是不是我的 taste（品味，鉴赏力）已经过时了呢？

你去年盛称 Richter（李赫特），阿敏二月中在国际书店买了他弹的 Schumann（舒曼）：The Evening（《晚上》），平淡得很；又买了他弹的 Schuben（舒伯特）：Moment Musicaux（《瞬间音乐》），那我可以肯定完全不行，笨重得难以形容，一点儿 Vienna（维也纳）风的轻灵、清秀、柔媚都没有。舒曼的我还不敢确定，他弹的舒伯特，则我断定不是舒伯特。可见一个大家要样样合格真不容易。

你是否已决定明年五月参加舒曼比赛，会不会妨碍你的正规学习呢？是否同时可以弄古典呢？你的古典工夫一年又一年地耽误下去，我实在不放心。尤其你的 mentality（心态），需要早早借古典作品的熏陶来维持它的平衡。我们学古典作品，当然不仅仅是为古典而古典，而尤其是为了整个人格的修养，尤其是为了感情太丰富的人的修养！

[1] 情节分析：
通过与其他选手学历的对比，肯定儿子现阶段的成就与努力，让儿子对自己有更为清晰的认识。

[2] 写作指导：
比喻。将自己比作手杖，生动形象地写出了父亲对儿子的帮助与爱。

所以我希望你和杰老师谈谈，同时自己也细细思忖一番，是否准备Schumann（舒曼）和研究古典作品可以同时并进？这些地方你必须紧紧抓住自己。我很怕你从此过的多半是选手生涯。选手生涯往往会限制大才的发展，影响一生的基础！

不知你究竟回国不回国？假如不回国，应及早对外声明，你的代表中国参加比赛的身份已经告终；此后是纯粹的留学生了。用这个理由可以推却许多邀请和群众的热情的（但是妨碍你学业的）表示。做一个名人也是有很大的危险的，孩子，可怕的敌人不一定是面目狰狞的，和颜悦色、一腔热爱的友情，有时也会耽误你许许多多宝贵的光阴。[1]孩子，你在这方面极需要拿出勇气来！

我坐不住了，腰里疼痛难忍，只希望你来封长信安慰安慰我们。

[1] 情节分析：阐述做名人的"危险"，认为会使自己耽误学业、浪费光阴的友情是可怕的"敌人"，告诫儿子当以学业为重。

写

【篇末小结】
信中一开始表达了邮局遗失信件带给自己的悲痛，并表示希望能收到来自儿子的信，了解儿子对艺术的感想、对肖邦的感想。他认可儿子比赛所取得的名次，希望儿子不要自高自大，多多听取别人的意见。对于舒曼比赛，作者没有强硬地表达自己的看法，而是分析了舒曼的音乐以及自己对此产生的担忧，希望儿子慎重考虑未来的道路。

【思考探究】
1.傅雷为什么说傅聪的"第三名实际是远超过了第三名"？

2.傅雷是否赞同儿子参加舒曼比赛，为什么？

【写作乐园】
傅雷信中处处体现自己对父子关系的担忧，请你为他提几条建议。（不少于100字）

_____

_____

※ 五月八日至九日

——从原信编码看，应有四页。由于傅聪在外几经变迁，现仅剩第一页和第四页。

昨晚有匈牙利的flutist（长笛演奏家）和pianist（钢琴家）的演奏会，作协送来一张票子，我腰酸不能久坐，让给阿敏去了。他回来说pianist弹得不错，就是身体摇摆得太厉害。因而我又想起了Richter（李赫特）在银幕扮演李斯特的情形。我以前跟你提过，不知李赫特平时在台上是否也摆动很厉害。这问题正如多多少少其他的问题一样，你没有答复我。记得马先生二月十七日从波兰写信给王棣华，提到你在琴上"表情十足"。不明白他这句话是指你的手下表达出来的"表情十足"呢，还是指你身体的动作？因为你很钦佩Richter（李赫特），所以我才怀疑你从前身体多摇动的习惯，不知不觉地又恢复过来，而且加强了。这个问题我记得在第二十六（或二十七）信内和你提过，但你至今也不答复。

说到"不答复"，我又有了很多感慨。我自问长篇累牍（指篇幅很长，内容很多）地给你写信，不是空唠叨，不是莫名其妙的gossip（说长道短），而是有好几种作用的。第一，我的确把你当作一个讨论艺术、讨论音乐的对手；第二，极想激出你一些青年人的感想，让我做父亲的得些新鲜养料，同时也可以间接传播给别的青年；第三，借通信训练你的——不但是文笔，而尤其是你的思想；第四，我想时时刻刻随处给你做个警钟，做面"忠实的镜子"，无论在做人方面，在生活细节方面，在艺术修养方面，在演奏姿态方面。[1]我做父亲的只想做你的影子，既要随时随地帮助你、保护你，又要不让你对这个影子觉得厌烦。但我这许多心愿，尽管我在过去的三十多封信中说了又说，你都似乎没有深刻的体会，因为你并没有适当的反应，就是说尽量给我写信，"被动的"对我说的话或是表示赞成，或是表示异议，也很少"主动的"发表你的主张或感想——特别是从十二月以后。

你不是一个作家，从单纯的职业观点来看，故无须训练你的文笔。但除了多写之外，以你现在的环境，怎么能训练你的思想、你的理智、你的intellect（才智）呢？而一个人思想、理智、intellect（才智）的训练，总不能说不重要吧。多少读者来信，希望我多跟他们通信；可惜他们的程度与我相差太远，使我爱莫能助。你既然具备了足够的条件，可以和我谈各式各样的问题，也碰到我极热烈的渴望和你谈这些问题，而你偏偏很少利用！孩子，一个人往往对有在手头的东西（或是机会，或是环境，或是任何可贵的东西）不知珍惜，直到要失去了的时候再去后悔！这是人之常情，但我们不能因为是人之常情而宽恕我们自己的这种愚蠢，不想法去改正。[2]

你不是抱着一腔热情，想为祖国、为人民服务吗？而为祖国、为人民服务是多方面的，并不限于在国外为祖国争光，也不限于用音乐去安慰人家——虽然这是你最主要的任务。我们的艺术家还需要把自己的感想、心得，时时刻刻传达给别人，让别人去作为参考的或者是批判的资料。你的将来不光是一个演奏家，同时必须兼做教育家；所以你的思想、你的理智更需要训练，需要长时期的训练。[3]我这个可怜的父亲，就在处处替你做这方面的准备，而且与其说是为你做准备，还不如说为中国音乐界做准备更贴切。孩子，一个人空有爱同胞的热情是没用的，必须用事实来使别人受到我的实质的帮助，这才是真正的道德实践。别以为我们要求你多写信是为了父母感情上的自私——其中自然也有一些，但绝不是主要的。你很知道你一生受人家的帮助是应当用行动来报答的，而从多方面去锻炼自己就是为报答人家做基本准备。

　　……………

勃隆斯丹太太来信，要我祝贺你，她说："我从未怀疑过，哪怕是一分钟，在这次比赛中他会获得多个第一名中的一个。聪真棒！由于他的勤奋不已（这是与坚强的意志不可分的）和巨大的才能（正如上帝赋予的那样），在相当短的时期内，几乎创造了奇迹！我真诚地希望聪认识到他即将进入伟大艺术家生涯的大门，获得精神上的无限喜悦，同样也充满了荆棘和艰辛。主要的不光是他个人获得了成功，而在于他给予别人精神上巨大的振奋和无限的欢乐。"

和你的话是谈不完的，信已经太长，妈妈怕你看得头昏脑涨，劝我结束。她觉得你不能回来一次很遗憾。我们真是多么想念你啊！你放心，爸爸是相信你一切都很客观、冷静，对人的批评并非意气用事。但是一个有些成就的人，即使事实上不骄傲，也很容易被人认为骄傲的（一个有些名和地位的人，就是这样地难做人），所以在外千万谨慎，说话处处保留些。尤其双方都用一种非祖国的语言，意义轻重更易引起误会。

写

【篇末小结】

信的一开始，傅雷针对儿子身体摇摆的问题再次进行告诫，由此引出傅聪"不答复"的问题，苦口婆心地告诉儿子自己频繁给他写信的目的。他希望自己在做人方面、生活细节方面、艺术修养方面、演奏姿态方面都能给予儿子指导与帮助。他希望傅聪多写信，锻炼自己的文笔，成为一个伟大的教育家，能够为祖国做贡献。这封信，能让我们真正地读懂《傅雷家书》。

【思考探究】

1.傅雷频繁给儿子写信的目的是什么？

2.读了这封信，你认为作为一位艺术家肩负着哪些责任？

【写作乐园】

傅雷说我们不能因为失去后再去后悔是人之常情而去宽恕我们的愚蠢。谈谈你在失去后才懂得珍惜的经历。（不少于100字）

_____

_____

※ 五月十一日

孩子，别担心，你四月二十九、三十两封信写得非常彻底，你的情形都报告明白了。我们决无误会（傅聪于一九五五年三月二十日比赛结束后举行获奖演奏会，二十一和二十二日又有音乐会和宴会。二十三日上扎科帕内山区休假，通宵写了一封长信，二十四日托人发出，结果家中未收到。无奈于四月二十九日和三十日重写）。过去接不到你的信固然是痛苦，可一旦有了你的长信，明白了底细，我们哪里还会对你有什么不快，只有同情你、可怜你补写长信，又开了通宵的"夜车"，使我们心里老大的不忍。你出国七八个月，写回来的信并没什么过火之处，偶尔有些过于相信人或是怀疑人的话，我也看得出来，也会打些小折扣。一个热情的人，尤其是青年，过火是免不了的；只要心地善良、正直、胸襟宽广，能及时改正自己的判断，不固执己见，那就很好了。你不必多责备自己，只以后多写信，让我们多了解你的情况，随时给你提提意见，那就比空自内疚、后悔挽救不了的"以往"，有意思多了。你说写信退步，我们都觉得你是进步。你分析能力比以前强多了，态度也和平得很。爸爸看文字多么严格，从文字上挑剔思想又多么认真，不会随便夸奖你的。

你回来一次的问题，我看事实上有困难。即使大使馆愿意再向国内请示，公文或电报往返也需很长的时日，因为文化部外交部决定你的事也要作多方面的考虑。耽搁日子是不可避免的。而等到决定的时候，离联欢节已经很近，恐怕他们不大肯让你不在联欢节上参加表演，再说便是让你回来，至早也要到六月底、七月初才能到家。而那时代表团已经快要出发，又要催你上道了。

以实际来说，你倘若为了要说明情形而回国，则大可不必，因为我已经完全明白，必要时我可以向文化部说明。倘若为了要和杰老师分手而离开一下波兰，那也并无作用。既然仍要回波学习，则调换老师是早晚的事，而早晚都得找一个说得过去的理由向杰老师作交代。换言之，你回国以后再去，仍要有个充分的借口方能离开杰老师。若这个借口目前就想出来，则不回国也是一样。

以我们的感情来说，你一定懂得我们想见见你的心，不下于你想见见我们的心；尤其我恨不得和你长谈数日夜。可是我们不能只顾感情，我们不能不硬压着个人的愿望，而为你更远大的问题打算。[1]

转苏学习一点，目前的确不很相宜。政府最先要考虑到邦交，你是波政府邀请去学习的，我政府正式接受之后，不上一年就调到别国，对波政府的确有不大好的印象。你是否觉得跟斯托姆卡（波兰著名钢琴教授）学 technic（技巧）还是不大可靠？我的意思，倘若 technic（技巧）基本上有了 method（方法），彻底改过了，就是已经上了正轨，以后的 technic（技巧）却是看自己长时期的努力了。我想经过三四年的苦功，你的 technic（技巧）不见得比苏联的一般水准（不说最突出的）差到哪里。即如 Harasiewicz（哈拉谢维兹）和 Smangianka（斯曼齐安卡），前者你也说他技巧很好，后者我们亲自领教过了，的确不错。像 Askenasi（阿什肯纳奇）这等人，天生在 technic（技巧）方面有特殊才能，不能作为一般的水准。所以你的症结是先要有一个好的方法，有了方法，以后靠你的聪明与努力，不必愁在这方面落后，即使不能希望和 Horowitz（霍洛维茨）那样高明。[2] 因为以你的个性及长处，本来不是 virtuoso（以技巧精湛著称的演奏家）的一型。总结起来，你现在的确非立刻彻底改 technic（技巧）不可，但不一定非上苏联不可。将来倒是为了音乐，需要在苏逗留一个时期。再者，人事问题到处都有，无论哪个国家、哪个名教授，到了一个时期，你也会觉得需要更换，更换的时节一定也有许多人事上及感情上的难处。

假定杰老师下学期调华沙是绝对肯定的，那么你调换老师很容易解决。我可以写信给他，说"我的意思你留在克拉可夫环境比较安静，在华沙因为中国代表团来往很多，其他方面应酬也多，对学习不大相宜，所以总不能跟你转往华沙，觉得很遗憾，但对你过去的苦心指导，我和聪都是十二分感激"等等。（目前我听你的话，决不写信给他，你放心。）

假定杰老师调任华沙的事，可能不十分肯定，那么先要知道杰老师和 Sztomka（斯托姆卡）感情如何。若他们不像 Levy（莱维）（恩斯特·莱维，瑞士钢琴家）与 Long（朗）（玛格丽特·朗〔Marguerite Long〕，法国钢琴家）那样的对立，那么你可否很坦白、很诚恳的直接向杰老师说明，大意如下：

"您过去对我的帮助，我终生不能忘记。您对古典及近代作品的理解，我尤其佩服得不得了。本来我很想跟您在这方面多多学习，无奈我在长时期的、一再的反省之下，觉得目前最急切的是要彻底地改一改我的 technic（技巧），我的手始终没有放松；而我深切地体会到方法不改将来很难有真正的进步；而我的年龄已经在音乐技巧上到了一个 critical age（要紧关头），再不打好基础，就要来不及了，所以我想暂时跟斯托姆卡先生把手的问题彻底解决。希望老师谅解，我绝不是忘恩负义（ungrateful）；我的确很真诚地感谢您，以后还要回到您那儿请您指导的。"我认为一个人只要真诚，就能打动人的，即使人家一时不了解，日后仍会了解的。我这个提议你觉得如何？因为我一生做事，总是第一坦白，第二坦白，第三还是坦白。绕圈子、躲躲闪闪，反易叫人疑心；你要手段，倒不如光明正大，实话实说，只要

[1] 段落分析：
父母对子女的爱不仅仅是出于感性，更多的是理性地为子女的前途考虑，这样的爱才更显伟大。

[2] 情节分析：
好方法能使学习事半功倍，不仅仅艺术学习，其他学习一样如此。

[1] 情节分析：
傅雷教给儿子做人的道理，要光明磊落，真诚老实，对别人付出真心，这样别人一定会理解你的难处。

态度诚恳、谦卑、恭敬，无论如何人家不会对你怎么的。我的经验，和一个爱弄手段的人打交道，永远以自己的本来面目对付，他也不会用手段对付你，倒反看重你的。你不要害怕、不要羞怯、不要不好意思；但话一定要说得真诚老实。[1] 既然这是你一生的关键，就得拿出勇气来面对事实，用最光明正大的态度来应付，无须那些不必要的顾虑，而不说真话！就是在实际做的时候，要注意措辞及步骤。只要你的感情是真实的，别人一定会感觉到，不会误解的。你当然应该向杰老师表示你的确很留恋他，而且有"鱼与熊掌不可兼得"的遗憾。即使杰老师下期一定调任，最好你也现在就和他说明。因为至少六月份一个月你还可以和斯托姆卡学 technic（技巧），一个月在你是有很大出入的！

以上的话，希望你静静地想一想，多想几回。

…………

最后，倘若你仔细考虑之后，觉得非转苏学习不能解决问题，那么只要我们的政府答应（只要政府认为在中波邦交上无影响），我也并不反对。

你考虑这许多细节的时候，必须心平气和，精神上很镇静，切勿烦躁，也切勿焦急。有问题终得想法解决，不要怕用脑筋。我历次给你写信，总是非常冷静、非常客观的。唯有冷静与客观，终能想出最好的办法。

[2] 情节分析：
教导儿子与外国友人交往时要讲究分寸，把握一个度。

对外国朋友固然要客气，也要阔气，但必须有分寸，像西卜太太之流到处都有，你得提防。[2] 巴尔扎克小说中人物不是虚造的。人的心理是，难得收到的礼，是看重的；常常得到的不但不看重，反而认为是应享的权利，临了非但不感激，倒容易生怨望。所以我特别要嘱咐你"有分寸"！

以下要谈两件艺术的技术问题：

恩德又跟了李先生学，李先生指出她不但身体动作太多，手的动作也太多，浪费精力之外，还影响到她的 technic（技巧）和 speed（速度）以及 tone（音质）的深度。记得裘伯伯也有这个毛病，一双手老是扭来扭去。我顺便和你提一提，你不妨检查一下自己。关于身体摇摆的问题，我已经和你谈过好多次，你都没答复，下次来信务必告诉我。

其次是有一晚我要恩德随便弹一支 Brahms（勃拉姆斯）的 Intermezzo（《间奏曲》），一开场 tempo（节奏）就太慢，她一边哼唱一边坚持说不慢。后来我要她停止哼唱，只弹音乐，她弹了两句，马上笑了笑，把 tempo（节奏）加快了。由此证明，哼唱有个大缺点，容易使 tempo（节奏）不准确。哼唱是个极随意的行为，快些、慢些，吟唱起来都很有味道；弹的人一边哼一边弹，往往只听见自己哼的调子，觉得很自然很舒服，而没有留神听弹出来的音乐。我特别报告你这件小事，因为你很喜欢哼的。我的意思，看谱的时候不妨多哼，弹的时候尽量少哼，尤其在后来，一个曲子相当熟的时候，只宜于"默唱"，暗中在脑筋里哼。

此外，我也跟恩德提了以下的意见：

自己弹的曲子不宜尽弹，而常常要停下来想想，想曲子的 picture（意境，境界），追问自己究竟要求的是怎样一个境界，这使你明白 what you want（你所要的是什么），而且先在脑子里推敲曲子的结构、章法、起伏、高潮、低潮等等。尽弹而不想，近乎 improvise（即兴表演），弹到哪里算哪里，往往一个曲子练了二三个星期，自己还说不出哪一种弹法（interpretation）最满意，或者是有过一次最满意的 interpretation（弹法），而以后再也找不回来（这是恩德常犯的毛病）。假如照我的办法做，一定可能帮助自己的感情更明确而且稳定！

其次，到先生那儿上过课以后，不宜回来马上在琴上照先生改的就弹，而先要从头至尾细细看谱，把改的地方从整个曲子上去体会，得到一个新的 picture（境界），再在琴上试弹，弹了二三遍，停下来再想再看谱，把老师改过以后的曲子的表达，求得一个明确的 picture（境界）。然后再在脑子里把自己原来的 picture（境界）与老师改过以后的 picture（境界）作个比较，然后再在琴上把两种不同的境界试弹，细细听、细细辨，究竟哪个更好，是部分接受老师的，还是全盘接受，还是全盘不接受。[1] 不这样做，很容易"只见其小，不见其大"，光照老师的一字一句修改，可能通篇不连贯，失去脉络，弄得支离破碎，非驴非马，既不像自己，又不像老师，把一个曲子搞得一团糟。

我曾经把上述两点问李先生觉得如何，他认为是很内行的意见，不知你觉得怎样？

你二十九信上说 Michelangeli（米开兰琪利）至少在"身如 rock（磐石）"一点上使我很向往。这是我对你的期望——最殷切的期望之一！唯其你有着狂热的感情，无穷的变化，我更希望你做到身如 rock，像统率三军的主帅一样。[2] 这用不着老师讲，只消自己注意，特别在心理上、精神上，多多修养，做到能入能出的程度。你早已是"能入"了，现在需要努力的是"能出"！那我保证你对古典及近代作品的风格及精神，都能掌握得很好。

你来信批评别人弹的肖邦，常说他们 cold（冷漠）。我因此又想起了以前的念头。欧洲自从十九世纪，浪漫主义在文学艺术各方面到了高潮以后，先来一个写实主义与自然主义的反动（光指文学与造型艺术言），接着在二十世纪前后更来了一个普遍的反浪漫底克思潮。这个思潮有两个表现：一是非常重感官（sensual），在音乐上的代表是 R. Strauss（理查·施特劳斯），在绘画上是马蒂斯；一是非常的 intellectual（理智），近代的许多作曲家都如此，绘画上的 Picasso（毕加索）亦可归入此类。近代与现代的人一反十九世纪的思潮，另走极端，从过多的感情走到过多的 mind（理智）的路上去了。演奏家自亦不能例外。肖邦是个半古典半浪漫底克的人，所以现代青年都弹不好。反之我们中国人既没有十九世纪像欧洲那样的浪漫底克狂潮，民族性又是颇有 olympic（奥林匹克）（希腊艺术的最高理想）精神，同时又有不太过分的浪漫底克精神，如汉魏的诗人，如李白、杜甫（李后主算是最 romantic 的一个），但比起西洋人，还是极含蓄而讲究 taste（品味，鉴赏力）的，所以我们先天的具备表达肖邦相当优越的条件。

我这个分析，你认为如何？[3]

反过来讲，我们和欧洲真正的古典，有时倒反隔离得远一些。真正的古典是讲雍容华贵，讲 graceful（雍容）、elegant（典雅）、moderate（中庸）。但我们也极懂得 discreet（含蓄），也极讲中庸之道，一般青年人和传统不亲切，或许不能把握这些，照理你是不难体会得深刻的。有一点也许你没有十分注意，就是欧洲的古典还多少带些宫廷气味，路易十四式的那种宫廷气味。

…………

环境安静对你的精神最要紧。做事要科学化、要彻底！我恨不得在你身边，帮你解决并安排一切物质生活，让你安心学习，节省你的精力与时间，使你在外能够

[1] 情节分析：
对老师的指导，不要尽信，要有自己的思考，敢于质疑。

[2] 写作指导：
运用比喻的修辞手法，生动形象地写出了傅雷对儿子在艺术上的期望。

[3] 情节分析：
傅雷给儿子的信中常常有"你认为如何""你觉得怎样"类似的表达，可见傅雷与儿子是真正的交流探讨，不是强硬的指令，这种教育方法更容易被孩子接受。

事半功倍，多学些东西，多把心思花在艺术的推敲与思索上去。一个艺术家若能很科学地处理日常生活，他对他人的贡献一定更大！

五月二日来信使我很难受。好孩子，不用心焦，我决不会怨你的，要说你不配做我的儿子，那我更不配做你父亲了。只要我能帮助你一些，我就得了最大的报酬。我真是要拿我所有的知识、经验、心血，尽量给你作养料，只要你把我每封信多看几遍，好好地思索几回，竭力吸收，"身体力行"地实践，我就快乐得难以形容了。

我又细细想了想杰老师的问题，觉得无论如何还是你自己和他谈为妙。他年纪这么大，人生经验这么丰富，一定会谅解你的。倒是绕圈子、不坦白，反而令人不快。西洋人一般都喜欢直爽。但你一定要切实表示对他的感激，并且声明以后还是要回去向他学习的。

写

【篇末小结】

这是一篇非常丰富的长信，对傅聪进行了鼓励以及方方面面的指导。首先，对于转苏学习的问题，傅雷并不赞同，并对其进行了详细的说明与探讨。傅雷对儿子倾注了全部的心血，在指导儿子与杰老师的沟通上尤为明显，教导儿子处世要坦白、诚恳。在与人交往时，要注意分寸。最后就艺术的技术问题与儿子进行了探讨。

【思考探究】

1. 傅雷对儿子转苏学习的决定并不认同，这是为什么？

2. 相比于外国人，为什么中国人先天具备表达肖邦的优越条件？

【写作乐园】

对于与人交往，傅雷有自己的一套方法，你从中学到了什么？（不少于100字）

_____

_____

※ 六月十六日

——此信应有三页，现仅存第二页。

[1] 情节分析：
傅雷教导孩子如何做人：严于律己，宽以待人。

你现在对杰老师的看法也很对。"做人"是另外一个问题，与教学无关，对谁也不能苛求。[1] 你能继续跟杰老师上课我很赞成，千万不要驼子摔跤，两头不着。有个博学的老师指点，总比自己摸索好，尽管他有些见解与你不同。但你还年轻，musical literature（音乐文献）的接触真是太有限了，乐理与曲体的知识又是几乎等于零，更需要虚心一些，多听听年长的，尤其是一个scholarship（学术成就，学问修养）很高的人的意见。

有一点，你得时时刻刻记住，你对音乐的理解，十分之九是凭你的审美直觉；虽则靠了你的天赋与民族传统，这直觉大半是准确的，但究竟那是西洋的东西，除了直觉以外，仍需要理论方面的、逻辑方面的、史的发展方面的知识来充实；即使是你的直觉，也还要那些学识来加以证实，自己才能放心。所以便是以口味而论觉得格格不入的说法，也得采取保留态度，细细想一想，多辨别几时，再作断语。这不但对音乐为然，治一切学问都要有这个态度。所谓冷静、客观、谦虚，就是指这种实际的态度。

来信说学习主要靠 mind（头脑）、ear（听力）及敏感，老师的帮助是有限的。这是因为你的理解力强的缘故，一般弹琴的，十分之六七以上都是要靠老师的。这一点，你在波兰同学中想必也看得很清楚。但一个有才的人也有另外一个危机，就是容易自以为是地钻牛角尖。所以才气越高，越要提防，用 solid（扎扎实实）的学识来充实，用冷静与客观的批评精神，持续不断地检查自己。唯有真正做到这一步，而且终生做下去，才能成为一个真正的艺术家。[1]

一扯到艺术，一扯到做学问，我的话就没有完，只怕我写得太多，你一下子来不及咂摸。

来信提到 Chopin（肖邦）的 Berceuse（《摇篮曲》）的表达，很有意思。以后能多写这一类的材料，最欢迎。

还要说两句有关学习的话，就是我老跟恩德说的："要有耐性，不要操之过急。越是心平气和，越有成绩。时时刻刻要承认自己是笨伯，不怕做笨功夫，那就不会期待太切，稍不进步就慌乱了。"对你，第一要紧是安排时间，多多腾出无谓的"消费时间"，我相信假如你在波兰能像在家一样，百事不打扰，每天都有七八小时在琴上，你的进步一定更快！

我译的莫扎特的论文，有些地方措辞不大妥当，望切勿"以辞害意"。尤其是说到"肉感"，实际应该这样理解："使感官觉得愉快的。"原文是等于英文的 sensual（感官上的）。

[1] 情节分析：世界上并不缺少天才，而是缺少踏踏实实学习的艺术家，"伤仲永"的例子并不少见。

写

【篇末小结】

在这封信中，傅雷主要探讨了天赋与后天学习之间的关系，指出了傅聪在音乐上的缺陷并给予指导，傅聪十分之九是凭借自己的审美直觉，即天赋，对于一个艺术家而言，天赋固然重要，但若没有后天的学习做支撑，天赋会慢慢消失，泯然众人，告诫儿子对音乐学习要始终保持冷静、客观、谦虚的态度。

【思考探究】

1. "这不但对音乐为然，治一切学问都要有这个态度"中的"态度"指的是什么？

2. 作者认为怎样才能成为一名真正的艺术家？

【写作乐园】

请你谈谈天赋与努力之间的关系。（不少于100字）

_____

_____

十月底

——此信仅剩一页，根据内容，此信应写于一九五五年十月底。

从本月十八日到二十四日这一周内，我们家中非常紧张，因为伦伦（即刘英伦，成家和与刘海粟之女，那时住在傅家养病）的病有急剧变化，来了两次高潮：第一次是胃痛得不得了；第二次是小腹痛。林医生先说她是小小的胃溃疡，小腹痛既怕她有腹膜炎危险，又怕她肠中的淋巴结结核蔓延到输卵管或膀胱或子宫部分的淋巴结。林伯伯五天之内每天早上来，有时一天跑几次，亲自验血、验小便、配药；有一回还深夜送医院急诊，因为怕腹膜炎，故请外科医生会诊一下，以期安全。又因胃病，每天每小时就进食一次，现在改为两小时一次。大批营养最好而最易消化的东西尽量给。到二十四日，一切恢复，风波平了，预料的各种危险都已过去。我们虽忙，但结果良好，仍是非常高兴。伦伦这孩子实在娇嫩，身心双方都如此。她思想的细密、感觉的敏锐，都是少有的。她好比一朵幼弱的花，在大风雨中被我们抢救出来了。现在只要继续治疗、静养，半年后必有希望恢复健康。胃病最剧的几天，吃东西都是妈妈与我轮流喂的。今仍终日睡着，绝对不许下床。她父亲每周来一次，但只和我谈天——吹捧，我不提伦伦的病，他自动从来不提，也不说上楼去看看她。像这种自私的父亲，可说天下少有；而在这种环境中长大的孩子，居然不沾上一星自私，还痛恨自私，还处处体贴别人，正义感那么强，也可以说是"出淤泥而不染"了。埃娃太太说她最喜欢的是人，因为人千变万化，研究不尽，真有意思。这句话我颇有同感。伦伦的病不但使我们又一次地发挥了我们的父性母性，同时对我也多了一次观察人性的机会。我觉得我在这些地方是既有艺术家的热爱又有科学家的研究兴趣的。

[1] 情节分析：借刘英伦与傅雷夫妻之间的事情，告诫儿子要学会帮助他人，不求酬报地施与，这样会得到意想不到的收获。

妈妈为了看护伦伦的病，上街买菜买食物，上楼下楼管这样那样，忙得不可开交，可是心里非常快活。没有女儿，等于有女儿一样。伦伦对我们的爱和了解，比对她亲生的父母还胜过几倍，这不是我们所能获得的最大的酬报吗？一个人唯有不求酬报地施与，才会得到最大的意想不到的酬报！[1]

从一九五一年你回上海以后，几年之间我从你身上大大提高了自己、教育了自己。过去我在教育方面都是心肠好而手段不好，造成了多少大大小小的不愉快。现在你不但并未受到这不完全的教育的弊；而且我也从中训练得更了解青年，更能帮助青年。对恩德、对伦伦，我能够在启发她们的心灵方面有些成绩，多半是靠以往和你的经验促成的。由此更可证明，天下事样样都要用痛苦去换来，都要从实践中学习。现在我们感到多么快乐，多么幸运！有这样的儿子，有这些精神上的女儿，对我们都那么热爱！只是有一点，我常常"居安思危"，兢兢业业，不敢放松一点自己。

写

【篇末小结】

　　这封信讲述了傅雷夫妻与"精神上的女儿"伦伦之间的故事。即使忙得不可开交，仍非常快活，因为他们收获了伦伦的爱与理解，借此告诉儿子要学会不求酬报地施与他人，这样自己的心灵才会获得酬报。最后，再一次反思自己对儿子的教育，体现了傅雷的认真、善于反省。

【思考探究】

1.傅雷为什么说刘英伦是"出淤泥而不染"？

2.如何理解"天下事样样都要用痛苦去换来，都要从实践中学习"这句话？

【写作乐园】

　　傅雷夫妇对刘英伦付出真心，也得到了最意想不到的酬报。谈谈你从这件事中获得的启发。（不少于100字）

_____

_____

十二月九日

　　——此信原有两页，现仅剩第二页。

　　唯有把过去的思想包袱一齐扔掉了，才能得到真正的精神上的和平恬静，才能真正心胸开朗地继续前进！孩子，勇敢些！别怕！别踌躇！而最要紧的是把日常生活安排得井井有条！日常生活一乱，精神绝不可能平静。

写

【篇末小结】

　　这是封残缺的信，从这短短几行字，我们也能收获颇多。人们往往带着过去的思想包袱在人生路上艰难前行，不想丢，也舍不得丢。我们要学会取舍，将身上的重压扔掉，心胸开朗地前进，将自己的生活安排好，这样才能获得精神上的平静。

【思考探究】

1.怎样才能获得精神上的平静？

2.日常生活与精神平静有怎样的联系？

【写作乐园】

　　你有哪些思想包袱？在这里写一写，把这些包袱扔掉吧。（不少于100字）

_____

_____

※ 十二月十一日夜

你十一月二十七日信……昨天去买了十种理论书及学习文件，内八种都是小册子，分作两包，平信挂号寄出，约本月底可到。每次寄你的材料及书等，收到时务必在信中提明，千万勿忘，免我们挂心！

"毛选"中的《实践论》及《矛盾论》可多看看，这是一切理论的根底。此次寄你的书中，一部分是纯理论，可以帮助你对马列主义及辩证法有深切了解。为了加强你的理智和分析能力，帮助你头脑冷静，彻底搞通马列及辩证法是一条极好的路。我本来富于科学精神，看这一类书觉得很容易体会，也很有兴趣，因为事实上我做人的作风一向就是如此的。你感情重、理智弱，意志尤其弱，亟须从这方面多下功夫。否则你将来回国以后，什么事都要格外赶不上的。

住屋及钢琴两事现已圆满解决，理应定下心来工作。倘使仍觉得心绪不宁，必定另有原因，索性花半天工夫仔细检查一下，病根何在。查清楚了才好对症下药，廓清思想。老是蒙着自己，不正视现实，不正视自己的病根，而拖泥带水，不晴不雨地糊涂下去，只有给你精神上更大的害处。该拿出勇气来，彻底清算一下。

廓清思想，心绪平定以后，接着就该周密考虑你的学习计划，把正规的学习和明春的灌片及南斯拉夫的演奏好好结合起来。事先多问问老师意见，不要匆促决定。决定后勿轻易更动。同时望随时来信告知这方面的情况。前信（五十一号）要你谈谈技巧与指法手法，与你今后的学习很有帮助。我们不是常常对自己的工作（思想方面亦然如此）需要来个"小结"吗？你给我们谈技巧，就等于你自己作小结。千万别懒洋洋地拖延！我等着。同时不要一次写完，一次写必有遗漏，一定要分几次写才写得完全；写得完全是表示你考虑得完全，回忆得清楚，思考也细致深入。你务必听我的话，照此办法做。[1] 这也是一般工作方法的极重要的一个原则。

…………

你始终太容易信任人。我素来不轻信人言，等到我告诉你什么话，必有相当根据，而你还是不大重视，轻描淡写。这样的不知警惕，对你将来是危险的！一个人妨碍别人，不一定是因为本性坏，往往是因为头脑不清，不知利害轻重。[2] 所以你在这些方面没有认清一个人的时候，切忌随口吐露心腹。一则太不考虑和你说话的对象，二则太不考虑事情所牵涉的另外一个人（还不止一个呢）。来信提到这种事，老是含混得很。去夏你出国后，我为另一件事写信给你，要你检讨，你以心绪恶劣推掉了。其实这种作风，这种逃避现实的心理是懦夫的行为，绝不是新中国的青年所应有的。你要革除小布尔乔亚根性，就要从这等地方开始革除！

别怕我责备（这也是小布尔乔亚的怯懦）！也别怕引起我心烦，爸爸不为儿子烦心，为谁烦心？爸爸不帮助孩子，谁帮助孩子？儿子苦闷不向爸爸求救，向谁求救？你这种顾虑也是一种短视的温情主义，要不得！懦怯也罢，温情主义也罢，总之是反科学，反马列主义。为什么一个人不能反科学、反马列主义？因为要生活得好，对社会尽贡献，就需要把大大小小的事，从日常生活、感情问题，一直到学习、

[1] 语言赏析：
"务必"一词写出了傅雷对此事的重视程度。他认为，学习上时时反思自己、总结自己，是很重要的工作原则。

[2] 情节分析：
分享自己的生活经验，教导儿子如何与人交往。

工作、国家大事，一贯地用科学方法、马列主义的方法，去分析、去处理。批评与自我批评所以能成为有力的武器，也就在于它能培养冷静的科学头脑，对己、对人、对事，都一视同仁，做不偏不倚的检讨。而批评与自我批评最需要的是勇气，只要存着一丝一毫怯懦的心理，批评与自我批评便永远不能做得彻底。我并非说有了自我批评（即挖自己的根），一个人就可以没有烦恼。不是的，烦恼是永久免不了的，就等于矛盾是永远消灭不了的一样。但是不能因为眼前的矛盾消灭了将来照样有新矛盾，就此不把眼前的矛盾消灭。挖了根，至少可以消灭眼前的烦恼。将来新烦恼来的时候，再去消灭新烦恼。挖一次根，至少可以减轻烦恼的严重性，减少它危害身心的可能；不挖根，老是有些思想的、意识的、感情的渣滓积在心里，久而久之，成为一个沉重的大包袱，慢慢地使你心理不健全，头脑不冷静，胸襟不开朗，创造更多的新烦恼的因素。这一点不但与马列主义的理论相合，便是与近代心理分析和精神病治疗的研究结果也相合。

至于过去的感情纠纷，时时刻刻来打扰你的缘故，也就由于你没仔细挖根。我相信你不是爱情至上主义者，而是真理至上主义者；那么你就该用这个立场去分析你的对象（不论是初恋的还是以后的），你跟她（不管是谁）在思想认识上，真理的执着上，是否一致或至少相去不远？从这个角度上去把事情解剖清楚，许多烦恼自然迎刃而解。你也该想到，热情是一朵美丽的火花，美则美矣，无奈不能持久。希望热情能永久持续，简直是愚妄；不考虑性情、品德、品格、思想等等，而单单执着于当年一段美妙的梦境，希望这梦境将来会成为现实，那么我警告你，你可能遇到悲剧的！[1] 世界上很少如火如荼的情人能成为美满的、白头偕老的夫妇的；传奇式的故事，如但丁之于裴阿脱里克斯，所以成为可哭可泣的千古艳事，就因为他们没有结合；但丁只见过几面（似乎只有一面）裴阿脱里克斯。歌德的太太克里斯丁纳是个极庸俗的女子，但歌德的艺术成就，是靠了和平宁静的夫妇生活促成的。过去的罗曼史，让它成为我们一个美丽的回忆，作为一个终生怀念的梦，我认为是最明哲的办法。老是自苦是只有消耗自己的精力，对谁都没有裨益的。孩子，以后随时来信，把苦闷告诉我，我相信还能凭一些经验安慰你呢。爸爸受的痛苦不能为儿女减除一些危险，那么爸爸的痛苦也是白受了。但希望你把苦闷的缘由写得详细些（就是要你自己先分析一个透彻），免得我空发议论，无关痛痒地对你没有帮助。好了，再见吧，多多来信，来信分析你自己就是一种发泄，而且是有益于心理卫生的发泄。爸爸还有足够的勇气担受你的苦闷，相信我吧！你也有足够的力量摆脱烦恼，有足够的勇气正视你的过去，我也相信你！

附：十一月二十七日聪信摘录（波二十二）

我在两星期前就得到了一架斯丹威；因为以前答应了波兰的一个全国性的工程师协会，在昨天和前天演奏两场独奏会，所以我马上开始了紧张的工作。

…………

我故意准备这样重的节目，是想借此来逼逼自己。我这一回荒疏得太厉害了，但告诉你们一件喜事，这回演奏很成功；贝多芬尤其好，和杰老师上了几次课，学到的东西真太多了。斯卡拉蒂也好，巴赫出乎意外的稳，舒曼还不够完整。不知为什么，我现在不像从前那样喜欢这个作品了。两次独奏会都没有节目单，因为那纯

[1] 写作指导：将热情比喻成"火花"，生动地诠释了热情易逝的真理，想要拥有长久理智的爱情，一定要以性情、品德、品格、思想等为基础。

粹是对机关内部演出。两次音乐会完了，我实在累。不知为什么，自从为了住房问题不痛快以来，一直心情抑郁。

你们的来信每次都使我感到自己是多么自私，真的，我始终没有能做到真正的冷静，感情还是主宰着我。爸爸信上的那种热诚和实事求是的精神，就像是鞭子鞭策着我的内心。

事实上，我还是非常的软弱，有时候我是多么讨厌这个"自己"。我常常怕跟你们谈这些，怕你们为我烦恼，而这又多了一个负担。我想我该多看些书，理论书。我那些小布尔乔亚的幻想，常常打扰我，该好好彻底清洗一下才行。

我常常觉得自己是生错了，或者说根本不该生，或者说根本不懂如何生活，说懒惰也可以，但我就是不善于去注意这些日常生活中应付人事的手段。

爸爸，我希望你不要误解我，因为心里烦，精神也累，所以写这些无聊的话。我的内心常常在斗争，要做到真正冷静沉着，可不容易。说真的，我也缺少今天新社会里的那种达观和勇往直前的精神；有时候有一点，但仅仅是有一点。我缺少一些很重要的"什么"。

看到祖国寄来的报刊，常常觉得惭愧，有时候我是多么向往着美好的将来，但觉得自己是那样沉重，我懂得太少了。

爸爸来信告诉我该怎么办吧。或者寄些什么书来，能够帮助我更有勇气的。

练的东西我也觉得太乱了，得好好收拾出一个头绪来，把那些半生不熟的东西搞彻底。

望这信不要打扰了你们的心情，我是希望你们快乐的。我知道自己还是太年轻，对人生的实际事务又太不懂，接触到一点就使我心烦意乱。过去我的感情生活也太乱了，有时真理不出一个头绪来。我尤其痛心的是，幼时那初恋的影子老是缠着我。

哥伦比亚的唱片已收到，我听了很不满意。协奏曲的录音太坏，一片轰轰声。成绩最好的是《玛祖卡》，但也不是每个都好，有几个都是诗意够而节奏感不够，但很朴实，这一点我是满意的。

选自《傅聪版傅雷家书》

写

【篇末小结】

这封信中，傅雷从学习、做人、交往、感情等多个方面与儿子进行了交流。首先在学习上要善于做"小结"，科学地进行学习。其次，在与人交往时要保持一定的戒心，不要轻易信任别人，这样不仅对自己，对他人也会造成一定的影响。然后在做人方面，要学会批评与自我批评，培养冷静的头脑，及时消灭眼前的烦恼。最后，再一次对感情问题提出了要求，告诫儿子不要因一时的热情而造成终生的遗憾。作者旁征博引，说理透彻，富有感染力。

【思考探究】

1. 与人交往中，我们应该注意哪些问题，为什么？

2. 请简述批评与自我批评的重要意义。

【写作乐园】

青年时期往往有数不清的烦恼忧愁，说一说我们应该怎样处理。（不少于100字）

_____

_____

※ 十二月二十一日晨

　　你在国外求学，"厉行节约"四字也应该竭力做到。我们的家用，从上月起开始每周做决算，拿来与预算核对，看看有否超过？若有，要研究原因，下周内就得设法防止。希望你也努力，因为你音乐会收入多，花钱更容易不假思索，满不在乎。至于后两条，我建议为了你，改成这样的口号：反对分散使用精力，坚决贯彻重点学习的方针。今夏你来信说，暂时不学理论课程，专攻钢琴，以免分散精力，这是很对的。但我更希望你把这个原则再推进一步，再扩大，在生活细节方面都应用到。而在乐曲方面，尤其要时时注意。首先要集中几个作家。作家的选择事先可郑重考虑；决定以后切勿随便更改，切勿看见新的东西而手痒心痒——至多只宜作辅助性质的附带研究，而不能喧宾夺主。其次是练习的时候要安排恰当，务以最小限度的精力与时间，获得最大限度的成绩为原则。和避免分散精力连带的就是重点学习。选择作家就是重点学习的第一个步骤；第二个步骤是在选定的作家中再挑出几个最有特色的乐曲。譬如巴赫，你一定要选出几个典型的作品，代表他键盘乐曲的各个不同的面目的。这样，你以后对于每一类的曲子，可以举一反三，自动地找出路子来了。这些道理，你都和我一样地明白。我所以不惮烦琐地和你一再提及，因为我觉得你许多事都是知道了不做。学习计划，你从来没和我细谈，虽然我有好几封信问你。从现在起到明年（一九五六）暑假，你究竟决定了哪些作家，哪些作品？哪些作品作为主要的学习，哪些作为次要与辅助性质的？理由何在？这种种，无论如何希望你来信详细讨论。我屡次告诉你：多写信多讨论问题，就是多些整理思想的机会，许多感性认识可以变做理性认识。这样重要的训练，你是不能漠视的。只消你看我的信就可知道。至于你忙，我也知道；但我每个月平均写三封长信，每封平均有三千字，而你只有一封，只及我的三分之一：莫非你忙的程度，比我超过百分之二百吗？问题还在于你的心情：心情不稳定，就懒得动笔。所以我这几封信，接连地和你谈思想问题，急于要使你感情平静下来。<u>做爸爸的不要求你什么，只要求你多写信，多写有内容有思想实质的信。为了你对爸爸的爱，难道办不到吗？</u> [1] 我也再三告诉过你，你一边写信整理思想，一边就会发现自己有很多新观念。无论对人生、对音乐、对钢琴技巧，一定随时有新的启发，可以帮助你今后的学习。这样一举数得的事，怎么没勇气干呢？尤其你这人是缺少计划性的，多写信等于多检查自己，可以纠正你的缺点。当然要做到"不分散精力""重点学习""多写信，多发表感想，多报告计划"，最基本的是要能抓紧时间。你该记得我的生活习惯吧。早上一起来，洗脸、吃点心、穿衣服，没一件事不是用最快的速度赶着做的；而平日工作的时间，尽量不接见客人，不出门；万一有了杂务打岔，就在晚上或星期日休息时间补足错失的工作。这些都值得你效仿。要不然，怎么能抓紧时间呢？怎么能不浪费光阴呢？如今你住的地方幽静，和克拉可夫音乐院宿舍相比，有天壤之别，你更不能辜负这个清静的环境。每天的工作与休息时间都要安排妥当，避免一切突击性的工作。你在国外，究竟不比国内常常有政治性的任务。临时性质的演奏也不会太多，而且宜尽量推辞。正式的音乐会，应该在一个月以前决定，自己早些安排

[1] 情节分析：
"只要求你多写信"，态度诚恳，循序渐进地改变儿子的缺点。傅聪的成就固然离不开天赋与自己的努力，但傅雷的时时督促、严格要求也是一个重要原因。

练节目的日程，切勿在期前三四天内日夜不停地"赶任务"，赶出来的东西总是不够稳、不够成熟的；并且还要妨碍正规学习；事后又要筋疲力尽，仿佛人要瘫下来似的。

我说了那么多，又是你心里都有数的话，真怕你听腻了，但也真怕你不肯下决心实行。孩子，告诉我，你已经开始在这方面努力了，那我们就安慰了、高兴了。

写

【篇末小结】

这封信中，傅雷一开始就要求傅聪"厉行节约"，及时从儿子的现状考虑儿子可能会出现的问题。之后，他重点探讨了重点学习的原则，人的精力是有限的，要以最小限度的精力与时间获得最大限度的成绩，更进一步谈论了重点学习的两个步骤，充满哲思。傅雷告诫傅聪要科学地安排时间，避免不必要的时间浪费。傅雷对儿子的种种严格要求，为傅聪的成功打下了坚实的基础。

【思考探究】

1.傅雷如何看待傅聪"暂时不学理论课程，专攻钢琴"的决定？

2.傅雷认为写信都有哪些好处？

【写作乐园】

人的精力是有限的，我们应该如何科学、有计划地安排自己的时间？（不少于100字）

_____

_____

十二月二十七日午

[1] 情节分析：
可见傅雷对儿子的音乐作品有多重视。

这是本月份第四封信了。每次提笔给你写信，心里总是说不出的温暖和安宁。这一回尤其高兴。前信不是告诉你，说法国唱片来了，片子一拿回来，我连午觉也没睡，就从头至尾听了一遍。[1]

二十二日下午，自己听了一遍；傍晚，李翠贞先生来听了一遍；二十三日傍晚，林医生夫妇及周朝桢先生来听；二十四日夜，名强、西三、容生、柯子岐四人来听；二十五日晨，恩德来听；下午，雷伯伯来听，恩德又听一遍；二十六日夜，中共市委文艺领导吴强及周而复两先生来听了《协奏曲》。

你看，大家多兴奋，家里多热闹！今天傍晚必阿姨、张阿姨还要来听。因为家中没长工，客人多了忙不过来，只能让他们陆续来听。过几日还要约毛楚恩及陈伯庚。他们过去对你那么好，不能不让他们听听你的成绩。

············

以音乐而论，我觉得你的《协奏曲》非常含蓄，绝无鲁宾斯坦那种感伤情调，你的情感都是内在的。第一乐章的技巧不尽完整，结尾部分似乎很显明的有些毛病。第二乐章细腻之极，touch（触键）是delicate（精致）之极。最后一章非常brilliant（辉煌，出色）。《摇篮曲》比颁奖音乐会上的好得多，mood（情绪）也不同，更安静。《幻想曲》全部改变了，开头的引子好极了，沉着、庄严，贝多芬气息很重。中间那段slow（缓慢）的singing part（如歌片段），以前你弹得很tragic（悲怆）的、很sad（伤感）的，现在是一种惆怅的情调。整个曲子像一座巍峨的建筑，给人以厚重、扎实、条理分明、波涛汹涌而意志很热的感觉。[1]

李先生说你的协奏曲，左手把thythm（节奏）控制得稳极，rubato（音的长短顿挫）很多，但不是书上的，也不是人家教的，全是你心中流出来的。她说从国外回来的人常说现在弹肖邦都没有rubato（音的长短顿挫）了，她觉得是不可能的；听了你的演奏，才证实她的怀疑并不错。问题不是没有rubato（音的长短顿挫），而是怎样的一种rubato（音的长短顿挫）。

《玛祖卡》，我听了四遍以后才开始捉摸到一些，但还不是每支都能体会。我至此为止只能欣赏了Op.59，No.1（作品五十九之一）；Op.68，No.4（作品六十八之四）；Op.41，No.2（作品四十一之二）；Op.33，No.1（作品三十三之一）。Op.68，No.4（作品六十八之四）的开头像是几句极凄怨的哀叹。Op.41，No.2（作品四十一之二）中间一段，几次感情欲上不上，几次悲痛冒上来又压下去，到最后才大恸之下，痛哭出声。第一支最长的Op.56，No.3（作品五十六之三），因为前后变化多，还来不及把握。阿敏却极喜欢，恩德也是。她说这种曲子如何能学？我认为不懂什么叫作"tone colour"（音色）的人，一辈子也休想懂得一丝半毫，无怪几个小朋友听了无动于衷。colour sense（音色领悟力）也是天生的。孩子，你真怪，不知你哪儿来的这点悟性！斯拉夫民族的灵魂，你居然天生是具备的。斯克里亚宾的《前奏曲》既弹得好，《玛祖卡》当然不会不好。恩德说，这是因为中国民族性的博大，无所不包，所以什么别的民族的东西都能体会得深刻。Notre-Temps No.2（《我们的时代》第二号）好似太拖拖拉拉，节奏感不够。我们又找出鲁宾斯坦的片子来听了，觉得他大部分都是节奏强，你大部分是诗意浓。他的音色变化不及你的多。

写

【篇末小结】

傅雷对于儿子的音乐作品非常重视，邀请很多人来欣赏、点评，可以看出傅雷对儿子的骄傲与期许。每一乐章都进行了详细的点评，而且说得一针见血，这对一个父亲来说，要付出多少努力啊！傅雷将其他人的点评也转告儿子，鼓励儿子。他毫不吝啬自己的夸赞，这对今天的父母而言，仍然是富有榜样作用的。

【思考探究】

1. 傅雷对傅聪演奏上的缺点直言不讳，引发了你关于父子关系怎样的思考？

2. 傅雷说："不知你哪儿来的这点悟性！"请你尝试回答他。

【写作乐园】

傅雷听了四遍《玛祖卡》，才稍微有所体会。这对你的学习有哪些启发？（不少于100字）

第三卷／一九五六年

【卷首语】

傅雷对傅聪因为烦恼而练习松弛进行了批评。在傅雷看来，事情并不是过去就算了，而是会在儿子情绪好转后，对其进行劝告，希望傅聪能够将生活正规化，将学习正规化。傅雷在信中与儿子交流现在小朋友的教育问题，认为在家自学容易造成大局观缺失，应该从小培养孩子对国家大事的关注，与社会紧密结合。傅雷教育儿子做艺术家要先做人，时时不忘对儿子灌输自己做人的原则，教育傅聪要随时保持谦和，面对挫折也要坚持、忍耐。他向儿子讲述祖国的建设发展，让儿子了解国内的发展，教导儿子时刻不忘祖国。

傅聪在八月份回国，短暂的相聚后，傅聪再次离家。傅雷与妻子在儿子离开后，感到浓浓的失落。傅雷夫妇时刻不忘远在波兰的儿子，爱子之情，感人至深。

※ 一月四日深夜

对你的音乐成绩，真能欣赏和体会的（指周围的青年人中）只有恩德一人。她究竟聪明，这两年也很会用头脑思索。她前天拿了谱，又来听了一遍《玛祖卡》，感触更深，觉得你主要都在节奏上见功夫，表现你的诗情；说你在一句中间，前后的音符中间，有种微妙的吞吐，好像"欲开还闭"（是她说的）的一种竞争。学是绝对学不来，也学不得的，只能从总的方面领会神韵，抓住几个关键，懂得在哪些地方可以这样地伸缩一下，至于如何伸缩，那是必须以各人的个性而定的——你觉得她说得不错吗？她又说你在线条走动的时候，固然走得很舒畅，但难得的是在应该停留的地方或是重音上面能够收得住，在应该回旋的开头控制得非常好。恩德还说，你的演奏充满了你自己特有的感情，同时有每个人所感觉到的感情。[1] 这两句就是匈牙利的 Imre Ungar（伊姆雷·温加尔）说的，"处处叫人觉得是新的，但仍然是合于逻辑的。"可见能感受的艺术家，感受的能力都相差不远，问题是在于实践。恩德就是懂得那么多，而表白得出的那么少。

[1] 情节分析：借恩德之口，赞扬傅聪的演奏，字里行间充满着父亲的自豪。

她随便谈到李先生教琴的种种，有一句话，我听了认为可以给你做参考。就是李先生常常埋怨恩德身子往前向键盘倾侧，说这个姿势自然而然会使人手臂紧张，力量加重，假如音乐不需要加强，你身子往前一倾，就会产生过分的效果。因为来信常常提起不能绝对放松，所以顺便告诉你这一点。[2] 还有李先生上回听了你的《玛祖卡》，马上说："我想阿聪身子是不摇动了，否则决不能控制得这样稳。"

[2] 人物性格：生活中一个小小的细节都要拿出来告诫儿子。可见傅雷的严肃、认真、严谨。

无论你对灌片的成绩怎么看法，我绝对不会错认为你灌音的时候不郑重。去年四月初，你花了五天工夫灌这几支曲子，其认真可想而知。听说世界上灌片最疙瘩的是 Marguerite Long（玛格丽特·朗）。有一次，一个曲子直灌了八十次。还有

Toscanini（托斯卡尼尼），常常不满意他的片子。有一回听到一套片子，说还好；一看原来就是他指挥的。去年灌 Concerto（《协奏曲》）时，不知你前后弹了几次？是否乐队也始终陪着你常常重新来过？这两点望来信告知。我们都认为华沙乐队不行，与 solo（独奏）不够呼应紧密，倒是你的 solo（独奏）常常在尽力承上启下地照顾到乐队部分。

我劝你千万不要为了技巧而烦恼，主要是常常静下心来，细细思考，发掘自己的毛病，寻找毛病的根源，然后想法对症下药，或者向别的师友讨教。烦恼只有打扰你的学习，反而把你的技巧拉下来。共产党员常常强调"克服困难"，要克服困难，先得镇定！只有多用头脑才能解决问题。同时也切勿操之过急，假如经常能有少许进步，就不要灰心，不管进步得多么少。而主要还在于内心的修养、性情的修养。我始终认为手的紧张和整个身心有关系，不能机械地把"手"孤立起来。练琴的时间必须正常化，不能少，也不能多。多了整个的人疲倦之极，只会有坏结果。要练琴时间正常，必须日常生活科学化、计划化、纪律化！假定有事出门，回来的时间必须预先肯定，在外面也切勿难为情，被人家随便多留，才能不打乱事先定好的日程。

写

【篇末小结】

这封信中，傅雷借恩德与李先生之口，肯定了傅聪的演奏，表达了自己对儿子取得的成就的自豪之感。他由恩德的小缺点，联想到儿子可能会存在的问题，小小的细节都不愿放过，希望能对儿子的学业有所帮助。最后，他对傅聪灌音与技巧上的困扰进行了疏导。傅雷对儿子不仅有严格的要求，也有温情的关怀，对其练琴产生的烦恼、紧张给予了合理的分析与建议。

【思考探究】

1. 怎样理解"处处叫人觉得是新的，但仍然是合于逻辑的"这句话？

2. 针对傅聪技巧上的烦恼，傅雷提出了哪些建议？

【写作乐园】

每个人都有紧张的时候，我们应怎样消除自己的紧张情绪？（不少于100字）

_____

_____

※ 一月二十日

昨天接一月十日来信和另外一包节目单，高兴得很。第一，你心情转好了；第二，一个月你来两封信，已经是十个多月没有的事了。只担心一件，一天十二小时的工作对身心压力太重。我明白你说的"十二小时绝对必要"的话，但这句话背后有一个很重要的原因，倘使你在十一、十二两个月中不是常常烦恼，每天保持——不多说——六七小时的经常练琴，我断定你现在就没有一天练十二小时的"必要"。你说是不是？从这个经验中应得出一个教训，以后即使心情有波动，工作也不能松弛。平日练八小时的，在心绪不好时减成六七小时，那是可以原谅的，也不至于如何妨碍整个学习进展。超过这个尺寸，到后来势必要加紧突击，影响身心健康。往者已矣，来者可追，孩子，千万记住，下不为例！何况正规工作是驱除烦恼最有效的灵药！我只要一上桌子，什么苦闷都会暂时忘掉。[1]

············

我九日航挂寄出的关于肖邦的文章二十页，大概收到了吧。其中再三提到他的诗意，与你信中的话不谋而合。那文章中引用的波兰作家的话（见第一篇《少年时代》3-4页），还特别说明那"诗意"的特点。又文中提及的两支 Valse（《圆舞曲》），你不妨练熟了，当作 encore piece（加奏乐曲）用。我还想到，等你从南斯拉夫回来，应当练些 Chopin（肖邦）的《前奏曲》。这在你还是一页空白呢！等我有空，再弄些材料给你，关于《前奏曲》的，关于肖邦的 piano method（钢琴手法）的。

《协奏曲》第二乐章的情调，应该一点不带感伤情调，如你来信所说，也如那篇文章所说的。你手下表现的 Chopin（肖邦），的确毫无一般的感伤成分。我相信你所了解的 Chopin（肖邦）是正确的，与 Chopin（肖邦）的精神很接近——当然谁也不敢说完全一致。你谈到他的 rubato（速率伸缩处理）与音色，比喻甚精彩。这都是很好的材料，有空随时写下来。一个人的思想，不动笔就不大会有系统。日子久了久了，也就放过去了，甚至于忘了，岂不可惜！就为这个缘故，我常常逼你多写信，这也是很重要的"理性认识"的训练。而且我觉得你是很能写文章的，应该随时练习。

你这一行的辛苦，当然辛苦到极点。就因为这个，我屡次要你生活正规化、学习正规化。不正规如何能持久？不持久如何能有成绩？如何能巩固已有的成绩？以后一定要安排好，控制得牢，万万不能"空"与"忙"调配得不匀，免得临时着急，日夜加工地赶任务。[2] 而且作品的了解与掌握，就需要长时期地慢慢消化、咀嚼、吸收。这些你都明白得很，问题在于实践！

爸爸 一月二十日

妈妈有几个月不给你写信了，一方面杂务繁忙，一方面也实在是偷懒，有个那样健笔的爸爸，妈妈就乐得疏懒了。可是每次看到你的信，也跟着你一样忧、一样喜，你生活上精神上有什么波动，与我们是分不开的。阳历年底，本来爸爸的工作告一小段落，可以休息几天。接着你的唱片来了，我们就紧张起来，邮局跑了两次，由市委出了证明文件，没有花一分钱就拿到了。听到你的唱片，如见其人，能不动心么。还要招待朋友来听，一遍两遍，无论多少遍我是听不厌的，心里真像开了花的快乐。电台里在一月二日拿去播送，爸爸帮着写了些介绍的文章，朱健又请爸爸写肖邦的生平，爸爸就夜以继日地翻参考书，看肖邦的传记，几天内就赶出来了。我又跟着忙，帮他抄。这期间又忙着提关于高级知识分子的意见，从各方面搜罗情报，尽量提，为了做好这件工作，爸爸是应该出些力的。所以事实上他一点也没休息，反而工作紧张。

妈妈 附笔

[1] 人物性格：
以自己为例，劝慰儿子。表现了傅雷对工作认真负责、充满热爱。

[2] 情节分析：
告诫儿子合理安排时间，有规律地生活和学习，正确调配"空"与"忙"。

写

【篇末小结】

　　这封信，傅雷主要针对"空"与"忙"的问题对儿子进行了劝告。首先，他对傅聪之前因为烦恼而练习松弛进行了批评。之后，他与儿子交流了肖邦的作品并鼓励儿子多练笔，训练"理性认识"。最后，他希望傅聪能够将生活正规化、学习正规化，合理安排生活中的"空"与"忙"。妈妈的附笔表现了对儿子的爱，并且希望父亲对待工作的态度对儿子有所启发。

【思考探究】

1. 傅雷认为驱除烦恼最有效的办法是什么？

2. 如何理解"一个人的思想，不动笔就不大会有系统"？

【写作乐园】

谈谈我们应该如何合理安排学习中的"空"与"忙"。（不少于100字）

一月二十二日晚

　　今星期日，花了六小时给你弄了一些关于肖邦与德彪西的材料，[1] 关于 tempo rubato（速度的伸缩处理）的部分，你早已心领神会，不过看了这些文字更多一些引证罢了。他的 piano method（钢琴手法），似乎与你小时候从 Paci（百器）那儿学的一套很像，恐怕是李斯特从 Chopin（肖邦）那儿学来，传给学生，再传到 Paci（百器）的。是否与你有帮助，不得而知。

　　前天早上听了电台放的 Rubinstein（鲁宾斯坦）弹的 e Min. Concerto（《e 小调协奏曲》）（当然是老灌音），觉得你的批评一点不错。他的 rubato（音的长短顿挫）很不自然；第三乐章的两段（比较慢的，出现过两次，每次都有三四句，后又转到 minor 的），更糟不可言。转 minor（小调）的两小句也牵强生硬。第二乐章全无 singing（抒情流畅之感）。第一乐章纯是炫耀技巧。听了他的，才知道你弹的尽管 simple（简单），music（音乐感）却是非常丰富的。孩子，你真行！怪不得斯曼齐安卡前年冬天在克拉可夫就说："想不到这支 Concerto（《协奏曲》）会有这许多 music（音乐）！"

　　今天寄你的文字中，提到肖邦的音乐有"非入世的"气息，想必你早体会到；所以太沉着不行，太轻灵而客观也不行。我觉得这一点近于李白，李白尽管飘飘欲仙，却不是德彪西那一派纯粹造型与讲气氛的。

[1] 情节分析：
傅雷工作紧张，没有一点休息时间，却为了儿子花费六个小时整理学习资料。舐犊情深，可见一斑。

写

【篇末小结】

　　这封信是傅雷与儿子在音乐上的交流。他认同儿子对鲁宾斯坦的点评，二人真正将对方当作讨论艺术、讨论音乐的对手，在音乐上有相同的见解：音乐不是单纯地炫耀技巧，而是要追求音乐感的丰富。

【思考探究】

1."肖邦的音乐有'非入世的'气息"，这是一种怎样的气息？

2.傅雷愿意将自己宝贵的时间奉献给儿子，为他的学业倾注自己的心血，从哪些地方可以印证这一点？

【写作乐园】

炫技不仅仅是音乐家才有的缺点，很多人在写作时也常常想要运用更多的手法提高作品质量，有时候这样做不仅没有达到目的，反而失去了真情实感。请你就此谈谈自己的看法。（不少于100字）

二月八日

[1] 人物性格：
代表小组发言，"事先练几遍"，开完会还要整理思想。可见他对工作的认真负责，对自己要求严格。

早想写信给你了，这一向特别忙，连着几天开会。小组讨论后又推我代表小组发言，回家就得预备发言稿；上台念起来，普通话不行，又须事先练几遍，尽量纠正上海腔。结果昨天在大会上发言，仍不免"蓝青（上海话'不地道'的意思）"得很，不过比天舅舅他们的"蓝青"是好得多。开了会，回家还要作传达报告，我自己也有许多感想，一面和妈妈、阿敏讲，一面整理思想。[1]北京正在开全国政协，材料天天登出来；因为上海政协同时也开会，便没时间细看。但忙里抢看到一些，北京大会上的发言，有些很精彩，提的意见很中肯。上海这次政协开会，比去年五月大会的情况也有显著进步。上届大会是歌功颂德的空话多；这一回发言的人都谈到实际问题了。这样开会才有意义，对自己、对人民、对党都有贡献。政府又不是要人成天捧场。但是人民的进步也是政府的进步促成的。因为首长的报告有了具体内容，大家发言也跟着有具体内容了。以后我理些材料寄你。

…………

[2] 情节分析：
比赛重要的不是奖金多高，而是从中得到的收获。

寄来的法、比、瑞士的材料，除了一份以外，字里行间，非常清楚地对第一名不满意，很明显是关于他只说得了第一名，多少钱；对他的演技一字不提。英国的报道也只提你一人。可惜这些是一般性的新闻报道，太简略。法国的《法国晚报》的话讲得最显明："不管奖金的额子多么高，也不能使一个二十岁的青年得到成熟与性格[2]"——这句中文译得不好，还是译成英文吧："The prize in a competition, however high it may be, is not sufficient to give a pianist of 20 the maturity and personality." "尤其是头几名分数的接近，更不能说 the winner has won definitely（冠军名至实归，冠军绝对领先）。总而言之，将来的时间和群众会评定的。在我们看来，The revelation of V Competition of Chopin is the Chinese pianist Fou Ts'ong, who stands very highly above the other competitors by a refined culture and quite matured sensitivity."（在第五届肖邦钢琴比赛中，才华毕露的是中国钢琴家傅聪，由于他优雅的文化背景与成熟的领悟能力，在全体参赛者之间，显得出类拔萃。）

这是几篇报道中，态度最清楚的。

写

【篇末小结】

这封信主要写了两部分。第一部分是傅雷与儿子分享自己的工作生活，从中可以看出傅雷对工作负责，是一个实事求是、反对形式主义的人。第二部分傅雷对比赛的意义进行了阐释，重点不是奖金，而是内心的收获。

【思考探究】

1.从傅雷对政协会议内容的评价，可以看出他是一个怎样的人？

2.傅聪是艺术家，而傅雷却要整理政协会议的内容寄给他。他这样做的用意是什么？

【写作乐园】

从小到大，我们经历了无数的比赛。你认为比赛最重要的意义是什么？（不少于100字）

_____

_____

※二月十三日

一般小朋友，在家自学的都犯一个大毛病，太不关心大局，对社会主义的改造事业很冷淡。我和名强、酉三、子岐都说过几回，不发生作用。他们只知道练琴。这样下去，少年变了老年，与社会脱节，真正要不得。我说少年变了老年，还侮辱了老年人呢！今日多少的老年人都很积极，头脑开通。便是宋家婆婆也是脑子清楚得很。那般小朋友的病根，还是在于家庭教育。家长们只看见你以前关门练琴，可万万想不到你同样关心琴以外的学问和时局；也万万想不到我们家里的空气绝对不是单纯的，一味的音乐、音乐、音乐的！当然，小朋友们自己的聪明和感受也大有关系；否则，为什么许多保守顽固的家庭里照样会有精神蓬勃的子弟呢？

写

【篇末小结】

这封信短小简练，寥寥数语，却点出了在家自学的小朋友的缺点——缺少大局观，傅雷应该从小培养孩子对国家大事的关注，与社会紧密结合。之后话锋一转，两个"万万"表达了作者对自己家庭教育的自豪。

【思考探究】

1.傅雷认为，在家自学的小朋友常犯的一个大毛病是什么？

2.为什么许多保守顽固的家庭里照样会有精神蓬勃的子弟呢？

【写作乐园】

请你谈一谈培养小朋友关心国家大局、关注社会主义的改造事业的重要性。（不少于100字）

_____

_____

※ 二月二十九日夜

昨天整理你的信，又有些感想。关于莫扎特的话，例如说他天真、可爱、清新等等，似乎很多人懂得；但弹起来还是没有那天真、可爱、清新的味儿。这道理，我觉得是"理性认识"与"感情深入"的分别。感性认识固然是初步印象，是大概的认识；理性认识是深入一步，了解到本质。但是艺术的领会，还不能以此为限，必须再深入进去，把理性所认识的，用心灵去体会，才能使原作者的悲欢喜怒化为你自己的悲欢喜怒，使原作者每一根神经的震颤都在你的神经上引起反响。否则即使道理说了一大堆，仍然是隔了一层。一般艺术家偏于 intellectual（理智）、偏于 cold（冷静），就因为他们停留在理性认识的阶段上。

比如你自己，过去你未尝不知道莫扎特的特色，但你对他并没发生真正的共鸣；感之不深，自然爱之不切了；爱之不切，弹出来当然也不够味儿；而越是不够味儿，越是引不起你的兴趣。如此循环下去，你对一个作家当然无从深入。

这一回可不然，你的确和莫扎特起了共鸣，你的脉搏跟他的脉搏一致了，你的心跳和他的同一节奏了；你活在他的身上，他也活在你的身上；你自己与他的共同点被你找出来了、抓住了，所以你才会这样欣赏他、理解他。

由此得到一个结论，艺术不但不能限于感性认识，而且不能限于理性认识，必须进行第三步的感情深入。换言之，艺术家最需要的，除了理智以外，还有一个"爱"字！所谓赤子之心，不但指纯洁无邪、指清新，而且还指爱！法文里有句话叫作"伟大的心"，意思就是"爱"。这"伟大的心"几个字，真有意义。而且这个爱绝不是庸俗的，婆婆妈妈的感情，而是热烈的、真诚的、洁白的、高尚的、如火如荼的、忘我的爱。[1] 从这个理论出发，许多人弹不好东西的原因都可以明白了。光有理性而没有感情，固然不能表达音乐；有了一般的感情而不是那种火热的同时又是高尚、精练的感情，还是要流于庸俗。所谓 sentimental（滥情，伤感），我觉得就是指的这种庸俗的感情。

一切伟大的艺术家（不论是作曲家、文学家、画家……）必然兼有独特的个性与普遍的人间性。我们只要能发掘自己心中的人间性，就找到了与艺术家沟通的桥梁。再若能细心揣摩，把他独特的个性也体味出来，那就能把一件艺术品整个儿了解了。当然不可能和原作者的理解与感受完全一样，了解的多少、深浅、广狭，还是大有出入；而我们自己的个性也在中间发生不小的作用。

大多数从事艺术的人缺少真诚。因为不够真诚，一切都在嘴里随便说说，当作

[1] 情节分析： 艺术家最需要的是"爱"，不是庸俗的爱，而是热烈的、忘我的爱。

唬人的幌子，装自己的门面，实际只是拾人牙慧_{（拾取人家的只言片语当作自己的话）}，并非真有所感。所以他们对作家决不能深入体会，先是对自己就没有深入分析过。这个意思，克利斯朵夫（在第二册内）也好像说过的。

真诚是第一把艺术的钥匙。[1] 知之为知之，不知为不知。真诚的"不懂"，比不真诚的"懂"，还叫人好受些。最可厌的莫如自以为是，自作解人。有了真诚，才会有虚心，有了虚心，才肯丢开自己去了解别人，也才能放下虚伪的自尊心去了解自己。建筑在了解自己了解别人上面的爱，才不是盲目的爱。

而真诚是需要长时期从小培养的。社会上、家庭里，太多的教训使我们不敢真诚，真诚是需要很大的勇气作后盾的。所以做艺术家先要学做人。艺术家一定要比别人更真诚、更敏感、更虚心、更勇敢、更坚忍，总而言之，要比任何人都 less imperfect（较少不完美之处）！

世界上好像公认有个现象：一个音乐家（指演奏家）大多只能限于演奏某几个作曲家的作品。其实这种人只能称为演奏家而不是艺术家。因为他们的胸襟不够宽广，容受不了广大的艺术天地，接受不了变化无穷的形与色。假如一个人永远能开垦自己心中的园地，了解任何艺术品都不应该有问题的。

有件小事要和你谈谈。你写信封为什么老是这么不 neat（干净）？日常琐事要做得 neat（干净），等于弹琴要讲究干净是一样的。我始终认为做人的作风应当是一致的，否则就是不调和；[2] 而从事艺术的人应当最恨不调和。我这回附上一小方纸，还比你用的信封小一些，照样能写得很宽绰。你能不能注意一下呢？以此类推，一切小事养成这种 neat（干净）的习惯，对你的艺术无形中也有好处。因为无论如何细小不足道的事，都反映出一个人的意识与性情。修改小习惯，就等于修改自己的意识与性情。所谓学习，不一定限于书本或是某种技术；否则"随时随地都该学习"这句话，又怎么讲呢？我想你每次接到我的信，连寄书谱的大包，总该有个印象，觉得我的字都写得整整齐齐、清楚明白吧！

[1] 情节分析：阐述真诚的重要性。不仅仅是对艺术，对人生、朋友都要真诚。只有真诚，才能开启艺术的大门。

[2] 情节分析：注重细节，将做事与做人联系起来，可见傅雷对儿子的严格要求。

写

【篇末小结】
这封信通过对音乐的"理性认识"与"感情深入"的探讨交流，升华到做人上，充满人生哲思，值得我们细细品味。傅雷对于音乐有自己独到的见解，并能给予儿子合理、可贵的建议。之后重点阐述了真诚的重要性，认为做艺术家要先做人，时时不忘对儿子灌输自己做人的原则。信的最后，傅雷对儿子信件的不干净提出了批评，常人不在意的细节，作者却将其与做人、艺术联系在一起，也告诫我们细节决定成败，要从小事培养良好的习惯。

【思考探究】
1."理性认识"与"感情深入"的分别是什么？

2.傅雷认为"许多人弹不好东西"的原因是什么？

【写作乐园】
请以"真诚"为话题写一段话。（不少于100字）

※ 四月二十九日

[1] 情节分析：
教导儿子为人处世。俗话说，有理不在声高，缓和的态度和声音是一个人素质高的体现。

你有这么坚强的斗争性，我很高兴。但切勿急躁，妨碍目前的学习。以后要多注意，坚持真理的时候必须注意讲话的方式、态度、语气、声调。要做到越有理由，态度越缓和，声音越柔和。[1] 坚持真理原是一件艰巨的斗争，也是教育工作，需要好的方法、方式、手段，还有耐心。万万不能动火，令人误会。这些修养很不容易，我自己也还离得远呢。但你可趁早努力学习！

经历一次折磨，一定要在思想上提高一步。以后在作风上也要改善一步。这样才不冤枉。一个人吃苦碰钉子都不要紧，只要吸取教训，所谓人生或社会的教育就是这么回事。你多看看文艺创作上所描写的一些优秀党员，就有那种了不起的耐性，肯一再地细致地说服人，从不动火，从不强迫命令。这是真正的好榜样。而且存了这种心思，你也不会再烦恼；而会把斗争当作日常工作一样了。要坚持、要贯彻，但是也要忍耐！

写

【篇末小结】

作者用简洁的语言向儿子简述了深刻的真理：要随时保持谦和。坚持真理是一件值得肯定的事情，但要讲究方式方法，并以文艺创作上描写的优秀党员为例，告诫傅聪要时刻保持谦和，是良好的人生修养，要学会坚持与忍耐。

【思考探究】

1. 坚持真理正确的态度和方法是什么？

2. 挫折和收获是相辅相成的，我们应该如何面对生活中的挫折？

【写作乐园】

不管发生什么事，都要保持内心谦和。请你以"谦和"为话题，写一段文字。（不少于100字）

_____

_____

六月十四日下午

我六月二日去安徽参观了淮南煤矿、佛子岭水库、梅山水库，到十二日方回上海。此次去的人是上海各界代表性人士，由市政协组织的，有政协委员、人民代表，也有非委员代表。看的东西很多，日程排得很紧，整天忙得不可开交。我又和邹韬奋太太（沈粹缜）两人当了第一组的小组长，事情更忙。一回来还得写小组的总结，今晚、后天、下周初，还有三个会要开，才能把参观的事结束。祖国的建设，安徽人民那种急起直追的勇猛精神，叫人真兴奋。各级领导多半是转业的解放军，平易近人、朴素老实，个个亲切可爱。佛子岭的工程全部是自己设计、自己建造的，不但我们看了觉得骄傲，恐怕世界各国都要为之震惊的。"科技落后"这句话，已经被雄伟的连拱坝打得粉碎了。淮南煤矿的新式设备应有尽有；地下三百三十公尺深的隧道，跟国外地道车的隧道相仿，升降有电梯，隧道内有电车、有通风机、有抽水机，开采的煤用皮带拖到井上，直接装火车。原始、落后、手工业式的矿场，在新中国成立后的六七年中，一变而为赶上世界水平的现代化矿场，怎能不叫人说是奇迹呢？[1] 详细的情形没工夫和你细谈，以后我可把小组总结抄一份给你。

五月三十一日寄给你夏衍先生的信，想必收到了吧。他说的话的确值得你深思。一个人太顺利，很容易于不知不觉间忘形的。我自己这次出门，因为被称为模范组长，心中常常浮起一种得意的感觉，猛然发觉了，便立刻压下去。但这样的情形出现过不止一次。可见一个人对自己的斗争是一刻也放松不得的。[2] 至于报道国外政治情况等等，你不必顾虑。那是夏先生过于小心。《波兰新闻》（波大使馆每周寄我的）上把最近他们领导人物的调动及为何调动的理由都说明了。可见这不是秘密。

…………

看到内地的建设突飞猛进，自己更觉得惭愧，总嫌花的力量比不上他们，贡献也比不上他们，只有抓紧时间拼下去。从黄山回来以后，每天都能七时余起床，晚上依旧十一时后睡觉。这样可以腾出更多的时间。因为出门了一次，上床不必一小时、半小时的睡不着，所以既能起早，又能睡晚，我很高兴。

你有许多毛病像我，比如急躁情绪，我至今不能改掉多少；我真着急，把这个不易革除的脾气传染给了你。你得常常想到我在家里的"自我批评"，也许可以帮助你提高警惕。

[1] **写作指导：**
反问，加强语气。傅雷由衷地赞美祖国建设取得的成就，表现了他热烈的爱国情怀。

[2] **情节分析：**
通过对自己内心的剖析、反省，告诫儿子要时刻保持谦卑、低调。

写

【篇末小结】
这封信主要为傅聪讲述了祖国的建设发展，字里行间洋溢着作者对祖国飞速发展的自豪。即使儿子远在波兰，也要写信告知，让儿子了解国内的发展，时刻不忘祖国，并反省了自己参观过程中因"模范组长"的称呼而得意忘形的事，以此告诫儿子，时刻保持谦卑，时常自我反省。

【思考探究】
1. 看到国内的建设，傅雷有怎样的感受？

2. 如何理解"一个人太顺利，很容易于不知不觉间忘形的。"

【写作乐园】
信中，我们体会到了作者浓烈的爱国情怀。请你给傅雷写一封信谈谈祖国近几年的发展。（不少于100字）

※ 七月二十九日

上次我告诉你政府决定不参加 Mozart（莫扎特）比赛，想必你不致闹什么情绪的。这是客观条件限制。练的东西，艺术上的体会与修养始终是自己得到的。早一日露面，晚一日露面，对真正的艺术修养并无关系。希望你能目光远大、胸襟开阔，我给你受的教育，从小就注意这些地方。身外之名，只是为社会上一般人所追求、惊叹，对个人本身的渺小与伟大都没有相干。孔子说的"富贵于我如浮云"，现代的"名"也属于精神上"富贵"之列。[1]

[1] 情节分析：告诫儿子，身外之名，与人本身的渺小、伟大无关。要做到真正的淡泊名利，做纯粹的艺术。

写

【篇末小结】

傅雷就政府决定不让傅聪参加莫扎特比赛的事对傅聪进行开导。对于真正的艺术家而言，身外之名，对个人没有任何影响，他告诫儿子不要过分看重名利二字。

【思考探究】

1. 什么是真正的艺术修养？

2. 谈谈你对"身外之名，只是为社会上一般人所追求、惊叹，对个人本身的渺小与伟大都没有相干"这句话的理解。

【写作乐园】

世人往往看不破"名利"二字。请你写一段话劝导一下他们。（不少于100字）

_____

_____

十月三日晨

你回来了，又走了（傅聪于一九五六年八月下旬回到上海与父母团聚，并应邀在上海举行了一场钢琴独奏会和两场莫扎特钢琴协奏曲音乐会，并于九月底去京转赴波兰继续留学）；许多新的工作、新的忙碌、新的变化等着你，你是不会感到寂寞的；我们却是静下来，慢慢地恢复我们单调的生活，和才过去的欢会与忙乱对比之下，不免一片空虚——昨儿整整一天若有所失。孩子，你一天天地在进步、在发展。这两年来你对人生和艺术的理解又跨了一大步，我愈来愈爱你了，除了因为你是我们身上的血肉所化出来的而爱你以外，还因为你有如此焕发的才华而爱你；正因为我爱一切的才华，爱一切的艺术品，所以我也把你当作一般的才华（离开骨肉关系），当作一件珍贵的艺术品而爱你。你得千万爱护自己，爱护我们所珍视的艺术品！遇到任何一件出入重大的事，你得想到我们——连你自己在内——对艺术的爱！不是说你应当时时刻刻想到自己了不起，而是说你应当从客观的角度重视自己。你的将来对中国音乐的前途有那么重大的关系，你每走一步，无形中都对整个民族艺术的发展有影响，所以你更应当战战兢兢、郑重其事！随时随地要准备牺牲目前的感情，为了更大的感情——对艺术、对祖国的感情。你用在理解乐曲方面的理智，希望能普遍地应用到一切方面，特别是用在个人的感情方面。我的园丁工作已经做了一大半，还有一大半要你自己来做了。爸爸已经进入人生的秋季，许多地方都要逐渐落在你们年轻人的后面，能够帮你的忙将要越来越减少。一切要靠你自己努力，靠你自己警惕，自己鞭策。你说到技巧要理论与实践结合，但愿你能把这句话用在人生的实践上去；那么你这朵花一定能开得更美、更丰满、更有力、更长久！

谈了一个多月的话，好像只跟你谈了一个开场白。我跟你是永远谈不完的，正如一个人对自己的独白是终生不会完的。你跟我两人的思想和感情，不正是我自己的思想和感情吗？[1] 清清楚楚的，我跟你的讨论与争辩，常常就是我跟自己的讨论与争辩。父子之间能有这种境界，也是人生莫大的幸福。除了外界的原因没有能使你把假期过得像个假期以外，连我也给你一些小小的不愉快，破坏了你回家前的对家庭的期望。我心中始终对你抱着歉意。但愿你这次给我的教育（就是说从和你相处而反映出我的缺点）能对我今后发生作用，把我自己继续改造。尽管人生那么无情，我们还是应当把自己尽量改好，少给人一些痛苦，多给人一些快乐。说来说去，我仍抱着"宁天下人负我，毋我负天下人"的心愿。我相信你也是这样的。

这几日你跟马先生一定谈得非常兴奋。能有一个师友之间的人和你推心置腹，也是难得的幸运。孩子，你不是得承认命运毕竟是宠爱我们的吗？

[1] 情节分析：
父子二人对音乐的理解达到一致，如同一人。

写

【篇末小结】

相聚的日子总是那么短暂，傅聪离开后，傅雷夫妇的生活再次陷入单调。对于傅聪的成长，傅雷毫不吝惜自己的笔墨，大加赞赏，将傅聪的音乐生涯与祖国的音乐事业紧密联系在一起，对儿子抱以巨大的期望，希望儿子在取得成就的同时仍然要"战战兢兢、郑重其事"。他对于父子二人思想境界上的统一深感幸福，与此同时不忘反省自己。

【思考探究】

1.傅雷认为傅聪为了音乐事业应该"随时随地要准备牺牲目前的感情"，你认同他的观点吗？

2.傅雷父子谈了一个多月的话，对傅雷而言却像只谈了个开场白，这是为什么，表达了作者怎样的情感？

【写作乐园】

伴随自己的成长，父亲身上都发生了哪些变化？这些变化给你怎样的感触？（不少于100字）

_____

_____

※ 十月十日深夜至十一日下午

这两天开始恢复工作，一面也补看文件，读完了刘少奇同志在中共八大的报告，颇有些感想，觉得你跟我有些地方还是不够顾到群众，不会用适当的方法去接近、去启发群众。希望你静下来把这次回来的经过细想一想，可以得出许多有益的结论。尤其是我急躁的脾气，应当作一面镜子，随时使你警惕。感情问题，务必要自己把握住，要坚定，要从大处远处着眼，要顾全局，不要单纯地逞一时之情，要极冷静，要顾到几个人的幸福，短视的软心往往会对人对己造成长时期的不必要的痛苦！孩子，这些话千万记住。爸爸妈妈最不放心的就是这些。

十月十日深夜

说到骄傲，我细细分析之下，觉得你对人不够圆通固然是一个原因，人家见了你有自卑感也是一个原因，而你有时说话太直更是一个主要原因。例如你初见恩德，听了她弹琴，你说她简直不知所云。这说话方式当然有问题。倘能细细分析她的毛病，而不先用大帽子当头一压，听的人不是更好受些吗？有一夜快十点多了，你还要练琴，她劝你明天再练，你回答说："像你那样，我还会有成绩吗？"对待人家的好意，用反批评的办法，自然不行。妈妈要你加衣，要你吃肉，你也常用这一类口吻。你惯了，不觉得；但恩德究不是亲姐妹，便是亲姐妹，有时也吃不消。这些毛病我自己也常犯，但愿与你共勉之！[1] 从这些小事情上推而广之，你我无意之间伤害人的事一定不大少，也难怪别人都说我们骄傲了。我平心静气思索以后，有此感想，不知你以为如何？

十月十一日下午

[1] **人物性格：** 在指出儿子的问题时，不忘对自己进行反省。"共勉之"，一个以身作则、知错就改的父亲形象跃然纸上。

写

【篇末小结】
这两封简短的信，都是对儿子傅聪为人处世的一些建议。第一封信告诫儿子要警惕自己的弱点，发人深省。第二封信重点是对傅聪容易给人留下不好的印象进行分析，教导儿子反思自己说话做事的方式方法，并且傅雷对自己进行反省，展现了傅雷善于内省的成熟风度。

【思考探究】
1. 对于傅聪的感情问题，傅雷有怎样的建议？

2. 为什么傅聪总是给人骄傲的印象？对此，傅雷提出了怎样的建议？

【写作乐园】
傅雷的信件中处处体现着自己的反思，请你也对自己以往的行为进行一下反省。（不少于100字）

_____

_____

十一月七日 *

自你离家后，虽然热闹及冷静的对照剧烈，心里不免有些空虚之感，可是慢慢又习惯了，恢复了过去的宁静平淡的生活。我是欢喜热闹的，有时觉得宁可热闹而忙乱，也不愿冷静而清闲。

…………

这里自十一月三日起，南北昆曲大家在长江大戏院作二十天的观摩演出，我们前后已看过四场，第一晚是北方演员演出，最精彩的是《钟馗嫁妹》，是一出喜剧，画面美观而有诗意，爸爸为这出戏已写好了一篇短文章，登出后寄你看。侯永奎的《林冲夜奔》，功夫好到极点，一举一动干净利落，他的声音美而有 feeling（感情），而且响亮，这是武生行中难得的。他扮相、做功、身段，无一不美，真是百看不厌。白云生、韩世昌的《游园惊梦》也好，尤其五十九岁的韩世昌，扮杜丽娘，做功细腻，少女怀春的心理描摹得雅而不俗。第二晚看《西游记》里的《胖姑学舌》，也是韩世昌演的，描写乡下姑娘看了唐僧取经前朝廷百官送行的盛况，回家报告给父老听的一段，演得天真活泼，完全是一个活灵活现的乡姑，令人发笑。一个有成就的艺术家，虽是得天独厚，但也是自己苦修苦练，研究出来的。据说他能戏很多，梅兰芳有好几出戏，也是向他学来的。南方的演员，我最欣赏俞振飞，他也是唱做俱全，一股书生气，是别具一格的。其余传字辈的一批演员也不错。总之，看了昆剧对京戏的趣味就少了。还有一件事告诉你，是我非常得意的，我先去看了电影豫剧《花木兰》，是豫剧名演员常香玉主演的，集河南坠子、梆子、民间歌曲等等之大成。常香玉的天生嗓子太美了，上下高低的 range（音域）很广，而且会演戏，剧本也编得好，我看了回家，大大称赏；碰巧这几天常香玉的剧团在人民大舞台演出，第一晚无线电有剧场实况播送，给爸爸一听，他也极赞赏她的唱腔。隔一天就约了恩德一起到长宁电影院看《花木兰》电影。你是知道的，爸爸对什么 art（艺术）的条件都严格，看了这回电影，居然大为满意，新中国成立以来他第一次进电影院，而看的却是古装的中国电影，那真是不容易的。这个电影唯一的缺点是拍摄的毛病，光线太暗淡，不够 sharp（清晰）。恩德请我们在人民大舞台看了一次常香玉的红娘，《拷红》里小丫头的恶作剧，玲珑调皮，表演得淋漓尽致。我跟爸爸说，要是你在上海，一定也给迷住了呢！

写

【篇末小结】
信的一开始，热闹及冷静对照剧烈，表现了朱梅馥在儿子离开后浓浓的失落。之后用了大篇幅讲述自己看过的几场戏，细细地点评分享给儿子。看戏的过程中，傅雷夫妇时刻不忘远在波兰的儿子，想象着儿子在上海看戏的情形。

【思考探究】
1. 朱梅馥非常得意的一件事是什么？

2. 信的最后表现了朱梅馥怎样的情感？

【写作乐园】
你最欣赏哪一部电影？和大家分享一下。（不少于100字）

_____

_____

第四卷 / 一九五七年

【卷首语】

　　傅雷在信中向儿子分享自己参加的政治活动，让儿子了解国内政治发展，教导儿子要将全部的心神放在音乐上，希望儿子把在波兰学到的知识带回祖国，为祖国贡献自己的力量。

　　国内开始整风学习、反右运动，傅雷受到批判，傅聪回国期间亦受到波及，被批判为"资产阶级生活方式"。朱梅馥借此告诫儿子不要主观性太强，要冷静观察，虚心学习，希望儿子低调做人，待人接物要有警惕心。朱梅馥在当时的社会可谓是一位开明、有大局观的女士。傅雷也希望儿子改掉说话态度以及好辩的缺点，在做人上严格要求。朱梅馥希望儿子将家信寄回，通过家信使领导看到傅雷的爱国情怀，可见当时傅雷的处境之艰难。

二月二十四日

[1] **写作指导：** 侧面描写。通过他人之口，表现傅聪钢琴造诣之高。

[2] **人物性格：** 对猫的死进行及时的反思，并且时常记挂着。可见傅雷善良、富有爱心。

　　Bronstein（勃隆斯丹）一月二十九日来信告诉我："……在最近的一次音乐会上（我是演奏巴赫《第五号勃兰登堡协奏曲》中的三个独奏者之一），一群刚到的匈牙利音乐家来到后台，由于提到了我是从中国来的，其中一位匈牙利音乐家过来对我说：他在布达佩斯听说了一位非常了不起的中国青年钢琴家，在最近的肖邦钢琴比赛中得了第三名。[1] 你显然会明白听到这些话时我的感受！接着他说给他第三名是很不公平的，毫无疑问他应该得第一名。"

　　上海这个冬天特别冷，阴历新年又下了大雪，几天不融。我们的猫冻死了，因为没有给它预备一个暖和的窠。它平时特别亲近人，死了叫人痛惜，半个月来我时时刻刻都在想起，可怜的小动物，被我们粗心大意送了命。[2]

写

【篇末小结】

　　这是一封极简短的信。首先转告他勃隆斯丹夫人的信件内容，对傅聪的音乐给予肯定。之后又向傅聪讲述家中的猫被冻死的事情。

【思考探究】

　　1.你认为傅聪得第三名公平吗？为什么？

　　2.信中说"你显然会明白听到这些话时我的感受"，请你将勃隆斯丹夫人当时的心理活动写下来。

【写作乐园】
你养过什么小动物或喜欢什么小动物吗？请写下来分享给大家吧。（不少于100字）

_____

_____

三月十七日夜十一时于北京

　　三月二日接电话，上海市委要我参加中共中央全国宣传工作会议，四日动身，五日晚抵京。六日上午在怀仁堂听毛主席报告的录音，下午开小组会，开了两天地方小组会，再开专业小组会，我参加了文学组。天天讨论、发言。十一日全天大会发言，十二日下午大会发言，从五点起毛主席又亲自来讲一次话，讲到六点五十分。十三日下午陆定一同志又作总结，宣告会议结束。此次会议是党内会议，党外人一起参加是破天荒第一次。

　　…………

　　我在会议内及会议后，老是忙得不可开交。七年不来京，老朋友都想我，一见面又是长谈，并且不止谈一次。庞伯伯、马先生、钱伯伯、姜椿芳、陈冰夷等都见了两三次，楼伯伯见面更多。周巍峙、王昆两位也见了两三回。夏部长、刘部长、周扬部长都约我去长谈。故此信不能一口气写，先寄上毛主席第一二次讲话记录摘要，是照我笔记本上整理出来的。因是党的会议，报上不公布的，所有文件都披露（疑为笔误，应为"都不披露"），只能由我向你传达。但连日朋友请吃饭，故除了开会，就是东奔西跑，跟你在京情况差不多。我决定十九日回沪，二十日夜到家。明天是否能抽空再写别的报告，当无把握。译文社要我明天下午去谈谈（向编辑同志）翻译问题。

　　大会及小组讨论主要是"人民内部矛盾问题""知识分子问题""百家争鸣问题"和"学生闹事问题"。并要求大家尽量提意见，并反映各地各界情况。

写

【篇末小结】
　　这封信，傅雷主要是与儿子分享自己参加的政治活动，让儿子了解国内政治发展，增强其国家荣誉感，使其时刻保持与祖国的联系。对当今的青少年来说，我们应该从他身上受到启发，不要"两耳不闻窗外事，一心只读圣贤书"。

【思考探究】
1.品味"党外人一起参加是破天荒第一次"这句话中所蕴含的思想感情。

2.傅雷分享与音乐、艺术无关的事情给儿子，有什么用意？

【写作乐园】
班级开展"环境保护"主题班会，请你拟写班会流程及主要讨论的问题。（不少于100字）

_____

_____

※ 三月十八日深夜于北京

　　毛主席的话和这次会议给我的启发很多，下次再和你谈。

　　从马先生处知道你近来情绪不大好，你看了上面这些话，或许会好一些。千万别忘了我们处在大变动时代，我国如此，别国也如此。毛主席只有一个，别国没有，弯路不免多走一些，知识分子不免多一些苦闷，这是势所必然，不足为怪的。苏联的失败经验省了我们许多力气；中欧各国将来也会参照我们的做法慢慢地好转。在一国留学，只能集中精力学其所长；对所在国的情形不要太忧虑，自己更不要因之而沮丧。我常常感到，真正积极、真正热情、肯为社会主义事业努力的朋友太少了，但我还是替他们打气，自己还是努力斗争。到北京来我给楼伯伯、庞伯伯、马先生打气。

[1] 情节分析： 傅雷为儿子疏导消极情绪，告诫儿子面对外界的纷扰，要学会适应，坚强地面对这一切。

　　自己先要锻炼得坚强，才不会被环境中的消极因素往下拖，才有剩余的精力对朋友们喊"加油加油"！你目前的学习环境真是很理想了，尽量钻研吧。[1]室外的低气压不去管它。你是波兰的朋友、波兰的儿子，但赤手空拳，也不能在他们的建设中帮一手。唯一报答她的办法是好好学习，把波兰老师的本领、把波兰音乐界给你的鼓励与启发带回到祖国来，在中国播一些真正对波兰友好的种子。他们的知识分子彷徨，你可不必彷徨。伟大的毛主席远远的发出万丈光芒，照着你的前路，你得不辜负他老人家的领导才好。

　　我也和马先生、庞伯伯细细商量过，假如改往苏联学习，一般文化界的空气也许要健全些，对你有好处；但也有一些教条主义味儿，你不一定吃得消；日子长了，你也要叫苦。他们的音乐界，一般比较属于 cold（冷静）型，什么时候能找到一个老师对你能相忍相让，容许你充分自由发展的，很难有把握。马先生认为苏联的学派与教法与你不大相合，我也同意此点。最后，改往苏联，又得在语言文字方面重起炉灶，而你现在是经不起耽搁的。周扬先生听我说了杰老师的学问，说："多学几年就多学几年吧。"（几个月前，夏部长有信给我，怕波兰动荡的环境，想让你早些回国。现在他看法又不同了。）你该记得，胜利以前的一年，我在上海集合十二三个朋友（内有宋伯伯、姜椿芳、两个裴伯伯等等），每两周聚会一次，由一个人作一个小小学术讲话；然后吃吃茶点、谈谈时局、交换消息。那个时期是我们最苦闷的时期，但我们并不消沉，而是纠集了一些朋友，自己造一个健康的小天地，暂时躲一下。你现在的处境和我们那时大不相同，更无须情绪低落。我的性格的坚忍，还是值得你学习的。我的脆弱是在生活细节方面，可不在大问题上。希望你坚强，想想过去大师们的艰苦奋斗，想想克利斯朵夫那样的人物，想想莫扎特、贝多芬，挺起腰来，不随便受环境影响！别人家的垃圾，何必多看，更不必多烦心。做客应当多注意主人家的美的地方。[2]你该像一只久饥的蜜蜂，尽量吮吸鲜花的甘露，酿成你自己的佳蜜。何况你既要学 piano（钢琴），又要学理论，又要弄通文字，整天在艺术、学术的空气中，忙还忙不过来，怎会有时间多想邻人的家务事呢。

[2] 写作指导： 将国外的政治困扰比作垃圾，形象可感，教导儿子要有双发现美的眼睛。

　　亲爱的孩子，听我的话吧，爸爸的一颗赤诚的心，忙着为周围的几个朋友打气，忙着管闲事，为社会主义事业尽一分极小的力，也忙着为本门的业务加工，但求自已能有寸进。当然更要为你这儿子作园丁与警卫的工作，这是我的责任，也是我的乐趣。多多休息，吃得好、睡得好，练琴时少发泄感情，（谁也不是铁打的！）生活有规律些，自然身体会强壮，精神会饱满，一切会乐观。万一有什么低潮来，想想你的爸爸举着他一双瘦长的手臂远远地在支撑你；[1] 更想想有这样坚强的党、政府与毛主席，时时刻刻做出许多伟大的事业，发出许多伟大的言论，无形中但是有效地在鼓励你前进！平衡身心、平衡理智与感情，节制肉欲、节制感情、节制思想，对像你这样的青年是有好处的。修养是整个的，全面的；不仅在于音乐，还在于做人——不是狭义的做人，而是包括对世界、对政局的看法与态度。二十世纪的人，生在社会主义国家之内，更需要冷静的理智，唯有经过铁一般的理智控制的感情才是健康的，才能对艺术有真正的贡献。孩子，我千言万语也说不完，我相信你一切都懂，问题只在于实践！我腰酸背疼、两眼昏花，写不下去了。我祝福你、我爱你，希望你强、更强，永远做一个强者，有一颗慈悲的心的强者！

[1] **写作指导：** 生动的白描，将一位瘦弱的父亲奋力托举儿子的画面呈现出来。

写

【篇末小结】

二十世纪五十年代，是一个特殊的时期，不仅仅是中国，国外同样在艰难地摸索前进的道路。这种情况下，很多青少年被外界环境所影响，产生前所未有的迷茫。在得知儿子情绪消极后，傅雷写下了这篇充满父爱、洋溢着爱国情怀的家信。傅雷教导儿子不要被环境影响，要将全部的精力放在音乐上，把在波兰学到的知识带回祖国，为祖国贡献自己的力量。

【思考探究】

1. 你怎样理解傅雷说的"健康的小天地"？

2. 如何理解"修养是整个的，全面的"，傅雷对儿子的修养有哪些严格要求？

【写作乐园】

每个人都有情绪消极的时候，消极情绪并不可怕，可怕的是我们一直沉浸在这种情绪中。请将你消除消极情绪的方法分享给大家吧！（不少于100字）

_____

_____

五月二十五日 *

好久没写信给你了，最近数月来，天天忙于看报，简直看不完。爸爸开会回家，还要做传达报告给我听，真兴奋。自上海市宣传会议整风开始，踊跃争鸣，久已搁笔的老作家、胸怀苦闷的专家学者，都纷纷写文章响应，在座谈会上大胆谈矛盾、谈缺点，大多数都是从热爱党的观点出发，希望大力改进、改善。尤其是以前被整的，更是扬眉吐气、精神百倍。但是除了北京、上海争鸣空前外，其他各省领导还不能真正领悟毛主席的精神，还不敢放，争鸣空气沉闷，连文物丰富的浙江杭州也死气沉沉，从报纸驻各地记者的报道上可以看出，一方面怕放了不可收拾，一方面怕鸣了将来挨整，顾虑重重，弄得束手束脚，毫无生气。这次争鸣的确问题很多，从各方面揭发的事例，真气人也急人。领导的姑息党员、压制民主、评级评薪的不公平、作风专横、脱离群众等等相当严重，这都是与非党人士筑起高墙鸿沟的原因。现在要大家来拆墙填沟，因为不是一朝一夕来的，所以也只好慢慢来。可是无论哪个机关学校，过去官僚主义、宗派主义、教条主义（这叫三害，现在大叫"除三害"）越严重的，群众意见越多越尖锐，本来压在那里的，现在有机会放了，就有些不可收拾之势，甚至要闹大民主。对于一般假积极分子，逢迎吹拍、离间群众，使领导偏听偏信的，都加以攻击。爸爸写了一篇短文，大快人心。但是我们体会到过去"三反""思改"时已经犯了错误，损伤了不少好人，这次不能闹大民主，重蹈覆辙，我们要本着毛主席的精神，要和风细雨、治病救人、明辨是非，从团结——批评——团结的愿望出发，希望不要报复，而是善意地互相批评、改善关系，要同心一致地把社会主义事业搞好。[1] 当然困难很多，需要党内党外一起来克服。

[1] 情节分析：对于人际交往同样适用。与同学相处，团结最重要。

…………

关于出版问题，爸爸写了七千多字的长文章，在宣传会议上发言。一致公认他的文章非常公平合理。北京、上海的出版界、文艺界都认为要彻底改变现有的制度，出版事业是文化事业，不能以一般企业看待。要把现在合并的出版社分散，结构缩小，精减人员，不能机关化、衙门化。新华书店一网包收的独家发行，改为多边发行，要改善"缺"与"滥"的现象。总之不能像过去那样一意孤行的作风，一定要征求专家及群众的意见。也许北京还要来个全国性的出版会议，商量如何进行改革。

前几天爸爸写了一封信给杰老师，告诉他，如果法国希望你去演奏的话，一定要经过法国方面的邀请，由双方的对外文协接头……因为中法还没恢复外交关系，只有经过这个组织，互相邀请、互相交流。如果驻波法国使馆人员要提起请你去法国的话，你就把这个组织的名称告诉他们。最好由法国音乐界团体或通过法中友好协会（据说巴黎有此组织）和中国对外文化协会联系。

写

【篇末小结】

这封信主要写了三件事情。第一件事情是关于整风运动，当时社会主义改造基本完成，即将全面开展社会主义建设，各界人士纷纷为国家出力。第二件关于中国的出版事业。最后从国家层面分析傅聪去法国演奏的事情。从这封信中我们可以看到朱梅馥是一位开明、有大局观的女士。

【思考探究】

1.朱梅馥认为，党员、领导与非党人士筑起高墙鸿沟的原因是什么？

2.对于中国的出版事业，文艺界有哪些建议？

【写作乐园】

请你以"团结"为话题写一段话。（不少于100字）

_____

_____

※ 九月十七日 *

——随着反右运动的深入开展，父亲也受到批判。值此特殊时期，均由母亲执笔与傅聪通信联络。

我们叫你一到北京就跟夏部长通电话，阿敏信上没有提，我们真不放心，事情要分重要次要，你就单凭自己的主观，这是不应该的。文化部报到后，究竟派你在哪个团体里学习？与夏部长或周巍峙同志见了面没有？楼伯伯那里去过没有？[1] 我们天天等你的信，希望你将具体情况告诉我们。为了你，真是提心吊胆，一刻也不安宁。（傅聪于一九五七年九月上旬回家度假，与父母待了一周，即应召赴京参加文化部的整风"反右"运动，紧接李德伦和吴祖强之后，作了检查，并接受批判；下旬即开始准备十月二日于北京天桥剧场的独奏音乐会。十二日即赴苏联莫斯科和彼得格勒演出，约二十日左右返回波兰华沙音乐学院继续学习。）离家前，爸爸对你的忠言，要仔细多想想，你的主观太强，非把"大我"化为"小我"，甚至化为"小小我"不可。至于感情问题，我们也讲尽了，只要你有理智，坚强起来，要摆脱是没有问题的。你要做一个为人民所爱的艺术家，不要做给人唾弃的艺术家。把你的热情化到艺术中去，那才伟大呢！我们也知道你克制的能力最差，这是很大的缺点，都得由你自己去克服。你这一次参加整风学习，机会难得，要冷静观察，虚心学习，多一次锻炼，对你是有好处的。

[1] 情节分析：
一连三个问句，表达了对儿子的关爱，即使儿子已经长大，父母仍处处为其操心忧虑。

写

【篇末小结】
　　傅聪回国与父母团聚之后赴京参加整风学习时接受了批判。朱梅馥写这封信告诫儿子，要冷静观察，虚心学习，要"做一个为人民所爱的艺术家，不要做给人唾弃的艺术家"。

【思考探究】
　　1.根据你的理解，解释一下"大我""小我""小小我"的含义。

　　2.结合当时的社会背景，理解"你要做一个为人民所爱的艺术家，不要做给人唾弃的艺术家"这句话的含义。

【写作乐园】
　　查阅资料，了解一九五七年中国的整风运动，并分享一下你从这次整风运动中得到了哪些启发。（不少于100字）

_____

_____

九月二十五日下午 *

收到你二十二日夜写的信，很高兴你经过了一番锻炼后，得到深刻的教育，使你有机会痛改前非；他们向你提的意见，就是你在家时我们提的意见。可知大家对你的爱护是一致的。

…………

你现在思想方面，固然认识有所提高，但在感情方面是否也认识清楚了呢？……你初回家时，晚上在园子里爸爸对你讲的一番话、一番分析，你现在的头脑应该比较冷静，可以好好想一想，是否有所清醒呢！要是一个人的幸福建筑在人家的痛苦上，不是彻头彻尾的个人主义，也就是小资产阶级的意识么！……为了国家、为了广大人民、为了你自己的一生、为了你的艺术，是不是应该把事情看得远一些，为了将来的幸福而忍受一下眼前的苦闷呢！

回想二十年前，我跟你爸爸的情形（系指当年傅雷钟情于成家和妹妹成家榴一事），那时你五岁，弟弟两岁，我内心的斗争是剧烈的，为了怨恨，不能忍受，我可以一走了之；可是我再三考虑，觉得不是那么简单，我走了，孩子要吃苦，我不应该那么任性、自私，为了一个"我"而牺牲了你们的幸福。我终于委曲求全地忍受了下来。反过来想一想，要是你爸爸当时也只为了眼前的幸福而不顾一切，那么今天还有你们吗？还有我们这个美满的家庭吗？那是不可想象的。所以幸福是拿或多或少的痛苦换来的。眼前的、短时期的幸福往往种下了将来的，长期的，甚至下一代痛苦的根，这是最值得深思的。常常要设身处地地为人家想，这也是化"大我"为"小我"的一例。我们做父母的，决不自私。对人家的婚姻，有美满的、有痛苦的，看也看得多了，因此对你敲敲警钟，无非出于爱子之心。

写

【篇末小结】

母亲对于儿子能够痛改前非非常开心，她对傅聪的感情进行了规劝，希望儿子能够为了艺术、为了祖国、为了将来忍受此时的痛苦。以自己曾经遭受的感情背叛为例，阐述关于幸福的思考。正是有朱梅馥曾经的牺牲，才会有今天一家四口的幸福美满。朱梅馥化"小我"为"大我"，为儿子忍受一切的精神值得我们敬佩。

【思考探究】

1.怎样理解"眼前的、短时期的幸福往往种下了将来的，长期的，甚至下一代痛苦的根"？

2.面对傅雷的感情背叛，朱梅馥为何没有一走了之？

【写作乐园】

是否要为了孩子维持自己的婚姻生活一直是大家讨论的话题焦点，曾经人们大多认为应该以孩子为重，给孩子一个完整的家庭。但是现在，越来越多人有了不同的看法，请你从一个孩子的角度谈谈你的看法。（不少于100字）

_____

_____

十月一日 *

前天接到杰老师的明信片，他老人家非常关心你，问你在苏联演出后的情形，及在中国有否开音乐会，问你身体好不好。爸爸立刻写了回信去，告诉他你的近况，并告诉他你还要在莫斯科演出，约二十日左右回华沙。我们从此感到通一国外文多有用！从此也证明你的波兰文非弄通不可，爸爸不能永远做你的秘书，事实上也不可能做。因为许多问题，不论音乐方面、思想方面，都要你自己发挥才达意。要是你能写波兰文，那你早已会去信告诉老师，不会让他担心了。你现在弄得像 boy（西崽）一样，英文会讲一点，波兰文会讲，俄文也可冒充一下，可是一种文字也不能写，这是个大大的缺陷，也是丢人的事。望你此次回华沙，文字一定要弄通，你说过，只要肯花工夫是不难的，那么就多花些时间在文字方面吧，你将来回国后，可以跟老师朋友通信讨教，得益不浅。出国了三年，文字不会写，真是说不过去。望你努力。

写

【篇末小结】

由傅雷代笔写信给杰老师一事，引起了母亲朱梅馥的不满，因此写信督促傅聪尽快学会波兰的文字。爱子，并不是为他包办所有的事情，而是教会他成长。

【思考探究】

1. 朱梅馥认为傅聪的波兰文非弄通不可的原因是什么？

2. "爸爸不能永远做你的秘书，事实上也不可能做"这句话给了你哪些启示？

【写作乐园】

很多青少年有外语方面的困扰，尤其是作为必考科目的英语。你有哪些比较好的学习外语的方法？和大家分享一下。（不少于100字）

_____

_____

※ 十月七日 *

一个成了名的艺术家，处处要当心，无意中得罪了人，自己还不知道呢！我现在顺便告诉你，就是要你以后做人，好好提高警惕，待人千万和气，也不要乱批评人家，病从口入，祸从口出，这几句话要牢牢记住。因为不了解你的人，常常会误会你骄傲自大，无缘无故地招来了敌人。你这次经过了一番思想批判，受到了莫大的教育，以后千万要在行动上留意，要痛改前非，思想没有成熟的，不要先讲，谨慎小心是不会错的。爸爸给你的信，要常常看，他为你真是花尽心血，吃不下睡不着那是常有的。不要懒惰，多写信来，你在这方面是够吝啬的；在你是不费多大力、多长时间，所谓没时间，推托而已。可是给我们的安慰是非笔墨所能写的。希望你走前给我们信，到了莫斯科也写信来，到了华沙更要常常来信，好了，不多谈了，愿你这次的教育对你有大的帮助！

写

【篇末小结】
一九五七年的整风运动中，傅聪被批判为"资产阶级生活方式"，这对一向被鲜花掌声包围的傅聪来说是陌生的。朱梅馥从傅聪的性格上寻找原因，希望儿子低调做人，待人接物要有警惕心，不要随便得罪人，给自己制造敌人。最后她言辞恳切地希望儿子能多多来信，表达对儿子的关心与爱护。

【思考探究】
1.朱梅馥在信中为儿子提了哪些建议？

2.从这封短信中，可以看到傅聪怎样的性格特点？

【写作乐园】
请以"为人处世"为话题写一段话。（不少于100字）

_____

_____

※ 十月二十五日 *

爸爸说，要你第一注意以后说话，千万不要太主观，千万不要有说服人的态度，这是最犯忌的，因为就是你说的对，但是给人的印象只觉得你骄傲自大、目中无人，好像天下只有你看得清、看得准，理由都是你的。还有一个大毛病就是好辩，无论大小都要辩，这也是犯忌的。希望你先把这两个毛病，时加警惕，随时改掉。有了意见不要乱发表，要学得含蓄些。这些话都是他切身感到的，以后他自己也要在这方面努力改变。最近爸爸没有空，过后要写长信给你的。

写

【篇末小结】
傅雷就傅聪的两个缺点进行了分析，希望儿子改掉说服人的态度以及好辩的缺点，在为人处世上对儿子严格要求。傅雷也身体力行，与子共勉，帮助儿子成长。

【思考探究】
1.我们说话要注意哪些问题？

2. 这封信指出了傅聪哪些缺点，根据这些缺点都给了什么建议？

【写作乐园】

现在很多年轻人接触的东西比较多，容易造成自大、目空一切的现象。对此，你有什么话想对这些人说呢？（不少于100字）

_____

_____

十二月二十三日 *

你回波后只来过一封信，心里老在挂念。不知你身体怎样？学习情况如何？心情安宁些了么？我常常梦见你，甚至梦见你又回来了。

马太太那里我曾去过一信，因为知道他们关怀你，把你近况告诉他们。

作协批判爸爸的会，一共开了十次，前后作了三次检讨，最后一次说是进步了，是否算是结束，还不知道。爸爸经过这次考验，总算有些收获，就是人家的意见太尖锐了或与事实不符，多少有些难受，神经也紧张，人也瘦了许多，常常失眠，掉了七磅。工作停顿，这对他最是痛苦，因为心不定。最近看了些马列主义的书，对他思想问题解决了许多。五个月来，爸爸痛苦，我也跟着不安，所以也瘦了四磅。爸爸说他过去老是看人家好的地方，对有实力的老朋友更是如此，活到五十岁了，才知道看人不是那么简单，老朋友为了自己的利害关系，会出卖朋友，提意见可以乱提，甚至造谣，还要反咬一口，如徐铸成、裘柱常都是，好在爸爸问心无愧、实事求是。可是从会上就看出了一个人的真正品质，使他以后做人要提高警惕。爸爸做人，一向心直口快，从来不知"提防"二字，而且大小事情一律认真对付，不怕暴露思想；这次的教训可太大太深了。我就更连带想起你，你跟爸爸的性格有许多相同的地方，而且有过之，真令人不寒而栗。

想你在北京整风学习时也经历过一次，应该从中吸取教训，再加上爸爸的例子，你以后一定要审慎，要站稳立场，讲话不能乱讲，不能脱口而出，非思索过不可。看人看事，更不可太简单，常言道"祸从口出，病从口入"，千万牢记在心！[1] 你是极易冲动、很难控制的人，加上嫉妒你的人又多，所以一举一动要格外小心，我们最担心的就是这一点，望好自为之。

日子过得真快，阳历元旦就在眼前了，你多少有些应酬吧！波兰女钢琴家斯坦番斯卡来沪演出，情况相当热烈，我们因心绪不佳，没有去听，只在无线电里听。望将近况告知，切盼切盼！祝新年快乐！

[1] 情节分析： 从傅雷遭受的一切，联想到儿子，教导儿子做人要审慎，说话要思索。

写

【篇末小结】

　　信中对傅雷受到的批判进行了简单的说明。除了这些痛苦，朋友的背叛更是插在傅雷夫妻心中的一把刀，朱梅馥由此告诫儿子要吸取这次的经验，处处小心，看人看事不可简单。

【思考探究】

　　1.傅雷在整风运动中多次遭受批判，从这件事中，你得到了哪些启示？

　　2.朱梅馥因何感到"不寒而栗"？

【写作乐园】

　　被朋友出卖，傅雷难过不已。你有没有类似的遭遇，当时是怎样的心情？（不少于100字）

_____

_____

十二月二十五日 *

　　前天发出一信，忘了一件重要的事。爸爸在这一年来，尤其在宣传会议前后及其间一段时间，所写给你的信，由你挑选一下，我想这是最真实的思想，写给儿子的信，总是实际的思想情况，不会有虚假的了。希望你立刻寄回来，我想可以交给领导看，这是更能帮助领导了解爸爸的好办法。领导虽然了解，但这就比较实际，可以看出具体情况了。

写

【篇末小结】

　　从这封信中，我们可以看出傅雷的处境非常糟糕。当时，很多知识分子遭受到了巨大打击。朱梅馥希望通过傅雷给傅聪的家信，让领导看到傅雷的爱国情怀，帮助到傅雷。

【思考探究】

　　1.从你读过的这些家信中，总结一下傅雷"真实的思想"。

　　2.如果你是傅聪，你会挑选哪几封信？说说理由。

【写作乐园】

　　请你给傅雷的领导写一封信，帮助领导更好地了解傅雷。（不少于100字）

_____

_____

第五卷／一九五八年

【卷首语】

　　傅雷教育儿子要时时刻刻以国家利益为重，并嘱咐儿子考虑事情、看问题要全面。傅雷向儿子分析国内情况，为他回国后的生活做准备。傅雷劝告傅聪转变思想，多方面考量，分清主次，改善说话态度。母亲对于傅聪待人接物处处流露出骄傲的态度进行了劝告，希望儿子做人要谦虚，懂得感恩，不要给人留下"忘恩负义"的印象，待人接物要真诚。

　　夫妇二人总是从点点滴滴的小事上给予傅聪劝告，希望傅聪能成长得更好。傅聪长时间不来信，朱梅馥写信告知儿子家中情况，并表达傅雷与自己对儿子的思念以及内心的焦虑，可见二人对儿子深切的爱与担忧。

※ 三月十七日晚

　　二月二十八日来信直花了十七天才到，真奇怪。来信谈及几点，兹分别就我的看法说明如下：

　　一、资本主义国家与我们尚未建立外交关系（便是英国与我们，虽互派代办，关系仍很微妙），向例双方文化艺术使节来往，都是由本国的民间团体出面相互邀请的。[1] 彼国直接向波兰学校提出，在国际惯例上也是相当突兀的。因为你不是波兰人，而你去他国演出，究竟要由本国政府同意。去年春天法国有文化团体来沪，其中一位代表来看过我，我曾与他谈及你去法演出问题，应由他们以法中友协一类的名义，向我们对外文协或音协等提出。便是来看我的那位代表所隶属的来华文化团，也是由我们对外文协以民间团体名义请他们，而非由政府出面的。便是五六年冬法国前总理富尔来访问，也是应我国人民外交协会之邀。故文化部回示使馆的话，完全正确。你不妨向杰老师说明情况，最好由杰老师私人告诉彼国，请他们以民间文艺团体名义，写信给中国对外文协或音协。

　　二、新民主主义国家的情形当然不同，他们是可以向当地我们的使馆提出的。倘提了几次无回音，你不妨向他们说："也许贵国的驻华使馆可以向我们外交部提出。"我觉得以你的地位这样答复人家，不至于犯什么错误。当然你也应同时说明，这是你个人的意思，究竟如何还得由他们自己考虑。这一段话你也不妨告诉杰老师，倘由杰老师方便时对保、南等国的音乐团体说明，比你自己说明更妥当。

　　三、苏联乐队来华访问，约你合作一事，值得仔细考虑。第一，这一下跟着他们跑，要费很多时间；中央是否允许你从头至尾和他们到处演出，临时仍会有变化。倘若回来好几个月，而只有极少时间是和苏联乐队合作,那就得事先想想清楚。第二，

[1] 情节分析：
傅雷以国家大局为重，看重国家利益。不希望儿子的演出给国家带来不好的影响。

你的乐理、和声、波兰文的学习还落后很多，急需赶上去，没有时间可浪费。第三，即使假期内老师出门，你在波兰练曲子恐怕仍比国内快一些，集中一些；而在你目前，最主要的是争取时间多学东西，因为不管你留波时间还有多少，原则上总是所剩有限了。第四，你今年究竟算学完不学完？学校方面的理论课来得及来不及考完？——这些总不能半途而废吧。——倘使五月中回国了，还要赶回波兰去应考，则对你准备考试有妨碍，对试前的学习也有妨碍。

基于以上理由，我觉得你需要郑重考虑。即使中央主动要你回来一次，你也得从全面学习及来回时间等等方面想周到，向中央说明才对。末了，以后你再不能自费航空来回；为国家着想，航空票开支也太大，而火车来回对你的学习时间又有妨碍。总而言之，希望你全面想问题，要分出你目前的任务何者主要、何者次要，不要单从一个角度看问题。[1]

我也奇怪你和杨部长（即当年的教育部长杨秀峰）谈话时，怎么没提到学习期限问题？你学习到了什么阶段，预料什么时候可以结束，理论课何时可以考完等等，你是否都向杨部长报告？是否今年回来？倘回来，学业是否能正式结束？不结束而回国，对祖国、对波兰，总交代不过去。倘来不及结束，则杨部长是否同意延长学习期限？——这些都是与你切身关系最重大的事，来信为何只字未提？我既不明了你的实际情况，便是想向夏部长写信又无从写起。

孩子，千万记住，留学的日子无论如何是一天天的少下去了，要争取一切机会加紧学习。既然要加政治学习，平日要分去一部分时间，假期中更应利用时间钻研业务。每年回国一次，在体力、时间、金钱、学习各方面都太浪费。希望多考虑。眼前国内形势一日千里，变化之快之大，非你意料所及；政治思想非要赶上前来不可，一落后，你将来就要吃亏的，尤其你在国外时间耽久的人，更要在思想上与国内形势密切联系。——音乐学生下乡情况不知道。不过我觉得主要是训练培养与劳动人民的息息相关的思想感情，不在乎你能否挑多少斤泥。而且各人情况不同，政府安排也不同，你不必事先多空想。——上海乐队最近下厂下乡演出，照样 encore（加奏）。我们倘以为工农大众不欢迎西洋音乐，非但是主观，也是一种保守思想，说得重一些，也是脱离群众的思想。你别嫌我说话处处带政治性，这是为了你将来容易适应环境，为你在社会主义制度下过得心情愉快作准备。

我左说右说，要你加紧学波兰文，至少要能看书、写信；但你从未报告过具体进度，我很着急。这与国家派你出去的整个期望有关。当然学音乐的人不比学文学的；但若以后你不能用波兰文与老师同学通信，岂不同时使波兰朋友失望，且不说丢了国家的面子！

我身体仍未恢复，主要是神经衰弱。几个月来还是第一次写这样长的信呢。

在莫斯科录音一事，你应深深吸取教训。做人总要谦虚，成绩是大家促成的，不是你一个人的力量。思想上通了，说话态度自然少出毛病。杨部长对你的批评是极中肯的；你早一天醒悟（还要实际上改正），你的前途才早一天更有希望。

三月十七日晚

[1] 情节分析：对苏联乐队邀请傅聪合作一事仔细分析利弊，教导儿子看问题要从多个角度去分析。

在国外遇到首长的机会，也许比国内多；谈话之前，应把自己要说的成熟考虑，有需求也要细细想过如何提才最合理——对国家对个人都合理。千万不能老是从"个人第一"出发，大忌大忌！你这次见到杨部长原是你解决学习问题的最好机会，不知你怎么提的，望告知！

写

【篇末小结】
这封信重点讲了在社会主义建设初期，与国外未建立外交关系的情况下，如何进行文化交流。告诫儿子要时时刻刻以国家利益为重，维护祖国的形象，体现了傅雷对祖国深沉的爱。对于是否与苏联乐队合作一事，傅雷给了很多理由，嘱咐儿子考虑事情要全面。之后，向傅聪分析了国内情况，为傅聪回国后的生活做准备。最后，借莫斯科录音一事劝告儿子做人要谦虚。

【思考探究】
1.关于傅聪与苏联乐队合作的事情，傅雷有哪些看法？

2.怎样理解"思想上通了，说话态度自然少出毛病"这句话？

【写作乐园】
傅雷最后教导傅聪做人要谦虚，请你以"谦虚"为话题写一段话。（不少于100字）

_____

_____

四月十七日 *

这次马伯伯在苏联参加柴可夫斯基比赛的评判，回来后，马伯母打电话告诉阿敏，说马伯伯在苏联碰到波兰文化部副部长，谈起你，说你很好。可是碰到中国人（大概是使馆方面的），就说你骄傲得很。从这两方面言论看来，我们是可以理解的，因为波兰人只看你成绩的一面，而我们使馆的人员就不同，要从政治观点上看你了。……你在待人接物方面，处处流露出骄傲的态度，给人很不好的印象。以后千万要当心，对他们或任何人态度第一要谦虚真诚，有什么问题，不妨同他们诚诚恳恳地商量，不要怕跟他们接触。总之，对人的坏印象要靠自己争取，慢慢抓回来。马伯伯碰到钱部长，谈起你，钱部长非常爱你，也器重你。虽然领导是了解你的，但是你浑身的缺点一定要你自动改，不要辜负党对你的爱护，好自为之。马伯伯他们还是很爱护你，到处关心你，一有机会总说你的好话；我们不是势利，马伯伯将来对你会起一定的作用，他说句话是会对你有帮助的，因为他赏识你、了解你，还多少对你有些偏爱。你回波半年多了，应当写封信给马家，一方面问候他们，同时把你学习情况谈谈，这是你理所当然，应该做的事。不要给人一个忘恩负义的印象。[1]望你接受我这个意见，不要迟疑，马上就写。

[1] 情节勾连：
一九五四年八月，傅雷的家信上同样要求傅聪多多去信问候给予自己帮助的人，不要给人留下忘恩负义的印象。

…………

亲爱的孩子，我的政治水平低，做人方面也有许多缺点，本来不足以做你们的榜样。我也知道啰啰唆唆写了一堆，也不足以说服你，但是不管怎样，都出于我的真心诚意，总希望下一代要远远胜过我们。希望你平心静气地看信，并且要深思一番，也不要闹情绪，要高高兴兴地接受我的意见、我的忠告。我们常常看到报上，多多少少的领导，虚心接受群众的意见，而且对尖锐的批评，他们非但不闹情绪，反而鼓励大家，不要有顾虑，尽量提，自己还诚诚恳恳做检查，并改正。假使你真能接受我的意见，那么，希望你马家的信立刻写，再也不要拖拉，等你来信时说，马家的信已写了，那我该多高兴！

写

【篇末小结】

这封信主要写了马伯伯对傅聪的帮助，教育傅聪不要给人留下忘恩负义的印象。朱梅馥以中国人、波兰人对傅聪不同的评价，告诫傅聪，待人接物要真诚、谦虚，不要总是流露出骄傲的姿态。希望傅聪听自己的劝告，及时给马伯伯写封信，对别人的帮助要有所回应。

【思考探究】

1.波兰人与中国人对傅聪分别有怎样的评价？为什么会如此不同？

2."望你接受我这个意见"，指的是什么意见？

【写作乐园】

我们应该怎样正确对待别人的批评？谈谈你的看法。（不少于100字）

_____

_____

八月二日 *

自从四月里接到你的信到现在，足足三个多月了，只字未见，真不知如何的惦念！天天想写信，也天天等你的信，你说叫我们放心，其实怎能放得下心。就是学习忙、工作忙，随便涂几笔，略告些近况，对我们来说于愿已足了，不知你身体如何？为什么几个月不写信？对我们你是没有顾忌的，应该同忧同乐。阿敏来信，也说写了信给你，始终无回音。七月十九日，他有个波兰同学回国，托他带了些书给你，想你早已收到了吧！国内有时有谣言，说你回来了，我们莫名其妙，不管怎样，你要回来，你总会先写信通知我们的。千句并一句，我们只希望你的来信，多么令人思念的信！

…………

爸爸虽然身体不好，常常失眠，你知道他向来是以工作为乐的，所以只要精神身体吃得消，一面努力学习马列主义，作为自我改造的初步，来提高自己的政治认识、理论基础；一面做些翻译的准备工作。不接到你的信，使他魂梦不安，常常说梦话，这一点是很痛苦的。爸爸这一年来似乎衰老了许多，白发更多了。我也较去年瘦了许多，常常要脸肿脚肿，都是心脏不健全的迹象。孩子，接到此信，赶快写信来，只有你的信，是我同你爸爸唯一的安慰！

…………

阿敏今年不回来，忙得很，信倒常常来的。不多谈了，再见！

写

【篇末小结】

这封信是父母极度思念儿子的呼喊。儿子三个多月不曾来信，朱梅馥心中充满担忧与焦急，急切盼望能收到儿子的来信。傅雷"魂梦不安"，也时时盼望儿子的来信。从这封信中，我们看到了傅雷夫妻对儿子的思念与牵挂。

【思考探究】

1. "略告些近况，对我们来说于愿已足了"，品味其中蕴含的思想感情。

2. 傅雷夫妻与儿子的"同忧同乐"体现在哪些方面？

【写作乐园】

身体上的不适，并不能阻止傅雷学习、工作的脚步，这给你怎样的启发？（不少于100字）

_____

_____

※ 九月十八日 *

千望万望总算望到了你的信，虽然短短的，但已经给我们不少安慰了，事情也清楚了。我知道你现在正是最忙的时候，既要参加festival（音乐节），又要准备考试。但愿你顺利通过。我想提醒你几件要紧的事，千万不要当作耳边风，静静地想想。

（一）你不是有录音机么？乘在波之便，设法把波方替你录的全部录音录在你自己的机器上，将来带回来，至少自己人可以听听。你千万不可糊涂，一定要争取，你有了这样好的条件，不把录音带回国是可惜的。此事现在开始就要着手办了，等到临时想到，就来不及了，你得好好安排一下。

（二）在波兰穿旧的衣袜等等，不要随便扔了，回国后正需要旧衣旧鞋。[1]

（三）回国前千万不要买东西，国内各方面都在节约，大家以朴素为主。何况你东西多，反而累赘。

（四）回国前若有余款，可留在使馆，或者根本送给使馆，不要看重个人利益，宁可节约些留给国家。

以上四点，要你注意的，千万要做到。[2]

[1] 人物性格：
嘱咐儿子不要扔掉穿旧的衣袜，可见其节约简朴以及国内提倡节约的大形势。

[2] 语言赏析：
"千万"一词，强调了这几件事情的重要性。

写

【篇末小结】

这封信看似只是简单的叮嘱，但字里行间都可以看出朱梅馥对此事的重视，这要结合当时的社会背景。一九五八年三月，中共中央发布《关于开展反浪费反保守运动的指示》，并且逐步向知识分子蔓延，要"搞臭知识分子"，朱梅馥委婉地提醒傅聪国内的形势，要他多多小心。

【思考探究】

1.朱梅馥为什么要叮嘱儿子将波方录音录到自己机器上？

2.这封信叮嘱了傅聪哪些事情？

【写作乐园】

请你谈谈节约在现代社会的意义。（不少于100字）

_____

_____

第六卷／一九五九年

【卷首语】

国内形势愈加严峻，傅雷受到批判，但是在信中傅雷隐瞒了此事，依旧只是教育儿子谨言慎行、生活节俭。

傅聪得知国内形势，惊慌之下远走英国，这对傅雷来说是一次打击，但傅雷在信中还是表达了对儿子的理解与担忧，从艺术的角度出发，告诫儿子，保持艺术的完整，将艺术放在首位。得知儿子在国外演出频繁，希望儿子减少演出，顾及国家得失。儿子出走英国，身为母亲的朱梅馥内心是沉重的、痛苦的，但仍从自己身上找原因，希望儿子能够重新回到祖国的怀抱，并对孩子在音乐上的努力给予肯定，劝告儿子注意身体。傅雷夫妇对儿子的爱是无私的，感人至深。

三月十二日

——此系短简，前面无抬头，末尾无落款，只有日期，但字体是父亲的。在一九五七至一九五八年的反右运动中，傅雷受到长达一年的错误批判，为了避免引起傅聪的愤懑情绪，影响学业，父母在信中始终没有告知实情。其时傅聪已经听说了关于父亲的政治传言，该年十月，傅聪在波兰甚至听说父亲不仅被划为右派，还已被捕入狱。在此景况下，傅聪于一九五八年十二月下旬，为避免"老子揭发儿子，儿子揭发老子"的"父子双亡"后果，在波兰艺术家的协助下，无奈出走英国。国外多年，傅聪谨守父亲教诲，身体力行。

一、对外只谈艺术，言多必失，防人利用。

二、行动慎重，有事多与老辈商量，三思而行。

三、生活节俭，用钱要计算。

四、爸爸照常工作。

一九五九年三月十二日

写

【篇末小结】

虽然只有短短数语，但讲了很多道理，在艺术、做人、生活方面悉心教导。傅雷告诫儿子要谨慎，以自己的痛苦经历浇灌儿子的成长之路，表达了对儿子的关爱。

【思考探究】

1.从这封短简中，你读懂了哪些道理？

2.国内形势严峻，傅雷特意交代"爸爸照常工作"这件事，可以看出傅雷怎样的情感？

【写作乐园】

父母在你的人生路上都给予了你哪些宝贵经验？（不少于100字）

_____

_____

※ 十月一日

[1] 知识拓展：
傅雷一九五八年因反右运动身陷政治风波，傅聪出走英国。父子二人在此期间断联。傅雷在国庆节给儿子写信是希望儿子能回到祖国。

十个月来我的心绪你该想象得到；[1] 我也不想千言万语多说，以免增加你的负担。你既没有忘怀祖国，祖国又没有忘了你，始终给你留着余地，等你醒悟。我相信，祖国的大门是永远向你开着的。

好多话，妈妈已说了，我不想再重复。但我还得强调一点，就是适量的音乐会能刺激你的艺术，提高你的水平；过多的音乐会只能麻痹你的感觉，使你的表演缺少生气与新鲜感，从而损害你的艺术。你既把艺术看得比生命还重，就该忠于艺术，尽一切可能为保持艺术的完整而奋斗。这个奋斗中目前最重要的一个项目就是，不能只考虑需要出台的一切理由，而要多考虑不宜于多出台的一切理由。其次，千万别做经理人的摇钱树！他们的一千零一个劝你出台的理由，无非是趁艺术家走红的时期多赚几文，哪里是为真正的艺术着想！一个月七八次乃至八九次音乐会实在太多了，大大的太多了！长此以往，大有成为钢琴匠，甚至奏琴的机器的危险！你的节目存底很快要告罄的；细水长流才是办法。若是在如此繁忙的出台以外，同时补充新节目，则人非钢铁，不消数月，会整个身体垮下来的。没有了青山，哪还有柴烧？何况身心过于劳累就会影响到心情，影响到对艺术的感受。这许多道理想你并非不知道，为什么不挣扎起来，跟经理人商量——必要时还得坚持——减少一半乃至一半以上的音乐会呢？我猜你会回答我，目前都已答应下来，不能取消，取消了要赔人损失等等。可是你能否把已定的音乐会一律推迟一些，中间多一些空隙呢？否则，万一临时病倒，还不是照样得取消音乐会？难道捐税和经理人的佣金真是奇重，你每次所得极微，所以非开这么多音乐会就活不了吗？来信既说已经站稳脚跟，那么一个月只登台一两次（至多三次）也不用怕你的名字冷下去。决定性的仗打过了，多打零星的不精彩的仗，除了浪费精力，报效经理人以外，毫无用处，不但毫无用处，还会因表演的不够理想而损害听众对你的印象。[2] 你如今每次登台都与国家面子有关；个人的荣辱得失事小，国家的荣辱得失事大！你既热爱祖国，这一点尤其不能忘了。为了身体、为了精神、为了艺术、为了国家的荣誉，你都不能不大大减少你的演出。为这件事，我从接信以来未能安睡，往往为此一夜数惊！[3]

[2] 写作指导：
将音乐会比作战争，告诫儿子凡事求精不求多，过多的演出会耽误自己的训练，影响音乐的质量。

[3] 情节分析：
"一夜数惊"写出了傅雷对此事的重视与担忧。

还有你的感情问题怎样了？来信一字未提，我们却一日未尝去心。我知道你的性格，也想象得到你的环境。你一向滥于用情，而即使不采主动，被人追求时也免不了虚荣心感到得意。这是人之常情，于艺术家为尤甚，因此更需警惕。你成年已久，到了二十五岁也该理性坚强一些了，单凭一时冲动的行为也该能多克制一些了。不知事实上是否如此？要找永久的伴侣，也得多用理智考虑勿被感情蒙蔽！情人的眼光一结婚就会变，变得你自己都不相信，事先要不想到这一着，必招后来的无穷痛苦。除了艺术以外，你在外做人方面就是这一点使我们操心。因为这一点也间接影响到国家民族的荣誉，英国人对男女问题的看法始终清教徒气息很重，想你也有所发觉，知道如何自爱了——自爱即所以报答父母、报答国家。

真正的艺术家，名副其实的艺术家，多半是在回想中和想象中过他的感情生活的。唯其能把感情生活升华才给人类留下这许多杰作。[1] 反复不已的、有始无终的、没有结果也不可能有结果的恋爱，只会使人变成唐·璜，使人变得轻薄，使人——至少——对爱情感觉麻痹，无形中流于玩世不恭；而你知道，玩世不恭的祸害，不说别的，先就使你的艺术颓废；假如每次都是真刀真枪，那么精力消耗太大，人寿几何，全部贡献给艺术还不够，怎容你如此浪费！歌德的《少年维特之烦恼》的故事，你总该记得吧。要是歌德没有这大智大勇，历史上也就没有歌德了。你把十五岁到现在的感情经历回想一遍，也会怅然若失了吧。也该从此换一副眼光、换一种态度、换一种心情来看待恋爱了吧。——总之，你无论在订演出合同方面、在感情方面、在政治行动方面，主要得避免"身不由己"，这是你最大的弱点。——在此举国欢腾，庆祝十年建国、十年建设、十年成就的时节，我写这封信的心情尤其感触万端，非笔墨所能形容。孩子，珍重，各方面珍重，千万珍重，千万自爱！

[1] 情节分析：
傅雷了解国内外很多音乐大师，对艺术有很深的领悟，以此告诫儿子不要耽于感情。

写

【篇末小结】

经过反右运动以及儿子出走英国的打击，傅雷这封家信语气略显沉重，但其中对儿子的关怀却丝毫不减。傅雷对于儿子频繁演出表达了自己的担忧，从艺术的角度出发，告诫儿子，要保持艺术的完整，将艺术放在首位，音乐会演奏在精不在多，并将此事与爱国联系起来，希望引起儿子重视。对儿子感情生活的告诫，可见傅雷对儿子的了解，再一次叮嘱儿子将感情升华，融入艺术，希望儿子能成为一位真正的艺术家，少走弯路，少受伤害。爱子之情，见诸笔端。

【思考探究】

1.对于傅聪将过多的时间与精力放在演出上的事情，傅雷有怎样的看法？

2."真正的艺术家，名副其实的艺术家，多半是在回想中和想象中过他的感情生活的"，请你为此补充一个事实论据。

【写作乐园】

二〇二〇年十二月二十八日，傅聪因感染新冠肺炎离开了人世。令人意外的是，很多网友对他出走英国这一举动发表评论，请对此谈谈你的看法。（不少于100字）

_____

_____

※ 十月一日 *

未接来信之前，我们的心情是沉痛的、痛苦的，你的变化太突兀了，令人无法捉摸。我们做父母的只觉得惭愧，没有给你什么好的感受。我们除了一片热忱的爱子之心之外，但愿你自觉地醒悟过来。一个人身在国外，对祖国的怀念是深切的，无论做人方面、事业方面，处处要保持我们中国人传统的谦虚和大方。

来信说已经跑过许多地方，开过几十次音乐会，总算得到好评，这当然是你辛勤劳动的成果。每次演出都好像上战场，只许成功，不许失败。但是你有没有考虑到，这样多的音乐会，长此下去，会损伤你的健康。我一向知道你不注意起居饮食，为了演出可以废寝忘食，还要跑东跑西，何其劳累。在你年富力强的时候，也许还不觉得，但迟早要影响健康，跟你算总账的。太多的演出，对你学习有妨碍。照理，像你这样的钢琴家，每月至多两三次，那么才有充分时间学习其他东西。须知不进则退，于你是不利的。你应该有个打算，好好地安排，也可以和经纪人商量，总以演出不妨碍学习和休息为主。宁可生活清苦些，节制一些力量（对理财方面也要有打算，要节约，不可滋长浪费的恶习）。俗语说："在家靠父母，出门靠朋友"，你孤身海外，更需要处处向长者讨教，与朋友商量，千万不可独断独行。

写

【篇末小结】

对于儿子出走英国的做法，身为母亲，内心是沉重、痛苦的，希望儿子能够回到祖国的怀抱。除此之外，她对孩子在音乐上的努力进行了肯定，并叮嘱孩子要注意休息，注意自己的身体健康，对孩子的担忧之情溢于言表。

【思考探究】

1.结合傅雷等人当时的生活经历，分析朱梅馥为什么说"做父母的只觉得惭愧"。

2.对于儿子频繁开音乐会的举动，朱梅馥有怎样的看法？她的理由与傅雷有哪些不同？

【写作乐园】

傅雷夫妇都对傅聪频繁开音乐会发表了自己的看法与担忧。请你也谈谈自己的看法，并说明理由。（不少于100字）

第七卷 / 一九六〇年

【卷首语】

得知儿子在国外取得的成就，傅雷感到高兴与自豪。经历波折，傅雷夫妻二人抒发了对人生的感叹与对儿子的思念。

傅聪与梅纽因大师的女儿喜结连理，傅雷夫妇很高兴。傅雷告诫傅聪不要对伴侣有过于严苛的要求，要对弥拉负责。朱梅馥则更多地站在弥拉的角度对儿子进行劝告，希望儿子对待伴侣要一心一意。傅雷夫妇也开始给傅聪的伴侣——弥拉写信，将生活的琐碎放在弥拉眼前，向弥拉讲述了儿子的缺点，告诉她要维持婚姻关系应该"彻底谅解、全心包容、经常忍让，并且感情真挚不渝，对生活有一致的看法，有共同的崇高理想与信念"。傅聪的生活开启了一个新的篇章，傅雷夫妇对儿子的叮嘱也开始更多地提及家庭生活，希望儿子夫妻间生活和乐，深沉的爱令人动容。

一月十日

看到国外对你的评论很高兴。你的好几个特点已获得一致的承认和赞许，例如你的 tone（音质），你的 touch（触键），你对细节的认真与对完美的追求，你的理解与风格，都已受到注意。[1] 有人说莫扎特《第二十七钢琴协奏曲》（K595）[（作品五九五号）] 第一乐章是 healthy（健康），extrovert allegro（外向快板），似乎与你的看法不同，说那一乐章健康，当然没问题，说"外向"（extrovert）恐怕未必。另一批评认为你对 K595（作品五九五号）第三乐章的表达"His（他的）（指你）sensibility is more passive than creative（敏感性是被动的，而非创造的）"，与我对你的看法也不一样。还有人说你弹肖邦的 Ballades（《叙事曲》）和 Scherzo（《诙谐曲》）中某些快的段落太快了，以致妨碍了作品的明确性。这位批评家对你三月和十月的两次肖邦都有这个说法，不知实际情形如何。从节目单的乐曲说明和一般的评论看，好像英国人对莫扎特并无特别精到的见解，也许有这种学者或艺术家而并没写文章。

以三十年前的法国情况作比，英国的音乐空气要普遍得多。固然，普遍不一定就是水平高，但质究竟是从量开始的。法国一离开巴黎就显得闭塞，空无所有；不像英国许多二等城市还有许多文化艺术活动。不过这是从表面看；实际上群众的水平，反应如何，要问你实地接触的人了。望来信告知大概。你在西欧住了一年，也跑了一年，对各国音乐界多少有些观感，我也想知道。便是演奏场子吧，也不妨略叙一叙。例如以音响效果出名的 Festival Hall [节日厅]（指英国伦敦的节日音乐厅），究竟有什么特点等等。

结合听众的要求和你自己的学习，以后你的节目打算向哪些方面发展？是不是觉得舒伯特和莫扎特目前都未受到应有的重视，加上你特别有心得，所以着重表演他们两个？你的普罗科菲耶夫和肖斯塔科维奇的奏鸣曲，都还没出过台，是否一般

[1] 情节分析：对于儿子在国外取得的成就，傅雷感到由衷的欣慰与自豪。

英国听众不大爱听现代作品？你早先练好的巴托克协奏曲是第几支？听说他的协奏曲以第三最时行。你练了贝多芬第一，是否还想练第三？弹过勃拉姆斯的大作品后，你对浪漫派是否感觉有所改变？对舒曼和弗兰克是否又恢复了一些好感？当然，终身从事音乐的人对那些大师可能一辈子翻来覆去要改变好多次态度；我这些问题只是想知道你现阶段的看法。

············

[2] 情节分析：
国外对儿子的评论，傅雷可以说是毫无遗漏地细细分析，此处关心儿子的身体健康，可见一位父亲真挚的爱子之情。

有几个人评论你的演奏都提到你身体瘦弱。由此可见你自己该保养身体、充分休息。今年夏天务必抽出一个时期去过暑假！ [2] 来信说不能减少演出的理由，我很懂得，但除非为了生活所迫，下一届订合同务必比这一届合理，减少一些演出。要打天下也不能急，要往常理看。养精蓄锐、精神饱满地打决定性的仗比零碎仗更有效。何况你还得学习、补充节目，注意其他方面的修养；除此之外，还要有充分的休息！

你不依靠任何政治经济背景，单凭艺术立足，这也是你对己、对人、对祖国的最起码而最主要的责任！当然极好，但望永远坚持下去，我相信你会坚持，不过考验你的日子还未来到。至此为止你尚未遇到逆境。真要过了贫贱日子才真正显出"贫贱不能移"！居安思危，多多锻炼你的意志吧。

写

【篇末小结】
得知儿子在国外取得的成就，傅雷感到由衷的高兴与自豪。对于国外的评论，傅雷一条条如数家珍，将或好或坏的评论都记在心中并分享给儿子，一位父亲对儿子最纯粹的爱跃然纸上。他关心儿子事业的同时，不忘儿子的身体健康，告诫儿子注意休息。最后，他对于儿子单凭艺术立足充满了赞扬和肯定，这也是一位艺术家的尊严。

【思考探究】
1.英国与法国的音乐空气有哪些不同？

2.怎样理解傅雷说的"你不依靠任何政治经济背景，单凭艺术立足，这也是你对己、对人、对祖国的最起码而最主要的责任"？

【写作乐园】
傅雷非常关心儿子以后的发展、对未来的规划。请你也谈谈自己对未来的规划。（不少于100字）

_____

_____

※ 一月十日夜 *

从来信可看到你立身处事，有原则、有信心，我们心头上的石头也放下了。但愿你不忘祖国对你的培养，首长们的爱护，坚持你的独立斗争，为了民族自尊心，在外更要出人头地地为国争光，不仅在艺术方面，还在做人方面。我相信你不会随风使舵，也绝不会随便改变主张。你的成功，仍然是祖国的光荣。孩子，你给了我们痛苦，也给了我们欢乐。

最近两个月来，我们有兴致听听音乐了，仅有的几张你灌的唱片，想到你就开心了，好像你就在我们眼前弹奏一般。我常常凭回忆思念你，悲欢离合，有甜蜜、有辛酸，人生犹如梦境，一霎眼我们半世过去了。[1] 我们这几年来老了许多，爸爸头发花白，神经衰弱，精力已大大减弱，晚上已不能工作；我的眼光衰退，也常常会失眠，这一切都是老态的表现，无法避免了。

我最担心的是你的身体，看你照片，似乎瘦了，也老了些。我深知你的脾气，为了练琴可以废寝忘食，生活向无规律，在我们身边还可以控制你、照顾你。不知你现在的饮食如何解决的？只要经济上没问题，对你来说，营养是第一，因为你在精神身体方面的消耗太大，不能不注意。衣食寒暖，不能怕麻烦，千万勿逞年轻，任性随便，满不在乎，迟早要算账的。希望以后多多告诉我们生活细节，让我们好像在一起生活一样。

··········

爸爸的书最近两年没有出新的（自一九五八年傅雷被错划为右派后，翻译的书一概停出，出版社要他更名出书，他断然拒绝，说："要么还是署名傅雷，要么不印我的译本。"直至一九六一年秋，摘去右派帽子后，出版社才恢复出版他的译本），巴尔扎克的《赛查·皮罗多盛衰记》尚未付印。另一本《搅水女人》新近译完。丹纳的《艺术哲学》年底才整理插图，整整忙了十天，找插图材料，计算尺寸大小，加插图说明等等，都是琐碎而费手脚的，因为工作时间太长，每天搞到十一二点，做的时候提起精神不觉得怎么累，等到告一段落，精神松下来，人就支持不住，病了三天，也算是彻底休息了三天。你知道爸爸的脾气，他只有病在床上才算真正的休息。

> **[1] 情节分析：** 历经波折，但想到儿子就开心了，常常回忆儿子的往事，表现了父母对儿子深沉的爱。

写

【篇末小结】

对于傅聪的成功，朱梅馥固然快乐，但真正让她快乐的是儿子的为人处世有原则、有信心。儿子出走英国与留学波兰时不同，不知何时才能再见，她充满了担忧，希望儿子注意身体，多多写信回家。经历波折，傅雷夫妻二人似乎也老了，抒发了对人生的感叹与对儿子的思念。

【思考探究】

1. "你给了我们痛苦，也给了我们欢乐"，朱梅馥口中的"痛苦""欢乐"分别是什么？

2. "他只有病在床上才算真正的休息"，这句话带给你怎样的感悟？

【写作乐园】

傅聪为了练琴废寝忘食，傅雷为了翻译累到生病。你有没有过这样全力以赴地去完成某件事情的经历？和大家分享一下。（不少于100字）

_____

_____

※ 二月一日夜 *

上月底爸爸工作告一段落，适逢过春节，抄了些音乐笔记给你做参考，也许对你有所帮助。[1]原文是法文，有些地方直接译作英文反倒方便。以你原来的认识参照之下，必有感想，不妨来信谈谈。我们知道你自我批评精神很强，但个人天地毕竟有限，人家对你的好评只能起鼓舞作用；不同的意见才能使你进步，扩大视野，希望用冷静和虚心的态度加以思考。不管哪个批评家都代表一部分群众，考虑批评家的话也就是考虑群众的意见。你听到别人的演奏之后的感想，想必也很多，也希望告诉我们。爸爸说，除了你钻研专业之外，一定要抽出时间多多阅读其他方面的书，充实你的思想内容，培养各方面的知识。——爸爸还希望你看祖国的书报，需要什么书可来信，我们可寄给你。

一九六〇年二月一日夜

十二月号 Music & Musicians（《音乐与音乐家》）第二十五页第二栏第九行有一句：Fou Ts'ong delicately fingered Mozart Concerto K. 595, as if it were Dresden china.（傅聪演奏《莫扎特钢琴协奏曲》作品五九五号如此精雅，仿佛像特累斯顿的瓷器。）爸爸怕你不懂，要我告诉你，特累斯顿从十八世纪初期起即仿造中国陶瓷器，至今还有出品。批评的人说你演奏的莫扎特仿佛特累斯顿的瓷器。因为你是中国人表演德国人作品，又因为 china（c 字小写）在英文中是瓷器，与"中国"一词双关。

写

【篇末小结】

傅聪在国外开了很多音乐会，社会各界的评价褒贬不一。朱梅馥特意写信告诫儿子不要只关注赞扬，也要关注其他不同意见。同时转告傅雷的话，希望傅聪能够看其他方面的书籍，多方面充实自己。最后关于瓷器的解释，可见傅雷的细心，注重细节，侧面表现了对儿子的关心与重视。

【思考探究】

1. 我们应该如何对待外界的评价？结合这封信进行解释说明。

2. 为什么会有人评价傅聪的演奏"仿佛像特累斯顿的瓷器"？

【写作乐园】

阅读其他方面的书，可以充实思想，培养各方面的才能。分享一部你印象最深的文学作品。（不少于 100 字）

_____

_____

七月四日 *

孩子，你孤身海外，无论饮食寒暖、日常生活，都要你自己合理安排。自小到大，你一向看到爸爸生活严肃，有规律、有节制，照理多少对你有些影响。尤其理财一道，你向来糊涂，有多少用多少的办法，必须改变。目前逞着自己年富力强，满不在乎，但是有一句老话，"天有不测风云，人有旦夕祸福"。必得留些余地，能积蓄一些总是好的。一方面你终有成家的一天，一方面你也要想到父母有年老力衰的时候。爸爸的眼神经衰退及三叉神经痛，吃了许多西药中药未见大效。每天工作时间只能缩短，否则要眼睛发花、出泪水、头痛。回想五六年前爸爸每日工作十一二小时不讨饶，不可同日而语了。

写

【篇末小结】
朱梅馥劝告儿子改变理财态度。"必得留些余地，能积蓄一些总是好的"，对儿子的方方面面都考虑到了，这些劝告对我们同样有警醒作用。

【思考探究】
1.对于理财方面，朱梅馥都用哪些理由劝告儿子"必得留些余地，能积蓄一些总是好的"？

2.傅雷的工作状态与之前有哪些不同？

【写作乐园】
关于理财，你有哪些独到的见解（可以谈谈对压岁钱的使用）？（不少于100字）

※ 八月五日

两次妈妈给你写信，我都未动笔，因为身体不好，精力不支。不病不头痛的时候本来就很少，只能抓紧时间做些工作；工作完了已筋疲力尽，无心再做旁的事。人老了当然要百病丛生，衰老只有早晚之别，绝无不来之理，你千万别为我担忧。我素来对生死看得极淡，只是鞠躬尽瘁，活一天做一天工作，到有一天死神来叫我放下笔杆的时候才休息，如是而已。[1] 弄艺术的人总不免有烦恼，尤其是旧知识分子处在这样一个大时代。你虽然年轻，但是从我这儿沾染的旧知识分子的缺点也着实不少。但你四五年来来信，总说一投入工作就什么烦恼都忘了；能这样在工作中乐以忘忧，已经很不差了。我们二十四小时之内，除了吃饭睡觉总是工作的时间多，空闲的时间少；所以即使烦恼，时间也不会太久，你说是不是？不过劳逸也要调节

[1] 情节分析：傅雷对于生死的看法，淡然无畏。同时也是希望远在国外的儿子不要为自己的身体而担忧烦恼。

得好，你弄音乐，神经与感情特别紧张，一年下来也该彻底休息一下。暑假里到乡下去住个十天八天，不但身心得益，而且对你的音乐感受也有好处。何况入国问禁、入境问俗，对他们的人情风俗也该体会观察。老关在伦敦，或者老是忙忙碌碌在各地奔走演出，一点不接触现实，并不相宜。见信后望立刻收拾行装，出去歇歇，即使三五天也是好的。

你近来专攻斯卡拉蒂，发现他的许多妙处，我并不奇怪。这是你喜欢韩德尔以后必然的结果。斯卡拉蒂的时代，文艺复兴在绘画与文学园地中的花朵已经开放完毕，开始转到音乐；人的思想感情正要求在另一种艺术中发泄，要求更直接地刺激感官，比较更缥缈、更自由的一种艺术，就是音乐，来满足他们的需要。所以当时的音乐作品特别有朝气、特别清新，正如文艺复兴前期绘画中的波提切利，而且音乐规律还不像十八世纪末叶严格，有才能的作家容易发挥性灵。何况欧洲的音乐传统，在十七世纪时还非常薄弱，不像绘画与雕塑早在古希腊就有登峰造极的造诣（雕塑在公元前六至四世纪，绘画在公元前一世纪至公元后一世纪），一片广大无边的处女地正有待于斯卡拉蒂及其以后的人去开垦。写到这里，我想你应该常去大英博物馆，那儿的艺术宝藏可说一辈子也享受不尽；为了你总的（全面的）艺术修养，你也该多多到那里去学习。

我因为病的时候多，只能多接触艺术，除了原有的旧画以外，无意中研究起碑帖来了。现在对中国书法的变迁源流，已弄出一些眉目，对中国整个艺术史也增加了一些体会，可惜没有精神与你细谈。提到书法，忽然想起你在四月号《音乐与音乐家》杂志上的签字式，把聪字写成"**耽**"。须知末一笔不能往下拖长，因为行书、草书，"**一**"或"**灬**"才代表"**心**"字，你只能写成"**聰**"或"**聡**"。末一笔可以流露一些笔锋的余波，例如"**聰**"或"**聡**"，但切不可余锋太多，变成往下拖的一只脚。[1] 望注意。

你以前对英国批评家的看法，太苛刻了些。好的批评家和好的演奏家一样难得；大多数只能是平平庸庸的"职业批评家"。但寄回的评论中有几篇的确写得很中肯。例如五月七日 Manchester Guardian（《曼彻斯特卫报》）上署名 J. H. Elliot（埃利奥特）写的 New Light from the East（《从东方来的新的启示》），说你并非完全接受西方音乐传统，而另有一种清新的前人所未有的观点。又说你离开西方传统的时候，总是以更好的东西去代替；而且即使是西方文化最严格的卫道者也不觉你的脱离西方传统有什么"乖张""荒诞"，炫耀新奇的地方。这是真正理解到了你的特点。你能用东方人的思想感情去表达西方音乐，而仍旧能为西方最严格的卫道者所接受，就表示你的确对西方音乐有了一些新的贡献。我为之很高兴。且不说这也是东风压倒西风的表现之一，并且正是中国艺术家对世界文化应尽的责任；唯有不同种族的艺术家，在不损害一种特殊艺术的完整性的条件之下，能灌输一部分新的血液进去，世界的文化才能愈来愈丰富、愈来愈完满、愈来愈光辉灿烂。希望你继续往这条路上前进！还有一月二日 Hastings Observer（《黑斯廷斯观察家报》）上署名 Allan Biggs（阿伦·比格斯）写的一篇评论，显出他是衷心受了感动而写的，全文没有空洞的赞美，处处都着着实实指出好在哪里。看来他是一位年纪很大的人了，因为他说在一生听到的上千钢琴家中，只有 Pachmarm（派克曼）与 Moiseiwitsch（莫依赛维奇）两个，有你那样的魅力。Pachmarm 已经死了多少年了，而且他听到过"上千"钢琴家，准是个苍然老叟了。关于你唱片的专评也写得好。

要写的中文不洋化，只有多写。写的时候一定打草稿，细细改过。除此以外并无别法。特别把可要可不要的字剔干净。

身在国外，靠艺术谋生而能不奔走于权贵之门，当然使我们安慰。我相信你一定会坚持下去。这点儿傲气也是中国艺术家最优美的传统之一，值得给西方做个榜样。[1] 可是别忘了一句老话："岁寒而后知松柏之后凋。"你还没经过"岁寒"的考验，还得对自己提高警惕才好！一切珍重！千万珍重！

写

【篇末小结】

傅雷与儿子分享了他对斯卡拉蒂时代音乐的理解，对于西方的文化发展历史信手拈来，没有强大的文学素养与知识储备绝不可能办到。他再次提到了对英国批评家的看法，并由此引出中国艺术家对世界文化应尽的责任，表现了傅雷对儿子的肯定。他不仅谈做人、谈艺术这些大的方面，对于小的细节也绝不放松，纠正儿子的书法。最后他告诫儿子要保持知识分子的尊严与坚守。

【思考探究】

1. 傅雷对于傅聪能够发现斯卡拉蒂音乐作品上的许多妙处，为何不感到奇怪？

2. 中国艺术家对世界文化应尽的责任指的是什么？

【写作乐园】

你了解哪些国家或地区的有趣的禁忌或者风俗？请写一写。（不少于100字）

※ 八月二十九日

八月二十日报告的喜讯使我们心中说不出的欢喜和兴奋。你在人生的旅途中踏上一个新的阶段，开始负起新的责任来，我们要祝贺你、祝福你、鼓励你。希望你拿出像对待音乐艺术一样的毅力、信心、虔诚，来学习人生艺术中最高深的一课。但愿你将来在这一门艺术中得到像你在音乐艺术中一样的成功！发生什么疑难或苦闷，随时向一两个正直而有经验的中老年人讨教（你在伦敦已有一年八个月，也该有这样的老成的朋友吧），深思熟虑，然后决定，切勿单凭一时冲动，只要你能做到这几点，我们也就放心了。

对终身伴侣的要求，正如对人生一切的要求一样不能太苛刻。事情总有正反两面，追得你太迫切了，你觉得负担重；追得不紧了，又觉得不够热烈。温柔的人有时会显得懦弱，刚强了又近乎专制。幻想多了未免不切实际，能干的管家太太又觉得俗气。只有长处没有短处的人在哪儿呢？世界上究竟有没有十全十美的人或事物呢？抚躬自问，自己又完美到什么程度呢？这一类的问题想必你考虑过不止一次。我觉得最主要的还是本质的善良、天性的温厚、开阔的胸襟。[1] 有了这三样，其他

111

都可以逐渐培养；而且有了这三样，将来即使遇到大大小小的风波也不致变成悲剧。做艺术家的妻子比做任何人的妻子都难；你要不预先明白这一点，即使你知道"责人太严，责己太宽"，也不容易学会明哲、体贴、容忍。只要能代你解决生活琐事，同时对你的事业感兴趣就行，对学问的钻研等等暂时不必期望过奢，还得看你们婚后的生活如何。<u>眼前双方先学习相互的尊重、谅解、宽容。</u>[1]

[1] 情节分析：
不仅仅是爱情，与任何人的交往我们都要遵循这条准则，这不仅是傅雷的人生经验，更是生活交往中的哲学。

对方把你作为她整个的世界固然很危险，但也很宝贵！你既已发觉，一定会慢慢点醒她；最好旁敲侧击而勿正面提出，还要使她感到那是为了维护她的人格独立，扩大她的世界观。倘若你已经想到奥里维的故事，不妨就把那部书叫她细读一二遍，特别要她注意那一段插曲，像雅葛丽纳（与奥里维均是《约翰·克利斯朵夫》中的人物）那样只知道 love，love，love！（爱，爱，爱！）的人只是童话中人物，在现实世界中非但得不到 love，连日子都会过不下去，因为她除了 love 一无所知、一无所有、一无所爱。这样狭窄的天地哪像一个天地！这样片面的人生观哪会得到幸福！无论男女，只有把兴趣集中在事业上、学问上、艺术上，尽量抛开渺小的自我，才有快活的可能，才觉得活得有意义。未经世事的少女往往会存一个荒诞的梦想，以为恋爱时期的感情的高潮也能在婚后维持下去。这是违反自然规律的妄想。古语说，"君子之交淡如水"；又有一句话说，"夫妇相敬如宾"。可见只有平静、含蓄、温和的感情方能持久；另外一句的意义是说，夫妇到后来完全是一种知己朋友的关系，也即是我们所谓的终身伴侣。未婚之前双方能深切领会到这一点，就为将来打定了最可靠的基础，免除了多少不必要的误会与痛苦。

你是以艺术为生命的人，也是把真理、正义、人格等等看作高于一切的人，也是以工作为乐的人。我用不着唠叨，想你早已把这些信念表白过，而且竭力灌输给对方了。我只想提醒你几点：<u>第一，世界上最有力的论证莫如实际行动，最有效的教育莫如以身作则。自己做不到的事千万勿要求别人；自己也要犯的毛病先批评自己，先改自己的。</u>[2] 第二，永远不要忘了我教育你的时候犯的许多过严的毛病。我过去的错误要是能使你避免同样的错误，我的罪过也可以减轻几分；你受过的痛苦不再施之于他人，你也不算白白吃苦。总的来说，尽管指点别人，可不要给人"好为人师"的感觉。（你还记得巴尔扎克那个中篇吗？）奥诺丽纳的不幸一大半是咎由自取，一小部分也因为丈夫教育她的态度伤了她的自尊心。凡是童年不快乐的人都特别脆弱（也有训练得格外坚强的，但只是少数）、特别敏感，你回想一下自己，就会知道对待你的爱人要如何 delicate（温柔）、如何 discreet（谨慎）了。

[2] 情节分析：
己所不欲，勿施于人，这是对他人的尊重，体现了傅雷的爱情观。

我相信你对爱情问题看得比以前更郑重、更严肃了。就在这考验时期，希望你更加用严肃的态度对待一切，尤其要对婚后的责任先培养一种忠诚、庄严、虔敬的心情！

写

【篇末小结】
得知儿子傅聪与弥拉的恋情，傅雷有说不出的高兴。这封信中，傅雷主要围绕着儿子的爱情、婚姻展开。对于儿子的爱情，傅雷就择偶标准与夫妻相处两方面给出了建议与指导。对于夫妻相处，傅雷对儿子提出了严格要求。傅雷给了儿子宝贵的人生经验，也给了我们启示。

【思考探究】
1. 傅雷认为夫妻之间应该如何相处？

2. 雅葛丽纳的爱情观是怎样的？

【写作乐园】

傅雷对爱情观、婚姻观的理解与看法，对你的人际交往有哪些启示？（不少于100字）

_____

_____

八月二十九日 *

今天接到你的喜讯，真是说不出的高兴，做母亲的愿望总算实现了。男大当婚，女大当嫁，这是天经地义的事，但愿你跟弥拉姻缘美满，我们为儿女担的心也算告一段落。她美丽、聪明、温柔，对你是最合适了。我常常讲，聪找的对象一定要有这样的条件，因为我跟你爸爸的结合，能够和平相处，就是一个很显著的例子。只要真正认识对方、了解对方，就是受些委屈，也是不计较的。归根结底，到底自己也有错误的地方。希望你不要太苛求，看事情不要太认真，平易近人，总是给人一种体贴亲切之感。尤其对你终身的伴侣，不可三心二意，要始终如一。只要你们真正相爱，互相容忍、互相宽恕，难免的小波折很快会烟消云散。尤其你自己身上的缺点很多，你太像父亲了，只要有自知之明，你的爱人就会幸福。还有一点要提醒你，以后再也不要怀念童年的初恋，人家早已成了家，不但想了无用，而且无意中流露出来，也徒然增加你现在爱人的误会，那是最犯忌的，也是没有意义的。爸爸已经说了许多，而且都是经验之谈，我们在人生的旅途上走了几十年，非但结合自己的经历，而且朋友之中多多少少悲欢离合的事也看得很多，所以尽量告诉你，目的就是希望你们永远幸福。

写

【篇末小结】

和父亲一样，母亲朱梅馥对于儿子的恋情同样感到莫大的高兴。希望儿子能够"真正认识对方、了解对方"，不要太苛求，与傅雷的婚姻观有很多相似的地方。同时希望儿子能够放下过去的感情包袱，对待伴侣要一心一意。朱梅馥能从弥拉的角度对儿子进行劝告，可见她的开明。

【思考探究】

1. 对于傅聪未来的伴侣，身为母亲的朱梅馥有怎样的期盼？

2. 儿子步入人生新的阶段，母亲对他有怎样的要求？

【写作乐园】

信中总是提到傅聪像自己的父亲，你的脾气比较像谁呢？有需要改正的吗？（不少于100字）

_____

_____

九月七日

——给儿媳弥拉的英法文信，因大部分内容与中文信重复，仅摘部分特别内容，计二十四通，均非全信，不再——注明。

亲爱的弥拉：

[1] 情节分析： 关于人的认识，充满哲理。深入透彻地了解一个人是件非常困难的事。

人在宇宙中微不足道，身不由己，但对他人来说，却又神秘莫测，自成一套。[1] 所以要透彻了解一个人相当困难，再加上种族、宗教、文化与政治背景的差异，就更不容易。因此，我们以为你们两人决定先订婚一段日子，以便彼此能充分了解，尤其是了解对方的性格，确实是明智之举（但把订婚期拖得太长也不太好，这一点我们以后会跟你们解释）。我以为订婚期间还有一件要紧的事，就是要充分准备去了解现实、面对现实。现实与年轻人纯洁的心灵所想象的情况截然不同。生活不仅充满难以预料的艰苦奋斗，还包含许许多多日常琐事，也许叫人更难以忍受。因为这种烦恼看起来这么渺小、这么琐碎，并且常常无缘无故，所以使人防不胜防。夫妇之间只有彻底谅解、全心包容、经常忍让，并且感情真挚不渝，对生活有一致的看法，有共同的崇高理想与信念，才能在人生的旅途上平安渡过大大小小的风波，成为琴瑟和谐的终身伴侣。

写

【篇末小结】

这是傅雷给傅聪伴侣弥拉的一封信。主要是赞成二人先订婚一段时间再结婚，以便在订婚期间能够相互了解，并将生活的琐碎提前放在弥拉眼前，告诉她如何维持婚姻关系，"彻底谅解、全心包容、经常忍让，并且感情真挚不渝，对生活有一致的看法，有共同的崇高理想与信念"。傅雷的爱情教育观是《傅雷家书》中一个重要的内容。

【思考探究】

1. 傅雷认为订婚期间最要紧的事是什么？

2. 傅雷认为夫妻二人如何才能做到琴瑟和谐？

【写作乐园】

爱情与婚姻离我们还很远，但傅雷关于爱情的教育对我们的人际交往也有所启发。谈谈我们应该如何对待朋友。（不少于 100 字）

_____

_____

十月七日灯下 *

弥拉的第二封信，九月二十二日已收到，她的可爱的长信，我们读之再三，真是说不出的高兴。从她的信上，我们深深地体会到，她是个亲切动人而聪明率直的好孩子。爸爸说她从前做过书店找插图材料的工作，其实很不错。为了找材料，不是更有机会进博物馆图书馆么？不是趁此机会可以研究艺术史么？我很庆幸你找到了志趣相投的伴侣，这不是件简单而容易的事。请你告诉她，从她的信上，我们会了解她，我们之间只会越来越接近，我要把她当作自己的女儿一样爱她。我也深切地感谢她，从她那里知道了一些你的生活起居，这是妈妈对儿子最关心的。不知弥拉出院后身体是否完全恢复，希望她多多保重！她的美丽而可爱的照片，太好了。在这两张照片上，似乎你比去年胖了些。是不是国外流行小袖小脚裤？做妈妈的总是老古董，认为不大方、不美观。你除了弹琴以外的照片，是否可寄些来？

写

【篇末小结】
　　从朱梅馥的信中，我们可以看到她对弥拉的喜爱，对傅聪找到志趣相投的伴侣的开心。能够从弥拉这里了解儿子更是感到开心，表现了父母对儿子的思念与关心。

【思考探究】
1. 结合这几封家信，说说弥拉是个怎样的人。

2. 傅雷夫妇对弥拉有怎样的看法？

【写作乐园】
　　曾经的破洞裤不知让多少妈妈拿起了针线，引出多少哭笑不得的小故事。对于穿着上的不同意见，我们应该怎样处理呢？（不少于100字）

※ 十月二十一日

亲爱的弥拉：
　　看来，你对文学已有相当修养，不必再需任何指导，我只想推荐几本书，望你看后能从中汲取教益，尤其在人生艺术方面有所提高。
莫罗阿：
一、《恋爱与牺牲》
二、《人生五大问题》
（两本都是格拉塞版）

巴尔扎克：

一、《两个新嫁娘的回忆》

二、《奥诺丽纳》（通常与另两个故事合成一集，即《夏倍上校》与《禁治产》）

因你对一切艺术很感兴趣，可以一读丹纳之《艺术哲学》（Hachette 出版，共两册）。这本书不仅对美学提出科学见解（美学理论很多，但此理论极为有益），还是本艺术史通论，采用的不是一般教科书的形式，而是以渊博精深之见解指出艺术发展的主要潮流。我于一九五八年及一九五九年译成此书，迄今尚未出版，待出版后，当即寄聪。

你现在大概已经看完《约翰·克利斯朵夫》了吧。（你是看法文版，是吗？）这书是一八七〇年到一九一〇年间知识界之史诗，我相信一定对你大有启发。从聪来信看来——虽然他信中谈得很少，而且只是些无意中的观察所得——自从克利斯朵夫时代以来，西方艺术与知识界并无多大的改变。诚实、勤奋、有创造能力的年轻人，仍然得经历同样的磨难，就说我自己，也还没有度完克利斯朵夫的最后阶段。身为一个激进的怀疑论者，年轻时惯于跟所有形式的偶像对抗，又深受中国传统哲学道德的熏陶，我经历过无比的困难与无穷的痛苦，来适应这信仰的时代。你记不记得老克利斯朵夫与奥里维的儿子，年轻的乔治之间的种种冲突（在《复旦》的第三部）。这就是那些经历过大时代动荡的人的悲剧。书中有某些片段，聪重读之后，也许会有崭新的体会。另一方面，像高脱弗烈特、摩达斯太、苏兹教授、奥里维、雅葛丽纳、爱麦虞限、葛拉齐亚等许多人物，在今日之欧洲仍生活在你的周围。当然，阅读这部经典杰作之后，所引起的种种感情、种种问题与种种思虑，我们不能在这封信中一一讨论，但我相信，看了此书，你的视野一定会扩大不少，你对以前尚未留意过的人物与事迹，一定会开始关注起来。

…………

你可敬的父亲也一定可以体会到我的心情，因为他写信给我，把聪演奏会的情况热情地详述了一番。知道聪能以坚强的意志控制热情，收放自如，使我非常高兴，这是我一向对他的期望。由于这是像你父亲这样的艺术家兼批评家告诉我的，当然极为可信。没有什么比以完美的形式表达出诗意的灵感与洋溢的热情更崇高了。这就是古典主义的一贯理想。为了聪的幸福，我不能不希望他迟早在人生艺术中也能像在音乐艺术中一样，达到和谐均衡的境地。

写

【篇末小结】

这封信重点是傅雷对弥拉艺术上的期盼。他向弥拉推荐了很多部书，其中对《艺术哲学》与《约翰·克利斯朵夫》进行了比较详细的说明，希望弥拉与儿子能有共同语言，志趣相投。对于儿子能够以坚强的意志控制热情感到高兴。虽然是与弥拉的通信，但每句话都离不开对儿子的关怀与思念。

【思考探究】

1.克利斯朵夫的最后阶段指的是什么？

2.古典主义的一贯理想指的是什么？

【写作乐园】

请你写封信向弥拉推荐一本你喜欢的书。（不少于100字）

_____

_____

十月二十一日夜

从你去年开始的信，可以看出你一天天的倾向于 Wisdom（智慧）和所谓希腊精神。大概中国的传统哲学和艺术理想越来越对你发生作用了。从贝多芬式的精神转到这条路在我是相当慢的，你比我缩短了许多年。原因是你的童年时代和少年时代所接触的祖国文化（诗歌、绘画、哲学）比我同时期多得多。我从小到大，样样靠自己摸，只有从年长的朋友那儿偶然得到一些启发，从来没人有意地有计划地指导过我，所以事倍功半。来信提到朱晖的情形使我感触很多。高度的才能不和高度的热爱结合，比只有热情而缺乏能力的人更可惋惜。

写

【篇末小结】

对于儿子在艺术上的理解与进步，傅雷深感欣慰，并以自己作比，突出儿子这种转变背后的幸运，最后希望儿子能将才能与热爱结合，创作更好的艺术。

【思考探究】

1."从贝多芬式的精神转到这条路在我是相当慢的，你比我缩短了许多年。""这条路"指的是什么？傅聪为什么会比傅雷缩短了好多年？

2.怎样理解"高度的才能不和高度的热爱结合，比只有热情而缺乏能力的人更可惋惜"？

【写作乐园】

请你谈谈才能与热爱之间的关系。（不少于100字）

_____

_____

※ 十一月十二日

亲爱的弥拉——亲爱的孩子：

在一个艺术家的家里，品味必须高雅，而不流于奢华，别让他为了一时之快而浪费钱财。他的艺术生活正在开始，前途虽然明朗，仍未得到确切的保障。由于他对治家理财之道向来漫不经心，你若能劝勉他在开支方面自我约制、搏节用度，就是对他莫大的帮助。他对人十分轻信（这当然表明他天性纯洁善良），不管是朋友、是陌生人，时常不分好歹地慷慨相待。你或许已经注意到，他很容易上歹徒骗子的当，所以，我们希望你能凭常识与直觉成为他的守护天使。这种常识与直觉，对每个女性来说，无论多么年轻，必然都有；而对多数艺术家来说（我指的是真正的艺术家），无论多么成熟，必然匮缺。过去十年以来，我们不断给予聪这种劝告，但我们深信，恋人的话语有时比父母的忠言有效得多。而事实上，也只有两人长相厮守，才能帮得了身旁的伴侣。

写

【篇末小结】
这封信主要向弥拉讲述了儿子的缺点，可以让弥拉更了解儿子，同时希望弥拉能够规劝傅聪节约开支，不要浪费钱财。

【思考探究】
1.这封信中，傅雷讲述了儿子哪些缺点？

2."我们希望你能凭常识与直觉成为他的守护天使"，对于这句话你有怎样的看法？

【写作乐园】
对于"不分好歹地慷慨相待"的人，你会怎样劝诫他们？（不少于100字）

_____

_____

十一月十二日 *

亲爱的弥拉：

聪是一个性情相当易变的艺术家，诙谐喜悦起来像个孩子，落落寡欢起来又像个浪漫派诗人。有时候很随和、很容易相处；有时候又非常固执、不肯通融。而在这点上，我要说句公道话，他倒并非时常错误。其实他心地善良温厚，待人诚恳而富有同情心，胸襟开阔，天性谦和。

写

【篇末小结】
朱梅馥帮助弥拉了解傅聪的性格，这背后的深意不言而喻。从这点上可以看到母亲的细心与关爱。她对儿子的评价客观，但又有着母亲对儿子深深的爱。

【思考探究】
1.在朱梅馥的眼中，儿子傅聪是个什么样的人？

2.朱梅馥写这封信的用意是什么？

【写作乐园】
朱梅馥对儿子的分析透彻，却不乏温情。请你用这种方式介绍一下你的小伙伴。（不少于100字）

_____

_____

※ 十一月十三日

　　看了此次照片，觉得弥拉更美了，她比瑞士时期肉感丰满，想系恢复健康之故。从她信上可以体会到她性格和顺、天真，同时也严肃，对人对事都认真。为了你们的将来，她正式去学家政，令人感动。不过持家之道主要在乎 commen sense（常识），待人接物和处理银钱等等，一切做得合情合理，有计划、有预算。孩子，你该满足了吧，这样一个伴侣对你可有很大帮助。目前你在经历一生最快乐的时期，订了婚，精神有了寄托，只有爱的甜蜜，还没有家庭的责任，你不要"得福不知"！[1] 看你照片，身体似乎不坏，精神也平静，我们非常安慰。弥拉极懂音乐，爱好文艺，你们一定相处得很好。在日常工作与休息营养的调节方面，千万多听她的话，别看她年幼，女性在某些事情上比较我们男人实际得多，她们的直觉往往很正确，而且任何年轻的女孩子都有母爱的本能，有些为你身心健康的劝告，更应当多多接受。但愿你脾气好，万万不要像我，要以我的坏脾气作为你的警戒。我最怕在这方面给你不良的影响。你要是能不让爸爸的缺点在你身上发展，便是你对爸爸最好的报答，也是对你的下一代尽了很大的责任。

　　我多么愿意听听你对自己演奏的意见，特别是人家重点批评过的乐曲或段落，例如此次挪威九月二十六日最长的一篇评论你的 Bach（巴赫），我要知道你自己的看法。还有前信问你对已灌片子的四支 Ballade（《叙事曲》）的不满意在哪里。别让你爸爸在音乐方面太落后，所以要你谈谈这些问题。

　　《音乐与音乐家》三月号登一篇 John Pritchard（约翰·普里查德）的介绍（你也曾与 Pritchard［普里查德］合作过），有下面一小段值得你注意：

　　Famous conductor Fritz Busch once asked John Pritchard, "How long is it since you looked at Renaissance painting? " ToPritchard's astonished "Why?", Busch replied, "Because it will improve your conducting by looking upon great things—do not become narrow."（著名指挥家弗里茨·布施有次问约翰·普里查德："你上次看文艺复兴时代的绘画有多久了？"普里查德很惊异地反问："为什么问我？"布施答道："因为看了伟大作品，可以使你指挥时得到进步——而不至于眼光浅窄。"[2]）

　　你在伦敦别错过 looking upon great things（观赏伟大艺术品）的机会，博物馆和公园对你同样重要。

[1] 情节分析：
儿子处于爱情的欢愉之中，傅雷不忘告诫儿子要承担家庭的责任，对于婚姻，傅雷也有着严格的要求。

[2] 情节分析：
以布施的回答，劝告儿子欣赏伟大的作品，放松精神。

写

【篇末小结】
　　傅雷对弥拉充满了认同与赞赏，告诫儿子要对弥拉负责；关注儿子的身体健康，希望这方面能多听弥拉的建议；表达了自己渴望与儿子交流音乐上的事情，希望能知道儿子对自己演奏上面的看法；借布施的话劝告儿子多多欣赏伟大的作品。他对儿子的感情、生活、艺术的关心，当真是无微不至。

【思考探究】
　　1.对于弥拉为了傅聪而去学习家政，你有怎样的意见？

2. 如何理解"博物馆和公园对你同样重要"这句话？

【写作乐园】
你在阅读时有没有遇到过比较喜欢的句子？写下来，并谈谈你的感想。（不少于100字）

_____

_____

十一月二十二日

亲爱的孩子：

由于聪时常拘于自己的音乐主张，我很想知道他能否从那些有关他弹奏与演技的批评中得到好处。这些批评有时虽然严峻但却充满睿智。不知他是否肯花工夫仔细看看这类批评，并且跟你一起讨论。（举例来说，你父亲刚寄给我的那篇《泰晤士报》上的文章，其中有几段说到聪对舒伯特及贝多芬〔作品一一一号〕奏鸣曲的演奏，依我看来就很值得好好反省。这样就能根据他人的意见，对自己的长处与短处作客观的分析。）你在艺术方面要求严格，意见中肯，我很放心，因为这样对他会有所帮助，可是他是否很有耐性听取你的意见？还有你父亲，他是艺术界极负盛名的老前辈，聪是否能够虚心聆教？聪还很年轻，对某些音乐家的作品，在艺术与学识方面都尚未成熟，就算对那些他自以为了解颇深的音乐家，例如莫扎特与舒伯特，他也可能犯了自以为是的毛病，沉溺于偏激而不尽合理的见解。我以为他很需要学习和听从朋友及前辈的卓越见解，从中汲取灵感与教益。你可否告诉我，他目前的爱好倾向于哪方面？假如他没有直接用语言表达清楚，你听了他的音乐也一定可以猜度出他在理智与感情方面的倾向。

写

【篇末小结】
本篇多个问句，表明了傅雷对儿子目前一些现状的不了解，希望获知一些他的信息。傅雷通过与弥拉的通信，委婉地向儿子提意见。傅雷多次提到批评家对傅聪成长的帮助，希望儿子对这些人的意见有所反省。他透彻地分析儿子的缺点，希望儿子能取得更大的进步。

【思考探究】
1. 傅雷认为傅聪应该从哪里汲取灵感与教益？

2. 善于反省的好处有哪些？

【写作乐园】
选一首你喜欢的音乐，并谈谈你的感悟。（不少于100字）

_____

_____

※ 十一月二十六日晚

自从弥拉和我们通信以后，好像你有了秘书，自己更少动笔了。知道你忙，精神紧张劳累，也不怪你。可是有些艺术问题非要你自己谈不可。你不谈，你我在精神上、艺术上的沟通就要中断，而在我这个孤独的环境中更要感到孤独。[1]除了你，没有人再和我交换音乐方面的意见。而我虽一天天地衰老，但是想多吹吹外面的风。你小时候我们指导你，到了今日，你也不能坐视爸爸在艺术的某一部门中落后！——十月二十一、十一月十三以及以前的信中已屡次提及，现在不多谈了。

没想到你们的婚期订得如此近，给我们一个措手不及。妈妈今儿整天在外选购送弥拉和你岳母的礼物。不过也许只能先寄弥拉的，下月再寄另外一包裹。原因详见给弥拉信。礼物不能在你们婚前到达伦敦，妈妈总觉得是件憾事。前信问你有否《敦煌壁画选》，现在我给你作为你们俩的新婚纪念品（下周作印刷品寄）。

孩子，你如今正式踏进人生的重要阶段了，想必对各个方面都已严肃认真地考虑过。我们中国人对待婚姻——所谓终身大事——比西方人郑重得多，你也决不例外；可是夫妇之间西方人比我们温柔得多、delicate（优雅）得多，真有我们古人相敬如宾的作风（当然其中有不少虚伪的，互相欺骗的）。想你也早注意到，在此订婚四个月内也该多少学习了一些。至于经济方面，大概你必有妥善的打算和安排。还有一件事，妈妈和我争执不已，不赞成我提出。我认为你们都还年轻，尤其弥拉，初婚后一二年内光是学会当家已是够烦了，是否需要考虑稍缓一二年再生儿育女，以便减轻一些她的负担，让她多轻松一个时期。妈妈反对，说还是早生孩子，宁可以后再节育。但我说晚一些也不过晚一二年，并非十年八年；说不说由我，听不听由你们；知无不言，言无不尽，朋友之间尚且如此，何况父母子女！有什么忌讳呢？你说是不是？我不过表示我的看法，决定仍在你们。而且即使我不说，也许你们已经讨论过这个问题了。弥拉的意思很对，你们该出去休息一个星期。我老是觉得，你离开琴，沉浸在大自然中，多沉思默想，反而对你的音乐理解与感受好处更多。人需要不时跳出自我的牢笼，才能有新的感觉、新的看法，也能有更正确的自我批评。[2]

写

【篇末小结】
对于儿子甚少动笔写信表示理解，但同时希望能和儿子多谈谈艺术上的事。这个时候的傅雷深陷政治风波，与周围的朋友几乎断了来往，与儿子的通信成了他唯一的慰藉。对于儿子的婚姻大事，傅雷也嘱咐良多，希望孩子不要着急生儿育女，最后希望儿子能多与大自然接触。

【思考探究】

1. "而我虽一天天地衰老，但是想多吹吹外面的风"，"外面的风"指的是什么？

2. 傅雷夫妻因什么问题产生了争议？你比较赞同谁的观点？

【写作乐园】

你是否会对父母知无不言、言无不尽？谈谈你对当代亲子关系的认知与理解。（不少于100字）

_____

_____

※ 十二月二日

因为闹关节炎，本来这回不想写信，让妈妈单独执笔；但接到你去维也纳途中的信，有些艺术问题非由我亲自谈不可，只能撑起来再写。知道你平日细看批评，觉得总能得到一些好处，真是太高兴了。有自信同时又能保持自我批评精神，的确如你所说，是一切艺术家必须具备的重要条件。你对批评界的总的看法，我完全同意；而且是古往今来真正的艺术家一致的意见。所谓"文章千古事，得失寸心知！"往往自己认为的缺陷，批评家并不能指出，他们指出的倒是反映批评家本人的理解不够或者纯属个人的好恶，或者是时下的风气和流俗的趣味。从巴尔扎克到罗曼·罗兰，都一再说过这一类的话。因为批评家也受他气质与修养的限制（单从好的方面看），艺术家胸中的境界没有完美表现出来时，批评家可能完全捉摸不到，而只感到与习惯的世界抵触；便是艺术家的理想真正完美地表现出来了，批评家囿于（局限；拘泥。囿，yòu）成见，也未必马上能发生共鸣。例如雨果早期的戏剧、比才的《卡门》、德彪西的《贝莱阿斯与梅利桑特》。但即使批评家说的不完全对头或竟完全不对头，也会有一言半语引起我们的反省，给我们一种 inspiration（灵感），使我们发现真正的缺点，或者另外一个新的角落让我们去追求，再不然是使我们联想到一些小枝节可以补充、修正或改善——这便是批评家之言不可尽信，亦不可忽视的辩证关系。[1]

来信提到批评家音乐听得太多而麻痹，确实体会到他们的苦处。同时我也联想到演奏家太多沉浸在音乐中和过度的工作或许也有害处。追求完美的意识太强太清楚了，会造成紧张与疲劳，反而妨害原有的成绩。你灌唱片特别紧张，就因为求全之心太切。所以我常常劝你劳逸要有恰当的安排，最要紧维持心理的健康和精神的平衡。一切做到问心无愧，成败置之度外，才能临场指挥若定、操纵自如。也切勿刻意求工，以免画蛇添足，丧失了 spontaneity（真趣）；理想的艺术总是如行云流水一般自然，即使是慷慨激昂也像夏日的疾风猛雨，好像是天地中必然有的也是势所必然的境界。[2] 一露出雕琢和斧凿的痕迹，就变为庸俗的工艺品而不是出于肺腑、发自内心的艺术了。我觉得你在放松精神一点上还大有可为。不妨减少一些工作，增加一些深思默想，看看效果如何。别老说时间不够，首先要从日常生活的琐碎事情上——特别是梳洗穿衣等等，那是我几年来常嘱咐你的——节约时间，挤出时间来！要不工作，就痛快休息，切勿拖拖拉拉在日常琐碎之事上浪费光阴。不妨多到郊外森林中去散步或者上博物馆欣赏名画，从造型艺术中去求恬静闲适。你实在太

[1] **情节分析：**
批评家的言论与艺术家的作品是相辅相成、相互补充的辩证统一，傅雷从哲学的角度，劝告儿子重视批评家的观点与言论。

[2] **写作指导：**
傅雷以理想艺术的特点，劝告儿子不要刻意求工，运用比喻的修辞手法，生动形象，说理易于接受。

劳累了！我一向认为音乐家的神经比别的艺术家更需要保护，这也是有科学与历史根据的。这一段希望详详细细译给弥拉听，让她以后在这方面多帮助你，代我们督促你多休息！你知道我说的休息绝不是懒散，而是调节你的身心，尤其是神经，目的仍在于促进你的艺术，不过用的方法比一味苦干更合理更科学而已！

你的中文并不见得如何退步，你不必有自卑感。自卑感反会阻止你表达的流畅。Do take it easy！（一定要放松些，慢慢来！）主要是你目前的环境多半要你用外文来思考，也因为很少有机会用中文讨论文艺、思想等等问题。稍缓我当寄一些旧书给你，让你温习温习词汇和句法的变化。我译的旧作中，《嘉尔曼》和伏尔泰的文字比较最洗练简洁，可供学习。

写

【篇末小结】

傅雷对儿子有自信的同时保持自我批判精神给予了肯定，由此引申出关于批评家的思考。没有人能完全了解另一个人，批评家也是如此，但是他们也会有一言半语是值得我们去反省思考的，傅雷希望儿子能重视这"一言半语"。同时，他对于如何维护"音乐家的神经"给了有效的建议。最后关于儿子中文的退步，傅雷并没有批评，而是鼓励并且积极为儿子解决问题。从这封信上，我们可以看到傅雷对儿子人生道路上的指引充满智慧。

【思考探究】

1.傅雷父子认为一切艺术家必须具备的重要条件是什么？

2.傅雷口中的休息指的是什么，有什么好处？

【写作乐园】

傅雷劝告儿子"从造型艺术中去求恬静闲适"，请你为其介绍一个"造型艺术"。（不少于100字）

_____

_____

十二月二日 *

知道你们婚期确定以来，我们抱着激动兴奋的心情天天都在盘算日子。你们幸福，我们也跟着幸福。所谓骨肉之亲，所谓爱子情深，只有真爱子女的父母才能深切地体会其中的滋味。我们常常沉浸在回忆中，把你的一生重新温过一遍，想着你在襁褓中的痴肥胖，又淘气又可爱的童年，顽强而多事的少年，一直到半生不熟的去罗马尼亚，出发去参加肖邦的比赛为止。童年时所受的严格的家庭教育，少年时代的发奋（现在写作"发愤"）用功，出国后的辛勤劳苦，今天的些少成绩，真像电影中一个个的镜头，历历在目，包括了多少辛酸和多少欢乐！如今你到了人生的高潮，也是一生中最幸福的阶段，开始成家立业了。我们做父母的怎不喜极而泣！尤其做母亲的，想到儿子今后的饮食寒暖，身边琐事，有这样一个理想的弥拉来照顾应付，你也不再觉得孤独，我从此可以交卸责任，一切放心了。可爱的弥拉，虽然我们之间只能从通信中互相了解，可是已感到她性情淳厚、温柔体贴，绝非虚荣浮夸的女孩子。（她说过她的信永远代替不了你的，你看她多么懂得做父母的心！）这是你的福气，也显出你眼光不差。最后我还得叮咛几句，希望你们二人除了相亲相爱之外，永远能互相尊重事事商量，切勿独断专行。生活要严肃，有规律、有节制；经济方面要有计划预算，用钱要适当，总之，行事不可凭冲动，图一时之快，必须深思熟虑，你个人更不可使性。当然，人生永远在学习中，过失难免，只要接受教训，就是深入一步了。

我们觉得最遗憾的是没有尽父母之职，不能代你们做些事，美中不足的是不能参加你们的婚礼。日期如此匆促，使我措手不及，不知买什么送你们好。寄出包裹限制甚严，只能在极小的范围内选购。

写

【篇末小结】
儿子成家之际，朱梅馥怀念起儿子的曾经，为儿子的现状感到欣喜，并对儿子生活、经济、做人方面都提出非常可靠的建议，表达了一位母亲对于儿子的思念与未来的期许祝福。父母之爱子，必为之计深远，也只有父母会关心孩子的方方面面。由于时局问题，不能参加儿子的婚礼，父母的遗憾只有父母能体会了。

【思考探究】
1. 朱梅馥从哪些事情上看出了儿子眼光不差？

2. 对于儿子的婚姻生活，朱梅馥提出了哪些建议？

【写作乐园】
在你成长的过程中，最幸福的阶段是什么时候？将你的幸福分享给大家。（不少于100字）

_____

_____

※ 十二月二十四日

亲爱的孩子：

由于你们两人都很年轻，没有实际经验，我想把我们理财的方法告诉你们，也许会对你们有所帮助。我们结婚二十九年，你母亲天天都把用掉的每一分钱记在账簿上，从未间断过。如没有这种长期家庭式簿记制度，即使有了预算，也无济于事。每天晚上或第二天早晨，她核查支出与用剩的余款，就像小铺的账房，当然不如账房那么专注用心。一发现收支不符，而她又无论如何也记不起漏掉的项目是什么（我们两人记忆力都差），她就把不符之处列为"忘记项目"。每个月底她把全部用途加起来，跟预算比较并分析每一项不同的支出。衣、食、住、书籍费、应酬费、零用钱等——为了这项"比较研究"，她有一本特殊的分析账簿。假如我们的支出超过预算，她就会设法找出原因，以免下个月重蹈覆辙。每年年终，把全部收支相加之后，她就提出一个新的预算。所有这些工作已经成为她生活的常规，而且这真是个好习惯。只有靠这种办法，人才可以逐渐学会如何处理钱财、如何攒下积蓄，以防意外并养育儿女。我们有些好朋友时常说钱到了我们手中，仿佛比在他们手里更能派用场了。

生活要过得体面而节俭；要小心而勿小气；慷慨而勿易于上当；享受生活乐趣，但切勿为满足一时欲望而过分奢侈，即使当时觉得这种欲念不可或缺也罢。[1] 这是种极不容易的艺术，只有性格坚强的人，运用明智、意志力与极大的耐性，再经过一些大大小小的惨痛教训，才办得到！这种人生艺术我们不能期望很快就学会，因此最好及早开始，尤其是在婚姻生活开始的时候。

[1] 情节分析：
关于理财的人生哲学，充满智慧。

聪看到这些话，也许会耸耸肩膀，可是，亲爱的孩子，请严肃考虑这个问题，你的幸福大部分有赖于如何解决这个问题。你如今不是单身汉了！别忘了在人生艺术上成功与在任何其他艺术中的成功一样，也值得钦慕与重视，也需要高度的聪慧与才智。主宰人生艺术的不外是调度钱财的能力。不错，假如我们需要或短缺金钱，过分无度为钱财所役，损人利己征物敛财，好比吝啬鬼、守财奴、资本家……那么，金钱确是万恶的。可是那些分明有钱而不知善用的人，可真是咎由自取！啊！亲爱的孩子，我们衷心希望你们在生活中各方面都美满幸福！为了你们好，宁愿让聪觉得我们唠唠叨叨，而不愿在操持家务最重要的篇章上保持缄默。弥拉学过家政，自然明白在家常琐务上能不厌其烦，一丝不苟，就是不出大纰漏的最佳保证。因此，弥拉在钱财上必须抓紧，而聪也必须乐于跟她合作。我知道你们两人对我所说的都很清楚，但要紧的是能知行合一，而不仅是纸上谈兵而已。

写

【篇末小结】
这封信主要谈论理财的方法、必要性与人生哲理。朱梅馥的理财方法严谨到令人惊叹，这正是傅雷夫妻对生活严格要求的体现。傅雷极度重视理财，并称其为人生的艺术，认为学会理财，可以让我们过得体面而节俭。从这封信中，我们可以看到傅雷与儿子无话不谈，关心儿子的方方面面，表现了傅雷对儿子深沉的爱。

【思考探究】
1.关于理财方法，傅雷提出了哪些建议？

2.傅雷认为主宰人生艺术的能力是什么？

【写作乐园】
请你谈谈学会理财的好处。（不少于100字）

第八卷 / 一九六一年

【卷首语】

这一阶段的信中，傅雷谈到敦煌壁画、中国拓片等艺术瑰宝，与傅聪交流东西方文化、宗教、艺术上的差异，感受灿烂的中国文化，希望傅聪不要忘记祖国。

朱梅馥夸赞了弥拉的能干多才；写了家庭的困境，希望儿子能多多体贴父母。对于傅聪的频繁演出，傅雷从演奏水平、夫妻幸福的角度进行劝告，希望傅聪和弥拉能够学会理财，注重精神享受，传授婚姻上的经验，希望傅聪能好好经营自己的婚姻，不要因为音乐艺术而抛弃婚姻艺术；再次表示希望傅聪夫妇多与大自然和造型艺术接触，以维持精神与心理的健康。

一九六一年十月傅雷摘掉了右派的帽子，与众多老友恢复交往，傅雷夫妻开心不已，朱梅馥满腔愉快地向儿子分享这份喜悦。虽然工作再次占据了傅雷全部的时间与精力，但他内心是激动的、满足的。

※ 一九六〇年十二月三十一日至次年一月五日

亲爱的孩子：

你并非是一个不知感恩的人，但你很少向人表达谢意。朋友对我们的帮助、照应与爱护，不必一定要报以物质，而往往只需写几封亲切的信，使他们快乐，觉得人生充满温暖。既然如此，为什么要以没有时间为推搪而不声不响呢？你应该明白我两年来没有跟勃隆斯丹太太通信是有充分的理由的。沉默很容易招人误会，以为我们冷漠忘恩，你很懂这些做人之道，但却永远不能以此来改掉懒惰的习惯。人人都多少有些惰性，假如你的惰性与偏向不能受道德约束，又怎么能够实现我们教育你的信条："先为人，次为艺术家，再为音乐家，终为钢琴家"。[1]

[1] 情节分析： 学会做人，是最基本的处世之道。只有这样，才能去谈艺术、谈理想。

十二月三十一日

我们很高兴得知你对这一次的录音感到满意，并且将于七月份在维也纳灌录一张唱片。你在马耳他用一架走调的钢琴演奏必定很滑稽，可是我相信听众的掌声是发自内心的。你的信写得不长，也许是因为患了重伤风的缘故。信中对马耳他废墟只字未提，可见你对古代史一无所知。可是关于婚礼也略而不述却使我十分挂念，这一点证明你对现实毫不在意，你变得这么像哲学家，这么脱离世俗了吗？或者更坦白地说，你难道干脆就把这些事当作无关紧要的事吗？但是无足轻重的小事从某一观点以及从精神上来讲就毫不琐屑了。生活中崇高的事物，一旦出自庸人之口，也可变得伧俗不堪的。你知道得很清楚，我也不太看重物质生活，不太以自我为中心，我也热爱艺术，喜欢遐想；但是艺术若是最美的花朵，生活就是开花的树木。[2] 生活中物质的一面不见得比精神的一面次要及乏味，对一个艺术家而言，尤其如此。你有点过分偏重知识与感情了，凡事太理想化，因而忽略或罔顾生活中正当健康乐趣。

[2] 写作指导： 将艺术比作花朵，将生活比作树木，生动形象地写出了艺术是以生活为依托、为养料的道理。叮嘱儿子重视生活的点滴。

不错，你现在生活的世界并非万事顺遂，甚至是十分丑恶的。可是你的目标，诚如你时常跟我说起的，是抗御一切诱惑，无论是政治上或经济上的诱惑，为你的艺术与独立而勇敢斗争，这一切已足够耗尽你的思想与精力了。为什么还要为自己无法控制的事情与情况而忧虑？注意社会问题与世间艰苦，为人类社会中丑恶的事情而悲痛是磊落的行为。故此，以一个敏感的年轻人来说，对人类命运的不公与悲苦感到愤慨是理所当然的，但是为此而郁郁不乐却愚不可及，无此必要。你说过很多次，你欣赏希腊精神，那么为什么不培养一下恬静与智慧？你在生活中的成就老是远远不及你在艺术上的成就。我经常劝你不时接近大自然及造型艺术，你试过没有？音乐太刺激神经，需要其他较为静态（或如你时常所说的较为"客观"）的艺术，如绘画、建筑、文学等等来平衡，在十一月十三日的信里，我引了一小段 Fritz Busch（弗里茨·布施）的对话，他说的这番话在另外一方面看来对你很有益处，那就是你要使自己的思想松弛平静下来，并且大量减少内心的冲突。

记得一九五六至一九五七年间，你跟我促膝谈心时，原是十分健谈的，当时说了很多有趣可笑的故事，使我大乐；相反的，写起信来，你就越来越简短，而且集中在知识的问题上，表示你对现实漠不关心，一九五七年以来，你难道变了这么多吗？或者你只是懒惰而已？我猜想最可能是因为时常郁郁寡欢的缘故。为了抵制这种倾向，你最好少沉浸在自己内心的理想及幻想中，多生活在外在的世界里。

一月五日

写

【篇末小结】

这两封信主要指出儿子的缺点，探讨做人与生活。傅雷曾多次提醒儿子写信表达自己对他人的感谢，不至于给人留下忘恩负义的印象，可见他对儿子的关注，谆谆教诲令人感动。第二封信主要围绕儿子很少在信中提到自己的生活表达了担忧。傅雷认为没有什么艺术是脱离现实的。这也启示我们，所有的理想都要从现实出发，只有这样，才能开出最美的花朵。

【思考探究】

1. 如何理解"生活中崇高的事物，一旦出自庸人之口，也可变得伧俗不堪的"？

2. 傅聪的哪些行为让傅雷认为他对现实毫不在意？

【写作乐园】

谈谈我们应该如何理性地看待生活中物质的一面。（不少于100字）

_____

_____

一月五日 *

亲爱的聪、弥拉：

今天接到你们从 Malta（马耳他）寄来的信，我们左等右等，无日不在想念你们，真是望眼欲穿了。看到你们二人的信，好像你们的一举一动、一言一笑都在眼前，心里的高兴与温暖是无法言喻的。

弥拉说接到我们的信很高兴，可是你们的信，我们也是一样要翻来覆去地看几遍呢，隔了几天还会拿出来温呢！

弥拉虽年轻，但从她几次来信，我深深地感觉到她相当成熟、体贴，使我回想自己结婚的时候比弥拉还年轻。二十岁还不到，当年我幼稚无知，怎么可以同今日的弥拉相比呢！还不是慢慢受了你爸爸的熏陶与影响，才对人生和艺术有所理解，而视野也变得广阔的吗？弥拉对你的了解，比我当时对你爸爸的了解，要深切得多，你太幸运了。现在你们开始共同生活，组织小家庭，中国有句老话"开门七件事，柴米油盐酱醋茶"[1]，看来都是麻烦琐碎的事，但是为了生活，有什么办法呢？关于日常安排，你一定要多听弥拉的主意，因为我们女人总比较实际，不像你一天到晚老在音乐里，在云端里做梦。而且你有时也得从梦境中回到现实世界上来，体验体验家庭生活的烦琐与乐趣。你要知道 art of living（生活的艺术）也不是一件容易的事，里面也有不少学问，也许比别的学问更加高深，也得一边学一边做。尤其重要的理财一道，你向来不屑理会，钱糊里糊涂来，糊里糊涂去。现在有弥拉帮你管，你只要开诚布公，尽可让她预算、让她安排，或者共同研究一下，每个月必得从收入中储蓄一部分！——我正在看肖邦的传记，他父亲就是一个艰苦奋斗的人，也是极重视孩子教育的人，常常警告肖邦，一定要 save money（储蓄），以防万一。现在你成了家，不是 bohemian（流浪汉）了，为了二人的生活安全，责任更重，还要为未来的孩子着想。总之 play safe first！（稳扎稳打，谨慎行事是第一位的！）你想，要是你的父母过去生活无计划、无规律，你怎么会得到充分的教育，会有今日呢？虽然我们孜孜不倦地教导你，但是在生活的规律和用钱的得当两点上，始终没对你产生影响，我为之深感遗憾，也是觉得惭愧的，因为总是我们教育的方式方法不好。但是你还年轻，学起来还来得及，何况弥拉这方面比你能干得多，那么好了，就让她来补你的不足。千万别自作聪明，与弥拉闹别扭。我完全相信她的能力（你别低估了她）和善良的心地，倘若她有时在实际问题上坚持，那一定是为了使你的生活过得美满，为你们两人的前途打算。

婚姻究竟是终身大事，你来信不但对结婚的情形只字不提，便是体会及感想也一句没有，这一点不但爸爸觉得奇怪，我也感到意外。下次来信能不能补充些呢？除了 five roses（五朵玫瑰花）以外，你还送弥拉什么呢？难道你对新娘竟是一点饰物也不送么？有没有 wedding ring（结婚戒指）？

聪，亲爱的孩子，关于你所接触的音乐界，你所来往的各方面的朋友，同我们讲得太少了。你真不知道你认为 trivial thing（无足轻重的事），在我们却是新鲜事儿，都是 knowledge（知识）；你知道对于我们，得到新的 knowledge（知识），就是无上的乐趣。譬如这次弥拉告诉我们的（爸爸信上问的）Harriet Cohen（哈理特·科恩）奖金的事，使我们知道了西方音乐界的一种情况，爸爸说那是小小的喜剧。Julius Ketchen（朱利叶斯·凯琴）同你讨论 Beethoven（贝多芬）Sonata（奏鸣曲），又使我们领会到另一种情况，表示艺术家之间坦白真诚的思想交流。像你爸爸这样会吸收，会举一反三的人，对这些事的确感到很大的兴趣。他要你多提音乐界的事，无非是进取心强，不甘落后，要了解国外艺术界的现状，你何乐而不为呢。他知道你对希腊精神的向往，但认为你对希腊精神还不明确，他就不厌其烦地想要满足你。因为丹纳的《艺术哲学》不知何时出版，他最近竟重理旧稿，把其中讲希腊的一个 chapter（章），约五万余字，每天抽出一部分时间抄录，预备寄你。爸爸虽是腰酸背痛、眼花流泪（多写了还要头痛），但是为了你，他什么都不顾了。前几天我把

[1] 情节分析：
道尽婚姻的本质，
婚前的浪漫化为
婚后的琐碎。

旧稿替他理出来，他自己也吓了一跳，原来的稿子，字写得像蚂蚁一样小，不得不用了放大镜来抄，而且还要仔仔细细地抄，否则就要出错。[1]他这样坏的身体，对你的 devotion（爱护），对你的关怀，我看了也感动。孩子，世界上像你爸爸这样的无微不至地教导，真是罕有的。你要真心地接受，而且要拿实际行动来表示。来信千万别笼笼统统的，多一些报道，让他心里感到温暖快乐，这就是你对爸爸的报答。我不是说你信上不提音乐与艺术的事，提的多半是学术感想，关于实际的人与事，希望能多谈谈，尤其是你们新夫妇之间相处的情形，更所切盼！

[1] 情节分析：仿佛看到一位孤独的老人拿着放大镜为儿子抄录书籍，其中的父爱之深，让人感叹。

来信并未说及寄东西给我们（十一月二十六日我信上提的），究竟寄出没有呢？像我们这样的父母，向儿子开口要东西是出于万不得已，这一点你应该理解到。爸爸说不是非寄不可，只要回报一声就行，免得人伸着脖子呆等。大概你因为重伤风不舒服，有些事没回答，这也难怪你；不过你的老脾气，做事粗疏草率，往往答非所问，不看我们的信就写回信，信不在手边，也不肯努力回想一下。《约翰·克利斯朵夫》你手头有否？要不要？你们的结婚照片千万别忘了寄给杰老师、马家及勃隆斯丹夫人。婆婆（傅雷的奶妈，对傅聪从小就非常关怀）昨天来，知道了你的好消息，我代你送了她二十元，她老人家高兴极了，叫我转言她的关怀，并要你保重身体。

一九六一年一月五日

我们现在写信真是大有苦衷，许多话不说吧，放心不下你们两个年轻人。略说几句吧，怕不起作用（这是爸爸的想法，你知道的），说多了吧，又怕你们厌烦，尤其是你。所以我们提起笔来，常常有不知如何是好之感。但是你们不要怕我们担忧，而把许多事瞒着不说。你看 Ealing（傅聪一九六〇年四月二十二日在 Ealing 有一场独奏会，结果他忘得一干二净，等找到他时，他正在梅纽因家吃晚饭，因为那天是梅纽因的生日）的事，不是绕了一个大圈子，越过几条大洋，还是吹到我们耳朵里了！

写

【篇末小结】

朱梅馥对于弥拉相当喜欢、认同，告诫儿子理财上要听弥拉的安排，并对儿子理财上的不足进行了反思，之后强调了儿子的来信对傅雷夫妻的重要性。借朱梅馥之口，写出了傅雷对儿子的无私奉献，渴求儿子能有所回应，令人感到辛酸，也给我们启发。最后，朱梅馥叮嘱傅聪将结婚照片寄给曾经的老师与恩人，不厌其烦地表达希望儿子和父母分享生活的意愿。

【思考探究】

1. 朱梅馥认为儿子在生活规律和用钱两点上的疏漏是自己教育的方式不对，你认同她的观点吗？

2. 傅雷为什么要求儿子多提音乐界的事？

【写作乐园】

我们总是感动于父母为我们的付出，却很少付出实际行动。请你分享一下你为父母做过的令他们感动的事情。（不少于100字）

_____

_____

※ 一月二十三日

亲爱的孩子们：

　　我认为敦煌壁画代表了地道的中国绘画精粹，除了部分显然受印度佛教艺术影响的之外，那些描绘日常生活片段的画，确实不同凡响。创作别出心裁，观察精细入微，手法大胆脱俗，而这些画都是由一代又一代不知名的画家绘成的（全部壁画的年代跨越五个世纪）。[1] 这些画家，比起大多数名留青史的文人画家来，其创作力与生命力要强得多。真正的艺术是历久弥新（指经历长久的时间而更加鲜活，更加有活力，更显价值）的，因为这种艺术对每一时代的人都有感染力，而那些所谓的现代画家（如弥拉信中所述）却大多数是些骗子狂徒，只会向附庸风雅的愚人榨取钱财而已。我绝对不相信他们是诚心诚意地在作画。听说英国有"猫儿画家"及用"一块旧铁作为雕塑品而赢得头奖"的事，这是真的吗？人之丧失理智，竟至于此？

　　最近我收到杰维茨基教授的来信，他去夏得了肺炎之后，仍未完全康复，如今在疗养院中，他特别指出聪在英国灌录的唱片弹奏肖邦时，有个过分强调的 retardo（缓慢处理）——比如说，Ballad（《叙事曲》）弹奏得比原曲长两分钟。杰教授说在波兰时，他对你这种倾向，曾加抑制，不过你现在好像又故态复萌。我很明白演奏是极受当时情绪影响的，不过聪的 retardo mood（缓慢处理手法）出现得有点过分频密，倒是不容否认的，因为多年来，我跟杰教授都有同感。亲爱的孩子，请你多留意，不要太沉溺于个人的概念或感情之中，我相信你会时常听自己的录音（我知道，你在家中一定保有一整套唱片），在节拍方面对自己要求越严格越好！弥拉在这方面也一定会帮你审核的。一个人拘泥不化的毛病，毫无例外是由于有特殊癖好及不切实的感受而不自知，或固执得不愿承认而引起的。趁你还在事业的起点，最好控制你这种倾向，杰教授还提议需要有一个好的钢琴家兼有修养的艺术家给你不时指点，既然你说起过有一名协助过 Annie Fischer（安妮·费希尔）的匈牙利女士，杰教授就大力鼓励你去见见她，你去过了吗？要是还没去，你在二月三日至十八日之间，就有足够的时间前去求教，无论如何，能得到一位年长而有修养的艺术家指点，一定对你大有裨益。

[1] 情节分析： 傅雷对敦煌壁画分析独到，表达自己的观点，可见其艺术修养之高。

写

【篇末小结】

　　傅雷从敦煌壁画谈起，说了自己的看法，并由这种艺术引发对现代画家不正当的行为的批判。同时，他借杰老师之口，指出傅聪音乐上的毛病，叮嘱儿子要加以改正，并希望儿子能够向一位年长而又有修养的艺术家求教。这封信谈做人、谈艺术，表达了作者对儿子未来的期许，希望儿子能够在音乐道路上走得越来越远。

【思考探究】

　　1.对于创作敦煌壁画的不知名的画家，傅雷有怎样的评价？

2.对于傅聪音乐上反复出现的缓慢处理，傅雷认为是什么原因造成这种问题的反复？

【写作乐园】
你有没有改正过曾经反复出现的缺点？分享一下你的经验。（不少于100字）

_____

_____

※ 二月五日上午至八日晨

上月二十四日宋家婆婆（我国老一辈戏剧家宋春舫的夫人，傅雷挚友宋奇之母）突然病故，卧床不过五日。初时只寻常小恙，到最后十二小时才急转直下。人生脆弱一至于此！我和你妈妈为之四五天不能入睡，伤感难言。古人云秋冬之际，尤难为怀。人过中年也是到了秋冬之交，加以体弱多病，亦有草木零落，兔死狐悲之感。但西方人年近八旬尚在孜孜矻矻，穷究学术，不知老之"已"至。究竟是民族年轻，生命力特别旺盛，不若数千年一脉相承之中华民族容易衰老欤？抑是我个人未老先衰，生意索然欤？想到你们年富力强，蓓蕾初放，艺术天地正是柳暗花明，窥得无穷妙境之时，私心艳羡，岂笔墨所能尽宣！[1]

因你屡屡提及艺术方面的希腊精神（Hellenism），特意抄出丹纳《艺术哲学》中第四编"希腊的雕塑"译稿六万余字，订成一本。原书虽有英译本，但其中神话、史迹、掌故太多，尚无详注，你读来不免一知半解；我译稿均另加笺注，对你方便不少。我每天抄录一段，前后将近一月方始抄完第四编。奈海关对寄外文稿检查甚严，送去十余日尚无音信，不知何时方能寄出，亦不知果能寄出否，思之怅怅。此书原系一九五七年"人文"向我特约，还是王任叔（时任人民文学出版社社长）来沪到我家当面说定，我在一九五八至一九五九年间译完，已搁置一年八个月。目前纸张奇紧，一时决无付印之望。

在一切艺术中，音乐的流动性最为凸出，一则是时间的艺术，二则是刺激感官与情绪最剧烈的艺术，故与个人的mood（情绪）关系特别密切。对乐曲的了解与感受，演奏者不但因时因地因当时情绪而异，即一曲开始之后，情绪仍在不断波动，临时对细节、层次、强弱、快慢、抑扬顿挫，仍可有无穷变化。听众对某一作品平日皆有根据素所习惯与听熟的印象构成的"成见"，而听众情绪之波动，亦复与演奏者无异。听音乐当天之心情固对其音乐感受大有影响，即乐曲开始之后，亦仍随最初乐句所引起之反应而连续发生种种情绪。此种变化与演奏者之心情变化皆非事先所能预料，亦非临时能由意识控制。可见演奏者每次表现之有所出入，听众之印象每次不同，皆系自然之理。演奏家所以需要高度的客观控制，以尽量减少一时情绪的影响；听众之需要高度的冷静的领会；对批评家之言之不可不信亦不能尽信，都是从上面几点分析中引申出来的结论。音乐既是时间的艺术，一句弹完，印象即难以复按；事后批评，其正确性大有问题；又因为是时间的艺术，故批评家固有之（对

131

某一作品）成见，其正确性又大有问题。况执着旧事物、旧观念、旧形象，排斥新事物、新观念、新印象，原系一般心理，故演奏家与批评家之距离特别大。[1] 不若造型艺术，如绘画、雕塑、建筑，形体完全固定，作者自己可在不同时间不同心情之下再三复按，观众与批评家亦可同样复按，重加审查，修正原有印象与过去见解。

按诸上述种种，似乎演奏与批评都无标准可言。但又并不如此。演奏家对某一作品演奏至数十百次以后，无形中形成一比较固定的轮廓，大大地减少了流动性。听众对某一作品听了数十遍以后，也有一个比较稳定的印象——尤其以唱片论，听了数十百次必然会得出一个接近事实的结论。各种不同的心情经过数十次的中和、修正，各个极端相互抵消以后，对某一固定乐曲（既是唱片，则演奏是固定的了，不是每次不同的了，又可以尽量复按复查）的感受与批评可以说有了平均的、比较客观的价值。个别的听众与批评家，当然仍有个别的心理上、精神上、气质上的因素，使其平均印象尚不能称为如何客观；但无数"个别的"听众与批评家的感受与印象，再经过相当时期的大交流（由于报纸杂志的评论，平日交际场中的谈话，半学术性的讨论争辩而形成的大交流）之后，就可得出一个 average（平均）的总和。这个总印象、总意见，对某一演奏家的某一作品的成绩来说，大概是公平或近于公平的了——这是我对群众与批评家的意见肯定其客观价值的看法，也是无意中与你妈妈谈话时谈出来的，不知你觉得怎样？——我经常与妈妈谈天说地，对人生、政治、艺术等各种问题发表各种感想，往往使我不知不觉中把自己的思想整理出一个小小的头绪来。单就这一点来说，你妈妈对我确是大有帮助，虽然不是出于她主动。——可见终身伴侣的相互帮助有许多完全是不知不觉的。相信你与弥拉之间一定也常有此感。

二月五日上午

昨天敏自京回沪度寒假，马先生交其带来不少唱片借听。昨晚听了维瓦尔第的两支协奏曲，显然是斯卡拉蒂一类的风格，敏说"非常接近大自然"，倒也说得中肯。情调的愉快、开朗、活泼、轻松，风格之典雅、妩媚，意境之纯净、健康，气息之乐观、天真，和声的柔和、堂皇，甜而不俗，处处显出南国风光与意大利民族的特性，令我回想到罗马的天色之蓝，空气之清冽，阳光的灿烂，更进一步追怀两千年前希腊的风土人情，美丽的地中海与柔媚的山脉以及当时又文明又自然、又典雅又朴素的风流文采，正如丹纳书中所描写的那些境界。听了这种音乐不禁联想到韩德尔，他倒是北欧人而追求文艺复兴的理想的人，也是北欧人而憧憬南国的快乐气氛的作曲家。你说他 humain（有人情味）是不错的，因为他更本色，更多保留人的原有的性格，所以更健康。他有的是异教气息，不像巴赫被基督教精神束缚，常常匍匐在神的脚下呼号、忏悔，诚惶诚恐地祈求。基督教本是历史上某一特殊时代，地理上某一特殊民族，经济政治某一特殊类型所综合产生的东西；时代变了，特殊的政治经济状况也早已变了，民族也大不相同了，不幸旧文化、旧宗教遗留下来，始终统治着两千年来几乎所有的西方民族，造成了西方人至今为止的那种矛盾、畸形，与十九、二十世纪极不调和的精神状态，处处同文艺复兴以来的主要思潮抵触。在我们中国人眼中，基督教思想尤其显得病态。一方面，文艺复兴以后的人是站起来了，到处肯定自己的独立，发展到十八世纪的百科全书派，十九世纪的自然科学进步以及政治经济方面的革命，显然人类的前途、进步、能力都是无限的；同时却仍然奉一个无所不能无所不在的神为主宰，好像人永远逃不出他的掌心，再加上原始罪恶与天堂地狱的恐怖与期望，使近代人的精神永远处于支离破碎、纠结复杂、矛盾百出的状态中，这个情形反映在文化的各个方面、学术的各个部门，使他们（西方人）格外心情复杂，难以理解。我总觉得从异教变到基督教，就是人从健康变到病态的主要表现与主要关键。比起近代的西方人来，我们中华民族更接近古代的希腊人，因此更自然、更健康。我们的哲学、文学即使是悲观的部分也不是基督教式的一味投降，或者用现代语说，一味的"失败主义"；而是人类一般对生老病死、春花秋月的慨叹，如古乐府及我们全部诗词中提到人生如朝露一类的作品；或者是愤激与反抗的表现，如老子的《道德经》——就因为此，我们对西方艺术中最喜爱的还是希腊的雕塑、文艺复兴的绘画、十九世纪的风景画——总而言之是非宗教性非说教类的作品——猜想你近年来愈来愈喜欢莫扎特、斯卡拉蒂、韩德尔，大概也是由于中华民族的特殊气质。在精神发展的方向上，我认为你这条路线是正常的、健全的——你的酷好舒伯特，恐怕也反映你爱好中国文艺中的某一类型。亲切、熨帖、温厚、惆怅、凄凉，而又对人生常带哲学意味极浓的深思默想；爱人生、恋念人生而又随时准备飘然远行，高蹈、洒脱、遗世独立、解脱一切等等的表现，岂不是我们汉晋六朝唐宋以来的文学中屡见不鲜的吗？而这些因素是不是在舒伯特的作品中也具备的呢？——关于上述各点，我很想听听你的意见。而你我之间思想交流、精神默契未尝有丝毫间隔，也就象征你这个远方游子永远和产生你的民族、抚养你的祖国、灌溉你的文化血肉相连、息息相通。

二月六日上午

　　从文艺复兴以来，各种古代文化、各种不同民族、各种不同的思想感情大接触之下，造成了近代人的极度复杂的头脑与心情；加上政治经济和社会的急剧变化（如法国大革命，十九世纪的工业革命，封建社会与资本主义社会的交替等等），人的精神状态愈加充满了矛盾。这个矛盾中最尖锐的部分仍然是基督教思想与个人主义的自由独立与自我扩张的对立。凡是非基督徒的矛盾，仅仅反映经济方面的苦闷，其程度绝没有那么强烈——在艺术上表现这种矛盾特别显著的，恐怕要算贝多芬了。以贝多芬与歌德作比较研究，大概更可证实我的假定。贝多芬乐曲中两个主题的对立，决不仅仅从技术要求出发，而主要是反映他内心的双重性。否则，一切 sonata form（奏鸣曲式）都以两个对立的 motifs（主题）为基础，为何独独在贝多芬的作品中，两个不同的主题会从头至尾斗争得那么厉害，那么凶猛呢？他的两个主题，一个往往代表意志、代表力，或者说代表一种自我扩张的个人主义（绝对不是自私自利的庸俗的个人主义或侵犯别人的自我扩张，想你不致误会）；另外一个往往代表狂野的暴力，或者说是命运，或者说是神，都无不可。虽则贝多芬本人决不同意把命运与神混为一谈，但客观分析起来，两者实在是一个东西。斗争的结果总是意志得胜、人得胜。但胜利并不持久，所以每写一个曲子就得重新挣扎一次、斗争一次。[1] 到晚年的四重奏中，斗争仍然不断发生，可是结论不是谁胜谁败，而是个人的隐忍与舍弃。这个境界在作者说来，可以美其名曰皈依、曰觉悟、曰解脱，其实是放弃斗争、放弃挣扎，以换取精神上的和平宁静，即所谓幸福、所谓极乐。挣扎了一辈子以后再放弃挣扎，当然比一开场就奴颜婢膝的屈服高明得多，也就是说"自我"的确已经大大地扩张了；同时却又证明"自我"不能无限制地扩张下去，而且最后承认"自我"仍然是渺小的，斗争的结果还是一场空，真正得到的只是一个觉悟，觉悟斗争之无益，不如与命运、与神，言归于好，求妥协。当然我把贝多芬的斗争说得简单化了一些，但大致并不错。此处不能作专题研究，有的地方只能笼统说说——

[1] 情节分析：贝多芬身体上的疾病对音乐来说是致命的，所以他每个曲子都是在与命运斗争，要付出比别人更多的努力。

你以前信中屡次说到贝多芬最后的解脱仍是不彻底的，是否就是我以上说的那个意思呢？——我相信，要不是基督教思想统治了一千三四百年（从高卢人信奉基督教算起）的西方民族，现代欧洲人的精神状态决不会复杂到这步田地，即使复杂，也将是另外一种性质。比如我们中华民族，尽管近半个世纪以来也因为与西方文化接触之后而心情变得一天天复杂，尽管对人生的无常从古至今感慨伤叹，但我们的内心矛盾，决不能与宗教信仰与现代精神（自我扩张）的矛盾相比。我们心目中的生死感慨，从无仰慕天堂的极其烦躁的期待与追求，也从无对永堕地狱的恐怖忧虑。所以我们的哀伤只是出于生物的本能，而不是由发热的头脑造出许多极乐与极可怖的幻象来，一方面诱惑自己，一方面威吓自己。同一苦闷，程度强弱之大有差别，健康与病态的分别，大概就取决于这个因素。[1]

[1] 情节分析：傅雷讲话科学中肯，对儿子循循善诱。

中华民族从古以来不追求自我扩张，从来不把人看作高于一切，在哲学文艺方面的表现都反映出人在自然界中与万物占着一个比例较为恰当的地位，而非绝对统治万物、奴役万物的主宰。因此我们的苦闷，基本上比西方人为少为小；因为苦闷的强弱原是随欲望与野心的大小而转移的。农业社会的人比工业社会的人享受差得多，因此欲望也小得多。况中国古代素来以"不滞于物，不为物役"为最主要的人生哲学。并非我们没有守财奴，但比起莫里哀与巴尔扎克笔下的守财奴与野心家来，就小巫见大巫了。中华民族多数是性情中正、和平、淡泊、朴实，比西方人容易满足。——另一方面，佛教影响虽然很大，但天堂地狱之说只是佛教中的小乘（净土宗）的说法，专为知识较低的大众而设的。真正的佛教教理并不相信真有天堂地狱，而是从理智上求觉悟、求超度。觉悟是悟人世的虚幻，超度是超脱痛苦与烦恼。尽管是出世思想，却不予人以热烈追求幸福的鼓动或急于逃避地狱的恐怖；主要是劝导人求智慧。佛教的智慧正好与基督教的信仰成为鲜明的对比。智慧使人自然而然地醒悟，信仰反易使人入于偏执与狂热之途。——我们的民族本来提倡智慧（中国人的理想是追求智慧而不是追求信仰。我们只看见古人提到彻悟，从未以信仰坚定为人生乐事，这恰恰是西方人心目中的幸福。你认为韩德尔比巴赫为高，你说前者是智慧的结晶，后者是信仰的结晶，这个思想根源也反映出我们的民族性）。故知识分子受到佛教影响并无恶果。即使南北朝时期佛教在中国极盛，愚夫愚妇的迷信亦未尝在吾国文化史上遗留什么毒素，知识分子亦从未陷于虚无主义（即使有过一个短时期，也在历史上并无大害）。——相反，在两汉以儒家为唯一正统，罢黜百家，思想处于停滞状态之后，佛教思想的输入倒是给我们精神上的一种刺激，令人从麻痹中觉醒过来，从狭隘的一家一派的束缚中解放出来。在公元二三世纪的思想情况之下，这是一个可喜的现象。——对中国知识分子拘束最大的倒是僵死的礼教，从南宋的理学（程子朱子）起一直到清朝末年，养成了规行矩步，整天反省，唯恐背礼越矩的迂腐头脑，也养成了口是心非的假道学、伪君子。其次是明清两代的科举制度，不仅束缚性灵，还使一部分有心胸有能力的人徘徊于功名利禄与真正修身养性、致知格物的矛盾中（反映于《儒林外史》中）——然而这一类的矛盾也决不像近代西方人的矛盾那么有害身心。我们的社会进步迟缓，资本主义制度发展若断若续，封建时代的经济基础始终存在，封建时代的道德观、人生观、宇宙观以及一切上层建筑，到近百年中还有很大势力，使我们的精神状态、思想情形不致如资本主义高度发展的国家的人那样混乱、复杂、病态；我们比起欧美人来一方面是落后，一方面也单纯，就是说更健全一些——从民族特性，传统思想，以及经济制度等等各个方面看，我们和西方人比较之下都有这个双重性。"五四"以来，情形急转直下，西方文化的输入使我们的头脑受到极大的骚动，正如"帝国主义的资本主义"的侵入促成我们半封建半资本主义社会的崩溃一样。我们开始感染到近代西方人的烦恼，幸而时期不久，并且宗教影响在我们思想上并无重大作用（西方宗教只影响到买办阶级以及一部分比较落后地区的农民，而且并不深刻），故虽有现代式的苦闷，并不太尖锐。我们还是有我们老一套的东方思想与东方哲学，作为批判西方文化的尺度。当然以上所说特别是限于解放以前为止的时期。新中国成立以后，情形大不相同，暇时再谈。但既是解放以前我们一代人的思想情况，你也承受下来了，感染得相当深了。我想你对西方艺术、西方思想、西方社会的反应和批评，骨子里都有我们一代（比你早一代）的思想根源，再加上新中国成立后新社会给你的理想，使你对西欧的旧社会更有另外一种看法、另外一种感觉——倘能从我这一大段历史分析（不管如何片面如何不正确）来分析你目前的思想感情，也许能大大减少你内心苦闷的尖锐程度，使你的矛盾不致影响你身心的健康与平衡，你说是不是？

二月七日

人没有苦闷、没有矛盾，就不会进步。有矛盾才会逼你解决矛盾，解决一次矛盾即往前迈进一步。到晚年矛盾减少，即是生命将要告终的表现。没有矛盾的一片恬静只是一个崇高的理想，真正实现的话并不是一个好现象。凭了修养的功夫所能达到的和平恬静只是极短暂的，比如浪潮的尖峰，一刹那就要过去的。或者理想的平和恬静乃是微波荡漾，有矛盾而不太尖锐，而且随时能解决的那种精神修养，可绝非一泓死水，一泓死水有什么可羡呢？我觉得倘若苦闷而不致陷入悲观厌世，有矛盾而能解决（至少在理论上、认识上得到一个总结），那么苦闷与矛盾并不可怕。所要避免的乃是因苦闷而导致身心失常或者玩世不恭，变作游戏人生的态度。从另一角度看，最伤人的（对己对人，对小我与集体都有害的）乃是由 passion（激情）出发的苦闷与矛盾，例如热衷名利而得不到名利的人，怀着野心而明明不能实现的人，经常忌妒别人、仇恨别人的人，那一类苦闷便是于己于人都有大害的。凡是从自卑感、自溺狂等等来的苦闷对社会都是不利的，对自己也是致命伤。反之，倘是忧时忧国，不是为小我打算而是为了社会福利、人类前途而感到的苦闷，因为出发点是正义、是理想、是热爱，所以既有矛盾，对己对人又无害处，倒反能逼自己做出一些小小的贡献来。但此种苦闷也须用智慧来解决，至少在苦闷的时间不能忘了明哲的教训，才不至于转到悲观绝望，用灰色眼镜看事物，才能保持健康的心情继续在人生中奋斗——而唯有如此，自己的小我苦闷才能转化为一种活泼的力量，而不仅仅成为愤世嫉俗的消极因素；因为愤世嫉俗并不能解决矛盾，也就不能使自己往前迈进一步。由此得出一个结论，<u>我们不怕经常苦闷、经常矛盾，但必须不让这苦闷与矛盾妨碍我们愉快的心情。</u>[1]

二月七日晚

记得你在波兰时期，来信说过艺术家需要有 single-mindedness［一心一意］，分出一部分时间关心别的东西，追求艺术就短少了这部分时间。当时你的话是特别针对某个问题而说的。我很了解（根据切身经验），严格钻研一门学术必须整个儿投身进去。艺术——尤其音乐，反映现实是非常间接的，思想感情必须转化为

[1] 情节分析：矛盾是无法根除的，但也不能因此陷入痛苦的情绪不能自拔。要一直解决矛盾，保持身心愉悦。

emotion（感情）才能在声音中表达，而这一段酝酿过程，时间就很长；一受外界打扰，酝酿过程即会延长，或竟中断。音乐家特别需要集中（即所谓 single-mindedness［一心一意］），原因即在于此。因为音乐是时间的艺术，表达的又是流动性最大的 emotion（感情），往往稍纵即逝——不幸生在二十世纪的人，头脑装满了多多少少的东西，世界上又有多多少少东西时时刻刻逼你注意。人究竟是社会的动物，不能完全与世隔绝；与世隔绝的任何一种艺术家都不会有生命，不能引起群众的共鸣。经常与社会接触而仍然能保持头脑冷静、心情和平，同时能保持对艺术的新鲜感与专一的注意，的确是极不容易的事。你大概久已感觉到这一点儿。可是过去你似乎纯用排斥外界的办法（事实上你也做不到，因为你对人生对世界的感触与苦闷还是很多很强烈），而没头没脑的沉浸在艺术里，这不是很健康的做法。我屡屡提醒你，单靠音乐来培养音乐是有很大弊害的。以你的气质而论，我觉得你需要多多跑到大自然中去，也需要不时欣赏造型艺术来调剂。假定你每个月郊游一次、上美术馆一次，恐怕你不仅精神更愉快、更平衡，便是你的音乐表达还会更丰富、更有生命力、更有新面目出现。亲爱的孩子，你无论如何应该试试看！

如今你有弥拉代为料理日常琐事，该是很幸福了。但不管你有什么理由，某些道义上的责任是脱卸不了的，不能由弥拉代庖（比喻代做他人分内的事）。希望能尽量挤出时间，不时给两位以前的老师写几行，短一些无妨，但决不可几月几年地沉默下去！你在本门艺术中意志很强，为何在道义上不同样拿出意志来节约时间，履行你的义务呢？——孩子，你真不知道我多么希望你在人生各方面都有进步！倘你在尊师方面有行动表现，你真是给你爸爸最大的快乐。你要以与亲友通信作为精神上的调剂，就不会视执笔为畏途了。心理一改变，事情就会轻松，试过几回即会明白。

一月九日与林先生的画同时寄出的一包书，多半为温习你中文着眼，故特别挑选文笔最好的书——至于艺术与音乐方面的书，英文中有不少扎实的作品。暑中音乐会较少的期间，也该尽量阅读。

二月八日晨

写

【篇末小结】

信的开头由生命逝去引发自己的思考，饱受病痛折磨的傅雷仍然在为儿子的未来思虑、付出。之后信件主要从两个方面展开。一是音乐的流动性。从演奏者与听众的角度去看，时间不同，环境不同，感受也不同，因此对于批评家的言论不可尽信。但这种流动性是可以随着演奏者的熟练以及听众的反复欣赏有所减少的。二是从东西方文化、宗教、艺术上的差异与儿子展开交流。可见傅雷深厚的文学素养，对中西方文化了解的透彻，这都是通过不断学习得来的。傅雷引导儿子，希望他无论在艺术上，还是做人，都能够有所成就。

【思考探究】

1. 傅雷为什么说"在一切艺术中，音乐的流动性最为凸出"？

2. 文艺复兴以来，人的精神状态愈加充满了矛盾，这些矛盾最尖锐的部分是什么？

【写作乐园】

请你谈谈人与万物在自然中应该处于一种怎样的关系。（不少于100字）

_____

_____

三月二十八日晨

亲爱的弥拉：

我会再劝聪在琐屑小事上控制脾气，他在这方面太像我了，我屡屡提醒他别受我的坏习惯影响。父母的缺点与坏脾气应该不断地作为孩子的借鉴，不然的话，人的性格就没有改善的指望了。你妈妈却是最和蔼可亲、平易近人的女性（幸好你属于她那一类型），受到所有亲戚朋友的赞美，她温柔婉约，对聪的为人影响极大。多年来要不是经常有妈妈在当中任劳任怨、小心翼翼、耐心调停，我与聪可能不会像今日一般和睦相处，因为我们两人都脾气急躁，尤其对小事情更没有耐性。简言之，我们在气质上太相似了，一般来说，这是艺术家或诗人的气质，可是在诗人画家的妻子眼中看来，这种气质却一点诗情画意都没有！我只能劝你在聪发脾气的时候别太当真，就算他有时暴跳如雷也请你尽量克制，把他当作一个顽皮的孩子，我相信他很快会后悔，并为自己蛮不讲理而惭愧。我明白，要你保持冷静很不容易，你还这么年轻！但是，这是平息风浪、避免波及的唯一方式，要不然，你自己的情绪也会因此变坏，那就糟了——这是家庭关系的致命伤！希望你在这一点上能原谅聪，正如妈妈一向原谅我一般，因为我可以向你担保，对小事情脾气暴躁，可说是聪性格中唯一的严重缺点。

另一方面，我们认为有一点很重要，就是聪在未来，应该把演奏次数减少，我在二月二十一日一信中，已经对你提过。一个人为了工作神经过度紧张，时常会发起脾气来。评论中屡次提到聪在演奏第一项节目时，表现得很紧张。为了音乐，下一季他应该减少合约。把这问题好好地讨论一下，不仅是为他在公众场所的演出水平，还更是为你俩的幸福。假如成功与金钱不能为你们带来快乐，那么为什么要为这许多巡回演出而疲于奔命呢？假如演出太多不能给你们家庭带来安宁，那么就酌情减少，倘若逾越分寸，世上就绝没有放纵无度而不自食其果的事！一切要合乎中庸之道，音乐亦不例外。[1] 这就是我一再劝聪应该时常去参观画廊的原因，欣赏造型艺术是维系一个人身心平衡的最佳方式。

[1] 情节分析：对于傅聪频繁参加音乐演出进行了严肃而富有哲理的劝告。我们所有放纵无度的行为，一定会在未来某天自食恶果。

写

【篇末小结】

傅雷在这封信中与弥拉谈了关于傅聪的两件事。第一，傅聪总是在小事上发脾气，希望弥拉能够包容他，并以傅聪母亲为例，阐述这样做对家庭的好处，体现了傅雷对儿子婚姻关系的重视。第二，傅聪希望弥拉劝说傅聪减少演奏次数，保持身心平衡。

【思考探究】

1. 对于傅聪性格中的严重缺点，傅雷向弥拉提出了什么请求？

2. 傅雷经常劝傅聪参观画廊的原因是什么？

【写作乐园】
读了这封信，谈谈我们应该树立怎样的金钱观。（不少于100字）

_____

_____

三月二十八日夜 *

许多话都在英文信上仔细谈了，想你一定体会到我们做父母的一番热心与关切。我最担心的是你的性情脾气，因为你们父子的气质太相同了。虽然如此，我总觉得你还有我的成分，待人接物比较柔和，可是在熟人面前、亲人前面，你也会放肆（人人都有这个倾向）。弥拉太了解你了，她多么温柔可爱，千万不可伤害她，千万不可把你爸爸对妈妈的折磨加在弥拉身上。虽然我们女人会理解你们、原谅你们，总不是夫妇长久相处的好办法。有时你对小事情太认真、太固执、太啰唆；你该避免不必要的争执，徒伤和气。你看弥拉多能干，年纪轻轻，搬家、设计、布置，一人独当，你享现成福，岂不幸运？我真想不到她在实际生活上如此多才，你该知足了。记得你五六、五七两年回家，什么事都左一遍右一遍地叮嘱，千不放心，万不放心，把我烦死了。你自己也跟我说："妈，我跟爸爸一样的烦噢！"还有一次你跟我讲："妈，你看我现在脾气好多了，你看怎样？"那时你笑眯眯的，温和可爱，做妈妈的能不更心疼么？但愿你有自知之明，尽量改掉自己的缺点。这次从南非远行回来，该好好休息一番，在新安顿的家里好好享受一番，看看我们给你的画、画片、照片、书籍等等，也足够你们消遣了。

写

【篇末小结】
朱梅馥站在女人的角度，告诫儿子不要伤害弥拉，教导他与伴侣应该如何相处，尽力改掉自身的缺点。

【思考探究】
1. "我总觉得你还有我的成分"，这些成分指的是什么？

2. 傅聪和弥拉在哪些方面是互补的？

【写作乐园】
人往往将坏脾气留给自己最亲近的人，过后就会后悔。请写一写你的相关经历，谈谈你当时的感受。（不少于100字）

_____

_____

※ 四月九日至十五日

亲爱的弥拉：

聪一定记得我们有句谈到智者自甘淡泊的老话，说人心不知足，因此我们不应该受羁于贪念与欲望。这是人所尽知的常识，可是真要实践起来，却非经历生活的艰辛不可。一个人自小到大从未为钱发愁固然十分幸运，从未见过自己的父母经济发生困难也很幸运；但是他们一旦自己成家，就不善理财了。一个人如果少年得志，他就更不善理财，这对他一生危害甚大。众神之中，幸运女神最为反复无常、不怀好意，时常袭人于不备。[1] 因此我们希望聪减少演出、降低收入、减少疲劳、减轻压力、紧缩开支，而多享受心境的平静以及婚姻生活的乐趣。亲爱的弥拉，这对你也更好些。归根结底，我相信你们俩对精神生活都比物质生活看得更重，因此就算家中并非样样舒裕也无关紧要——至少目前如此。真正的智慧在于听取忠言，立即实行，因为要一个人生来就聪明是不可能的，身为女人，你不会时常生活在云端里，由于比较实际，你在持家理财上，一定比聪学得更快更容易。

我四岁丧父，二十五岁丧母，所以在现实生活中没有人给我指点（在学识与文化方面亦复如此）。我曾经犯过无数不必要的错误，做过无数不必要的错事，回顾往昔，我越来越希望能使我至爱的孩子们摆脱这些可能遇上但避免得了的错误与痛苦。此外，亲爱的弥拉，因为你生活在一个紧张的物质世界里，我们传统的一部分，尤其是中国的生活艺术（凡事要合乎中庸之道）也许会对你有些好处。你看，我像聪一样是个理想主义者，虽然有时方式不同。你大概觉得我太迂腐、太道貌岸然了吧。

…………

这两星期我在校阅丹纳《艺术哲学》的译稿，初稿两年前就送给出版社了，但直到现在，书才到排字工人的手中。你知道，从排字到印刷，还得跨一大步，等一大段时日。这是一部有关艺术、历史及人类文化的巨著，读来使人兴趣盎然、获益良多，又有所启发。你若有闲暇，一定得好好精读和研究学习此书。

四月九日

亲爱的孩子，果然不出所料，你的信我们在十三号收到。从伦敦的邮戳看来是七号寄的，所以很快，这封信真好！这么长，有意思及有意义的内容这么多！妈妈跟我两人把信念了好几遍（每封你跟弥拉写来的信都要读三遍），每遍都同样使我们兴致勃勃，欣喜莫名！你真不愧为一个现代的中国艺术家，有赤诚的心、凛然的正义感，对一切真挚、纯洁、高尚、美好的事物都衷心热爱，我的教育终于开花结果。你的天赋禀资越来越有所发挥；你是对得起祖国的儿子！你在非洲看到欧属殖民地的种种丑恶行径而感到义愤填膺，这是难怪的，安德烈·纪德（Andre Gide）三十年前访问比属刚果，写下《刚果之行》来抗议所见的不平，当时他的印象与愤怒也与你相差无几。你拒绝在南非演出是绝对正确的；当地的种族歧视最厉害，最叫人不可忍受。听到你想为非洲人义演，也使我感到十分高兴。了不起！亲爱的孩子！我们对你若非已爱到无以复加，就要为此更加爱你了。

[1] **写作指导：** 引用西方神话故事，更容易让弥拉理解傅聪不善理财的缺点，以便在日常生活中对傅聪加以规劝。

············

你们俩就算有时弄得一团糟也不必介怀，只要你们因此得到教训，不再重蹈覆辙就行了，没有人可以自诩从不犯错，可是每个人都能够越来越少犯错误。在私人生活方面，孩子气很可爱，甚至很富有诗意，可是你很明白在严肃的事情及社交场合上，我们必须十分谨慎、处处小心，别忘了英国人基本上是清教徒式的，他们对世情俗务的要求是十分严苛的。

············

聪的长信给我们很多启发，你跟我在许多方面十分相像，由于我们基本上都具有现代思想，很受十九世纪的西方浪漫主义以及他们的"世纪病"的影响。除了勤勉工作或专注于艺术、哲学、文学之外，我们永远不会真正感到快乐，永远不会排除"厌倦"，我们两人都很难逃避世事变迁的影响。现在没时间讨论所有这些以及其他有关艺术的问题，日后再谈吧！

我得提醒聪在写和讲英文时要小心些，我当然不在乎也不责怪你信中的文法错误，你没时间去斟酌文字风格，你的思想比下笔快，而且又时常匆匆忙忙或在飞机上写信。你不必理会我们，不过在你的日常会话中，就得润饰一下，选用比较多样化的形容词、名词及句法，尽可能避免冗赘的字眼及词句，别毫无变化地说"多妙"或"多了不起"，你大可选用"宏伟""堂皇""神奇""神圣""超凡""至高""高尚""圣洁""辉煌""卓越""灿烂""精妙""令人赞赏""好""佳""美"等等字眼，使你的表达方式更多姿多彩，更能表现出感情、感觉、感受及思想的各种层次，就如在演奏音乐一般。要是你不在乎好好选择字眼，长此以往，思想就会变得混沌、单调、呆滞，没有色彩、没有生命。再没有什么比我们的语言更能影响思想的方式了。[1]

[1] 写作指导： 对傅聪文字上的要求，同样适用于我们。写作时文字要灵活多变，不仅可以提高写作能力，对我们的思维方式也是一种提升。

四月十五日

写

【篇末小结】
这是一封写给弥拉，一封写给傅聪的信。很明显看到，对于弥拉，傅雷更多是教导生活上的事情，用自己走过的弯路，来为小夫妻指导，希望傅聪、弥拉能够学会理财，更多地注重精神享受。对傅聪则更多地谈艺术、谈做人，也谈人生、谈生活。对于儿子在南非的表现，傅雷给予了高度的肯定。最后，他又在傅聪的文字上给予指导，表现出一片爱子之心，可谓用心良苦。

【思考探究】
1. 傅聪作为一个艺术家，拒绝在南非演出，傅雷却说这是绝对正确的决定，这是为什么？

2. 为什么傅雷认为"除了勤勉工作或专注于艺术、哲学、文学之外，我们永远不会真正感到快乐，永远不会排除'厌倦'"？

【写作乐园】
你遇到过什么令你义愤填膺的事情？说说你当时的心情。（不少于100字）

四月二十日 *

接到你南非归途中的长信，我一边读一边激动得连心都跳起来了。爸爸没念完就说了几次 Wonderful！ Wonderful！（好极了！好极了！）孩子，你不知给了我们多少安慰和快乐！从各方面看，你的立身处世都有原则性，可以说完全跟爸爸一模一样。对黑人的同情，恨殖民主义者欺凌弱小，对世界上一切丑恶的愤懑，原是一个充满热情、充满爱，有正义感的青年应有的反响。你的民族傲气，爱祖国爱事业的热忱，态度的严肃，也是你爸爸多少年来从头至尾感染你的；我想你自己也感觉得到。孩子，看到你们父子气质如此相同，正直的行事如此一致，心中真是说不出的高兴。你们谈艺术、谈哲学、谈人生，上下古今无所不包，一言半语就互相默契、彻底了解；在父子两代中能够有这种情形，实在难得。我更回想到五六、五七两年你回家的时期，没有一天不谈到深更半夜，当时我就觉得你爸爸早已把你当作朋友看待了。

但你成长以后和我们相处的日子太少，还有一个方面你没有懂得爸爸。他有极 delicate（细致）极 complex（复杂）的一面，就是对钱的看法。你知道他一生清白、公私分明，严格到极点。他帮助人也有极强的原则性，凡是不正当的用途，便是知己的朋友也不肯通融（我亲眼见过这种例子）。凡是人家真有为难而且是正当用途，就是素不相识的也肯慨然相助。就是说，他对什么事都严肃看待，理智强得不得了。不像我是无原则的人道主义者，有求必应。你在金钱方面只承继了妈妈的缺点，一些也没学到爸爸的好处。爸爸从来不肯有求于人。这两年来营养缺乏，非你所能想象，因此百病丛生，神经衰弱、视神经衰退、关节炎、三叉神经痛，各种慢性病接踵而来。他虽然一向体弱，可也不至于此起彼伏地受这么多的折磨。他自己常叹衰老得快，不中用了。我看着心里干着急。有几个知己朋友也为之担心，但是有什么办法呢？大家都一样。人家提议："为什么不上饭店去吃几顿呢？""为什么不叫儿子寄些食物来呢？"他却始终硬挺，既不愿出门，又不肯向你开口；始终抱着置生命于度外的态度（我不知道你有没有体会到爸爸这几年来的心情。他不愿，我也不愿与你提，怕影响你的情绪）。后来我实在看不下去，便在去年十一月二十六日的信末向你表示……你来信对此不提及。今年一月五日你从 Malta（马耳他）来信还是只字不提，于是我不得不在一月六日给你的信上明明白白告诉你："像我们这样的父母，向儿子开口要东西是出于不得已，这一点你应该理解到。爸爸说不是非寄不可，只要回报一声就行，免得人伸着脖子等。"二月九日我又写道："我看他思想和心理活动都很复杂，每次要你寄食物的单子，他都一再踌躇，仿佛向儿子开口要东西也顾虑重重，并且也怕增加你的负担。你若真有困难，应当来信说明，免得他心中七上八下。否则也该来信安慰安慰他。每次单子都是我从旁做主的。"的确，他自己也承认这一方面有复杂的心理，有疙瘩存在，因为他觉得有求于人，即使在骨肉之间也有屈辱之感。你是非常敏感的人，但是对你爸爸妈妈这方面的领会还不够深切和细腻。我一再表示，你好像都没有感觉，从来没有正面安慰爸爸。

他不但为了自尊心有疙瘩，而且老是担心增加你的支出，每次 order（嘱寄）食物，心里矛盾百出，屈辱感、自卑感，一股脑儿都会冒出来，甚至信也写不下去了。

…………

他有他的隐痛，一方面觉得你粗心大意，对我们的实际生活不够体贴，同时也原谅你事情忙，对我们实际生活不加推敲，而且他也说艺术家在这方面总是不注意的，太懂实际生活，艺术也不会高明。从这几句话你可想象出他一会儿烦恼一会儿譬解的心理与情绪的波动。此外他再三劝你跟弥拉每月要 save money（节省金钱），要做预算、要有计划，而自己却要你寄这寄那，多花你们的钱，他认为自相矛盾。尤其你现在成了家，开支浩大，不像单身的时候没有顾忌。弥拉固然体贴可爱、毫无隔膜，但是我们做公公婆婆的在媳妇面前总觉脸上不光彩。中国旧社会对儿女有特别的看法，说什么养子防老等等；甚至有些父母还嫌儿子媳妇不孝顺，这样不称心，那样不满意，以致引起家庭纠纷。我们从来不曾有过老派人依靠儿女的念头，所以对你的教育也从来没有接触到这个方面。正是相反，我们是走的另一极端，只知道抚育儿女、教育儿女，尽量满足儿女的希望是我们的责任和快慰，从来不想到要儿女报答。谁料到一朝竟会真的需要儿子、依靠儿子呢？因为与一生的原则抵触，所以对你有所要求时总要感到委屈，心里大大不舒服，烦恼得无法解脱。

我们的生活，你自幼到大知道得很清楚。到五七、五八年为止，饮食都很正常，有规律、有节制，素来不大吃大喝（你知道我们一辈子上饭店的次数也是数得清的），但对脑力劳动必不可少的一些高蛋白（譬如每天要有些鱼和肉，牛油面包之类），不怕买不到。两年以来标准下降，平时吃素的日子多，你只要回想一下你独自在昆明"孵豆芽"的味儿，就明白了。那时你是受经济限制，我们如今却不是经济问题。牛油是你在家从小见惯吃惯之物，也不是什么奢侈品，为什么去年十一月我忽然要你千里迢迢的寄来呢？你就是没有用过脑子想一想，分析一下。

我们从日用品到食物都是计划供应，大家一律平等。每月每人可吃肉三天、吃鱼六天。有了你的外汇，可有一些特别照顾，每百元人民币就可额外配给油票二斤、肉票一斤、鱼票二斤、糖票二斤，比平时全家所得的分配多至一倍。可是为了多这些营养，又要增加你经济的负担，又要引起你爸爸的矛盾。他想到你为了多挣钱，势必要多开音乐会，以致疲于奔命，有伤身体，因此心里老是忐忑不安，说不出的内疚！既然你没有明白表示，有时爸爸甚至后悔 order（嘱寄）食物，想还是不要你们寄的好。此中痛苦、此中顾虑，你万万想不到。我没有他那样执着，常常从旁劝慰。我说："我们年纪也老了，就是花儿子钱也为日无多。""用自己心爱的儿子的钱有什么关系呢？有什么不体面呢？""我们应该想开些，何必如此认真！""何况儿子媳妇对我们无微不至地体贴，寄东西来他们是乐意的。"他当场听了也能接受，过后心里却仍要波动。无论在哪一方面，你都懂得爸爸，但这方面的疙瘩，恐怕你连做梦也没想到过；我久已埋在心头，没有和你细谈。为了让你更进一步、更全面地了解他，我觉得责任难逃，应当告诉你。

我的身体也不算好，心脏衰弱，心跳不正常，累了就浮肿，营养更谈不上。因为我是一家中最不重要的人，还自认为身体最棒，能省下来给你爸爸与弟弟吃是我的乐处（他们又硬要我吃，你推我让，常常为此争执），我这个作风，你在家也看惯的。这两年多来瘦了二十磅，一有心事就失眠，说明我也神经衰弱，眼睛老花，看书写字非戴眼镜不可。以上所说，想你不会误解，我绝不是念苦经，只是让你知道人生的苦乐。趁我现在还有精力，我要尽情倾吐，使我们一家人虽然一东一西分隔遥远，但是能够融融洽洽，无话不谈，精神互相贯通，好像生活在一起。同时也使你多知道一些实际的人生和人情。以上说的一些家常琐碎和生活情形，你在外边的人也当知道一个大概，免得与现实过分脱节。你是聪明人，一定会想法安慰爸爸，消除他心中的 complex（矛盾）！

真想不到我们有福气，会有弥拉这样温柔可爱的媳妇，常常写那么亲切真诚的信来，使我们在寂寞的生活中添加不少光彩、温暖、兴奋与激动。我们看着你们的信，好像面对面谈话一样亲热。

你们的信我们至少要从头至尾看上三遍，可以说每个字都要研究过、体会过，咂摸其中意味，互相讨论，还要举一反三，从中看出其他的细节，想象你们的生活，伦敦的情形以及一切西方世界的动静。[1] 我希望你们尽管忙，也要学学我们的榜样。聪，你倘能特别注意，字里行间自会理解许多东西，并不限于道德教训和嘱咐。我的笔很笨拙，说了一大堆，还是不能全部表达我心里的意思，多多少少的词不达意，只有你多下功夫，深深体会了。

[1] 情节分析：
对于儿子的来信，傅雷夫妻极度重视，靠着信件想象孩子的生活，体现了对儿子的爱与思念。同时借此希望儿子对自己的信也能如此重视，理解信的含义。

写

【篇末小结】

对于儿子的来信，朱梅馥非常开心，表达了对儿子立身处世有原则性的赞美与认同，开心于父子二人如此相似。之后她重点写了家庭的困境，傅雷由于营养缺乏，疾病缠身，对于开口向儿子要东西感到痛苦、矛盾。她自己身体也出现很多问题，希望儿子能多多体贴父母，最后表达了对弥拉的喜爱与对儿子的思念。

【思考探究】

1. 对于帮助人这件事，傅雷有怎样的原则，给了你哪些启发？

2. 朱梅馥说傅雷有自己的隐痛，仔细阅读，说说他的隐痛是什么。他为什么会有这种情绪呢？

【写作乐园】

你有开口向别人求助的经历吗？写一写。（不少于100字）

_____

_____

四月二十五日

寄你"武梁祠石刻片"四张，乃系普通复制品，属于现在印的画片一类。

楣片一称拓片，是吾国固有的一种印刷，原则上与过去印木版书、今日印木刻铜刻的版画相同。唯印木版书画先在版上涂墨，然后以白纸覆印；拓片则先覆白纸于原石，再在纸背以布球蘸墨轻拍细按，印讫后纸背即成正面；而石刻凸出部分皆成黑色，凹陷部分保留纸之本色（即白色）。木刻铜刻上原有之图像是反刻的，像我们用的图章；石刻原作的图像本是正刻，与西洋的浮雕相似，故复制时方法不同。

古代石刻画最常见的一种只勾线条，刻画甚浅；拓片上只见大片黑色中浮现许多白线，构成人物鸟兽草木之轮廓；另一种则将人物四周之石挖去，如阳文图章，在拓片上即看到物像是黑的，具有整个形体，不仅是轮廓了。最后一种与第二种相同，但留出之图像呈半圆而微凸，接近西洋的浅浮雕。武梁祠石刻则是第二种之代表作。

给你的拓片，技术与用纸都不高明，目的只是让你看到我们远祖雕刻艺术的些少样品。你在欧洲随处见到希腊罗马雕塑的照片，如何能没有祖国雕刻的照片呢？[1]我们的古代遗物既无照相，只有依赖拓片，而拓片是与原作等大，绝未缩小之复本。

[1] 写作指导：
反问，解释傅雷寄拓片的原因，不让儿子与祖国脱节，时时受到祖国的熏染，教育儿子爱国。

武梁祠石刻在山东嘉祥县武氏祠内，为公元二世纪前半期作品，正当东汉（即后汉）中叶。武氏当时是个大地主大官僚，子孙在其墓畔筑有享堂（俗称祠堂）专供祭祀之用。堂内四壁嵌有石刻的图画。武氏兄弟数人，故有武荣祠武梁祠之分，唯世人混称为武梁祠。

同类的石刻画尚有山东肥城市之孝堂山郭氏墓，则是西汉（前汉）之物，早于武梁祠约百年（公元一世纪），且系阴刻，风格亦较古拙厚重。"孝堂山"与"武梁祠"为吾国古雕刻两大高峰，不可不加注意。此外尚有较晚出土之四川汉墓石刻，亦系精品。

石刻画题材自古代神话，如女娲氏补天、三皇五帝等传说起，至圣、贤、豪杰烈士、诸侯之史实逸事，无所不包——其中一部分你小时候在古书上都读过。原作每石有数画，中间连续，不分界线，仅于上角刻有题目，如《老莱子彩衣娱亲》《荆轲刺秦王》等。唯文字刻画甚浅，年代剥落，大半无存；今日之下欲知何画代表何人故事，非熟悉《春秋》《左传》《国策》不可；我无此精力，不能为你逐条考据。

武梁祠全部石刻共占五十余石，题材总数更远过于此。我仅有拓片二十余张，亦是残帙，缺漏甚多，兹挑出拓印较好之四纸寄你，但线条仍不够分明，遒劲生动飘逸之美几无从体会，只能说聊胜于无而已。

一九六一年四月二十五日

又汉代石刻画纯系吾国民族风格。人物姿态衣饰既是标准汉族气味，雕刻风格亦毫无外来影响。南北朝（公元四世纪至六世纪）之石刻，如河南龙门、山西云冈之巨大塑像（其中很大部分是更晚的隋唐作品——相当于公元六至八世纪）以及敦煌壁画等等，显然深受佛教艺术、希腊罗马及近东艺术之影响。

附带告诉你这些中国艺术演变的零星知识，对你也有好处，与西方朋友谈到中国文化，总该对主流支流、本土文明与外来因素，心中有个大体的轮廓才行。以后去大英博物馆、巴黎卢浮美术馆，在远东艺术室中亦可注意及之。巴黎还有专门陈列中国古物的 Musēe Guimet（吉美博物馆），值得参观！

写

【篇末小结】

这封信充满了艺术气息，全篇为我们介绍了中国拓片这一艺术瑰宝，从与印木版书、图章、西洋浮雕的异同比较介绍其制作方法，重点介绍了古雕刻的两大高峰，讲解其背后的故事、风格。这封信不仅让傅聪了解石刻文化的灿烂，重点是希望傅聪不要忘记祖国，加强傅聪与祖国的联系，培养傅聪的爱国情怀，也让我们看到了作者对中国古典文化的了解与热爱。

【思考探究】

1.拓片与印木版书有哪些不同？

2.中国古代雕刻两大高峰是什么？

【写作乐园】

石刻画是中国古代艺术瑰宝。你还了解我国古代哪些灿烂的文化？和大家分享一下。（不少于100字）

五月一日

中国诗词最好是木刻本，古色古香，特别可爱。可惜不准出口，不得已而求其次，就挑商务影印本给你。以后还会陆续寄，想你一定喜欢。《希腊的雕塑》一编六万余字，是我去冬花了几星期工夫抄的，也算是我的手译，特别给你作纪念。内容值得细读，也非单看一遍所能完全体会。便是弥拉读法文原著，也得用功研究，且原著对神话及古代史部分没有注解，她看起来还不及你读译文易懂。为她今后阅读方便，应当买几部英文及法文的比较完整的字典才好。我会另外写信给她提到。

一月九日寄你的一包书内有老舍及钱伯母的作品，都是你旧时读过的。不过内容及文笔，我对老舍的早年作品看法已大大不同。从前觉得了不起的那篇《微神》，如今认为太雕琢，过分刻画，变得纤巧，反而贫弱了。一切艺术品都忌做作，最美的字句都要出之自然，好像天衣无缝，才经得起时间考验而能传世久远。[1] 比如"山高月小，水落石出"不但写长江中赤壁的夜景，历历在目，而且也写尽了一切兼有幽远、崇高与寒意的夜景；同时两句话说得多么平易，真叫作"天籁"！老舍的《柳家大院》还是有血有肉，活得很——为温习文字，不妨随时看几段。没人讲中国话，只好用读书代替，免得词汇字句愈来愈遗忘——最近两封英文信，又长又详尽，我们很高兴，但为了你的中文，仍望不时用中文写，这是你唯一用到中文的机会了。写错字无妨，正好让我提醒你。不知五月中是否演出较少，能抽空写信来？

最近有人批判王氏（即王国维）的"无我之境"，说是写纯客观，脱离阶级斗争。此说未免褊狭。第一，纯客观事实上是办不到的。既然是人观察事物，无论如何总带几分主观，即使力求摆脱物质束缚也只能做到一部分，而且为时极短。其次能多少客观一些，精神上倒是真正获得松弛与休息，也是好事。人总是人，不是机器，不可能二十四小时只做一种活动。生理上即使你不能不饮食睡眠，推而广之，精神上也有各种不同的活动。便是目不识丁的农夫也有出神的经验，虽时间不过一刹那，其实即是无我或物我两忘的心境。艺术家表现出那种境界来未必会使人意志颓废。例如念了"寒波淡淡起，白鸟悠悠下"两句诗，哪有一星半点不健全的感觉？假定如此，自然界的良辰美景岂不成年累月摆在人面前，人如何不消沉至于不可救药的呢？相反，我认为生活越紧张越需要这一类的调剂，多亲近大自然倒是维持身心平衡最好的办法。[2] 近代人的大病即在于拼命损害了一种机能（或一切机能）去发展某一种机能，造成许多畸形与病态。我不断劝你去郊外散步，也是此意。幸而你东西奔走的路上还能常常接触高山峻岭、海洋流水、日出日落、月色星光，无形中更新你的感觉，解除你的疲劳。

另一方面，终日在琐碎家务与世俗应对中过生活的人，也该时时到野外去洗掉一些尘俗气，别让这尘俗气积聚日久成为宿垢。弥拉接到我黄山照片后来信说，从未想到山水之美有如此者。可知她虽家居瑞士，只是偶尔在山脚下小住，根本不曾登高临远，见到神奇的景色。在这方面你得随时培养她。此外我也希望她每天挤出时间，哪怕半小时吧，作为阅读之用。而阅读也不宜老拣轻松的东西当作消遣；应当每年选定一两部名著用功细读。比如丹纳的《艺术哲学》之类，若能彻底消化，

[1] 情节分析：
傅雷文学造诣非常高，以自己读《微神》为例，告诉儿子真正美的艺术品，要"出之自然""天衣无缝"。

[2] 情节分析：
再次提到让儿子亲近大自然，放松身心。体现了傅雷对儿子的爱与关切。

做人方面、气度方面、理解与领会方面都有进步，不仅仅是增加知识而已。巴尔扎克的小说也不是只供消闲的。像你们目前的生活，要经常不断地阅读正经书不是件容易的事，需要很强的意志与纪律才行。望时常与她提及你老师勃隆斯丹近七八年来的生活，除了做饭、洗衣、照管丈夫孩子以外，居然坚持练琴，每日一小时至一小时半，到今日每月有四五次演出。这种精神值得弥拉学习。

你岳丈灌的唱片，十之八九已听过，觉得以贝多芬的协奏曲与巴赫的 Solo Sonata（《独奏奏鸣曲》）为最好。Bartok（巴托克）不容易领会，Bach（巴赫）的协奏曲不及 piano（钢琴）的协奏曲动人。不知怎么，polyphonic（复调）音乐对我终觉太抽象。便是巴赫的 Cantata（《清唱剧》）听来也不觉感动。一则我领会音乐的限度已到了尽头，二则一般中国人的气质和那种宗教音乐距离太远——语言的隔阂在歌唱中也是一个大阻碍。（勃拉姆斯的《小提琴协奏曲》似乎不及钢琴协奏曲美，是不是我程度太低呢？）

Louis Kentner（路易斯·坎特讷）似乎并不高明，不知是与你岳丈合作得不大好，还是本来演奏不过尔尔？他的 Franck（弗兰克）"奏鸣曲"远不及 Menuhin（梅纽因）的 violin part（小提琴部分）。"Kreutzer"（"克勒策"）（指贝多芬的《"克勒策"奏鸣曲》，即《第九小提琴奏鸣曲》）更差，2nd movement（第二乐章）的变奏曲部分 weak（弱）之至（老是躲躲缩缩，退在后面，便是 piano 为主的段落亦然如此）。你大概听过他独奏，不知你的看法如何？是不是我了解他不够或竟了解差了？

你往海外预备拿什么节目出去？协奏曲是哪几支？恐怕 Van Wyck（范怀克）首先要考虑那边群众的好恶；我觉得考虑是应当的，但也不宜太迁就。最好还是挑自己最有把握的东西。真有吸引力的还是一个人的本色，而保持本色最多的当然是你理解最深的作品。

我们与萧伯母的关系，她对你从小的爱护关切，最近几月来对我们食物方面的帮助，都该和弥拉谈谈，让她知道你父亲的朋友是怎样的患难之交，同时也可感染她缓急相助，古道热肠的做人之道。你说对么？

写

【篇末小结】

饱受病痛折磨与外界政治风波打击的傅雷，依旧为儿子奉献着自己的生命，为他翻译《希腊的雕塑》。这封信中，傅雷与儿子谈了艺术、生活，还点评了傅聪岳父梅纽因的作品，字里行间充斥着傅雷对艺术的热烈追求。由王国维再次谈到亲近大自然，放松身心，同时不忘对弥拉的教导。即使生活困顿，但傅雷精神上永远富足，有着知识分子的傲气与尊严，以身作则，做儿子人生道路的引路人。

【思考探究】

1.对于当时有人批判王国维的"无我之境"，傅雷有怎样的看法？

2.傅雷认为人为什么应该去接近大自然？

【写作乐园】

你读过老舍的哪些作品？分享一下你的阅读感受。（不少于 100 字）

_____

_____

※ 五月二十三日至二十五日下午

越知道你中文生疏，我越需要和你多写中文；同时免得弥拉和我们隔膜，也要尽量写英文。[1] 有时一些话不免在中英文信中重复，望勿误会是我老糊涂。从你婚后，我觉得对弥拉如同对你一样负有指导的责任。许多有关人生和家常琐事的经验，你不知道还不打紧，弥拉可不能不学习，否则如何能帮助你解决问题呢？既然她自幼的遭遇不很幸福，得到父母指点的地方不见得很充分，再加西方人总有许多观点与我们有距离，特别在人生的淡泊、起居享用的俭朴方面，我更认为应当逐渐把我们东方民族（虽然她也是东方血统，但她的东方只是徒有其名了）的明智的传统灌输给她。前信问你有关她与生母的感情，务望来信告知。这是人伦至性，我们不能不关心弥拉在这方面的心情或苦闷。

…………

不愿意把物质的事挂在嘴边是一件事，不糊里糊涂莫名其妙地丢失钱是另一件事！这是我与你大不相同之处。我也觉得提到阿堵物是俗气，可是我年轻时母亲（你的祖母）对我的零用抓得极紧，加上二十四岁独立当家，收入不丰；所以比你在经济上会计算、会筹划，尤其比你原则性强。当然，这些对你的艺术家气质不很调和，但也只是对像你这样的艺术家是如此；精明能干的艺术家也有的是。肖邦即是一个有名的例子。他从来不让出版商剥削，和他们谈判条件从不怕烦。你在金钱方面的洁癖，在我们眼中是高尚的节操，在西方拜金世界和吸血世界中却是任人鱼肉的好材料。我不和人争利，但也绝不肯被人剥削，遇到这种情形不能不争——这也是我与你不同之处。但你也知道，我争的还是一个理而不是为钱，争的是一口气而不是为利。在这一点上你和我仍然相像。

总而言之，理财有方法、有系统，并不与重视物质有必然的联系，而只是为了不吃物质的亏而采取的预防措施；正如日常生活有规律，并非求生活刻板枯燥，而是为了争取更多的时间，节省更多的精力来做些有用的事，读些有益的书，总之是为了更完美地享受人生。

一九四五年我和周伯伯写的文章每字每句脱不了罗曼·罗兰的气息和口吻，我苦苦挣扎了十多天，终于摆脱了，重新找到了我自己的文风。这事我始终不能忘怀。你现在思想方式受外国语文束缚，与我当时受罗曼·罗兰（翻译了他一百二十万字的长篇，自然免不了受影响）的束缚有些相似，只是你生活在外国语文的环境中，更不容易解脱，但并非绝对不可能解决。例如我能写中文，也能写法文和英文，固然时间要花得多一些，但不至于像你这样二百多字的一页中文（在我应当是英文——因我从来没有实地应用英文的机会）要花费一小时。问题在于你的意志，只要你立意克服，恢复中文的困难早晚能克服。我建议你每天写一些中文日记，便是简简单单写一篇三四行的流水账，记一些生活琐事也好，唯一的条件是有恒。[2] 倘你天天写一二百字，持续到四五星期，你的中文必然会流畅得多——最近翻出你一九五〇年十月昆明来信，读了感慨很多。到今天为止，敏还写不出你十六岁时写的那样的中文。

[1] 人物性格：写信时中英文同时使用，表现了傅雷对儿子、儿媳一视同仁的爱，可见其细心、考虑周到。

[2] 情节分析：言辞恳切，态度真诚。这是当今大多数父母所不能做到的。

既然你有相当根基，恢复并不太难，希望你有信心，不要胆怯，要坚持、持久！你这次写的第一页，虽然气力花了不少，但是中文很好，很能表达你的真情实感——要长此生疏下去，我倒真替你着急呢！我竟说不出我和你两人为这个问题谁更焦急。可是干着急无济于事，主要是想办法解决，想了办法该坚决贯彻！再告诉你一点，你从英国写回来的中文信，无论从措辞或从风格上看，都还比你的英文强得多。因为你的中文毕竟有许多古书作底子，不比你的英文只是浮光掠影撷拾（拾；捡。多指袭用现成的事例或词句。撷，zhí）得来的。你知道了这一点应该更有自信心了吧！

我一向认为柏辽兹最能代表法兰西民族，最不受德、意两国音乐传统的影响。《基督童年》一曲朴素而又精雅、热烈而又含蓄、虔诚而又健康，完全写出一个健全的人的宗教情绪，广义的宗教情绪，对一切神圣、纯洁、美好、无邪的事物的崇敬。来信说得很对，那个曲子又有热情又有恬静，又兴奋又淡泊，第二段的古风尤其可爱。怪不得当初巴黎的批评家都受了骗，以为真是新发现的十七世纪法国教士作的。但那 narrator（叙述者）唱得太过火了些，我觉得家中原有老哥伦比亚的一个片段比这个新片更素雅自然。可惜你不懂法文，全篇唱词之美在英文译文中完全消失了。我对照看了几段，简直不能传达原作的美于万一！（原文写得像《圣经》一般单纯！可是多美！）想你也知道全部脚本是出于柏辽兹的手笔。

你既对柏辽兹感到很大兴趣，应当赶快买一本罗曼·罗兰的《今代音乐家》（Romain Rolland: Musiciens d'Aujourdhui），读一读论柏辽兹的一篇。（那篇文章写得好极了！）倘英译本还有同一作者的《古代音乐家》（Musiciens d'Autrefois）当然也该买。正因为柏辽兹完全表达他自己，不理会也不知道（据说他早期根本不知道巴赫）过去的成规俗套，所以你听来格外清新、亲切、真诚，而且独具一格。也正因为你是中国人，受西洋音乐传统的熏陶较浅，所以你更能欣赏独往独来，在音乐上追求自由甚于一切的柏辽兹。而也由于同样的理由，我热切期望未来的中国音乐应该是这样一个境界。为什么不呢？俄罗斯五大家不也由于同样的理由爱好柏辽兹吗？同时，不也是由于同样的理由，穆索尔斯基对近代各国的乐派产生极大的影响吗？

…………

你说的很对，"学然后知不足"，只有不学无术或是浅尝辄止的人才会自大自满。我愈来愈觉得读书太少，聊以自慰的就是还算会吸收、消化、贯通。像你这样的艺术家，应当无书不读，像 Busoni（布索尼）、Hindemith（欣德米特）那样。就因为此，你更需和弥拉俩妥善安排日常生活，一切起居小节都该有规律、有计划，才能挤出时间来。当然，艺术家也不能没有懒洋洋的耽于幻想的时间，可不能太多，否则成了习惯就浪费光阴了。没音乐会的期间也该有个计划，哪几天招待朋友，哪几天听音乐会，哪几天照常练琴，哪几天读哪一本书。一朝有了安排，就不至于因为无目的无任务而感到空虚与烦躁了。这些琐琐碎碎的项目其实就是生活艺术的内容。否则空谈"人生也是艺术"，究竟指什么呢？对自己有什么好处呢？但愿你与弥拉多谈谈这些问题，定出计划来按部就班地做去。最要紧的是定的计划不能随便打破或打乱。你该回想一下我的作风，可以加强你实践的意志。你初订婚时不是有过指导弥拉的念头吗？现在成了家，更当在实际生活中以身作则，用行动来感染她！

正如你说的，你和我在许多地方太相像了，不知你在小事情的脾气上是否常常把爸爸作为你的警戒？弥拉还是孩子，你更得优容些，多用善言劝导，多多坐下来商量，切勿遇事烦躁，像我这样。你要能不犯你爸爸在这方面的错误，我就更安心更快活了。

五月二十三日

我自己常常发觉译的东西过了几个月就不满意；往往当时感到得意的段落，隔一些时候就觉得平淡得很，甚至于糟糕得很。当然，也有很多情形，人家对我的批评与我自己的批评并不对头。人家指出的，我不认为是毛病；自己认为毛病的，人家却并未指出。想来你也有同样的经验。[1]七月维也纳灌音决定后告知！那时寄些明信片来！

[1] 情节分析：
傅雷用自己翻译作品的感悟告诉儿子要正确对待别人的评价。

在空闲（即无音乐会）期间有朋友来往，不但是应有的调剂，使自己不致与现实隔膜，同时也表示别人喜欢你，是件大好事。主要是这些应酬也得有限度、有计划。最忌有求必应，每会必到，也最忌临时添出新客新事。西方习惯多半先用电话预约，很少人会做不速之客——即使有不速之客，也是极知己的人，不致妨碍你原定计划的——希望弥拉慢慢能学会这一套安排的技术。原则就是要取主动，不能处处被动！

孩子，来信有句话很奇怪。沉默如何就等于同意或了解呢？不同意或不领会，岂非也可用沉默来表现吗？在我因为太追求逻辑与合理，往往什么话都要说得明白、问得明白，答复别人也答复得分明；沉默倒像表示躲避，引起别人的感觉不是信任或放心，而是疑虑或焦急。过去我常问到你经济情况，怕你开支浩大、演出太多，有伤身体与精神的健康；主要是因为我深知一个艺术家在西方世界中保持独立多么不容易，而唯有经济有切实保障才能维持人格的独立。并且父母对儿女的物质生活总是特别关心。再过一二十年，等你的孩子长大以后，你就会体验到这种心情。

五月二十四日

倘写纯粹中文信太费时间，不妨夹着英文一起写，作为初步训练，那总比根本不写中文强，也比从头至尾写中文省力省时。设法每天看半小时（至少一刻钟）的中国书，坚持半年以后必有成绩。

你来信说的我谅解问题，我深有同感。放心，我知道你是我们的好孩子，不会误解你的，有时只是因为爱得深切而着急！

五月二十五日写完

写

【篇末小结】

傅雷在这封长信中与儿子交流生活、艺术、做人。他希望儿子理智地看待金钱，并以肖邦为例教导儿子"不和人争利，但也绝不肯被人剥削"；以自己受罗曼·罗兰文风束缚为例，鼓励儿子坚持使用中文；与傅聪分享自己对柏辽兹的理解与赞美；建议儿子对生活有规划；以自己为例，告诉儿子要正确对待外界的评价。傅雷对待儿子的教育认真且严格，给人以启发。

【思考探究】

1. 傅雷认为自己与儿子在哪方面大不相同？

2. 傅雷认为谁最能代表法兰西民族？为什么？

【写作乐园】

这封信提到生活应该有规律、有计划。请你规划一下你的一天。（不少于100字）

师说：名著五维解读《傅雷家书》

五月二十四日

亲爱的孩子们：

每次妈妈连续梦见你们几晚，就会收到你们的信，这次也不例外，她不但梦见你们两个，也梦见弥拉从窗下经过，妈妈叫了出来："弥拉！"妈妈说，弥拉还对她笑呢！

从现在起，我得多写中文信，好让聪多接触母语，同时我还会继续给你们用英文写信。

你们在共同生活的五个月当中，想必学习了不少实际事务，正如以前说过，安顿一个新家，一定使你们上了扎实的第一课。我希望你们一旦安顿下来之后，就会为小家庭施行一个良好的制度。也许在聪演奏频繁的季节，一切还不难应付；反而是在较为空闲必须应付俗务社交的日子，如何安排调度，就煞费周章了。以我看来，最主要的是控制事情，而勿消极地为事情所控制。假如你们有一两个星期闲暇，不是应该事先有个计划，哪几天招待朋友，哪几天轻松一下，哪几天把时间花在认真严肃的阅读与研究之上。当然，要把计划付诸实行必须要有坚强的意志，但这不是小事，而是持家之道，也是人生艺术的要素。[1]事前未经考虑，千万不要轻率允诺任何事，无论是约会或茶会，否则很容易会为践诺而苦恼。为人随和固然很好，甚至很有人缘，但却时常会带来不必要的麻烦，我常常特别吝惜时间（在朋友中出了名），很少跟人约会，这样做使我多年来脑筋清静，生活得极有规律。我明白，你们的生活环境很不相同，但是慎于许诺仍是好事，尤其是对保持聪的宁静，更加有用。

[1] 情节分析：教导儿子"要把计划付诸实行"最重要的就是要有坚强的意志，并将其与人生艺术联系起来。

写

【篇末小结】

信的一开始就写了妈妈的梦，可见妈妈对儿子、儿媳的思念，没有面对面与弥拉交流过，始终是傅雷夫妻的一个遗憾。之后，傅雷为儿子上了扎实的一课，教导儿子人生的艺术，如何更好地生活。他从时间的安排、与他人的交往等方方面面，用自己的经验为儿子减少走弯路的可能。字里行间表现了傅雷生活的智慧与对儿子的爱。

【思考探究】

1. 傅聪的妈妈做了一个什么样的梦？这场梦表现了她怎样的情感？

2. 对于如何安排自己的空余生活，应付俗务社交，傅雷都有哪些建议？

【写作乐园】

俗话说，日有所思，夜有所梦。和大家分享一下你最温馨的一个梦。（不少于100字）

_____

_____

150

※ 六月二十六日晚

六月十八日信（邮戳十九）今晨收到。虽然花了很多钟点，但是信写得很好。多写几回就会感到更容易、更省力。最高兴的是你的民族性格和特征保持得那么完整，居然还不忘记"一箪食（读如"嗣"）一瓢饮，回也不改其乐"，唯有如此，才不致被西方的物质文明湮没。[1]你屡次来信说我们的信给你看到和回想到另外一个世界，理想气息那么浓的、豪迈的、真诚的、光明正大的、慈悲的、无我的（即你此次信中说的 idealistic，generous，devoted，loyal，kind，selfless）世界。我知道东方西方之间的鸿沟，只有豪杰之士，领悟颖异、感觉敏锐而深刻的极少数人方能体会。换句话说，东方人要理解西方人及其文化和西方人理解东方人及其文化同样不容易。即使理解了，实际生活中也未必真能接受。这是近代人的苦闷，既不能闭关自守，东方与西方各管各的生活、各管各的思想，又不能避免两种精神、两种文化、两种哲学的冲突和矛盾。当然，除了冲突与矛盾，两种文化也彼此吸引，相互之间有特殊的魅力使人神往。东方的智慧、明哲、超脱，要是能与西方的活力、热情、大无畏的精神融合起来，人类可能看到另一种新文化出现。西方人那种孜孜矻矻、白首穷经、只知为学、不问成败的精神还是存在（现在和克利斯朵夫的时代一样存在），值得我们学习。你我都不是大国主义者，也深恶痛绝大国主义，但你我的民族自觉、民族自豪和爱国热忱并无一星半点的排外意味。[2]相反，这是一个有根有蒂的人应有的感觉与感情。每次看到你有这种表现，我都快活得心儿直跳，觉得你不愧为中华民族的儿子！妈妈也为之自豪，对你特别高兴、特别满意。

分析你岳父的一段大有见地，但愿作为你的借鉴。你的两点结论，不幸的婚姻和太多与太早的成功是艺术家最大的敌人，说得太中肯了。我过去为你的婚姻问题操心，多半也是从这一点出发。如今弥拉不是有野心的女孩子，至少不会把你拉上热衷名利的路，让你能始终维持艺术的尊严，维持你严肃朴素的人生观，已经是你的大幸。还有你淡于名利的胸怀，与我一样的自我批评精神，对你的艺术都是一种保障。但愿十年二十年之后，我不在人世的时候，你永远能坚持这两点。恬淡的胸怀，在西方世界中特别少见，希望你能树立一个榜样！

说到弥拉，你是否仍和去年八月初订婚时来信说的一样预备培养她？不是说培养她成一个什么专门人才，而是带她走上严肃、正直、坦白、爱美、爱善、爱真理的路。希望以身作则，鼓励她多多读书，有计划、有系统地正规的读书，不是消闲趋时地读书。你也该培养她的意志，便是有规律、有系统地处理家务、掌握家庭开支、经常读书等等，都是训练意志的具体机会。不随便向自己的 fancy（幻想，一时的爱好）让步，也不随便向你的 fancy（幻想，一时的爱好）让步，也是锻炼意志的机会。孩子气是可贵的，但决不能损害 taste（品味，鉴赏力），更不能影响家庭生活、起居饮食的规律。有些脾气也许一辈子也改不了，但主观上改，总比听其自然或是放纵（即所谓 indulging）好，你说对吗？弥拉与我们通信近来少得多，我们不怪她，但那也是她道义上感情上的一种责任。我们原谅她是一回事，你不从旁提醒她可就不合理，不尽你督促之责了。做人是整体的，对我们经常写信也表示她对人生对家庭的态度。你别误会，我再说一遍，别误会我们嗔怪她，而是为了她太年轻，需要养成一个好

[1] 情节分析：
傅聪将民族性格和特征根植于灵魂深处，不被西方文化所更改。傅雷为此高兴不已，也表现了傅雷对国家的热爱。

[2] 情节分析：
傅雷对东西方文化有着自己独到的见解。他希望两种文化能够相互借鉴和学习，并肯定儿子的民族意识、爱国情怀。

作风，处理实际事务的严格的态度。以上的话主要是为她好，而不是仅仅为我们多得一些你们消息的快乐。可是千万注意，和她提到给我们写信的时候，说话要和软，否则反而会影响她与我们的感情。翁姑与媳妇的关系与父母子女的关系大不相同，你慢慢会咂摸到，所以处理要非常细致。

最近几次来信，你对我们托办的事多半有交代，我很高兴。你终于在实际生活方面也成熟起来了，表示你有头有尾，责任感更强了。你的录音机迄未置办，我很诧异；照理你布置新居时，应与床铺在预算表上占同样重要的地位。在我想来，少一两条地毯倒没关系，少一架好的录音机却太不明智。足见你们俩仍太年轻，分不出轻重缓急。但愿你去美洲回来就有能力置办！

…………

我早料到你读了《希腊的雕塑》以后的兴奋。那样的时代是一去不复返的了，正如一个人从童年到少年那个天真可爱的阶段一样。也如同我们的先秦时代、两晋六朝一样。近来常翻阅《世说新语》（正在寻一部铅印而篇幅不太笨重的预备寄你），觉得那时的风流文采既有点儿近古希腊，又有点儿像文艺复兴时期的意大利；但那种高远、恬淡、素雅的意味仍然不同于西方文化史上的任何一个时期。人真是奇怪的动物，文明的时候会那么文明，谈玄说理会那么隽永，野蛮的时候又同野兽毫无分别，甚至更残酷。奇怪的是这两个极端就表现在同一批人同一时代的人身上。两晋六朝多少野心家，想夺天下、称孤道寡的人，坐下来清谈竟是深通老庄与佛教哲学的哲人！

韩德尔的神剧固然追求异教精神，但他毕竟不是公元前四五世纪的希腊人，他的作品只是十八世纪一个意大利化的日耳曼人向往古希腊文化的表现。便是《赛米里》吧，口吻仍不免带点儿浮夸（pompous）。这不是韩德尔个人之过，而是民族与时代之不同，绝对勉强不来的。将来你有空闲的时候（我想再过三五年，你音乐会一定可大大减少，多一些从各方面进修的时间），读几部英译的柏拉图、色诺芬一类的作品，你对希腊文化可有更多更深的体会。再不然你一朝去雅典，尽管山陵剥落（如丹纳书中所说）面目全非，但是那种天光水色（我只能从亲自见过的罗马和那不勒斯的天光水色去想象）以及巴台农神庙的废墟，一定会给你强烈的激动、狂喜，非言语所能形容，好比四五十年以前邓肯在巴台农废墟上光着脚不由自主地跳起舞来（《邓肯自传》，倘在旧书店中看到，可买来一读）。真正体会古文化，除了从小"泡"过来之外，只有接触那古文化的遗物。我所以不断寄吾国的艺术复制品给你，一方面是满足你思念故国，缅怀我们古老文化的饥渴，一方面也想用具体事物来影响弥拉。从文化上、艺术上认识而爱好异国，才是真正认识和爱好一个异国；而且我认为也是加强你们俩精神契合的最可靠的链锁。

石刻画你喜欢吗？是否感觉到那是真正汉族的艺术品，不像敦煌壁画、云冈石刻有外来因素。我觉得光是那种宽袍大袖、简洁有力的线条、浑合的轮廓、古朴的屋宇车辆、强劲雄壮的马匹，已使我看了怦然心动，神游于两千年以前的天地中去了（装了框子看更有效果）。

…………

几个月来做翻译巴尔扎克《幻灭》三部曲的准备工作，七百五十余页原文，共有一千一百余生字。发个狠每天温三百至四百生字，大有好处。正如你后悔不早开始把肖邦的 Etudes（《练习曲》）作为每天的日课，我也后悔不早开始记生字的苦功。否则这部书的生字至多只有二三百。倘有钱伯伯那种记忆力，生字可减至数十。天资不足，只能用苦功补足。我虽到了这年纪，身体挺坏，这种苦功还是愿意下的。

你对 Michelangeli（米开兰琪利）的观感大有不同，足见你六年来的进步与成熟。同时，"曾经沧海难为水""登东山而小鲁，登泰山而小天下"，也是你意见大变的原因。伦敦毕竟是国际性的乐坛，你这两年半的逗留不是没有收获的。

六月二十六日晚七时

吃过晚饭，又读了一遍（第三遍）来信。你自己说写得乱七八糟，其实并不。你有的是真情实感，真正和真实的观察、分析、判断，便是杂乱也乱不到哪里去。中文也并未退步，你爸爸最挑剔文字，我说不退步你可相信是真的不退步。而你那股热情和正义感不知不觉洋溢于字里行间，叫我看了安慰、兴奋……有些段落好像是我十几年来和你说的话的回声……你没有辜负园丁！

老好人往往太迁就，迁就世俗，迁就褊狭的家庭愿望，迁就自己内心中不大高明的因素；而真理和艺术需要高度的原则性和永不妥协的良心。物质的幸运也常常毁坏艺术家。可见艺术永远离不开道德——广义的道德，包括正直、刚强、斗争（和自己的斗争以及和社会的斗争）、毅力、意志、信仰……[1]

[1] 情节分析：认为艺术离不开道德，教导儿子做一个有道德的人。

的确，中国优秀传统的人生哲学，很少西方人能接受，更不用说实践了。比如"富贵于我如浮云"在你我是一条极崇高极可羡的理想准则，但像巴尔扎克笔下的那些人物，正好把富贵作为人生最重要的，甚至是唯一的目标。他们那股向上爬，求成功的蛮劲与狂热，我个人简直觉得难以理解。也许是气质不同，并非多数中国人全是那么淡泊。我们不能把自己人太理想化。

你提到英国人的抑制，其实正表示他们犷野强悍的程度，不能不深自敛抑，一旦决堤而出，就是莎士比亚笔下的那些人物，如麦克白、奥赛罗等等，岂不 wild（狂放）到极点？

Bath（巴斯）在欧洲亦是鼎鼎大名的风景区和温泉疗养地，无怪你觉得是英国最美的城市。看了你寄来的节目，其中几张风景使我回想起我住过的法国内地古城。那种古色古香、那种幽静与悠闲，至今常在梦寐间出现。说到这里，希望你七月去维也纳，百忙中买一些美丽的风景片给我。爸爸坐井观天，让我从纸面上也接触一下贝多芬、莫扎特、舒伯特住过的名城！

见到你岳父母，千万代我问候。这是应有的礼貌，为了你爸爸你决不可疏忽，切切切切！

写

【篇末小结】
这封信中，傅雷对儿子在异国他乡仍然保持民族性格十分高兴，并由此谈到了中西方的文化差异。傅雷认为两种文化应该相互借鉴、各取所长，教导儿子吸取西方文化的优点，同时不忘中国文化的精髓，可见傅雷对中国文化的热爱。他教导儿子要接触真正的古文化，也希望弥拉能了解中国，二人达到真正的精神契合。对于弥拉，傅雷像亲生女儿一样地教导，并教导儿子做一个有道德的人，从各个方面培养儿子，可以看出他在教育方面的确有独到的见解和方法。

【思考探究】
1.傅雷认为近代人的苦闷是什么？

2.艺术家最大的敌人是什么？

【写作乐园】
请谈谈你对人生道德的理解。（不少于100字）

六月二十七日

最亲爱的弥拉：

要是我写一封长长的中文信给聪，而不给你写几行英文信，我就会感到不安。写信给你们两个，不仅是我的责任，还是一种抑制不住的感情，想表达我对你的亲情与挚爱。最近十个月来，我们怎么能想起聪而不同时想到你呢？在我们心目中，你们两个已经不知不觉地合二而一了。但是为了使聪不至于忘记中文，我必须多用中文给他写信，所以你看，每次我给你们写信时就不得不写两封。

…………

妈妈和我都很高兴见到聪在现实生活中变得成熟些了，这当然是你们结合的好影响。你们结婚以来，我觉得聪更有自信了。他的心境更为平静，伤感与乖戾也相应减少，虽则如此，他的意志力，在艺术方面之外，仍然薄弱，而看来你在这方面也不太坚强。最好随时记得这一点，设法使两人都能自律，都能容忍包涵。在家中维持有条理的常规，使一切井井有条。你们还年轻，这些事很难付诸实行并坚持下去，可是养成良好习惯、加强意志力永远是件好事，久而久之，会受益无穷。

一个人（尤其在西方）一旦没有宗教信仰，道德规范就自动成为生活中唯一的圭臬（guī niè；借指准则或法度）。大多数欧洲人看到中国人没有宗教（以基督教的眼光来看），而世世代代以来均能维系一个有条有理、太平文明的社会，就大感惊异，秘密在于这世上除了中国人，再没有其他民族是这样自小受健全的道德教训长大的。你也许已在聪的为人方面看到这一点，我们的道德主张并不像西方的那么"拘谨"，而是一种非常广义的看法，相信人生中应诚实不欺，无论物质方面或精神方面，均不计报酬，像基督徒似的冀求一个天堂。我们深信，人应该为了善、为了荣誉、为了公理而为善，而不是为了惧怕永恒的惩罚，也不是为了求取永恒的福祉。[1] 在这一意义上，中国人是文明世界中真正乐观的民族。在中国，一个真正受过良好教养和我们最佳传统与文化熏陶的人，在不知不觉中自然会不逐名利、不慕虚荣，满足于一种庄严崇高，但物质上相当清贫的生活。这种态度，你认为是不是很理想很美妙？

亲爱的孩子，有没有想过我在 E-No.17 信中所引用的孟德斯鸠的名言："树人如树木，若非善加栽培，必难欣欣向荣"？假如你想听取孟德斯鸠的忠言，成为一棵"枝叶茂盛"的植物，那么这是开始自我修养的时候了。开始时也许在聪忙于演出的日子，你可以有闲暇读些正经书，我建议你在今夏看这两本书：丹纳的《艺术哲学》和 Etiemble（埃蒂昂勃勒）的《新西游记》（这本书我有两册，是作者送的，我会立即寄一本给你）。读第一本书可使你对艺术及一般文化历史有所认识，第二本可促进你对现代中国的了解。

如果你可以在旧书店里找到一本罗素的《幸福之路》，也请用心阅读。这本书虽然是三十年前写的，可是因为书中充满智慧及富有哲理的话很多，这些话永远不会过时，所以对今日的读者，仍然有所裨益。希望你也能念完《约翰·克利斯朵夫》。像你这样一位年轻的家庭主妇要继续上进，终身坚持自我教育，是十分困难的，我可以想象得出你有多忙，可是这件事是值得去努力争取的。妈妈快四十九岁了，仍

[1] 情节分析：傅雷关于"善"的见解，向弥拉阐述东方"为善"的初衷，让弥拉更了解傅聪，了解中国。

然"挣扎"着每天要学习一些新东西（学习英语）。我有没有告诉过你，勃隆斯丹太太跟一般中产阶级的家庭主妇一样忙，可是她仍然每天坚持练琴（每日只练一小时至一小时半，可是日久见功），还能演奏及上电台播音。这种勇气与意志的确叫人激赏，几乎可说是英雄行径！

写

【篇末小结】

这封信是对弥拉的一些教导。信中既肯定了婚姻生活给傅聪带来好的改变，同时指出他们的不足。傅雷与弥拉分享中西方的差异以及中国的道德主张，希望弥拉获得精神上的财富，感受中国文化的熏陶。之后傅雷重点为弥拉分享了几本书，并阐述看这些书的好处，以朱梅馥与勃隆斯丹太太坚持学习为例，希望弥拉保持学习上进，终身坚持自我教育，傅雷的教导可谓用心良苦。

【思考探究】

1.中国人大都没有宗教信仰，但能维持一个有条有理、太平文明的社会的原因是什么？

2.傅雷为弥拉推荐了哪些书？请你也为弥拉推荐一本书，并说明理由。

【写作乐园】

读了傅雷关于"为善"的一些见解，你有什么想法？写一写。（不少于100字）

七月七日

最亲爱的弥拉：

谢谢你寄来的 Magidoff（马吉道夫）所写关于你爸爸的书，这本书把我完全吸引住了，使我丢下手边的工作，不顾上海天气的炎热（室内三十二摄氏度），接连三个下午把它看完。过去五六年来很少看过这么精彩动人、内容翔实的书，你在五月十日的信中说，这本书写得不太好，可是也许会让我们觉得很新奇。传记中的无数细节与插曲是否合乎事实，我当然不像你爸爸或家里人一般有资格去评论，可是有一点我可以肯定，这本书对我来说不仅仅是新奇而已，还对艺术家、所有看重子女教育的父母以及一般有教养的读者都启发很深。我身为一个文学工作者，受过中国哲学思想的熏陶，在教养孩子的过程中经过了无数试验和失误，而且对一切真、善、美的事物特别热爱，念起 Magidoff（马吉道夫）这本书来，感到特别兴奋，读后使我深思反省有生以来的种种经历，包括我对人生、道德、美学、教育等各方面的见解与思想变迁。我在教育方面多少像聪一样，从父母那里继承了优点及缺点，虽然程度相差很远。例如，我教育子女的方式非常严格、非常刻板，甚至很专制，我一直怕宠坏孩子，尤其是聪。我从来不许他选择弹琴作为终生事业，直到他十六岁，我对他的倾向与天分不再怀疑时才准许，而且迟至十八岁，我还时常提醒他的老师对他不要过分称赞。像你的祖母一样，我一直不断地给聪灌输淡于名利权势，不慕一切虚荣的思想。在教育的过程中，我用了上一代的方法及很多其他的方法，犯了无数过错，使我时常后悔莫及，幸而两个孩子都及早脱离了家庭的规范与指导。聪一定告诉过你，他十五岁时一个人在昆明待了两年，不过，他在处世方面并没有学得更练达，这一方面归咎于他早年在家庭所受的教育不健全；一方面归咎于我自己的缺点，又由于他性格像妈妈，有点过分随和，所以很难养成自律的习惯以及向世界挑战的勇气。

…………

在艺术方面，你父亲的荣誉，他的独特与早熟，一生经历过无数危机，在外人眼中却一帆风顺，处处都树立榜样，表演了一出最感人最生动的戏剧。在心理及美学方面，发人深省，使我们得以窥见一位名人及大音乐家的心灵。这本书也给年轻人上了最宝贵的一课（无论是对了解音乐或发展演奏及技巧而言），尤其是聪。甚至你，亲爱的弥拉，你也该把这本书再读一遍，我相信读后可以对你父亲有更进一步的了解（顺便一提，没有人可以夸口彻底了解自己的亲人，尽管两人的关系有多亲密），了解他的性格，他那崇高的品德以及辉煌的艺术成就。此外，把这本书用心细读，你可以学习很多有关人生的事。你父亲在二次世界大战期间英勇慷慨的事迹，他在柏林（在犹太难民营中）以及在以色列对自己信念所表现出的大智大勇，使你可以看出，他虽然脾气随和、性情和蔼，可是骨子里是个原则坚定、性格坚强的人。一旦你们必须面对生活中真正严峻的考验时，这些令人赞赏的品格一定可以成为你俩不能忽忘的楷模。我在中文信中告诉了聪，希望能有时间为这本精彩的书写篇长评，更确切地说，是为你父亲非凡的一生写篇长评。我现在所说的只是个粗略的梗概（而且是随便谈的），漫谈我看了这本书之后的印象与心得，要使你充分了解我的兴奋，寥寥数语是不足尽道的。

写

【篇末小结】

这封信主要写了傅雷读了Magidoff所写关于弥拉父亲的书之后的一些感想、总结。首先他反省了自己的教育方式，为自己的过错感到遗憾。其次他从书中了解到梅纽因这个人，并希望傅聪与弥拉也能够读一读这本书，学习梅纽因令人赞赏的品格。我们读书时也要如傅雷一般，学而思，才能够有所收获、有所启发。

【思考探究】

1. 读了Magidoff写的这本书，傅雷受到哪些启发？

2. 在傅雷眼中，梅纽因是个什么样的人？

【写作乐园】

傅雷从Magidoff写的这本书中，领略了梅纽因的人格魅力，并反省了自己对傅聪的教育，是一篇有深度、有见解的读后感。请你为近期读过的作品写一篇读后感。（不少于100字）

_____

_____

七月七日晚

《近代文明中的音乐》和你岳父的传记，同日收到。接连三个下午看完传记，感想之多，情绪的波动，近十年中几乎是绝无仅有的经历。写当代人的传记有一个很大的便宜，人证物证多，容易从四面八方搜集材料，相互引证、核对。当然也有缺点，作者与对象之间距离太近，不容易看清客观事实和真正的面目；当事人所牵涉的人和事大半尚在目前，作者不能毫无顾虑，内容的可靠性和作者的意见难免打很大的折扣。总的说来，马吉道夫写得很精彩；对人生、艺术、心理变化都有深刻的观察和真切的感受；taste（趣味）不错，没有过分的恭维。作者本人的修养和人生观都相当深广。许多小故事的引用也并非仅仅为了吸引读者，而是旁敲侧击地烘托出人物的性格。

你大概马上想象得到，此书对我有特殊的吸引力。教育儿童的部分，天才儿童的成长及其苦闷的历史，缺乏苦功而在二十六岁至三十岁之间闭门（不是说绝对退隐，而是独自摸索）补课，两次的婚姻和战时战后的活动，都引起我无数的感触。关于教育，你岳父的经历对你我两人都是一面镜子。我许多地方像他的父母，无论是优点还是缺点；也有许多地方不及他的父母，也有某些地方比他们开明。我很庆幸没有把你关在家里太久，这也是时代使然，也是你我的个性同样倔强使然。父母子女之间的摩擦与冲突，甚至是反目，当时虽然对双方都是极痛苦的事，从常理看对儿女的成长倒是利多弊少。

你祖岳母的骄傲简直到了不近人情的地步，完全与她的宗教信仰不相容——世界上除了回教我完全茫然以外，没有一个宗教不教人谦卑和隐忍，不教人克制骄傲和狂妄。可是她对待老友 Goldman（哥尔门）的态度，对伊虚提在台上先向托斯卡尼尼鞠躬的责备，竟是发展到自高自大、目空一切的程度。她教儿女从小轻视金钱权势，不向政治与资本家低头，不许他们自满，唯恐师友宠坏他们，这一切当然是对的。她与她丈夫竭力教育子女，而且如此全面，当然也是正确的，可敬可佩的。可是归根结底，她始终没有弄清楚教育的目的，只笼笼统统说要儿女做一个好人，哪怕当鞋匠也无妨；她却并未给好人（honest man）二字下过定义。在我看来，她的所谓好人实在是非常狭小的、限于 respectable（正派的），而从未想到更积极、更阔大的天地和理想。假如她心目中有此意念，她必然会鼓励孩子"培养自己，以便对社会、对人类有所贡献"。她绝未尊敬艺术，她对真、善、美毫无虔诚的崇敬心理；因此她看到别人自告奋勇帮助伊虚提（如埃尔曼资助他去欧洲留学，哥尔门送他 Prince K［王子K］小提琴等）并不有所感动，而只觉得自尊心受损。她从未认识人的伟大是在于帮助别人，受教育的目的只是培养和积聚更大的力量去帮助别人，而绝对不是盲目地自我扩张。[1] 梅纽因老夫人只看见她自己、她一家、她和丈夫的姓氏与种族；所以她看别人的行为也永远从别人的自私出发。自己没有理想，如何会想到茫茫人海中竟有具备理想的人呢？她学问丰富，只缺少一个高远的理想作为指南针。她为人正直，只缺少忘我的牺牲精神——她为儿女是忘我的，是有牺牲精神的；但"为儿女"实际仍是"为她自己"；她没有急公好义（热心公益，爱帮助人）、慷慨豪侠的仁慈！幸亏你岳父得天独厚，凡是家庭教育所没有给他的东西，他从音乐中吸收了，从古代到近代的乐曲中，从他接触的前辈，尤其从埃奈斯库身上得到了启示。他没有感染他母亲那种狭窄、闭塞、贫乏、自私的道德观（即西方人所谓的 prudery［拘谨］）。[2] 也幸而残酷的战争教了他更多的东西，扩大了他的心灵和胸襟，燃起他内在的热情……你岳父今日的成就，特别在人品和人生观方面，可以说是 in spite of his mother（虽有母如此，亦不受影响）。我相信真有程度的群众欣赏你岳父的地方（仍是指艺术以外的为人），他父母未必体会到什么伟大。但他在海牙为一个快要病死的女孩子演奏 Bach（巴赫）的 Chaconne（《夏空》）以及他一九四七年在柏林对犹太难民的讲话，以后在以色列的表现等等，我认为是你岳父最了不起的举动，符合我们"威武不能屈"的古训。

[1] 情节分析：
傅雷对于儿子的教育是宏观的，从更高的层次理解教育。强调人应该学会去帮助别人，正如他教育傅聪学习音乐来回馈祖国。

[2] 情节分析：
傅雷对梅纽因的人格非常肯定及赞扬。说明了音乐对一个人的人格塑造有巨大的影响。

书中值得我们深思的段落，多至不胜枚举，对音乐，对莫扎特、巴赫直到巴托克的见解；对音乐记忆的分析、小提琴技术的分析，还有对协奏曲（和你一开始即浸入音乐的习惯完全相似）的态度，都大有细细体会的价值。他的两次 restudy（重新学习）你都可作为借鉴。

了解人是一门最高深的艺术，便是最伟大的哲人、诗人、宗教家、小说家、政治家、医生、律师，都只能掌握一些原则，不能说对某些具体的实例——个人——有彻底的了解。人真是矛盾百出，复杂万分，神秘到极点的动物。看了传记，好像对人物有了相当认识，其实还不过是一些粗疏的概念。尤其他是性情温和、从小隐忍惯的人，更不易摸透他的底。我想你也有同感。[1]

[1] 段落分析：
人是世界上最复杂的动物，可能连自身都不能完全了解。走进一个人的内心，接近他，才可能稍微有所认识。

你上次信中分析他的话，我不敢下任何断语。可是世界上就是到处残缺，没有完善的人或事。大家说他目前的夫人不太理想，但弥拉的母亲又未尝使他幸福。他现在的夫人的确多才多艺、精明强干，而连带也免不了多才多艺和精明强干带来的缺点。假如你和其他友人对你岳父的看法不错，那也只能希望他的艺术良心会再一次觉醒，提到一个新的更高的水平，再来一次严格的自我批评。是否会有这幸运的一天，就得看他的生命力如何了。人的发展总是波浪式的，和自然界一样，低潮之后还有高潮再起的可能，峰回路转，也许"柳暗花明又一村"，又来一个新天地呢！所以古人说对人要"盖棺论定"。

…………

我已有几次问你弥拉是否怀孕，因为她近来信少，与你半年前的情形相仿。若是怀孕而不舒服，则下面的话只当没说！否则妈妈送了她东西，她一个字都没有，未免太不礼貌。尤其我们没有真好的东西给她（环境限制），可是"礼轻情意重"，总希望受的人接受我们一份情意。倘不是为了身体不好，光是忙，不能成为一声不出的理由。这是体统和规矩问题。我看她过去与后母之间不大融洽，说不定一半也由于她太"少不更事"。——但这事你得非常和缓地向她提出，也别露出是我信中嗔怪她，只作为你自己发觉这样不大好，不够 kind（周到），不合乎做人之道。你得解释，这不过是一例，做人是对整个社会，不仅仅是应付家属。但对近亲不讲礼貌的人也容易得罪一般的亲友。——以上种种，你需要掌握时机，等她心情愉快的当口委婉细致、心平气和，像对知己朋友进忠告一般地谈。假如为了我们使你们小夫妇俩不欢，是我极不愿意的。你总得让她感觉到一切是为她好，帮助她学习 live the life（待人处世）；而绝非为了父母而埋怨她。孩子，这件微妙的任务希望你顺利完成！对你也是一种学习和考验。忠言逆耳，但必须出以一百二十分柔和的态度，对方才能接受。

在过去的农业社会里，人的生活比较闲散，周围没有紧张的空气，随遇而安、得过且过的生活方式还能对付。现在时代大变，尤其在西方世界，整天整月整年，社会像一个瞬息不停的万花筒，生存竞争的剧烈，想你完全体会到了。最好做事要有计划，至少一个季度事先要有打算，定下的程序非万不得已切勿临时打乱。你是一个经常出台的演奏家，与教授、学者等等不同，生活忙乱得多，不容易控制。但愈忙乱愈需要有全面计划，我总觉得你太被动，常常 be carried away（失去自制力），被环境和大大小小的事故带着走，从长远看，不是好办法。过去我一再问及你经济情况，主要是为了解你的物质基础，想推测一下再要多少时期可以减少演出，加强学习——不仅仅音乐方面的学习。我很明白在西方社会中物质生活无保障，任何高远的理想都谈不上。但所谓物质保障首先要看你的生活水准，其次要看你会不会安排收支，保持平衡，经常有规律地储蓄。生活水准本身就是可上可下，好坏程度、高低等级多至不可胜计的；

究竟自己预备以哪一种水准为准，需要想个清楚，弄个彻底，然后用坚强的意志去贯彻。唯有如此，方谈得到安排收支等等的理财之道。孩子，光是瞧不起金钱不解决问题；相反，正因为瞧不起金钱而不加控制，不会处理，临了竟会吃金钱的亏，做物质的奴役。单身汉还可用颜回的刻苦办法应急，有了家室就不行，你若希望弥拉也会甘于素衣淡食就要求太苛，不合实际了。为了避免落到这一步，倒是应当及早定出一个中等的生活水准使弥拉能同意、能实践，帮助你定计划执行。越是轻视物质越需要控制物质。[1] 你既要保持你艺术的尊严、人格的独立，控制物质更成为最迫切最需要的先决条件。孩子，假如你相信我这个论点，就得及早行动。

[1] 情节分析：帮助傅聪树立正确的金钱观，不要成为金钱的奴隶，而要成为它的主人。实现这些的前提是你有足够的物质条件满足所需。

经济有了计划，就可按照目前的实际情况定一个音乐活动的计划。比如下一季度是你最忙，但也是收入最多的季度，那笔收入应该事先做好预算，切勿钱在手头，散漫使花，而是要作为今后减少演出的基础——说明白些就是基金。你常说音乐世界是茫茫大海，但音乐还不过是艺术中的一支，学问中的一门。望洋兴叹是无济于事的，要钻研仍然要定计划——这又跟你的演出的多少、物质生活的基础有密切关系。你结了婚，不久家累会更重；你已站定脚跟，但最要防止将来为了家累、为了物质基础不稳固，不知不觉地把演出、音乐为你一家数口服务。古往今来——尤其近代，多少艺术家（包括各个部门的）到中年以后走下坡路，难道真是他们愿意的吗？多半是为家庭拖下水的，而且拖下水的经过完全出于不知不觉。孩子，我为了你的前途不能不长篇累牍地告诫。现在正是设计你下一阶段生活的时候，应当振作精神，面对当前，眼望将来，从长考虑。何况我相信三五年到十年之内，会有一个你觉得非退隐一年两年不可的时期。一切真有成就的演奏家都逃不过这一关。你得及早准备。

最近三个月，你每个月都有一封长信，使我们好像和你对面谈天一样，这是你所能给我和你妈妈的最大安慰。父母老了，精神上不免一天天地感到寂寞。唯有万里外的游子归鸿使我们生活中还有一些光彩和生气。希望以后的信中，除了艺术，也谈谈实际问题。你当然领会到我做爸爸的只想竭尽所能帮助你进步，增进你的幸福，想必不致嫌我烦琐吧。

写

【篇末小结】

这封充满哲理的长信主要有两个重点。第一个是关于对梅纽因的看法，傅雷毫不避讳地表达了对梅纽因母亲的批判与对梅纽因的敬佩与欣赏，并由此引出对于人的哲学的思考。人的发展是波浪式的，高低起伏。第二个重点是从管理金钱的角度谈到计划的重要性，一个好的计划一定会对自己的未来有所帮助，并以很多人到中年就走下坡路的艺术家引起傅聪的警醒。

【思考探究】

1. 写当代人物传记的优劣分别有哪些？

2. 如何理解"人的发展总是波浪式的"这句话？

【写作乐园】

一个好的计划会给我们带来意想不到的帮助。请你谈谈制定计划的重要性。（不少于100字）

_____

_____

八月一日

　　二十四日接弥拉十六日长信，快慰之至。几个月不见她手迹着实令人挂心，不知怎么，我们真当她亲生女儿一般疼她；从未见过一面，却像久已认识的人那样亲切。读她的信，神情笑貌跃然纸上。口吻那么天真、那么朴素，taste（品味）很好，真叫人喜欢。成功的婚姻不仅对当事人是莫大的幸福，温暖的光和无穷的诗意还一直照射到、渗透入双方的家庭。敏读了弥拉的信也非常欣赏她的人品。孩子，我不能不再一次祝贺你的幸运。两年半以来这是你音乐成就以外最大的收获了，相信你一定会珍惜这美满的婚姻，日后开出鲜艳的花来！

　　…………

　　弥拉报告中有一件事叫我们特别高兴。你居然去找过了那位匈牙利太太！（姓名弥拉写得不清楚，望告知！）多少个月来（在杰老师心中已是一年多了），我们盼望你做这一件事，一旦实现，不能不为你的音乐前途庆幸。写到此，又接你明信片；那么原来希望本月四日左右接你长信，又得推迟十天了。<u>但愿你把技巧改进的经过与实际谈得详细些，让我转告李先生，好慢慢帮助国内的音乐青年，想必也是你极愿意做的事。</u>[1] 本月十二至二十七日间，九月二十三日以前，你都有空闲的时间，除了出门休息（想你们一定会出门吧）以外，尽量再去拜访那位老太太，向她请教。尤其维也纳派（莫扎特、贝多芬、舒伯特），那种所谓 repose（和谐恬静）的风味必须彻底体会。好些评论对你这方面的欠缺都一再提及。至于追求细节太过，以致妨碍音乐的朴素与乐曲的总的轮廓，批评家也说过很多次。据我的推想，你很可能犯了这些毛病。往往你会追求一个目的，忘了其他，不知不觉钻入牛角尖（今后望深自警惕）。可是深信你一朝醒悟，信从了高明的指点，你回头是岸，纠正起来是极快的，只是别矫枉过正，往另一极端摇摆过去就好了。

　　像你这样的年龄与经验，随时随地吸收别人的意见非常重要。经常请教前辈更是必需。你敏感得很，准会很快领会到那位前辈的特色与专长，尽量汲取——不到汲取完了决不轻易调换老师。

　　…………

　　上面说到维也纳派的 repose（和谐恬静），推想当是一种闲适恬淡而又富于旷达胸怀的境界，有点儿像陶靖节、杜甫（某一部分田园写景）、苏东坡、辛稼轩（也是田园曲与牧歌式的词）。但我还捉摸不到真正维也纳派的所谓 repose（和谐恬静），不知你的体会是怎么回事？

　　近代有名的悲剧演员可分两派：一派是浑身投入，忘其所以，观众好像看到真正的剧中人在面前哭；情绪的激动、呼吸的起伏，竟会把人在火热的浪潮中卷走，Sarah Bernhardt（莎拉·伯恩哈特）即是此派代表（巴黎有她的纪念剧院）。一派刻画人物惟妙惟肖，也有大起大落的激情，同时又处处有一个恰如其分的节度，从来不流于"狂易"之境。心理学家说这等演员似乎有双重人格，既是演员，同时又是观众。演员使他与剧中人物合一，观众使他一切演技不会过火（即是能入能出的那句老话）。因为他随时随地站在圈子以外冷眼观察自己，故即使到了猛烈的高潮峰顶仍然能控制自己。以艺术而论，我想第二种演员应当是更高级。观众除了与剧中人发生共鸣，亲身经受强烈的情感以外，还感到理性节制的伟大，人不被自己情欲完全支配的伟大。这伟大也就是一种美。情感的美近于火焰的美、浪涛的美、疾风暴雨之美，或是风和日暖、鸟语花香的美；理性的美却近于钻石的闪光、星星的闪光，近于雕刻精工的美、完美无缺的美，也就是智慧之美！[1] 情感与理性平衡所以最美，因为是最上乘的人生哲学、生活艺术。

[1] 写作指导：将情感的美与理性的美化为形象的比喻，真实可感，让读者容易体会其区别。

　　记得好多年前我已与你谈起这一类话。现在经过千百次实际登台的阅历，大概更能体会到上述的分析可应用于音乐了吧。去冬你岳父来信说，你弹两支莫扎特协奏曲，能把强烈的感情纳入古典的形式之内，他意思即是指情感与理性的平衡。但你还年轻，出台太多，往往体力不济，或技巧不够放松，难免临场紧张，或是情不由己，be carried away（难以自抑）。并且你整个品性的涵养也还没到此地步。不过早晚你会在这方面成功的，尤其技巧有了大改进以后。

……………

"After reading that, I found my conviction that Handel's music, specially his oratorio is the nearest to the Greek spirit in music. His optimism, his radiant poetry, which is as simple as one can imagine but never vulgar, his directness and frankness, his pride, his majesty and his almost physical ecstasy. I think that is why when an English chorus sings'Hallelujah they suddenly become so wild, taking off completely their usual English inhibition, because at that moment they experience something really thrilling,something like ecstasy..."

　　"读了丹纳的文章，我更相信过去的看法不错。韩德尔的音乐，尤其神剧，是音乐中最接近希腊精神的东西。他有那种乐天的倾向、豪华的诗意，同时亦极尽朴素，而且从来不流于庸俗，他表现率直、坦白，又高傲又堂皇，差不多在生理上达到一种狂喜与忘我的境界。也许就因为此，英国合唱队唱 Hallelujah（哈利路亚）的时候，会突然变得豪放，把平时那种英国人的抑制完全摆脱干净，因为他们那时有一种真正激动心弦，类似出神的感觉……"

　　为了帮助你的中文，我把你信中一段英文代你用中文写出。你看看是否与你原意有距离。ecstasy（狂喜与忘我境界）一字含义不一，我不能老是用出神两字来翻译。像这样不打草稿随手翻译，在我还是破题儿第一遭。

写

【篇末小结】

　　收到弥拉的信，傅雷十分欣慰。对傅聪拜访匈牙利音乐家欢欣不已，希望傅聪技巧改进的经验能对国内的音乐青年有所帮助。他提到了傅聪的两个缺点：过于追求细节、情感与理性不能达到完美平衡。他用比较温和的语言，旁征博引，引发傅聪对自己音乐上的思考。

【思考探究】

1.近代有名的悲剧演员都分为哪两派？傅雷更认同哪一派，为什么？

2.傅雷说的"两年半以来这是你音乐成就以外最大的收获了"指的是什么？

【写作乐园】
谈谈我们应该如何把握情感与理性的平衡。（不少于 100 字）

_____

_____

八月十九日

[1] 情节分析：
对当时的政治时局来说，知识分子就是"原罪"。傅雷深受其害，忧时忧国却又无力改变。这种矛盾消极的心理常控制傅雷的心神，不时出现"撒手而去"的念头。

近几年来常常想到人在大千世界、星云世界中多么微不足道，因此更感到人自命为万物之灵实在狂妄可笑。但一切外界的事物仍不断对我发生强烈的作用，引起强烈的反应和波动，忧时忧国不能自已；另一时期又觉得转眼之间即可撒手而去，一切于我何有哉！这一类矛盾的心情几乎经常控制了我，主观上并无出世之意，事实上常常浮起虚无幻灭之感。[1]个人对一切感觉都敏锐、强烈，而常常又自笑愚妄。不知这是现代中国知识分子的共同苦闷，还是我特殊的气质使然。即使想到你有些安慰，却也立刻会想到随时有离开你们的可能，你的将来、你的发展，我永远看不见了，你十年二十年后的情形，对我将永远是个谜，正如世界上的一切、人生的一切，到我脱离尘世之时都将成为一个谜——个人消灭了，茫茫宇宙照样进行，个人算得什么呢！

写

【篇末小结】
时局变幻莫测，"左"倾思潮蔓延，公社化运动导致人民生活质量极度低下，知识分子屡受批判。傅雷被划为右派，对自己的人生产生了怀疑，开始思考人类的狂妄可笑。对种种现象的不理解，忧国忧民却又无能为力，极度的虚无幻灭之感，使他第一次在信中毫无顾忌流露出自己的痛苦与消极，这种心情后来一直影响着他。

【思考探究】
1."不知这是现代中国知识分子的共同苦闷，还是我特殊的气质使然"，"这"指的是什么？

2.古往今来，很多仁人志士都留下对人与宇宙的理解思考。这封家信中，哪句话是傅雷对此的思考？

【写作乐园】
浩瀚宇宙，往往会使人心生感慨。请写下你对人生与宇宙的思考。（不少于 100 字）

_____

_____

※ 八月三十一日夜至九月二日午

八月二十四日接十八日信，高兴万分。你最近的学习心得引起我许多感想。杰老师的话真是至理名言，我深有同感。会学的人举一反三，稍经点拨，即能跃进。不会学的不用说闻一以知十，连闻一以知一都不容易办到，甚至还要缠夹，误入歧途，临了反抱怨老师指引错了。所谓会学，条件很多，除了悟性高以外，还要足够的人生经验。暑假中教敏读王尔德《温德米尔夫人的扇子》，life is a speculation 一句，我解释了几遍，似乎他仍不甚了了。现代青年头脑太单纯，说他纯洁固然不错，无奈遇到现实，纯洁没法作为斗争的武器，倒反因天真幼稚而多走不必要的弯路。玩世不恭、cynical（愤世嫉俗）的态度当然为我们所排斥，但不懂得什么叫作 cynical（愤世嫉俗）也反映入世太浅，眼睛只会朝一个方向看。周总理最近批评我们的教育，使青年只看见现实世界中没有的理想人物，将来到社会上去一定感到失望与苦闷。胸襟眼界狭小的人，即使老辈告诉他许多旧社会的风俗人情，也几乎会骇而却走。他们既不懂得人是从历史上发展出来的，经过几千年上万年的演变过程才有今日的所谓文明人，所谓社会主义制度下的人，一切也就免不了管中窥豹（比喻只见到事物的一小部分）之弊。[1] 这种人倘使学文学艺术，要求体会比较复杂的感情，光暗交错、善恶并列的现实人生，就难之又难了。要他们从理论到实践，从抽象到具体，样样结合起来，也极不容易。但若不能在理论与实践、实践与理论、具体与抽象、抽象与具体中不断来回，任何学问都难以入门。

以上是综合的感想。现在谈谈你最近学习所引起的特殊问题。

据来信，似乎你说的 relax（放松）不是五六年以前谈的纯粹技巧上的 relax（放松），而主要是精神、感情、情绪、思想上的一种安详、闲适、淡泊、超逸的意境，即使牵涉到技术，也是表现上述意境的一种相应的手法、音色与 tempo rubato（弹性速度）等等。假如我这样体会你的意思并不错，那我就觉得你过去并非完全不能表达 relax（闲适）的境界，只是你没有认识到某些作品、某些作家确有那种relax（闲适）的精神。一年多以来，英国批评家有些说你的贝多芬（当然指后期的奏鸣曲）缺少那种 Viennese repose（维也纳式闲适），恐怕即是指某种特殊的安闲、恬淡、宁静之境，贝多芬在早年、中年剧烈挣扎与苦斗之后，到晚年达到的一个 peaceful mind（精神上清明恬静之境），也就是一种特殊的 serenity（安详）（是一种 resignation〔隐忍恬淡，心平气和〕产生的 serenity〔安详〕）。但精神上的清明恬静之境也因人而异，贝多芬的清明恬静既不同于莫扎特的，又不同于舒伯特的。稍一混淆，在水平较高的批评家、音乐家以及听众耳中就会感到气息不对，风格不合，口吻不真。我是用这种看法来说明你为何在弹斯卡拉蒂和莫扎特时能完全relax（放松），而遇到贝多芬与舒伯特就成问题。另外两点，你自己已分析得很清楚，一是看到太多的 drama（跌宕起伏，戏剧成分），把主观的情感加诸原作；二是你的个性与气质使你不容易 relax（放松），除非遇到斯卡拉蒂与莫扎特，只有轻灵、松动、活泼、幽默、妩媚、温婉而没法找出一点儿借口可以装进你自己的 drama（激越情感）。因为莫扎特的 drama（感情气质）不是十九世纪 drama（气质），不是

[1] 情节分析：胸襟、眼界是决定一个人发展的重要因素。面对老辈人的经验，年轻人往往骇而却走，因此走了很多弯路。这告诫我们要多听过来人的意见，开阔眼界。

163

英雄式的斗争、波涛汹涌的感情激动、如醉如狂的 fanaticism（狂热激情），你身上所有的近代人的 drama（激越，激烈）气息绝对应用不到莫扎特作品中去；反之，那种十八世纪式的 flirting（风情）和诙谐、俏皮、讥讽等等，你倒也很能体会，所以能把莫扎特表达得恰如其分。还有一个原因，凡作品整体都是 relax（安详，淡泊）的，在你不难掌握；其中有激烈的波动又有苍茫惆怅的那种 relax（闲逸）的作品，如肖邦，因为与你气味相投，故成绩也较有把握。但若既有激情又有隐忍恬淡，如贝多芬晚年之作，你即不免把握不准。你目前的发展阶段，已经到了理性的控制力相当强，手指神经很驯服地能听从头脑的指挥，故一朝悟出了关键所在的作品精神，领会到某个作家的 relax（闲逸恬静）该是何种境界何种情调时，即不难在短时期内改变面目，而技巧也跟着适应要求，像你所说"有些东西一下子显得容易了"。旧习未除，亦非短期所能根绝，你也分析得很彻底，悟是一回事，养成新习惯来体现你的"悟"是另一回事。

…………

最后你提到你与我气质相同的问题，确是非常中肯。你我秉性都过敏，容易紧张。而且凡是热情的人多半流于执着，有 fanatic（狂热）倾向。你的观察与分析一点不错。我也常说应该学学周伯伯那种潇洒、超脱、随意游戏的艺术风格，冲淡一下太多的主观与肯定，所谓 positivism（自信独断）。无奈向往是一事，能否做到是另一事。有时个性竟是顽强到底，什么都扭它不过。幸而你还年轻，不像我业已定型；也许随着阅历与修养，加上你在音乐中的熏陶，早晚能获致一个既有热情又能冷静、能入能出的境界。[1] 总之，今年你请教 Kabos（卡波斯）太太后，所有的进步是我与杰老师久已期待的。我早料到你并不需要到四十左右才悟到某些淡泊、朴素、闲适之美——像去年四月《泰晤士报》评论你两次肖邦音乐会所说的。附带又想起批评界常说你追求细节太过，我相信事实确是如此，你专追一门的劲也是 fanatic（狂热）得厉害，比我还要执着。或许近两个月以来，在这方面你也有所改变了吧。注意局部而忽视整体，雕琢细节而动摇大的轮廓固谈不上艺术；即使不妨碍完整，雕琢也要无斧凿痕，明明是人工，听来却宛如天成，才算得艺术之上乘。这些常识你早已知道，问题在于某一时期目光太集中在某一方面，以致耳不聪、目不明，或如孟子所说"明察秋毫而不见舆薪"。一旦醒悟，回头一看，自己就会大吃一惊，正如一九五五年时你何等欣赏米开兰琪利，最近却弄不明白当年为何如此着迷。

[1] 情节分析：
傅雷认为，一个人的境界是随着自己人生阅历的增加而不断提升的。

八月三十一日夜

早在一九五七年李赫特在沪演出时，我即觉得他的舒伯特没有 grace（优雅）。以他的身世而论，很可能于不知不觉中走上神秘主义的路。生活在另外一个世界中，那世界只有他一个人能进去，其中的感觉、刺激、形象、色彩、音响都另有一套，非我们所能梦见。神秘主义者往往只有纯洁、朴素、真诚，但缺少一般的温馨妩媚。便是文艺复兴初期的意大利与佛兰德斯宗教画上的 grace（优雅）也带一种圣洁的他世界的情调，与十九世纪初期维也纳派的风流蕴藉，熨帖细腻，同时也带一些淡淡的感伤的柔情毫无共通之处。而斯拉夫族，尤其俄罗斯民族的神秘主义又与西欧的罗马正教一派的神秘主义不同。听众对李赫特演奏的反应如此悬殊也是理所当然的。二十世纪六十年代的人还有几个能容忍音乐上的神秘主义呢？至于捧他上天的批评只好目之为梦呓，不值一哂（shěn）。

从通信所得的印象，你岳父说话不多而含蓄甚深，涵养功夫极好，但一言半语中流露出他对人生与艺术确有深刻的体会。以他成年前所受的教育和那么严格的纪律而论，能成长为今日这样一个独立自由的人，在艺术上保持鲜明的个性，已是不大容易的了；可见他秉性还是很强，不过藏在内里，一时看不出罢了。他自己在书中说："我外表是赫夫齐芭，内心是雅尔太（赫夫齐芭和雅尔太是梅纽因的大妹妹和小妹妹）。"但他坚强的个性不曾发展到他母亲的路上，没有那种过分的民族自傲，也算大幸。

尽管那本传记经过狄安娜夫人校阅，但其中并无对狄安娜特别恭维的段落，对诺拉（梅纽因的前妻）亦无贬词——这些我读的时候都很注意。上流社会的妇女总免不了当面一套，背后一套。为了在西方社会中应付，也有不得已的苦衷。主要仍须从大事情大原则上察看一个人的品质。希望你竭力客观，头脑冷静，前妻的子女对后母必有成见，我们局外人只能以亲眼看见的事实来判断，而且还须分析透彻。年轻人对成年人的看法往往不大公平，何况对待后母！故凡以过去的事为论证的批评最好先打个问号，采取保留态度，勿急于下断语。家务事曲折最多，单凭一面之词难以窥见真相。[1]

[1] 情节分析：告诫儿子看人看事不能对过去的事情妄下论断。以自己的阅历与经验指导傅聪与家人的相处之道。

············

你与弥拉之间能如此融洽也是不容易的了。她年幼未经世事，偶有差错亦在意料之中。但若与一般（无论国内国外）同年龄的女子相比，恐怕弥拉也是属于纯洁、懂事、肯刻苦一类的了。凡事不能有绝对标准，只能用比较的眼光看待一切。要一个像她那样出身的女孩子接近你的理想，必须以极大的忍耐，极长的时间，做感染与教育的工作。（"娇气"是家庭与社会共同培养出来的，故最难革除。）主要仍在于以身作则。你既有自知之明，相信你定会以容忍的态度应付。只要共同的理想不变，高远的目标始终成为双方追求的对象，心爱你那种艺术气氛中的弥拉会一天一天进步的，假如你自己也在一天一天的进步。

九月一日

从去年冬天起，党中央颁布了关于农业工作十二条，今年春季又扩充为"六十条"，纠正过去人民公社中的歪风（所谓乱刮"共产风"），订出许多新的措施，提高农民的积极性，增加物质报酬，刺激生产。大半年以来农村情况大有改变，农民工作都有了劲儿，不再拖拉、磨洋工。据说"六十条"是中央派了四十人的调查团，分别深入各地，住在农民家中实地调查研究以后得出的结论。可见党对人民生活的关心，及时大力扭转偏差，在天灾频繁的关头提出"大办农业，大种粮食"的口号。我个人感觉，人事方面，社会主义制度下最重要的关键仍然要消灭官僚主义；农业增产要达到理想指标必须机耕与化肥两大问题基本解决以后才有可能，并且吾国人民的饮食习惯倘不逐渐改变，不用油脂和蛋白、肉类来代替大量的淀粉，光靠谷类增产还是有困难。吾国人口多，生育率高，消耗淀粉（米、麦、高粱及一切杂粮）的总量大得惊人，以绝大部分的可耕地种谷类所能供应人的热量（即卡路里），远不如少量面积种油脂作物所能供应人的热量为多。在经济核算上，在国民健康观点上，油脂的价值远过于谷类。我们工农阶级的食物，油脂与淀粉质消耗的比例，正好和西欧工农在这两类上的比例相反。结果我们的胃撑得很大，到相当年纪又容易下垂，所得营养却少得可怜——但要改变大家几千年来多吃谷类的习惯不大容易，至少也要一两代才能解决。同时增加油脂作物和畜牧生产也是件大事。以上仅仅是我个人的感想，社会上尚未听见有人提出。

教育与文艺方面，半年来有不少党中央的报告，和前几年的看法做法也大有不同。对知识分子思想水平的要求有所调整，对"红""专"问题的标准简化为，只要有国际主义、爱国主义精神，接受马列主义，就算"红"。当然"红"与"专"都无止境，以之为终身努力的目标是应该的，但对目前知识分子不能要求过高、期望太急。文艺创作的题材亦可不限于工农兵，只消工农兵喜爱，能为工农兵看了以后消除疲劳也就是为工农兵服务。政治固然是判断作品的第一标准，但并非"唯一"的标准。以后要注意艺术性。学校教育不能再片面强调政治，不能停了课"搞运动"。周扬部长与陈副总理都提到工厂不搞生产如何成为工厂，学校不搞学习如何成为学校；今后培养青年一定要注重业务，要"专"，决不允许"红"而不"专"。诸如此类的指示有许许多多，大致都根据以上说的几个方针。问题在于如何执行、如何贯彻。基层干部的水平不可能一转眼就提高，也就不可能一下子正确领会党中央的政策与精神。大家"拨一拨、动一动"的惰性已相当深，要能主动掌握，彻底推行中央决定，必须经过长时期的教育与自我教育。国家这样大，人这么多，摊子摆得这么多、这么大，哪里一下就能扭转错误！现在只是调整方向方针，还未到全面实现的阶段。不过有此转变已经是可喜之至了。

以往四年简直不和你谈到这些，原因你自会猜到。我的感想与意见写起来也许会积成一厚本。我吃亏的就是平日想得太多，无论日常生活，大事小事，街头巷尾所见所闻，都引起我许多感想。更吃亏的是看问题水平提得太高（我一向说不是我水平高，而是一般的水平太低），发现症结为时太早。许多现在大家承认为正确的意见，我在四五年、六七年以前就有了；而在那时的形势下，在大家眼中我是思想落后，所以有那些看法。

昨天乘凉前后，独自想了很多，心中很难过，觉得对敏的责备不太公平。我对他从小起就教育不够，初期因他天资差、开窍迟，我自己脾气又不好；后期完全放任，听凭学校单独负责；他入大学后我也没写长信（除了一次以外）与他，像五四至五七、五九至现在我写给你的那样的信，一封也不曾给敏写过。无论在学业方面、做人方面，我都未尽教导之责。当然他十年来思想演变与你大异，使我没法多开口；但总觉得对你给的很多，对他给的太少，良心上对不起他。今后要想法补救一下才是。

这封信陆陆续续写了三天，和你谈话是永远谈不完的。唯一的安慰是发现你逐渐成熟，愈来愈了解我，减少我精神上孤独寂寞之感。你每来一次信，就仿佛你回家来看我们一次！

九月二日午

九月是你比较空闲的一月，我屡次要你去博物馆看画，无论如何在这个月中去一两回！先定好目标看哪一时期的哪一派，集中看，切勿分散精力。早期与中期文艺复兴（意大利派）也许对你理解斯卡拉蒂更有帮助。造型艺术与大自然最能培养一个人身心的 relax（舒泰）！

写

【篇末小结】

　　胸襟、眼界狭小的年轻人在面对老一辈人的指点时，往往会感到厌烦，但这样会走很多弯路。尊重老师的指引，结合自己的理解，才能取得进步。在此基础上，傅雷谈了傅聪学习上的问题，对贝多芬的清明恬静加以分析，引导傅聪在心境上有所精进。第二封信交流了李赫特弹奏的神秘主义风格。他赞扬了傅聪的岳父梅纽因的品行和艺术成就，教导儿子与弥拉家人的相处之道，告诫傅聪对任何人都不要轻下断语。第三封信主要是针对政治上的一些感想与交流。傅雷作为一位翻译家，对农业竟有如此清晰透彻的了解，对此提出的建议也切合实际，令人叹服。最后他谈到对傅敏的教育问题，这的确是很多家长容易犯的错误，所以说这本书也很适合家长去看。

【思考探究】

1.傅聪不能很好地演奏贝多芬的原因有哪些?

2.傅雷是怎样评价李赫特的演奏的?

【写作乐园】

追求细节是值得肯定的,但凡事都要掌握一个"度",追求细节太过就会容易造成傅聪那样的情况。请你谈谈我们应该如何把握这个"度"。(不少于100字)

_____

_____

九月十四日晨

你工作那么紧张,不知还有时间和弥拉谈天吗?我无论如何忙,要是一天之内不与你妈谈上一刻钟十分钟,就像漏了什么功课似的。时事感想,人生或大或小的事务的感想,文学艺术的观感,读书的心得,翻译方面的问题,你们的来信,你的行踪……上下古今,无所不谈,拉拉扯扯,不一定有系统,可是一边谈一边自己的思想也会整理出一个头绪来,变得明确;而妈妈今日所达到的文化、艺术与人生哲学的水平,不能不说一部分是这种长年的闲谈熏陶出来的。去秋你信中说到培养弥拉,不知事实上如何做?也许你父母数十年的经历和生活方式还有值得你参考的地方。以上所提的日常闲聊便是熏陶人最好的一种方法。或是饭前饭后或是下午喝茶(想你们也有英国人喝 tea 的习惯吧)的时候,随便交换交换意见,无形中彼此都得到不少好处。启发、批评,不知不觉地提高自己、提高对方。总不能因为忙,各人独自生活在一个小圈子里。少女少妇更忌精神上的孤独。共同的理想、热情,需要长期不断地灌溉栽培,不是光靠兴奋时说几句空话所能支持的。而一本正经地说大道理,远不如日常生活中琐琐碎碎的一言半语来得有效——只要一言半语中处处贯彻你的做人之道和处世的原则。孩子,别因为埋头于业务而忘记了你自己定下的目标,别为了音乐的艺术而抛荒生活的艺术。弥拉年轻,根基未固,你得耐性细致、孜孜不倦地关怀她,在人生琐事方面、读书修养方面、感情方面,处处观察、分析、思索,以诚挚深厚的爱作原动力,以冷静的理智作行动的指针,加以教导、加以诱引,和她一同进步!倘或做这些工作的时候有什么困难,千万告诉我们,可帮你出主意解决。你在音乐艺术中固然只许成功,不许失败;在人生艺术中、婚姻艺术中也只许成功,不许失败!这是你爸爸妈妈最关心的,也是你一生幸福所系。而且你很明白,像你这种性格的人,人生没法与艺术分离,所以要对你的艺术有所贡献,家庭生活与夫妇生活更需要安排得美满。语重心长,但愿你深深体会我们爱你和爱你的艺术的热诚,从而在行动上彻底实践!

我老想帮助弥拉,但自知手段笨拙,生怕信中处处流露出说教口吻和家长面孔。青年人对中年老年人另有一套看法,尤其西方少妇。你该留意我的信对弥拉起什么作用,要是她觉得我太古板、太迂腐等等,得赶快告诉我,让我以后对信中的措辞多加修饰。我决不嗔怪她,可是我极需要知道她的反应来调节我教导的方式方法。你务须实事求是，切勿粉饰太平、歪曲真相，日子久了，这个办法只能产生极大的弊害。你与她有什么不协和，我们就来解释、劝说；她与我们之间有什么不协和，你就来解释、劝说，这样才能做到所谓"同舟共济"。我在中文信中谈的问题，你都可挑出一二题目与她讨论。我说到敏的情形也好告诉她，这叫作旁敲侧击，使她更了解我们。我知道她家务杂务、里里外外忙得不可开交，故至今不敢在读书方面督促她。我屡屡希望你经济稳定，早日打定基础，酌量减少演出，使家庭中多些闲暇，一方面也是为了弥拉的进修（要人进修，非给相当时间不可）。我一再提议你去森林或郊外散步，去博物馆欣赏名作，大半为了你，一小半也是为了弥拉。多和大自然与造型艺术接触，无形中能使人恬静旷达（古人所云"荡涤胸中尘俗"，大概即是此意），维持精神与心理的健康。在众生万物前面不自居为"万物之灵"，方能祛除我们的狂妄，打破纸醉金迷的俗梦，养成淡泊洒脱的胸怀，同时扩大我们的同情心。欣赏前人的遗迹，看到人类伟大的创造，才能不使自己被眼前的局势弄得悲观，从而鞭策自己，竭尽所能地在尘世留下些少成绩。以上不过是与大自然及造型艺术接触的好处的一部分，其余你们自能体会。

　　你对狄阿娜夫人与岳父的意见，大概决不会与外人谈到吧。上流社会，艺术界，到处都有搬嘴舌的人，必须提防。别因为对方在这些问题上与你看法相同，便流露出你的心腹（一个人上当最多就是在这种场合）。特别对你岳父的意见，你务必"讳莫如深（紧紧隐瞒）"，只跟我们谈；便是弥拉前面也不宜透露，她还没有到年纪，不能冷静分析从小崇拜的父亲。再说，一个名流必有或多或少忌妒的人，社会上对你岳父的议论都得用自己的头脑来分析过，与事实核对过；否则不能轻易信服。[1]

[1] 情节分析：
名人往往伴随着众多人的议论，告诫傅聪要仔细分析这些议论，结合事实去看一个人。

写

【篇末小结】

　　这封信主要是傅雷向傅聪传授婚姻上的经验。希望傅聪能好好经营自己的婚姻，并以傅聪母亲在文化、艺术、人生哲学方面的进步，建议傅聪每日都要和弥拉有所交流，不要因为音乐艺术而抛弃生活艺术。对于自己在弥拉的教导上，他生怕犯错，希望傅聪能够充当桥梁，做到"同舟共济"。在弥拉的学习方面，他又一次提到了大自然的魅力，建议傅聪和弥拉多与大自然和造型艺术接触，维持精神与心理的健康。最后他告诫傅聪对岳父及其夫人的意见不要流露出去，"闲谈莫论人非"，告诉他生活的经验。

【思考探究】

1.傅雷认为熏陶人最好的一种方法是什么？

2.傅雷认为与大自然及造型艺术接触有哪些好处？

【写作乐园】

"其余你们自能体会"，在与大自然相处中，你有哪些体会？（不少于100字）

《傅雷家书》阅读检测卷

赠卷

题　号	一	二	总　分
分　数			

一、简答题。(共48分)

1.以下是某同学读完《傅雷家书》之后绘制的思维导图,请联系书信内容将空缺处补充完整。(6分)

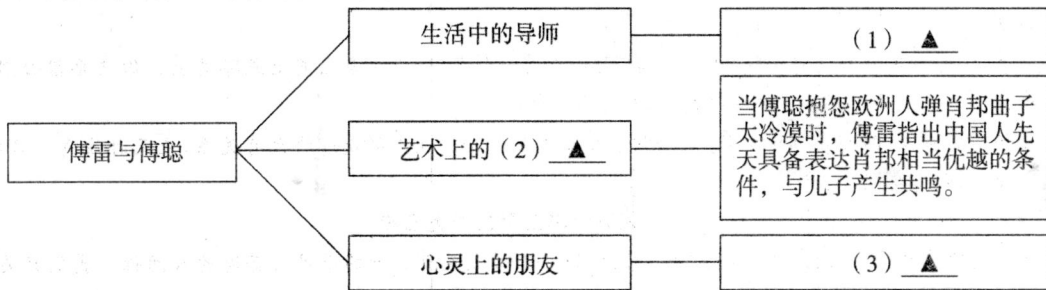

```
                          ┌──生活中的导师───────────(1)▲
                          │
                          │                      ┌─────────────────────────┐
                          │                      │当傅聪抱怨欧洲人弹肖邦曲子│
傅雷与傅聪───────────────┼──艺术上的(2)▲───────│太冷漠时,傅雷指出中国人先 │
                          │                      │天具备表达肖邦相当优越的条 │
                          │                      │件,与儿子产生共鸣。       │
                          │                      └─────────────────────────┘
                          │
                          └──心灵上的朋友───────────(3)▲
```

(1)_____

(2)_____

(3)_____

2."人一辈子都在高潮低潮中浮沉,唯有庸碌的人,生活才如死水一般;或者要有极高的修养,方能廓然无累,真正地解脱。"这句话蕴含着怎样的生活哲理?请谈谈你的理解。(4分)

_____

3.《傅雷家书》是经典的教子篇,在傅聪长大成才的道路上,作为父亲的傅雷,从哪些方面给予了儿子悉心的指导?请结合书信内容进行梳理。(4分)

_____

4.得知傅聪与弥拉成婚的喜讯之后,傅雷写在给傅聪的信中就多了许多关于婚姻看法的交流。对于爱情婚姻,傅雷有哪些看法?请列举两点。(4分)

_____

5.傅聪在回忆父亲与他交流的众多内容时,称印象最深刻的是"赤子之心"。阅读下列选段,阐述"赤子之心"的内涵。(4分)

片段一:又比如他讲"孤独"的那段,我永远忘不了:"赤子便是不知道孤独的。赤子孤独了,会创造一个世界,创造许多心灵的朋友!"父亲说:"孩子,你永远不要害怕孤独,你孤独了你会去创造,去体会,这才是最有价值的。"

——傅聪自述

片段二:这一回可不然,你的确和莫扎特起了共鸣,你的脉搏跟他的脉搏一致了,你的心跳和他的同一节奏了;你活在他的身上,他也活在你的身上;你自己与他的共同点被你找出来了、抓住了,所以你才会这样欣赏他、理解他。……所谓赤子之心,不但指纯洁无邪、指清新,而且还指爱!

——《傅雷家书·一九五六年二月二十九日夜》

_____

6.作为一个兼通中西、学贯南北的艺术家,傅雷在大家眼中究竟是一个怎样的人呢?阅读他人对傅雷的评价,综合你的阅读感受,写下你对他的评价。(4分)

楼适夷(好友):傅雷的艺术造诣是极为深厚的,对古今中外的文学、绘画、音乐各个领域都有极渊博的知识。

朱梅馥(妻子):他为人正直不苟,对事业忠心耿耿。

黄苗子(画家):傅雷非常爱这个国家,所以对这个国家的要求也很严格。他爱他自己的文章,爱他所翻译的作家的作品,爱生活的一切,所以对它们非常认真。

傅聪(儿子):我的父亲是个懂生活、有思想的人,他把人格看得比任何东西都可贵。

_____

1

3.《傅雷家书》主题阅读。(共21分)

材料一:原著节选

一九五四年八月十六日晚

<u>我忙得很,只能和你谈几桩重要的事。</u>

你素来有两个习惯:一是到别人家里,进了屋子,脱了大衣,却留着丝围巾;二是常常把手插在上衣口袋里,或是裤袋里。这两件都不合西洋的礼貌。围巾必须和大衣一同脱在衣帽间,不穿大衣时,也要除去围巾。手插在上衣袋里比插在裤袋里更无礼貌,切忌切忌!何况还要使衣服走样,你所来往的圈子特别是有教养的圈子,一举一动必须特别留意。对客气的人,或是师长,或是老年人,说话时手要垂直,人要立直。你这种规矩成了习惯,一辈子都有好处。

在饭桌上,两手不拿刀叉时,也要平放在桌面上,不能放在桌下,搁在自己腿上或膝盖上。你只要留心别的有教养的青年就可知道。刀叉尤其不要掉在盘下,叮叮当当的!

出台行礼或谢幕,面部表情要温和,切勿像过去那样太严肃。这与群众情绪大有关系,应及时注意。只要不急,心里放平静些,表情自然会和缓。

一九五六年二月二十九日夜

一切伟大的艺术家(不论是作曲家、文学家、画家……)必然兼有独特的个性与普遍的人间性。我们只要能发掘自己心中的人间性,就找到了与艺术家沟通的桥梁。再若能细心揣摩,把他独特的个性也体味出来,那就能把一件艺术品整个儿了解了。当然不可能和原作者的理解与感受完全一样,了解的多少、深浅、广狭,还是大有出入;而我们自己的个性也在中间发生不小的作用。

大多数从事艺术的人缺少真诚。因为不够真诚,一切都在嘴里随便说说,当作唬人的幌子,装自己的门面,实际只是拾人牙慧,并非真有所感。所以他们对作家决不能深入体会,先是对自己就没有深入分析过。这个意思,克利斯朵夫(在第二册内)也好像说过的。

<u>真诚是第一把艺术的钥匙。</u>知之为知之,不知为不知。真诚的"不懂",比不真诚的"懂",还叫人好受些。最可厌的莫如自以为是,自作解人。有了真诚,才会有虚心,有了虚心,才肯丢开自己去了解别人,也才能放下虚伪的自尊心去了解自己。建筑在了解自己了解别人上面的爱,才不是盲目的爱。

材料二:名家评论

这本书其实是一本修身养性之书,一本讨论家长应该怎么教育孩子,怎么把孩子培养成一个优秀人才的书。大家都知道傅雷是著名法国文学翻译家,但是他更重要的作品,我觉得就是优秀的儿子傅聪。

——陈思和(复旦大学教授)

它是那个年代非常真实的记录,记录了五六十年代,也记录了正直的、善良的知识分子对人生、艺术、儿子的态度。

——陈子善(作家)

父母的家信不是为发表而创作,只是普通的家信,写在纸上的家常话。一九八一年我将这些家信辑集成书,公诸于众,是为了纪念自己的父母,寄托我们的哀思。家书广泛传播的溢出效应,全面展示傅雷家风,再现我和聪哥成长的家教背景,其底色是东西文化的融合,底线是"先做人",我以为这才是家书的要旨,望读者朋友们通览全书,深自领悟。

——傅敏(傅雷次子)

(1)读材料一中的两封家信,你觉得怎样才能成为傅雷所希望的有教养的青年?(4分)

_____

_____

(2)体会材料一中的两处画线句,结合书信内容回答括号里的问题。(共6分)
①我忙得很,只能和你谈几桩重要的事。(怎么理解傅雷所谈的这些事的"重要"?)(3分)

_____

②真诚是第一把艺术的钥匙。(从修辞的角度阐述这句话的含义。)(3分)

_____

(3)结合材料一中两封书信的内容,谈谈你心中的傅雷形象。(5分)

_____

(4)请你结合阅读《傅雷家书》的体验和材料二的内容,写一段推荐语。(80字左右)(6分)

_____

(3)从语言特色考虑,联系语境,文中空白处填入哪一句更为恰当? 并简要说明理由。(3分)

A. 现实会给你证明我并没大错　　　　B. 现实会给你证明,我是对的

_____

(4)傅雷认为在两代人相处中,青年人应持有怎样的态度? 长辈应克服自身哪些弱点? 傅雷希望两代人建立怎样的关系? (6分)

_____

_____

2.阅读《傅雷家书》选段,回答下列问题。(共18分)

　　早预算新年中必可接到你的信,我们都当作等待什么礼物一般地等着。果然昨天早上收到你来信,而且是多少可喜的消息。孩子! 要是我们在会场上,一定会禁不住涕泗横流的。世界上最高的最纯洁的欢乐,莫过于欣赏艺术,更莫过于欣赏自己的孩子的手和心传达出来的艺术! 其次,我们也因为你替祖国增光而快乐! 更因为你能借音乐而使多少人欢笑而快乐! 想到你将来一定有更大的成就,没有止境的进步,为更多的人更广大的群众服务,鼓舞他们的心情,抚慰他们的创痛,我们真是心都要跳出来了! 能够把不朽的大师的不朽的作品发扬光大,传播到地球上每一个角落去,真是多神圣,多光荣的使命! 孩子,你太幸福了,天待你太厚了。我更高兴的更安慰的是,多少过分的谀辞与夸奖,都没有使你丧失自知之明,众人的掌声、拥抱,名流的赞美,都没有减少你对艺术的谦卑! 总算我的教育没有白费,你二十年的折磨没有白受! 你能坚强(不为胜利冲昏了头脑是坚强的最好的证据),只要你能坚强,我就一辈子放了心! 成就的大小、高低,是不在我们掌握之内的,一半靠人力,一半靠天赋,但只要坚强,就不怕失败、不怕挫折、不怕打击——不管是人事上的、生活上的、技术上的、学习上的——打击;从此以后你可以孤军奋斗了。何况事实上有多少良师益友在周围帮助你、扶掖你。还加上古今的名著,时时刻刻给你精神上的养料! 孩子,从今以后,你永远不会孤独了,即使孤独也不怕了!

(1)选段谈到了傅雷希望儿子加强哪些方面的修养? 请简要概括。(4分)

_____

_____

(2)傅雷在教子方面可谓苦心孤诣。结合选段内容,分析傅雷的人物形象。(4分)

_____

(3)品读下列句中加点词的含义,并分析句中表达的感情。(共4分)

①多少过分的谀辞与夸奖,都没有使你丧失自知之明,众人的掌声、拥抱,名流的赞美,都没有减少你对艺术的谦卑!
(2分)

_____

②孩子,从今以后,你永远不会孤独了,即使孤独也不怕了!(2分)

_____

(4)下面是一位同学的阅读笔记,这则笔记对我们阅读《傅雷家书》有什么值得借鉴的地方? (6分)

_____班	_____阅读课阅读表
日　期	2021年4月9日
阅读书目	《傅雷家书》
阅读目标	P231-P295
完成情况	已完成
摘抄(批注)次数	3次
阅读笔记	今天,带着目的性,我又一次翻开了《傅雷家书》这本书。我们小组探讨主题是:傅雷对傅聪礼仪及为人处世方面所做的教导。傅雷始终将做人放在教育第一位,成为一个具有优秀品德的人必不可少的便是礼仪,凡几篇说教性家书中,多多少少涉及了这方面的教导。

_____

_____

7.请以下列两个句子为例,注意加点部分,探究《傅雷家书》的语言特点。(共4分)

(1)辛酸的眼泪是培养你心灵的酒浆。(2分)

_____

(2)孩子!要是我们在会场上,一定会禁不住涕泗横流的。世界上最高的最纯洁的欢乐,莫过于欣赏艺术,更莫过于欣赏自己的孩子的手和心传达出来的艺术!(2分)

_____

8.名著阅读。(共18分)

某中学的"大咖说"活动已经进行到第五期了,深受广大师生的喜爱。为了让更多同学能够参与其中,享受阅读带来的乐趣,现在语文组联合学生会在学校里开展"小咖话名著"的沙龙活动。

(1)【分享】在沙龙活动中有很多同学提出,《傅雷家书》只是一部家信的集合,并没有阅读价值,请你从道德、文化、艺术三个方面中任选一个来反驳这种说法。(6分)

_____

(2)【解惑】同学小元在沙龙中提出一个困扰自己已久的问题:他的父亲一直对他非常严厉,甚至不允许他发表自己的意见,凡事都要以父亲的要求为准。为此,他很苦恼。请你结合《傅雷家书》的内容,以小元的口吻写封短信,给父亲提一些建议。(只写正文)(6分)

_____

(3)【争鸣】施蛰存曾这样评价傅雷:"他的家教如此之严,望子成龙的心情如此之热烈。他要把他的儿子塑造成符合于他的理想的人物。这种家庭教育是相当危险的,没有几个人能成功,然而傅雷成功了。"他认为傅雷的教育是"危险"的,你是否赞同他的说法?说说你的理由。(6分)

_____

二、阅读题。(共52分)

1.阅读《傅雷家书》选段,回答下列问题。(共13分)

你走后第二天就想写信,怕你嫌烦,也就罢了。可是没一天不想你,每天清早六七点就醒,翻来覆去睡不着,也说不出为什么,好像克利斯朵夫的母亲独自守在家里,想起孩子童年一幕幕的形象一样;我和你妈妈老是想着你二三岁到六七岁间的小故事——这一类的话我们不知有多少可以和你说,可是不敢说,你这个年纪是一切向前的,不愿意回顾;我们啰里啰唆的抖出你尿布时代与一把鼻涕一把眼泪时代的往事,会引起你的憎厌。孩子,这些我都很懂得,妈妈也懂得。只是你的一切终身会印在我们脑海中,随时随地会浮起来,像一幅幅的小品图画,使我们又快乐又惆怅。

真的,你这次在家一个半月,是我们一生最愉快的时期;这幸福不知应当向谁感谢,即使我没宗教信仰,至此也不由得要谢谢上帝了!我高兴的是我又多了一个朋友;儿子变成朋友,世界上有什么事可以和这种幸福相比的!尽管将来你我之间离多聚少,但我精神上至少是温暖的、不孤独的。我相信我一定会做到不太落伍、不太冬烘,不至于惹你厌烦。也希望你不要以为我在高峰的顶尖上所想的、所见到的,比你们的不真实。年纪大的人终是往更远的前途看,许多事你们一时觉得我看得不对,日子久了,_____。

孩子,我从你身上得到的教训,恐怕不比你从我得到的少。尤其是近三年来,你不知使我对人生多增了几许深刻的体验,我从与你相处的过程中学到了忍耐,学到了说话的技巧,学到了把感情升华!

你走后第二天,妈妈哭了,眼睛肿了两天,这叫作悲喜交集的眼泪。我们可以不用怕羞地这样告诉你,也可以不担心你憎厌而这样告诉你。人毕竟是感情的动物,偶然流露也不是可耻的事。何况母亲的眼泪永远是圣洁的、慈爱的!

——1954年1月30日晚

(1)作者为什么说"又快乐又惆怅"呢?(2分)

_____

(2)"你这次在家一个半月,是我们一生最愉快的时期。"作者说这话的原因是什么?(用原文回答,10个字以内)(2分)

_____

十月五日夜 *

我抱着满腔愉快的心情告诉你一个好消息，我日夜盼望的那么一天终于到来，爸爸的问题解决了，已于九月三十日报上发表（就是"摘掉帽子"）。爸爸是一九五八年四月底戴上右派帽子的，他是文艺界中最后一个，当时阿敏就要告诉你，我们怕刺激你，立即去信阻止，所以你大概有些不清不楚。这完全是党的宽大以及他数十年如一日的辛勤工作的结果，但他自己认为谈不上什么自我改造。他认为本来"戴帽子"与"摘帽子"都是他们的事，与他无关。

好些多年不见的朋友，见报后都非常高兴地打电话来道贺，有的上门来看他，都表示无限兴奋。近在咫尺的林医生，整整三年不来往，他一知道就来看爸爸，林伯伯除了头发更秃了些、略微瘦了些，还是老样子。精神充沛、热情洋溢，相互之间毫无隔阂，我们谈了四个多钟点，痛快极了。

…………

孩子，你跟爸爸相似的地方太多了，连日常生活也如此相似，老关在家里练琴、听唱片，未免太单调。要你出去走走、看看博物馆，无非是调剂生活，丰富你的精神生活。你的主观、固执，看来与爸爸不相上下，这个我是绝对同情弥拉的，我决不愿意身受的折磨会在下一代的儿女身上重现——你是自幼跟我在一起，生活细节也看得多，你是最爱妈妈的，也应该是最理解妈妈的。我对你爸爸性情脾气的委曲求全、逆来顺受，都是有原则的，因为我太了解他，他一贯的秉性乖戾、疾恶如仇，是有根源的——当时你祖父受土豪劣绅的欺侮压迫，二十四岁时就郁闷而死，孤儿寡母（你祖母和你爸爸）悲惨凄凉的生活，修道院式的童年，真是不堪回首。到成年后，孤军奋斗，爱真理，恨一切不合理的旧传统和杀人不见血的旧礼教，为人正直不苟，对事业忠心耿耿，我爱他，我原谅他。为了家庭的幸福、儿女的幸福，以及他孜孜不倦的事业的成就，放弃小我，顾全大局。爸爸常常抱恨自己把许多坏脾气影响了你，所以我们要你及早注意，克制自己，把我们家上代悲剧的烙印从此结束，而这个结束就要从你开始，才能不再遗留到后代身上去。现在弥拉还年轻，有幻想、有热情，多少应该满足她活跃的青春的梦，偶尔看看电影、去博物馆，陶醉在过去的历史的成果中欣赏体会；周末去郊外或公园散步闲游，吸收自然界的美，要过这种有计划、有调节的生活，人生才有意思。我们是老了，可是心里未尝不向往这种生活呢！目前你赶巡回演出的节目，一切都谈不上，可是让你心中有数，碰到有时间有机会的时候，千万争取利用，不可随便放弃。好孩子，你是爱父母的，那么千言万语，无非要你们更美满、更幸福，总要接受父母的劝告，让我们也跟着你们快活，何乐而不为呢。

写

【篇末小结】
对于傅雷"摘掉帽子"的事情，朱梅馥满腔愉快，但是，对于傅雷而言，并不认为这与自己有关，可见其精神境界之高。对于很多老朋友的拜访慰问表示了极度的开心。从这封信上，我们窥探到一些傅雷性格形成的原因、自己因此承受的折磨，希望这种折磨不要在下一代身上重演。

【思考探究】
1.对于"摘帽子"与"戴帽子"，傅雷的态度是怎样的？从中可以看出他怎样的性格特点？

2.傅雷秉性乖戾、疾恶如仇的根源是什么？

【写作乐园】
你的梦想是什么？说说你为实现梦想付出了怎样的努力。（不少于100字）

_____

_____

※ 十月五日深夜

八九两月你统共只有三次演出，但似乎你一次也没去郊外或博物馆。我知道你因技术与表达都有大改变，需要持续加工和巩固；访美的节目也得加紧准备；可是两个月内毫不松散也不是办法。两年来我不知说了多少次，劝你到森林和博物馆走走，你始终不能接受。孩子，我多担心你身心的健康和平衡；一切都得未雨绸缪，切勿到后来悔之无及。单说技巧吧，有时硬是别扭，倘若丢开一个下午，往大自然中跑跑，或许下一天就能顺利解决。人的心理活动总需要一个酝酿的时期，不成熟时硬要攻克难关，只能弄得心烦意躁，浪费精力。[1]音乐理解亦然如此。我始终觉得你犯一个毛病，太偏重以音乐本身去领会音乐。你的思想与信念并不如此狭窄，很会海阔天空地用想象力；但与音乐以外的别的艺术，尤其大自然，实际上接触太少。整天看谱、练琴、听唱片……久而久之会减少艺术的新鲜气息，趋于抽象、闭塞，缺少生命的活跃与搏击飞纵的气势。我常常为你预感到这样一个危机，不能不舌敝唇焦，及早提醒，要你及早防止。你的专业与我的大不同。我是不需要多大创新的，我也不是有创新才具的人，长年关在家里不致在业务上有什么坏影响。你的艺术需要时时刻刻地创造，便是领会原作的精神也得从多方面（音乐以外的感受）去探讨。正因为过去的大师就是从大自然、从人生各方面的材料中"泡"出来的，把一切现实升华为emotion（感情）与sentiment（情操），所以表达他们的作品也得走同样的路。这些理论你未始不知道，但似乎并未深信到身体力行的程度。另外我很奇怪，你年纪还轻，应该比我爱活动；你也强烈地爱好自然，怎么实际生活中反而不想去亲近自然呢？我记得很清楚，我二十二三岁在巴黎、瑞士、意大利以及法国乡间，常常在月光星光之下，独自在林中水边踏着绿茵，呼吸浓烈的草香与泥土味、溪水味，或是借此舒散苦闷，或是沉思默想。便是三十多岁在上海，一逛公园就觉得心平气和，精神健康多了。太多与刺激感官的东西（音乐便是刺激感官最强烈的）接触，会不知不觉失去身心平衡。你既憧憬希腊精神，为何不学学古希腊人的榜样呢？你既热爱陶潜、李白，为什么不试试去体会"采菊东篱下，悠然见南山"的境界（实地体会）呢？你既从小熟读克利斯朵夫，总不致忘了克利斯朵夫与大自然的关系吧？还有造型艺术，别以家中挂的一些为满足，干吗不上大英博物馆去流连一下呢？[2]

[1] 情节分析：这是傅雷宝贵的人生经验。遇到难关时，不要强硬地想去攻克它，有时候慢下来，放松一下身心，会取得意想不到的效果。

[2] 写作指导：一连四个反问，加强语气。可见傅雷劝傅聪亲近大自然的良苦用心，表现了他对儿子的疼惜。

大概你会回答我说没有时间，做了这样就得放弃那样。可是暑假中比较空闲，难道去一两次郊外与美术馆也抽不出时间吗？只要你有兴致，便是不在假中，也可能特意上美术馆，在心爱的一两幅画前面待上一刻钟半小时。不必多，每次只消集中一两幅，来回统共也花不了一个半小时，无形中积累起来的收获可是不小呢！你说我信中的话，你"没有一句是过耳不入"的，好吧，那么在这方面希望你思想上慢慢酝酿，考虑我的建议，有机会随时试一试，怎么样？行不行呢？我一生为你的苦心，你近年来都体会到了。可是我未老先衰，常有为日无多之感，总想尽我仅有的一些力量，在我眼光所能见到的范围以内帮助你、指导你，特别是早早指出你身心与艺术方面可能发生的危机，使你能预先避免。[1] "语重心长"这四个字形容我对你的态度是再贴切没有了。只要你真正爱你的爸爸、爱你自己、爱你的艺术，一定会郑重考虑我的劝告，接受我数十年如一日的这股赤诚的心意！

你也很明白，钢琴上要求放松先要精神上放松，过度的室内生活与书斋生活恰恰是造成现代知识分子神经紧张与病态的主要原因；而萧然意远、旷达恬静、不滞于物、不凝于心的境界只有从自然界中获得，你总不能否认吧。

还有很重要的一点，弥拉比你小五岁，应该是喜欢活动的年纪。你要是闭户家居，岂不连带她感到岑寂枯索？而看她的气质，倒也很爱艺术与大自然，那就更应该同去欣赏，对彼此都有好处。只有不断与森林、小溪、花木、鸟兽、虫鱼和美术馆中的杰作亲炙的人，才会永远保持童心、纯洁与美好的理想。培养一个人，空有志愿有什么用？主要从行动着手！无论多么优秀的种子，没有适当的环境、水土、养分，也难以开花结果，说不定还会中途变质或夭折。[2] 弥拉的妈妈诺拉本性何尝不好、不纯洁，就是与伊虚提之间缺少一个共同的信仰与热爱，缺少共同的 devotion（努力目标），才会如此下场。即使有了共同的理想与努力的目标，仍然需要年纪较长的伙伴给她熨帖的指点，带上健全的路，帮助她发展，给她可能发展的环境和条件。你切不可只顾着你的艺术，也得分神顾到你一生的伴侣。二十世纪登台演出的人更非上一世纪的演奏家可比，他要紧张得多、工作繁重得多、生活忙乱得多，更有赖于一个贤内助。所以分些精神顾到弥拉（修养、休息、文娱活动……），实际上仍是为了你的艺术；虽然是间接的，影响与后果之大却非你意想所及。你首先不能不以你爸爸的缺点——脾气暴躁为深戒，其次不能期待弥拉也像你妈妈一样和顺。在西方女子中，我与你妈妈都深切感到弥拉已是很好的好脾气了，你该知足，该约制自己。天下父母的心总希望子女活得比自己更幸福；只要我一旦离开世界的时候，对你们俩的结合能有确切不移的信心，也是我一生极大的酬报了！

十一月至明春二月是你去英后最忙的时期，也是出入重大的关头，旅途辛苦，演出劳累，难免神经脆弱，希望以最大的忍耐控制一切，处处为了此行的使命与祖国荣辱攸关着想。但愿你明年三月能够以演出与性情脾气双重的成功报告我们，那我们真要快乐到心花怒放了！——放松，放松！精神上彻底的轻松愉快，无挂无碍，将是你此次双重胜利的秘诀！

另一问题始终说服不了你，但为你的长久利益与未来的幸福不得不再和你唠叨。你历来厌恶物质，避而不谈；殊不知避而不谈并不解决问题，要不受物质之累，只有克服物质、控制物质，把收支情况让我们知道一个大概，帮你出主意妥善安排。

[1] 情节分析：
父母到老都不能放下儿女，希望帮儿子扫平所有的危机。爱子之情，溢于言表。

[2] 写作指导：
将人比作种子，没有好的环境，种子不会开花结果。以此告诫儿子从行动上培养弥拉。表达了父亲对儿子婚姻幸福的期望。

唯有妥善安排才能不受物质奴役。凡不长于理财的人少有不吃银钱之苦的。我和你妈妈在这方面自问还有相当经验可给你做参考。你怕烦，不妨要弥拉在信中告诉我们。她年少不更事，只要你从旁怂恿一下，她未始不愿向我们学学理财的方法。你们早晚要有儿女，如不及早准备，临时又得你增加演出来弥补，对你的艺术却无裨益。其次要弥拉进修、多用些书本功夫，也该给她时间。目前只有一个每周来两次的maid（女佣人），可见弥拉平日处理家务还很忙。最好先逐步争取，经济上能雇一个每日来帮半天的女佣。每年暑假至少要出门完全休息两星期。这种种都得在家庭收支上调度得法，订好计划，方能于半年或一年之后实现。当然主要在于实际执行而不仅仅是一纸空文的预算和计划。唱片购买也以随时克制为宜，勿见新即买。我一向主张多读谱，少听唱片，对一个像你这样的艺术家帮助更大。读谱好比弹琴用 urtext（德文字，相当于英文的 original text，原谱版本，通常指一九〇〇年以前未经他人编辑、整理或注释的原始曲谱），听唱片近乎用某人 edit（编）的谱。何况我知道你十年二十年后不一定永远当演奏家；假定还可能向别的方面发展，长时期读谱也是极好的准备。我一心一意为你打算，不论为目前或将来，尤其为将来。你忙，没空闲来静静地分析、考虑；倘我能代你筹划筹划，使我身后你还能得到我一些好处——及时播种的好处，那我真是太高兴了。

写

【篇末小结】

傅雷总是感觉自己未老先衰，充满着无力感与对儿子的放心不下。在信中，他反复叮咛儿子与大自然、造型艺术多接触。大自然是最能让人身心放松的了，希望儿子能在大自然中养成萧然意远、旷达恬静的境界。他希望儿子的终身伴侣能够与儿子达到精神契合，有共同的理想与目标。最后仍是关于理财方面的担忧与建议，他害怕儿子在生活中遇到不如意，希望能及时帮助他规避。

【思考探究】

1.如何理解"整天看谱、练琴、听唱片……久而久之会减少艺术的新鲜气息，趋于抽象、闭塞，缺少生命的活跃与搏击飞纵的气势"？

2.造成现代知识分子神经紧张与病态的主要原因是什么？

【写作乐园】

请你写一封信，以自己的亲身经历告诫傅聪理财的重要性。（不少于100字）

_____

_____

十二月十七日

亲爱的孩子们：

两个月以来，我的工作越来越重。翻译每天得花八小时，再加上额外工作，如见客、看信、回信等等，我的头脑通常每天得保持活跃十一二小时，几乎连休息的时间也没有。甚至星期天，由于有那么多信件以及平时未完的事有待清理，也是整日忙碌的。你看，在脑力活动上聪就像我，我并非不想去公园里散散步或者逛逛古董铺，实在是没有这种闲暇，工作对我来说变成一种激情、一种狂热，只有拼命工作才能对我有所裨益，使我在临睡之前，多少有些自我满足的感觉，弥拉也许会说："有其父必有其子！"

写

【篇末小结】

这是一封简短的信。虽然工作占据了傅雷全部的时间与精力，但他内心是开心的，是激动的。他对工作的态度值得我们学习。无论是在学习还是以后的工作中，我们都要像傅雷这样，投入百分百的热情与努力。信中最后一句话，颇有些自豪的意味在其中。

【思考探究】

1. 比较这封信与今年八月十九日的信，傅雷心境上都发生了哪些变化？为什么会有这样的变化？

2. 傅雷为什么会认为弥拉会说"有其父必有其子"？

【写作乐园】

谈谈傅雷对工作的狂热与激情给了你哪些启示。（不少于100字）

_____

_____

第九卷 / 一九六二年

【卷首语】

傅雷对弥拉非常认同，对于傅聪关于夫妻间的牢骚话语，给予了耐心的劝告，希望儿子可以与弥拉和谐相处。对于理财，傅雷不仅对傅聪再三叮嘱，对弥拉亦是如此。得知傅聪将近四个月的演出，被剥削得两手空空，傅雷对此感到心痛，但又从艺术精进的角度，表达了对傅聪的肯定。对于傅聪的自我批评，他更是十分赞赏，认为在批评中才能不断取得进步，完善自己。面对越来越多的东西被商业化，傅雷告诫儿子要保持艺术的尊严，不要被世俗影响。

傅雷对于傅敏的爱情，提出了一些原则性问题，告诫儿子要保持冷静，要看到彼此的缺点。在这封信中，我们可以看到傅雷的爱情观，时时将做人放在首位。

一月二十一日夜

这次弥拉的信写得特别好，细腻、婉转，显出她很了解你，也对你的艺术关切到一百二十分。从头至尾感情丰富，而且文字也比以前进步。我得大大夸奖她一番才好。此次出门，到处受到华侨欢迎，对她也大有教育作用，让她看看我们的民族的气魄，同时也能培养她的热情豪侠。我早知道你对于夫妇生活的牢骚不足为凭。第一，我只要看看我自己，回想自己的过去，就知道你也是遇事挑剔，说话爱夸大，往往三分事实会说成六七分；第二，青年人婚后，特别是有性格的人，多半要经过长时期地摸索方始能逐渐知情识性，相处融洽。恐怕此次旅行，要不是她始终在你身旁，你要受到许多影响呢。琐碎杂务最打扰人，尤其你需要在琴上花足时间，经不起零星打搅。我们一年多观察下来，弥拉确是本性善良、绝顶聪明的人，只要耐着性子，多过几年，一切小小的对立自会不知不觉地解决的。总而言之，我们不但为你此次的成功感到欣慰，而且也为你们两人一路和谐相处感到欣慰！

写

【篇末小结】

傅雷对弥拉非常认同。对于傅聪曾经关于夫妇生活的牢骚，傅雷给了耐心的劝慰，从自己的过去与傅聪的性格方面劝慰他，缓和他的这种情绪。字里行间流露出对弥拉的感谢，希望儿子与弥拉能和谐相处。

【思考探究】

1. 傅雷为什么会认为傅聪对于夫妇生活的牢骚不足为凭？

2. 傅雷认为弥拉对傅聪起到很大的作用，主要体现在哪里？

【写作乐园】

谈谈傅聪与弥拉之间的相处给你带来怎样的启示。（不少于100字）

_____

_____

一月二十一日

亲爱的女儿：[1]

　　你一定明白，妈妈和我从来不期望聪会因艺术而致富。但是我们的确不希望他受经理人、唱片公司等的剥削，逼他为了生计非不断演出不可，这样他就完全没有空余的时间去继续学习，保持敏锐，扩充他的演奏曲目了。我不知道聪有没有告诉你，三年以来，我跟他说过多少次，只要经济许可，必须减少演出次数。不错，由于艺术家不善理财，要他在事业刚开始时做到这点并不容易，可是艺术家的妻子成为一个出色的经理人却并无坏处，这就是一年前你写信告诉我，你们一开始共同生活，你就准备储蓄，我感到十分高兴的原因。不过，仅仅撙（zǔn）节用度是不够的，更重要的是学习如何去抗御他人的种种剥削，这种剥削在音乐圈中实在是太普遍了。聪告诉我他在美国巡回演出的酬劳，听了实在叫人寒心。亲爱的弥拉，你一回到英国，也许该向乐坛老前辈请教窍门了。不错，这是一场斗争，一场艰苦而令人生厌的斗争，但是你若不学会如何奋斗，迟早就会给人吞掉。开始时聪每次签什么合同，你最好都能从旁提醒他，事先尽量好整以暇（指事情虽多，仍旧从容不迫）地收集多方面的资料。我相信你一定有些可靠的朋友提供意见，聪在这方面太随和、太羞于启齿了，这一点会毁了他的（我是指物质方面）。

写

【篇末小结】

　　对于理财，傅雷不仅对傅聪再三叮嘱，对儿媳弥拉亦是如此，可见在他心中理财对于一个艺术家、对于一个家庭的重要性。正如信的一开始，他并不是希望儿子能拥有多少财富，而是希望他不因钱财而占用继续学习的时间。听到傅聪巡演的酬劳，对儿子的心疼难以自制，表现了傅雷对儿子的关心与爱护。

【思考探究】

　　1. 傅雷对于傅聪的妻子有什么期望？

　　2. 如何理解"更重要的是学习如何去抗御他人的种种剥削"？

[1] 情节分析： 称呼上的变化，可见傅雷早已将弥拉当作家庭的一分子，认同她、疼爱她。

【写作乐园】

请你谈谈我们应该为了什么而努力学习。（不少于100字）

_____

_____

二月二十一日夜

[1] 段落分析：
傅雷自从被划为右派之后，与朋友几乎断了联系，这句话体现了他重见老友的喜悦之情。启蒙老师对傅聪的夸赞更是放大了这种欣喜。

　　今年春节假期中来客特别多，有些已四五年不见面了。雷伯伯也从芜湖回申（他于一九五八年调往安徽皖南大学），听了你最近的唱片，说你的肖邦确有特点，诗意极浓，近于李白的味道。此话与你数年来的感受不谋而合。可见真有艺术家心灵的人总是一拍即合的。[1]雷伯伯远在内地，很少有接触音乐的机会，他的提琴亦放弃多年，可是一听到好东西马上会有感受，想你听了也高兴。他是你的启蒙钢琴老师，亦是第一个赏识你的人（一九五二年你在兰心演出半场，他事后特意来信，称道你沉浸在音乐里的忘我境界，国内未有前例），至今也仍然是你的知己。

写

【篇末小结】

　　傅雷借好友之口表达了自己对儿子艺术造诣上的认同与欣赏，也表现了自己"摘掉帽子"后能与友人重新往来的欣喜之情。

【思考探究】

　　1.傅雷友人说傅聪的肖邦"诗意极浓，近于李白的味道"。结合傅雷之前的信件与你对李白的了解，谈谈这是一种什么味道。

　　2.如何理解"可见真有艺术家心灵的人总是一拍即合的"这句话的含义？

【写作乐园】

　　朋友易得，知己难寻。请向大家介绍一下你的知己。（不少于100字）

_____

_____

三月八日（给傅敏的信）

　　很高兴知道你有了一个女友，也高兴你现在就告诉我们，让我们有机会指导你。对恋爱的经验和文学艺术的研究，朋友中数十年悲欢离合的事迹和平时的观察思考，使我们在儿女的终身大事上能比别的父母更有参加意见的条件。你尽可信赖我们，随时把情形和你感情的进展、波动，讲给我们听，帮助你过这一个人生的大关。

首先态度和心情都要尽可能地冷静，否则观察不会准确。初期交往容易感情冲动，单凭印象，只看见对方的优点，看不出缺点，甚至夸大优点，美化缺点。便是与同性朋友相交也不免如此，对异性更是常有的事。许多青年男女婚前极好，而婚后逐渐相左，甚至反目，往往是这个原因。感情激动时期不仅会耳不聪、目不明，看不清对方，自己还会无意识地只表现好的方面，把缺点隐藏起来。保持冷静还有一个好处，就是不至于为了谈恋爱而荒废正业，或是影响功课，或是浪费时间，或是损害健康，或是遇到或大或小的波折时扰乱心情。

所谓冷静，不但是表面的行动，而且内心和思想都要做到。当然这一点是很难。人总是人，感情上来不容易控制，年轻人没有恋爱经验更难维持身心的平衡，同时与各人的气质有关。我生平总不能临事沉着，极容易激动，这是我的大缺点。幸而事后还能客观分析、周密思考，才不至于使当场的意气继续发展，闹得不可收拾。我告诉你这一点，让你知道如临时不能克制，过后必须由理智来控制大局，该纠正的就纠正，该向人道歉的就道歉，该收篷时就收篷。总而言之，以上两点归纳起来只是：感情必须由理智控制。要做到，必须下一番苦功在实际生活中长期锻炼。

我一生从来不曾有过"恋爱至上"的看法。"真理至上""道德至上""正义至上"，这种种都应当作为立身的原则。恋爱无论在如何狂热的高潮阶段都不能侵犯这些原则。朋友也好、妻子也好、爱人也好，一遇到重大关头，与真理、道德、正义等等有关的问题，决不让步。[1]

其次，人是最复杂的动物，观察决不可简单化，而要耐心、细致、深入，经过相当的时间，各种不同的事故和场合，处处要把科学的客观精神和大慈大悲的同情心结合起来。对方的优点，要认清是不是真实可靠的，是不是你自己想象出来的，或者是夸大的。对方的缺点，要分出是否与本质有关。与本质有关的缺点，不能因为其他次要的优点而加以忽视。次要的缺点也得辨别是否能改，是否发展下去会影响品性或日常生活。人人都有缺点，谈恋爱的男女双方都是如此。问题不在于找一个全无缺点的对象，而是要找一个双方缺点都能各自认识、各自承认，愿意逐渐改，同时能彼此容忍的伴侣（此点很重要。有些缺点双方都能容忍；有些则不能容忍，日子一久即造成裂痕）。[2] 最好双方尽量自然，不要做作，各人都拿出真面目来，优缺点一起让对方看到。必须彼此看到了优点，也看到了缺点，觉得都可以相忍相让，不会影响大局的时候，才谈得上进一步的了解；否则只能做一个普通的朋友。可是要完全看出彼此的优缺点，需要相当时间，也需要各种大大小小的事故来考验，绝对急不来！更不能轻易下结论（无论是好的结论或坏的结论）！唯有极坦白，才能暴露自己；而暴露自己的缺点总是越早越好，越晚越糟！为了求恋爱成功而尽量隐藏自己的缺点的人其实是愚蠢的。当然，在恋爱中不知不觉表现出自己的光明面，不知不觉隐藏自己的缺点，不在此例。因为这是人的本能，而且也证明爱情能促使我们进步，往善与美的方向发展。这正是爱情的伟大之处，也是古往今来的诗人歌颂爱情的主要原因。小说家常常提到，我们在生活中也一再经历，恋爱中的男女往往比平时聪明，读起书来也理解得快，心地也往往格外善良，为了自己幸福而也想

[1] 段落分析：表明了傅雷的人生态度。不让爱情成为人生的主宰，比爱情重要的还有很多，告诫儿子不要在恋爱中迷失了自己。

[2] 情节分析：傅雷以自己的人生经验教导儿子应该寻找什么样的伴侣，如何与伴侣相处。蕴含着傅雷的人生智慧。

使别人幸福，或者减少别人的苦难；同情心扩大就是爱情可贵的具体表现。

来信语气冲动，也难怪；你虽行年二十有五，真正谈恋爱恐怕还是第一次，人生第一次经历爱情必然有这些表现。不过目前客观形势必须顾到：第一，功课繁重，尤其你到了最后一学期；第二，时间不够分配；第三，你身体不好，营养不足。因此劝你更要冷静，勿过兴奋，才可身心平稳，睡眠照常（你本来已感睡眠不佳），读书有充分的精神。便是空闲的时间与假日也该合理安排，切勿为了谈恋爱而疲于奔命，劳民伤财（看电影、听音乐会等等也要合理安排），影响身心健康和平日功课。一切还要从目前饮食条件看问题，营养不足更需要节约精力体力，忌浪费！

事情主观上固盼望必成，客观方面仍须有万一不成的思想准备。为了避免失恋等等的痛苦，这一点"明智"我觉得一开头就应当充分掌握。最好勿把对方做过于肯定的想法，一切听凭自然演变。

她的家庭情形还得多知道些。上海家住何处？父亲名字及以前服务机构名称望能详告。

总之，一切不能急，越是事关重要，越要心平气和，态度安详，从长考虑，细细观察，力求客观！感情冲上高峰很容易，无奈任何事物的高峰（或高潮）都只能维持一个短时间，要久而弥笃的维持长久的友谊可很难了。我们以十二分的热情支持你，以二十四分的理智指导你，但愿你经过锻炼和考验之后，终于得到持久而可靠的幸福！

除了优缺点，俩人性格脾气是否相投也是重要因素。刚柔、软硬、缓急的差别要能相互适应调剂。还有许多表现在举动、态度、言笑、声音……之间说不出也数不清的小习惯，在男女之间也有很大作用，要弄清这些就得冷眼旁观慢慢咂摸。所谓经得起考验乃是指有形无形的许许多多批评与自我批评（对人家一举一动所引起的反应即是无形的批评）。诗人常说爱情是盲目的，但不盲目的爱毕竟更健全更可靠。

人生观、世界观问题你都知道，不用我谈了。人的雅俗和胸襟气量倒是要非常注意的。据我的经验，雅俗与胸襟往往带先天性的，后天改造很少能把低的往高的水平上提；故交往期间应该注意对方是否有胜于自己的地方，将来可帮助我进步，而不至于反过来使我往后退。你自幼看惯家里的作风，想必不会忍受量窄心浅的性格。

以上谈的全是笼笼统统的原则问题。不认识具体的对象，也只能谈这些。来信所说上半学期的苦闷，暇时不妨告诉我们，一则可以看看你对人生的观念对不对，二则可间接了解对方一部分。

长相身材虽不是主要考虑点，但在一个爱美的人也不能过于忽视。

交友期间，尽量少送礼物、少花钱，一方面表明你的恋爱观念与物质关系极少牵连，另一方面也是考验对方。

写

【篇末小结】

这封信是关于恋爱方面的智者言论。对于傅敏的爱情，傅雷讲述了双方应该如何相处，应该考虑哪些问题。傅雷首先告诫儿子要保持冷静，感情必须由理智控制，脱缰的爱情并不会结出甜美的果实。另外我们能看到傅雷对爱情的态度，反对"恋爱至上"，这一点值得很多人学习，我们所有的感情都不应成为人生的主宰，要以做人为先。他提出交往时不要刻意隐瞒自己的缺点，只有能互相忍受对方的缺点才能更好地相处。然后他从客观角度告诫傅敏应该考虑到的问题。由于当时东西方政治风气的极大差异，对于两个儿子的爱情，傅雷也给出了不同的指导，可见傅雷是非常懂得因材施教的。

【思考探究】

1.对于傅敏的恋情，傅雷提出了哪些建议？

2.傅雷认为爱情的伟大之处是什么？

【写作乐园】

傅雷从不曾有"恋爱至上"的看法，这是他的人生态度。请你谈谈你的人生态度。（不少于100字）

_____

_____

三月九日

昨天晚上陪妈妈去看了"青年京昆剧团赴港归来汇报演出"的《白蛇传》。自一九五七年五月至今，是我第一次看戏。剧本是田汉改编的，其中有昆腔也有京腔。以演技来说，青年戏曲学生有此成就也很不差了，但并不如港九报纸捧得那么了不起。可见港九群众艺术水平实在不高，平时接触的戏剧太蹩脚了。至于剧本，我的意见可多啦。老本子是乾隆时代的改本，倒颇有神话气息，而且便是荒诞妖异的故事也编得入情入理，有曲折有照应，逻辑很强；主题的思想，不管正确与否，从头至尾是一贯的、完整的。目前改编本仍称为"神话剧"，说明中却大有翻案意味，而戏剧内容并不彰明较著表现出来，令人只感到态度不明朗，思想混乱，好像主张恋爱自由，又好像不是，说是（据说明书）金山寺高僧法海嫉妒白蛇（所谓白娘娘）与许宣（俗称许仙）的爱情，但一个和尚为什么无事端端嫉妒青年男女的恋爱呢？青年恋爱的实事多得很，为什么嫉妒这一对呢？总之是违背情理，没有 logic（逻辑），有些场面简单化到可笑的地步，例如许仙初遇白素贞后次日去登门拜访，老本说是二人有了情，白氏与许生订婚，并送许白金百两；今则改为拜访当场定亲成婚，岂不荒谬！古人编神怪剧仍顾到常理，二十世纪的人改编反而不顾一切，视同儿戏。改编理当去芜存菁，今则将武戏场面全部保留，满足观众看杂耍要求，未免太低级趣味。倘若节略一部分，反而精彩（就武功而论）。"断桥"一出在昆剧中最细腻，今仍用京剧演出，粗糙单调，诚不知改编的人所谓昆京合演，取舍根据什么原则。总而言之，无论思想、精神、结构、情节、唱词、演技，新编之本都缺点太多了。真弄不明白剧坛老前辈的艺术眼光与艺术手腕会如此不行，也不明白内部从上到下竟无人提意见。新中国成立，不是一切剧本都走群众路线吗？相信我以上的看法，老艺人中一定有许多是见到的，文化部领导中也有人感觉到的。结果演出的情形如此，着实费解。报上也从未见到批评，可知文艺家还是噤若寒蝉，没办法做到"百家争鸣"。

四月初你和 London Mozart Players（伦敦莫扎特乐团）同在瑞士演出七场，想必以 Mozart（莫扎特）为主。近来多弹了 Mozart（莫扎特），不知对你心情的恬静可有帮助？我始终觉得艺术的

[1] 情节分析：
傅雷认为艺术从来不是单独存在的，艺术与气质修养、生活、做人都是息息相关的。

进步应当同时促成自己心情方面的恬淡、安详，提高自己气质方面的修养。[1] 又去年六月与 Kabos（卡波斯）讨教过后，到现在为止，你在 relax（演奏时放松）方面是否继续有改进？对 Schubert（舒伯特）与 Beethoven（贝多芬）的理解是否进了一步？你出外四个月间演奏成绩，想必心中有数，很想听听你自己的评价。

《音乐与音乐家》月刊十二月号上有篇文章叫作 Liszt's Daughter Who Ran Wagner's Bayreuth（《瓦格纳拜罗伊特音乐节主持人李斯特之女》），作者是现代巴赫专家 Dr. Albert Schweitze（阿尔贝·施韦策尔博士），提到 Cosima Wagner（科西马·瓦格纳）的 Bayreuth Festival（拜罗伊特音乐节）有两句话：At the most moving moments there were lacking that spontaneity and that naturalness which come from the fact that the actor has let himself be carried away by his playing and so surpass himself Frequently, it seemed to me, perfection was obtained only at the expense of life.（在最感人的时刻，缺乏了自然而然的真情流露，这种真情的流露，是艺术家演出时兴往神来、不由自主而达到的高峰。我认为一般艺术家好像往往牺牲了生机，才能达到完满。）其中两点值得注意：第一，艺术家演出时的"不由自主"原是犯忌的，然而兴往神来之际也会达到前所未有的高峰，所谓 surpass himself（超越自己）。第二，完满原是最理想的，可不能牺牲了活泼的生命力去换取。大概这两句话，你听了一定大有感触。怎么能在"不由自主"（carried by himself）的时候超过自己而不是越出规矩，变成"野""海""狂"，是个大问题。怎么能保持生机而达到完满，又是个大问题。作者在此都着重在 spontaneity and naturalness（真情流露与自然而然）方面，我觉得与个人一般的修养有关，与能否保持童心和清新的感受力有关。

写

【篇末小结】

信的前半部分，主要谈到自己对戏剧《白蛇传》剧本的意见。傅雷认为里面有很多不合逻辑的问题，但报纸上并未见到批评。信的后半部分则继续与儿子谈艺术，迫切希望得知儿子的心情如何，成绩如何，体现了父亲对儿子的关注与呵护。最后，傅雷对《音乐与音乐家》这篇文章的理解可见他时刻关注着国外的音乐报道，侧面体现了他对儿子的爱，令人感动。

【思考探究】

1. 傅雷时隔多年第一次看戏，对剧本有哪些意见？

2. 对于《音乐与音乐家》上的说法，傅雷有怎样的看法？

【写作乐园】

谈谈我们应该如何保持童心。（不少于 100 字）

_____

_____

三月十四日晚（给傅敏的信）

十二日信和照片都收到。她觉得我又严厉又慈祥，恐怕她心中感到我严厉多于慈祥吧。不认识我或没长期来往的人难免都有此印象，何况从未见过我的女孩子！有理想有热情而又理智很强的人往往令人望而生畏，大概你多年以前对我还有这种感觉。去年你哥哥信中说："爸爸文章的每一字每一句都充满了热情，很执着，almost fanatic（近乎狂热）。"最后一句尤其说得中肯。这是我的长处，也是我的短处。因为理想高，热情强，故处处流露出好为人师与拼命要说服人的意味。可是孩子，别害怕，我年过半百，世情已淡，而且天性中也有极洒脱的一面，就是中国民族性中的"老庄"精神，换句话说，我执着的时候非常执着，摆脱的时候生死皆置之度外。对儿女们也抱着说不说由我，听不听由你的态度。只是责任感强，是非心强，见到的总不能不说而已。你哥哥在另一信中还提到："在这个decadent（颓废的）世界，在国外这些年来，我遇见了不少人物，Whom I admire and love, from whom I learn（一些我仰慕喜爱、值得学习的人物），可是从来没有遇到任何人能带我到那个at the same time passionate and serene, profound and simple, affectionate and proud, subtle and straightforward（［同时］又热烈又恬静，又深刻又朴素，又温柔又高傲，又微妙又率直）的世界。"可见他的确了解我的"两面性"，也了解到中国旧文化的两面性。又热烈又恬静，又深刻又朴素，又温柔又高傲，又微妙又率直，这是我们固有文化中的精华，值得我们自豪！

当然上述的特点我并没有完全具备，更没有具备到恰如其分的程度，仅仅是那种特点的倾向很强，而且是我一生向往的境界罢了。比如说，我对人类抱有崇高的理想与希望，同时也用天文学、地质学的观点看人类的演变，多少年前就惯于用"星际"思想看待一些大事情，并不把人类看作万物之灵，觉得人在世界上对一切生物表示"唯我独尊"是狂妄可笑的。对某个大原则可能完全赞同，抱有信心，我可照样对具体事例与执行情况有许多不同意见。对善恶美丑的爱憎心极强，为了一部坏作品，为了社会上某个不合理现象，会愤怒得大生其气，过后我却也会心平气和地分析、解释，从而对个别事例加以宽恕。我执着真理，却又时时抱怀疑态度，觉得死抱一些眼前的真理反而使我们停滞，得不到更高级更进步的真理。[1] 以上也是随便闲扯，让你多体会到你爸爸的复杂心理，从而知道一个人愈有知识愈不简单，愈不能单从一二点三四点上去判断。

很高兴你和她都同意我前信说的一些原则，但愿切实做去，为着共同的理想（包括个人的幸福和为集体贡献自己的力量两项）一步步一步步相勉相策。许多问题只有在实践中才能真正认识，光是理性上的认识是浮表的、靠不住的，经不住风狂雨骤的考验。告诉她，妈妈和我看了她照片都很喜欢。但凭直觉她就是一个很天真朴实的孩子。她要愿意的话，不妨写信来随便谈谈，不管家常还是人生大事，学问艺术还是琐屑生活。别怕，我们没有女儿，对人家女孩子不至于像对你们兄弟俩那么严厉。同时我也很高兴和小朋友通信，使我感到我没精神衰老到年轻人不想来接近我。

[1] 情节分析：傅雷对真理的态度也应该是我们对真理的态度。敢于质疑权威、怀疑真理。只有这样，人类才能不断地进步。

从小到大由父母严格管教的青年也有另外一些长处，就是独立自主的能力较强，像你所谓能自己管自己。可是有一部分也是先天比后天更强，你该记得，我们对你数十年的教育即使缺点很多，但在劳动家务、守纪律、有秩序等等方面从未对你放松过，而我和你妈妈给你的榜样总还是勤劳认真的，可惜始终没养成你那方面的好习惯。还可以告诉她，前信所云乃是泛说的一般男女交友，并非对她提出任何具体要求。我们过了半世，仍旧做人不够全面，缺点累累，如何能责人太苛呢？可是古人常说："取法乎上，得乎其中；取法乎中，得乎其下。"而我对青年人、对我自己的要求，除了吃苦（肉体上、物质上的吃苦）以外，从不比党对党团员的要求低，这是你知道的。但愿我们大家都来不断提高自己，不仅是学识，还尤其是修养和品德！

写

【篇末小结】

信的一开始，傅雷借傅聪之口对自己进行了深入的剖析。有理想、有热情、有理智，这并不是傅雷的自夸，而是对自己有着明确清晰的认识。在分析自己时，表达了对中国文化的热爱与自豪。最后提出了对青年人、对自己的要求"取法乎上，得乎其中；取法乎中，得乎其下。"

【思考探究】

1."中国民族性中的'老庄'精神"是什么精神？

2.中国旧文化的两面性体现在哪儿？

【写作乐园】

谈谈你向往什么样的境界，希望自己成为怎样的人。（不少于100字）

_____

_____

三月二十五日至四月一日

每次接读来信，总是说不出的兴奋、激动、喜悦、感慨、惆怅！最近报告美澳演出的两封信，我看了在屋内屋外尽兜圈子，多少的感触使我定不下心来。人吃人的残酷和丑恶的把戏多可怕！你辛苦了四五个月落得两手空空，我们想到就心痛。固然你不以求利为目的，做父母的也从不希望你发什么洋财——而且还一向鄙视这种思想；可是那些中间人凭什么来霸占艺术家的劳动所得呢！眼看孩子被人剥削到这个地步，像你小时候被强暴欺凌一样，使我们对你又疼又怜惜，对那些吸血鬼又气又恼，恨得牙痒痒的！相信早晚你能从魔掌之下挣脱出来，不再做鱼肉。巴尔扎克说得好："社会踩不死你，就跪在你面前。"在西方世界，不经过天翻地覆的革命，这种丑剧还得演下去呢。当然四个月的巡回演出在艺术上你得益不少，你对许多作品又有了新的体会，深入了一步。可见唯有艺术和学问从来不辜负人，花多少劳力，用多少苦功，拿出多少忠诚和热情，就得到多少收获与进步。[1] 写到这儿，

[1] 情节分析：对于儿子被剥削的事实固然感到心痛，但更看重儿子在艺术上的进步。艺术与学问永远是自己的。

182

想起你对新出的莫扎特唱片的自我批评，真是高兴。一个人停滞不前才会永远对自己的成绩满意。变就是进步——当然也有好的变质，成为坏的——眼光一天天不同，才窥见学问艺术的新天地，能不断地创造。妈妈看了那一段叹道："聪真像你，老是不满意自己，老是在批评自己！"

美国的评论绝大多数平庸浅薄，赞美也是皮毛。英国毕竟还有音乐学者兼写报刊评论，如伦敦 Times（《泰晤士报》）和曼彻斯特的《导报》，两位批评家水平都很高；纽约两家大报的批评家就不像样了，那位《纽约时报》的更可笑。很高兴看到你的中文并不退步，除了个别的词汇。读你的信，声音笑貌历历在目，议论口吻所流露的坦率、真诚、朴素、热情、爱憎分明，正和你在琴上表现出来的一致。孩子，你说过我们的信对你有如一面镜子，其实你的信对我们也是一面镜子。有些地方你我二人太相像了，有些话就像是我自己说的。平时盼望你的信即因为"薰莸同臭"，也因为对人生、艺术，周围可谈之人太少。不过我们很原谅你，你忙成这样，怎么忍心再要你多写呢？此次来信已觉出于望外，原以为你一回英国，演出那么多，不会再动笔了。可是这几年来，我们俩最大的安慰和快乐，的确莫过于定期接读来信。还得告诉你，你写的中等大的字（如此次评论封套上写的）非常好看；近来我的钢笔字已难看得不像话了。你难得写中国字，真难为你了！

三月二十五日

月初看了盖叫天口述、由别人笔录的《粉墨春秋》，倒是新中国成立以来谈艺术最好的书。人生—教育—伦理—艺术，再没有结合得更完满的了。从头至尾都有实例，绝不是枯燥的理论。关于学习，他提出"慢就是快"，说明根基不打好，一切都筑在沙上，永久爬不上去。[1] 我觉得这一点特别值得我们深思。倘若一开始就猛冲，只求速成，临了非但一无结果，还造成不踏实的坏风气。德国人要不在整个十九世纪的前半期埋头苦干，在每一项学问中用死功夫，哪会在十九世纪末一直到今天，能在科学、考据、文学各方面放异彩。盖叫天对艺术更有深刻的体会。他说学戏必须经过一番"默"的功夫。学会了唱、念、做，不算数；还得坐下来叫自己"魂灵出窍"，就是自己分身出去，把一出戏默默地做一遍、唱一遍；同时自己细细观察，有什么缺点该怎样改，然后站起身来再做、再唱、再念。那时定会发觉刚才思想上修整很好的东西又跑了，做起来同想的完全走了样。那就得再练、再下苦功、再"默"、再做。如此反复做去，一出戏才算真正学会了、拿稳了。你看，这段话说得多透彻，把自我批评贯彻得多好！老艺人的自我批评决不放在嘴边，而是在业务中不断实践。其次，经过一再"默"练，作品必然深深地打进我们心里，与我们的思想感情完全化为一片。此外，盖叫天现身说法，谈了不少艺术家的品德、操守、做人，必须与艺术一致的话。我觉得这部书值得写一长篇书评，不仅学艺术的青年、中年、老年人，无论学的哪一门，都应当列为必读书，便是从上到下一切的文艺领导干部也该细读几遍；做教育工作的人读了也有好处。不久我就把这书寄给你，你一定喜欢，看了也一定无限兴奋。

四月一日

[1] 写作指导：运用比喻的修辞手法，生动形象地写出了基础的重要性。在学习中，我们一定要先打好基础。

写

【篇末小结】

　　傅聪将近四个月的演出，却被剥削得两手空空，傅雷对此感到莫大的心痛。但他并没有沉浸在这种消极的情绪中，而是从艺术精进的角度，表达了对傅聪的肯定，安慰并鼓励他。对于傅聪的自我批评，他更是十分赞赏，在批评中才能不断取得进步，完善自己。之后的一封信又再次表明自我批评的重要性，对《粉墨春秋》这本书表现出极高的认同，其中"慢就是快"与关于"默"的理论值得我们学习。

【思考探究】

1. "一个人停滞不前才会永远对自己的成绩满意"，谈谈你对这句话的理解。

2. 盖叫天的著作《粉墨春秋》中哪些理论值得我们深入研究、学习？

【写作乐园】

遇到委屈不公时，你是怎样做的？说说你从这封信中学到了什么。（不少于100字）

_____

_____

四月三十日

　　最近买到一本法文旧书，专论写作艺术。其中谈到"自然"（natural），引用罗马文豪西塞罗的一句名言：It is an art to look like without art.（能看来浑然天成，不着痕迹，才是真正的艺术。）作者认为写得自然不是无意识的天赋，而要靠后天的学习，甚至可以说自然是努力的结果（The natural is result of efforts），要靠苦功磨炼出来。此话固然不错，但我觉得首先要能体会到"自然"的境界，然后才能往这个境界迈进。要爱好自然，与个人的气质、教育、年龄，都有关系，一方面是勉强不来，不能操之过急；一方面也不能不逐渐做有意识的培养。也许浸淫中国古典文学的人比较容易欣赏自然之美，因为自然就是朴素、淡雅、天真；而我们的古典文学就是具备这些特点的。

写

【篇末小结】

　　作者用寥寥数语与儿子交流了关于"自然"的看法。他认为要先体会"自然"的境界，才能逐步向这个境界迈进。

【思考探究】

1. 傅雷是怎样评价西塞罗对于"自然"的看法的？

2. 为什么"也许浸淫中国古典文学的人比较容易欣赏自然之美"？

【写作乐园】
谈谈你对"自然"的理解。（不少于100字）

_____

_____

※ 五月九日

　　昨天收到你上月二十七自都灵（Torino）发的短信，感慨得很。艺术最需要静观默想，凝神思索；现代生活偏偏把艺术弄得如此商业化，一方面经理人作为生财之道，把艺术家当作摇钱树式的机器，忙得不可开交，一方面把群众作为看杂耍或马戏班的单纯的好奇者。在这种混浊的洪流中打滚的，当然包括所有老辈小辈，有名无名的演奏家歌唱家，[1]像你这样初出道的固然另有苦闷，便是久已打定天下的前辈也不免随波逐流，那就更可叹了。也许他们对艺术已经缺乏信心、热诚，仅仅作为维持已得名利的工具。年轻人想要保卫艺术的纯洁与清新，唯一的办法是减少演出。这却需要三个先决条件：第一，经理人剥削得不那么凶，这是要靠演奏家的年资积累，逐渐争取的；第二，个人的生活开支安排得极好，这要靠理财的本领与高度理性的控制；第三，减少出台不至于冷下去，使群众忘记你。我知道这都是极不容易做到的，一时也急不来。可是为了艺术的尊严，为了你艺术的前途，也就是为了你的长远利益和一生的理想，不能不把以上三个条件作为努力的目标。任何一门的艺术家，一生中都免不了有几次艺术难关（crisis），我们应当早作思想准备和实际安排。愈能保持身心平衡（那就决不能太忙乱），艺术难关也愈容易闯过去。希望你平时多从这方面高瞻远瞩，切勿被终年忙忙碌碌的漩涡弄得昏昏沉沉，就是说要对艺术生涯多从高处远处着眼；即使有许多实际困难，一时不能实现你的计划，但经常在脑子里思考成熟以后，遇到机会就能紧紧抓住。[2]这一类的话恐怕将来我不在之后，再没有第二个人和你说；因为我自信对艺术的热爱与执着，在整个中国也不是很多人有的。

[1] 情节分析：
艺术应该是高尚的、纯洁的，远离商业运作，但在现代社会中，何其艰难。

[2] 情节分析：
傅雷告诫儿子当艺术与世俗产生冲突时要保持艺术的尊严，不要随波逐流。

写

【篇末小结】
　　现代社会，越来越多的东西不可避免地变得商业化。傅雷就艺术与世俗二者的关系与儿子分享了自己的看法与建议，告诫儿子要保持艺术的尊严，不要被世俗影响。

【思考探究】
　　1.年轻人想要保卫艺术的纯洁与清新需要哪些条件？

2.你认为艺术能否完全脱离商业化，为什么？

【写作乐园】

当梦想被卷入世俗的旋涡，你会怎么办？（不少于100字）

_____

_____

八月十二日

很少这么久不给你写信的。从七月初起你忽而维也纳，忽而南美，行踪飘忽，恐去信落空。弥拉又说南美各处邮政很不可靠，故虽给了我许多通讯处，也不想寄往那儿。七月二十九日用七张风景片写成的信已于八月九日收到。委内瑞拉的城街、智利的河山，前年曾在外国杂志上见过彩色照相，来信所云，颇能想象一二。现代国家的发展太畸形了，尤其像南美那些落后的国家。一方面人民生活穷困，一方面物质的设备享用应有尽有。照我们的理想，当然先得消灭不平等，再来逐步提高。无奈现代史实告诉我们，革命比建设容易，消灭少数人所垄断的享受并不太难，提高多数人的生活却非三五年、八九年所能见效。尤其是精神文明，总是普及易，提高难；而在普及的阶段中往往降低原有的水准，连保持过去的高峰都难以办到。再加老年、中年、青年三代脱节，缺乏接班人，国内外沟通交流几乎停止，恐怕下一辈连什么叫标准，前人达到过怎样的高峰，眼前别人又到了怎样的高峰，都不大能知道，再要迎头赶上也就更谈不到了。这是前途的隐忧。过去十一二年中所造成的偏差与副作用，最近一年正想竭力扭转。可是十年种的果，已有积重难返之势，而中老年知识分子的意气消沉的情形，尚无改变迹象——当然不是从他们口头上，而是从实际行动上观察。人究竟是唯物的，没有相当的客观条件，单单指望知识界凭热情苦干，而且干出成绩来，也是不现实的。我所以能坚守阵地，耕种自己的小园子，也有我特殊优越的条件，不能责望于每个人。何况就以我来说，体力精力的衰退，已经给了我很大的限制，老是感到心有余而力不足！

前信你提到灌唱片问题，认为太机械。那是因为你习惯于流动性特大的艺术（音乐）之故，也是因为你的气质特别容易变化，情绪容易波动的缘故。文艺作品一朝完成，总是固定的东西。一幅画、一首诗、一部小说，哪有像音乐演奏那样能够每次予人以不同的感受。观众对绘画，读者对作品，固然每次可有不同的印象，那是在于作品的暗示与含蓄非一时一次所能体会，也在于观众与读者自身情绪的变化波动。[1]唱片即使开十次二十次，听的人感觉也不会千篇一律，除非演奏太差太呆板；因为音乐的流动性那么强，所以听的人也不容易感到多听了会变成机械。何况唱片不仅有普及的效用，对演奏家自身的学习改进也有很大帮助。我认为主要是克服你在microphone（麦克风）前面的紧张，使你在灌片室中跟在台上的心情没有太大差

[1] 写作指导：将音乐与文艺作品作比，突出音乐流动性大的特点。

别。再经过几次实习，相信你是做得到的。至于完美与生动的冲突，有时几乎不可避免；记得有些批评家就说过，perfection（完美）往往要牺牲一部分 life（生动）。但这个弊病恐怕也在于演奏家属 cold（冷静）型。热烈的演奏往往难以 perfect（完美），万一 perfect（完美）的时候，那就是 incomparable（无与伦比）了！

说起唱片，你的莫扎特迄未寄到。真怪，你灌的片子总是不容易到我们手里。我译的书是千呼万唤印不出，你的唱片是千呼万唤寄不来。印不出，出乎个人能力之外；寄不出却在个人能力之内。以后你千万得想办法解决，出了新片务必航空寄来，同时写明是你寄的！

殷承宗在沪举行音乐会，看他在台上的举动很神经质，身子摇摆得很厉害。因而想起你也犯同样的毛病。固然，演奏家是要人听的，不是要人看的；但太多的摇摆容易分散听众的注意力，而且艺术是整体，弹琴的人的姿势也得讲究，给人一个和谐的印象。国外的批评曾屡次提到你的摇摆，希望能多多克制。如果自己不注意，只会越摇越厉害，浪费体力也无必要。最好在台上给人的印象限于思想情绪的活动，而不是靠肉体帮助你的音乐。手之舞之，足之蹈之，只适用于通俗音乐。古典音乐全靠内在的心灵的表现，竭力避免外在的过火的动作，应当属于艺术修养范围之内，望深长思之。

写

【篇末小结】

信的一开始，从傅聪寄来的明信片，想到南美等落后国家的发展。人民生活水平与物质享受之间的矛盾引起了作者对中国前途的思考。傅雷有着知识分子的责任感，但无奈由于体力、精力上的限制，心有余而力不足。信的后半部分，写了傅聪音乐上的问题，关于灌片与舞台上的肢体动作，傅雷不厌其烦地提醒，父爱深沉，感人至深。

【思考探究】

1. 傅雷为什么说现代国家的发展过于畸形？

2. 傅雷认为音乐与文艺作品的不同体现在哪里？

【写作乐园】

傅雷身为知识分子，对自己的责任有清醒的认知。请你谈谈自己的责任。（不少于100字）

_____

_____

九月二日

听过你的唱片，更觉得贝多芬是部读不完的大书，他心灵的深度、广度的确代表了日耳曼民族在智力、感情、感觉方面的特点，也显出人格与意志的顽强，缥缈不可名状的幽思，上天下地的幻想，对人生的追求，不知其中有多少深奥的谜。贝多芬实在不仅仅是一个音乐家，无怪罗曼·罗兰要把歌德与贝多芬作为不仅是日耳曼民族还是全人类的两个近代的高峰。

…………

我们听你唱片如见真人，此中意义与乐处，非你所能想象。望体念父母思子之心，把唱片源源寄来，以慰悬念于万一！妈妈好想念你！

中国古画赝者居绝大多数，有时连老辈鉴赏家也不易辨别，不妨去大英博物馆看看中国作品，特别是明代的，可与你所得唐寅，对照一下。你在南美买的唐六如册页，真伪恐有问题，是纸本抑绢本，水墨抑设色，望一一告知，最好拍照片（适当放大）寄来。以后遇有此种大名家的作品，最要小心提防，价高者尤不能随便肯定，若价不过昂，则发现问题后，尚可转让与人，不致太吃亏，我平时不收大名家，宁取"冷名头"，因"冷名头"不值钱，作假者少，但此等作品亦极难遇，最近看到黄宾虹的画亦有假的。

....

想到你们俩的忙碌，不忍心要求多动笔，但除了在外演出，平时你们该反过来想一想，假定我们也住在伦敦，难道每两星期不得上你们家吃一顿饭，你们也得花费一两小时陪我们谈谈话吗？今既相隔万里，则每个月花两小时写封比较详细的信，不也应该而且比同在一地已经省掉你们很多时间吗？要是你们能常常做此想，就会多给我们一些消息了。

写

【篇末小结】
　　父亲对儿子的惦记与思念是难以控制的。作者谈贝多芬、谈古画，总是不自觉转到对儿子的思念上，希望儿子能够多多来信，但又心疼儿子的漂泊忙碌，父爱就在字里行间展现出来。

【思考探究】
1.作者说贝多芬是一部读不完的大书，体现在哪些方面？

2.对于大名家作品的收藏，傅雷有怎样的建议？

【写作乐园】
请你谈谈对贝多芬的认识。从他身上你能汲取到哪些宝贵财富？（不少于100字）

_____

_____

※ 九月二十三日

南美人的性格真是不可思议，如此自由散漫的无政府状态，居然还能立国，社会不至于大乱，可谓奇迹。经历了这些怪事，今后无论何处遇到什么荒唐事儿都将见怪不怪，不以为奇了。也可见要人类合理地发展，社会一切上轨道，不知还得等几百年，甚至上千年呢。

还有，在那么美丽的自然环境中，人民也那么天真可爱，就是不能适应二十世纪的生活。究竟是这些人不宜于过现代生活呢，还是现代生活不适于他们？换句话说，人应当任情适性地过日子呢，还是要削足适履（比喻不合理地迁就现成条件，或不顾具体条件，生搬硬套），迁就客观现实？有一点可以肯定，就是人在世界上活了几千年，还仍然没法按照自己的本性去设计一个社会。世界大同看来永远是个美丽的空想，既然不能在精神生活、物质生活方面五大洲的人用同一步伐、同一速度向前，那么先进与落后的冲突永远没法避免。试想两千三百年以前的希腊人如果生在今日，岂不一样搅得一团糟，哪儿还能创造出雅典那样的城市和雅典文明？反过来，假定今日的巴西人和其他的南美民族，生在文艺复兴前后，至少是生在闭关自守，没有被近代的工业革命侵入之前，安知他们不会创造出一种和他们的民族性同样天真可爱，与他们优美的自然界调和的文化？[1]

[1] 语言赏析：
连续运用设问，达到强调作用，引人注意，启发思考，强烈表达作者的情感，并引起读者深思。

巴尔扎克说过："现在的政府，缺点是过分要人去适应社会，而不想叫社会去适应人。"这句话值得一切抱救世渡人的理想的人深思！

弥拉把下期的日程单寄来了，快慰之至。十月初至十月十六日你去的那些地方，大半在地图和辞典上找不到，是否都在瑞典呢？[2] 奇怪，芬兰倒从来没邀请过你。还有，明年二月至三月的北美巡回演出，二月十四日是 Winnipeg（温尼伯），那么是不是包括加拿大别的城市呢？大概你与勃隆斯丹太太重逢是定局的了。纽约"卡内奇"音乐厅有没有 recital（独奏会）？以后知道了更详细的北美日程，希望弥拉补充一个单子来——这些材料对我们多么可贵，恐怕你未必想象得到。尤其是我三天两头拿出你的日程来查看——唯有这样，我好像精神上始终和你在一起。

[2] 情节分析：
对儿子将要去的地方在地图上逐一查找，心中对儿子始终充满牵挂。

前信已和你建议找个时期休息一下，无论在身心健康或艺术方面都有必要。你与我缺点相同，能张不能弛，能劳不能逸。可是你的艺术生活不比我的闲散，整月整年，天南地北地奔波，一方面体力精力消耗多，一方面所见所闻也需要静下来消化吸收——而这两者又都与你的艺术密切相关。何况你条件比我好，音乐会虽多，也有空隙可利用；随便哪个乡村待上三天五天也有莫大好处。听说你岳父岳母正在筹备于年底年初到巴伐利亚区阿尔卑斯山中休养，照样可以练琴。我觉得对你再好没有，去北美之前正该养精蓄锐。山中去住两三星期一涤尘秽，便是寻常人也会得益。狄阿娜来信常常表示关心你，看来也是出于真情。岳父母想约你一同去山中的好意千万勿辜负了。望勿多所顾虑，早日打定主意，让我们和弥拉一起高兴高兴。真的，我体会得很清楚，不管你怎么说，弥拉始终十二分关怀你的健康和艺术。而我为了休息问题也不知向你提过多少回了，如果是口头说的话，早已舌敝唇焦了。你该知道我这个爸爸不仅爱孩子，还热爱艺术；爱你也就是为爱艺术，爱艺术也是为爱你！你千万别学我的样，你我年龄不同，在你的年纪，我也不像你现在足不出户。便是今日，只要物质条件可能，每逢春秋佳日，还是极喜欢徜徉于山巅水涯呢！

…………

《世说新语》久已想寄你一部，因找不到好版子，又想弄一部比较小型轻巧的，便于出门携带。今向友人索得一部是商务铅印，中国纸线装的，等妈妈换好封面，分册重订后即寄。我常常认为这部书可与希腊的《对话录》媲美，怪不得日本人历来作为枕中秘籍，作为床头常读的书。你小时念的国文，一小部分我即从此中取材。

爸爸 一九六二年九月二十三日

亲爱的聪，你为了艺术，为了生活到处奔波，精神身体难免受损。目前年轻力壮，满不在乎，可是中年以后，就要大打折扣，为长远利益计，为调剂一下生活，有空隙的阶段，必须出门旅行休息，同时和弥拉、岳父母同叙一起，无忧无虑，不管世事俗务地逃避短短的一两星期，岂不美！人生很短促，不及早享些清福，等到晚年后悔不及。我和爸爸苦口婆心地劝你，希望你能听话，那我们才高兴呢！希望你多写些笑话给我们听，我们的生活就丰富多彩，心里多快慰啊！

妈妈　附笔

写

【篇末小结】

南美人天真可爱的性格，引发了傅雷关于先进与落后的思考。傅雷从民族性、社会性的角度去考虑社会文明的发展，引起社会与人的适应关系的思索。傅雷收到弥拉寄来的日程单，在地图查儿子的足迹，用这种方式表达自己对儿子的牵挂与爱。朱梅馥希望儿子能与岳父母一起去山中休养一段时间，放松身心。

【思考探究】

1.你认为人应该适应社会还是社会去适应人？

2.傅雷认为中国哪部书可以与希腊的《对话录》媲美？你读过里面的哪些文章？

【写作乐园】

猜想一下希腊人或者中国古代人生活在今日会是一种怎样的状态。（不少于100字）

_____

_____

_____

※ 十月二十日

十四日信发出后第二天即接瑞典来信，看了又高兴又激动，本想即复，因日常工作不便打断，延到今天方始提笔。这一回你答复了许多问题，尤其对舒曼的表达解除了我们的疑团。我既没亲耳听你演奏，即使听了也够不上判别是非好坏，只有从评论上略窥一二；评论正确与否完全不知道，便是怀疑人家说的不可靠，也没有别的方法得到真实报道。可见我不是把评论太当真，而是无法可想。现在听你自己分析，当然一切都弄明白了。以后还是跟我们多谈谈这一类的问题，让我们经常对你的艺术有所了解。

文章千古事，得失寸心知，哪一门艺术不如此！真懂是非、识得美丑的，普天之下能有几个？你对艺术上的客观真理很执着，对自己的成绩也能冷静检查，批评精神很强，我早已放心你不会误入歧途；可是单知道这些原则并不能了解你对个别作品的表达，我要多多探听这方面的情形。一方面是关切你，一方面也是关切整个音乐艺术，渴欲知道外面的趋向与潮流。

你常常梦见回来，我和你妈妈也常常有这种梦。除了骨肉的感情，跟乡土的千丝万缕割不断的关系，纯粹出于人类的本能之外，还有一点是真正的知识分子所独有的，就是对祖国文化的热爱。[1]不单是风俗习惯、文学艺术，使我们离不开祖国，便是对大大小小的事情的看法和反应，也随时使身处异乡的人有孤独寂寞之感。但愿早晚能看到你在我们身边！你心情的复杂矛盾，我敢说都体会到，可是一时也无法帮你解决。原则和具体的矛盾，理想和实际的矛盾，生活环境和艺术前途的矛盾，东方人和西方人根本气质的矛盾，还有我们自己内心的许许多多矛盾……如何统一起来呢？何况旧矛盾解决了，又有新矛盾，循环不已，短短一生就在这过程中消磨！幸而你我都有工作寄托，工作上的无数的小矛盾，往往把人生中的大矛盾暂时遮盖了，使我们还有喘息的机会。[2]至于"认真"受人尊重或被人讪笑的问题，事实上并不像你说的那么简单，一切要靠资历与工作成绩的积累。即使在你认为更合理的社会中，认真而受到重视的实例也很少；反之在乌烟瘴气的场合，正义与真理得胜的事情也未始没有。你该记得一九五六至一九五七年间毛主席说过党员若欲坚持真理，必须准备经受折磨等等的话，可见他把事情看得多透彻多深刻。再回想一下罗曼·罗兰写的《名人传》和《约翰·克利斯朵夫》，执着真理一方面要看客观的环境，一方面更在于主观的斗争精神。客观环境较好，个人为斗争付出的代价就比较小，并非完全不要付代价。以我而论，侥幸的是青壮年时代还在五四运动的精神没有消亡，而另一股更进步的力量正在兴起的时期，并且我国新中国成立前的文艺界和出版界还没有被资本主义腐蚀到不可救药的地步。反过来，一百三十年前的法国文坛、报界、出版界，早已腐败得出乎我们意想之外；但法国学术至今尚未完全死亡，至今还有一些认真严肃的学者在钻研，这岂不证明便是在恶劣的形势之下，有骨头，有勇气，能坚持的人，仍旧能撑持下来吗？

[1] 情节分析：
梦回乡土，不仅仅是因为对亲人的思念，还有对故乡与祖国的热爱。

[2] 情节分析：
人生本来就是一门复杂的课题，充斥着大大小小的矛盾，这个矛盾解决了，下个矛盾又来了。我们无法做到真正地消灭矛盾，但必须学会解决，在众多矛盾中找到自己的喘息之所。

写

【篇末小结】
　　傅雷讲述了为什么要傅聪与自己多多交流音乐上的问题，既是因对儿子的关切，也是因对音乐艺术的求知欲。之后，傅雷重点讲述了矛盾与真理的问题。我们原本就生活在一个充满矛盾的世界中，矛盾是不能完全消除的，但我们也不能放任不管，要学会在复杂的环境中找到心灵的平静。不管身处怎样的环境，我们都应该以自己主观的斗争精神，去追求真理。只要有骨气，有勇气，能坚持，真理就不会真正地消失，借此希望鼓励傅聪执着地追求真理，做好面对一切磨难的准备。

【思考探究】
1. 面对各种各样的矛盾，我们应该怎样去寻找自己的栖身之所？

2. 执着真理与客观环境之间有怎样的联系？

【写作乐园】
请你谈谈对"认真"的看法。（不少于100字）

十一月二十五日

　　近来身体又不大好，头痛常常复发。本来只嫌时间不够，如今即有时间，亦无精力。本月初旬开了几天夜班，眼睛大花，连杂志封面上的大字也摇摇晃晃浮动起来，只得休息四日，真是得不偿失。一到晚上即流泪水，呵欠不断，非小睡半小时以上不可。年纪不大，衰老至此，要做的事一大堆，要看的书许许多多，力不从心，想想也着急。

　　敏尚在京等待分配，回母校当助教已不可能，就是说一边工作一边跟专家进修的机会没有了。大概在北京当中学教员，单位尚未定。他心情波动，再加女友身体坏极，又多了一个包袱。我们当然去信劝慰。青年初出校门，未经锻炼，经不起挫折。过去的思想训练，未受实际生活陶冶，仍是空的。从小的家庭环境使他重是非，处处认真，倒是害苦了他。在这个年纪上还不懂现实与理想的距离，即使理性上认识到，也未能心甘情愿地接受。只好等社会教育慢慢地再磨炼他。

写

【篇末小结】

　　这封简短的信主要告诉傅聪家中的琐事。傅雷因为之前的熬夜反而要休息四日，这也告诉我们不要透支自己的精力，因为有可能得不偿失。要合理安排学习时间，发挥最大的效果。此外，傅雷讲述了傅敏的现状，启示我们要学会认清理想与现实的差距。

【思考探究】

1.傅雷认为什么事情是得不偿失的？从他身上，你能受到什么启发？

2.傅雷认为造成傅敏心情波动的原因有哪些？

【写作乐园】

你怎样看待理想与现实之间的差距？（不少于100字）

_____

_____

十一月二十五日

亲爱的弥拉：

　　你在上封信中提到有关艺术家的孤寂的一番话很有道理，人类有史以来，理想主义者永远属于少数，也永远不会真正快乐，艺术家固然可怜，但是没有他们的努力与痛苦，人类也许会变得更渺小更可悲。你一旦了解这种不可避免的命运，就会发觉生活，尤其是婚姻生活更易忍受，看来你们两人对生活有了进一步了解，这对处理物质生活大有帮助。

写

【篇末小结】
　　傅雷对于弥拉关于艺术家的孤寂的一番话很认同。因为很多人只能生活在现实中，真正的理想主义者虽然可怜，但他们对人类发展却有着巨大的作用，忍受孤寂，换来社会文明的进步。由此劝慰弥拉，要为了未来的幸福，忍受现在的痛苦。

【思考探究】
1.关于艺术家的孤寂，傅雷有怎样的看法？

2.“你一旦了解这种不可避免的命运”指的是什么命运？

【写作乐园】
请以"忍受痛苦"为话题写一段话。（不少于100字）

第十卷／一九六三年

【卷首语】

　　傅聪与梅纽因大师合作演出成功，傅雷表示很高兴。傅雷在信中，对傅聪的自我批评精神表示欣慰，肯定了儿子理想主义的热情。但是历经沧桑的傅雷也开始感慨年老力衰，时光易逝。

　　弥拉生病，傅雷很关心弥拉的身体状况，并借此叮嘱儿子要劳逸结合，不可对艺术钻牛角尖。傅聪成名后，外界敌意时刻伴随着他，这使他内心苦闷，对此傅雷劝儿子不要太过紧张，多向客观、中立、有高度的音乐家请教，对外界批评保持警惕。傅聪彻底放松下来，与弥拉踏上了旅程，傅雷在地图上寻找傅聪所到之处，翻看旅行指南，向儿子分享自己曾去过的地方……关注儿子旅途中的点点滴滴，对两人的旅途充满赞叹，对曾经见过的美景满是怀念。

三月三日

亲爱的弥拉：

　　得知聪与你父亲一月底合作演出，非常成功，使我深感快慰，尤其高兴的是聪在预演及演奏中，得到很多启发，可以促进他自己的音乐见解。聪时时都对自己批评甚严，这一点使我们非常欣慰。

写

【篇末小结】

傅雷对儿子与梅纽因大师的成功演出深感快慰，对傅聪的进步感到非常高兴。

【思考探究】

1."聪时时都对自己批评甚严，这一点使我们非常欣慰"表现了傅雷的什么思想？

2.这封信表达了傅雷怎样的情感？

【写作乐园】

你有没有参加过什么演出（晚会或者演讲）？谈谈你从中得到的收获。（不少于100字）

_____

_____

※ 三月十七日

两个多月没给你提笔了，知道你行踪无定，东奔西走，我们的信未必收到，收到也无心细看。去纽约途中以及在新墨西哥发的信均先后接读，你那股理想主义的热情着实可惊，相形之下，我真是老朽了。一年来心如死水，只有对自己的工作还是一个劲儿死干；对文学艺术的热爱并未稍减，只是常有一种"废然而返""怅然若失"的心情。也许是中国人气质太重，尤其是所谓"洒脱"与"超然物外"的消极精神影响了我，也许是童年的阴影与家庭历史的惨痛经验无形中在我心坎里扎了根，年纪越大越容易人格分化，好像不时会置身于另外一个星球来看尘世，也好像自己随时随地会失去知觉，化为物质的元素。天文与地质的宇宙观常常盘踞在我脑子里，像伏尔泰某些短篇所写的那种境界，使我对现实多多少少带着detached（超然）的态度。[1] 可是在工作上、日常生活上，斤斤计较的认真还是老样子，正好和上述的心情相反——可以说人格分化，说不定习惯成了天性，而自己的天性又本来和我理智冲突。intellectually（理智上）我是纯粹东方人，emotionally & instinctively（感情上及天性方面）又是极像西方人。其实也仍然是我们固有的两种人生观：一种是四大皆空的看法，一种是知其不可为而为之的精神。或许人从青少年到壮年到老年，基本上就是从积极到消极的一个过程，只是有的人表现得明显一些，有的人不明显一些。自然界的生物也逃不出这个规律。你将近三十，正是年富力强的时候，好比暮春时节，自应蓬蓬勃勃往繁荣滋长的路上趱（zǎn）奔。[2] 最近两信的乐观与积极气息，多少也给我一些刺激，接信当天着实兴奋了一下。你的中国人的自豪感使我为你自豪，你善于赏识别的民族与广大人民的优点使我感到宽慰。唯有民族自豪与赏识别人两者结合起来，才不致沦为狭窄的沙文主义，在个人也不致陷于自大狂自溺狂，而且这是爱国主义与国际主义真正的交融。[3] 我们的领导对国际形势是看得很清楚的，从未说过美国有爆发国内革命的可能性的话，你前信所云或许是外国记者的揣测和不正确的引申。我们的问题，我觉得主要在于如何建设社会主义，如何在生产关系改变之后发挥个人的积极性，如何从实践上、物质成就上显示我们制度的优越性，如何使口头上的"红"化为事业上的"红"，如何防止集体主义不被官僚主义拖后腿，如何提高上上下下干部的领导水平，如何做到实事求是，如何普及文化而不是降低，如何培养与爱护下一代……

述及与你岳父及Goldberg（戈尔德贝格）合作的经过，我们看了非常高兴。肯学会学的人到处都有学习的机会，否则"学到老"这句话如何兑现呢？……

一九六三年三月十七日

我的工作愈来愈吃力。初译稿每天译千字上下，第二次修改（初稿誊清后），一天也只能改三千余字，几等重译。而改来改去还是不满意（线条太硬，棱角凸出，

[1] 情节分析：
由儿子的热情联想到自己的垂垂老矣。身体的衰老、政治风波的影响、对祖国未来的忧虑与茫然，这一切都让傅雷感到力不从心。这是当时知识分子的一个缩影。

[2] 语言赏析：
将年富力强的年纪比喻成暮春时节，生动地写出了这个年纪的风华正茂、血气方刚。

[3] 情节分析：
热爱祖国不代表排斥他国，与别国文化结合起来，才能真正地进行文化交流。

色彩太单调等等）。改稿誊清后（即第三稿）还得改一次。等到书印出了，看看仍有不少毛病。这些情形大致和你对待灌唱片差不多。可是我已到了日暮途穷的阶段，能力只有衰退，不可能再进步；不比你尽管对自己不满，始终在提高。想到这点，我真艳羡你不置。近来我情绪不高，大概与我对工作不满有关。

又及

写

【篇末小结】
这封信表达了对儿子在这个年纪所拥有的热情的肯定与赞扬。与此同时，对于自己的年老力衰、心有余而力不足感到无奈，多多少少有一些失落颓唐之感，不免让人心情沉重。对于儿子年富力强与自己沧桑年老的感慨，使我们更能体会到时光易逝，要珍惜现在的时光。

【思考探究】
1.傅雷所说的"我们固有的两种人生观"分别是什么？

2.傅雷认为当时我国主要的问题都有哪些？

【写作乐园】
你对国外哪个民族或者哪种文化比较了解？和大家分享一下。（不少于100字）

_____

_____

四月二十六日

刚从扬州回来，见到弥拉的信。她的病似乎是肋炎症，要非常小心治疗，特别是彻底休息；万一胸膜内有了水就很麻烦，痊愈后也要大伤元气。我们为之都很担心。你在外跑了近两月，疲劳过度，也该安排一下，到乡间去住个三五天。几年来为这件事我不知和你说过多少回，你总不肯接受我们的意见。人生是多方面的，艺术也得从多方面培养，劳逸调剂得恰当，对艺术只有好处。三天不弹琴，决不损害你的技术，你应该有这点儿自信。况且所谓relax（放松）也不能仅仅在technique（技巧）上求，也不能单独地抽象地追求心情的relax（放松，宽舒）。[1] 长年不离琴绝不可能有真正的relax（松弛），唯有经常与大自然亲近，放下一切，才能有relax（舒畅）的心情，有了这心情，艺术上的relax（舒畅自如）可不求而自得。我也犯了过于紧张的毛病，可是近两年来总还春秋两季抽空出门几天。回来后精神的确感到新鲜，工作效率反而可以提高。Kabos（卡波斯）太太批评你不能竭尽可能地relax（放松），我认为基本原因就在于生活太紧张。平时老是提足精神，能张不能弛！你又

[1] 情节分析：
人生是多方面的，太执着于一个方面往往会陷入狭隘的境地。多方面去培养，劳逸结合，才能获得身心的放松。

196

很固执，多少爱你的人连弥拉和我们在内，都没法说服你每年抽空出去一下，至少自己放三五天假。这是我们常常想起了要喟然长叹的，觉得你始终不体谅我们爱护你的热忱，尤其我们，你岳父、弥拉都是深切领会艺术的人，劝你休息的话决不会妨碍你的艺术！

你太片面强调艺术，对艺术也是危险的。你要不听从我们的忠告，三五年七八年之后定会后悔。孩子，你就是不够 wise（明智），还有弥拉身体并不十分强壮，你也得为她着想，不能把人生百分之百地献给艺术。勃隆斯丹太太也没有为了艺术而疏忽了家庭。你能一年往外散心一两次，哪怕每次三天，对弥拉也有好处，对艺术也没有害处，为什么你不肯试验一下看看结果呢？

写

【篇末小结】

常年不离琴，专注于对艺术的追求，固然值得钦佩，但也是傅聪的一个缺点。过度的专注往往会钻牛角尖，对艺术的理解越来越狭隘，长此以往，会产生巨大的危险。傅雷对此十分担忧。一些拼命苦学的同学，也应该注意劳逸结合，适当地放松身心，这对学习有益无害。

【思考探究】

1. 傅聪不能竭尽可能地放松的原因是什么？

2. "你太片面强调艺术，对艺术也是危险的"，请你说说都会有哪些危险。

【写作乐园】

谈谈我们在学习中应该如何把握"张"与"弛"。（不少于100字）

_____

_____

※ 六月二日晚

你最近在伦敦的两场音乐会，要不是弥拉来信说明，我们几乎不明白真相。《曼彻斯特导报》的评论似乎有些分析，我是外行，不知其中可有几分说得对的。既然批评界敌意持续至一年之久，还是多分析分析自己，再多问问客观、中立、有高度音乐水平的人的意见。我知道你自我批评很强，但外界的敌意仍应当使我们对自己提高警惕。也许有些不自觉的毛病，自己和相熟的朋友们不曾看出。多探讨一下没有害处。若真正是批评界存心作对，当然不必介意。历史上受莫名其妙的指摘的人不知有多少，连伽利略、伏尔泰、巴尔扎克辈都不免，何况区区我辈！主要还是以君子之心度人，作为借鉴之助，对自己只有好处。老话说得好："是非自有公论，日子久了自然会黑白分明！"[1]

[1] 情节分析：引用智者言论，宽慰儿子正确对待外界评价，也表明傅雷对儿子音乐水平的认同与信任。

写

【篇末小结】
　　就算普通人也会面临周围人的批评，更何况傅聪这样一位有名的东方新起之秀。傅雷对英国报纸上的批评发表了自己的看法，教导儿子如何正确对待这些批评：对于批评不能全盘否定，也可从中找到自己的不足，但对莫名的恶意批评并不需要多加理会，因为"是非自有公论"。

【思考探究】
　　1.傅聪为什么不愿意将近期两场音乐会情况告知父亲？

　　2.我们应该如何正确对待外界的批评与敌意？

【写作乐园】
　　"历史上受莫名的指摘的人不知有多少"，请你为其补充一个事实论据。（不少于100字）

_____

_____

七月二十二日

　　五十多天不写信了。千言万语，无从下笔；老不写信又心神不安，真是矛盾百出。我和妈妈常常梦见你们，声音笑貌都逼真。梦后总想写信，也写过好几次没写成。我知道你的心情也波动得很。有理想就有苦闷，不随波逐流就到处龃龉。可是能想到易地则皆然，或许会平静一些。生年不满百，常怀千岁忧，此二语可为你我写照。两个多月没有你们消息，但愿身心健康，勿过紧张。你俩体格都不很强壮，平时总要善自保养。劳逸调剂得好，才是久长之计。我们别的不担心，只怕你工作过度，连带弥拉也吃不消。任何耽溺都有流弊，为了耽溺艺术而牺牲人生也不是明智的！

写

【篇末小结】
　　再次提到梦见傅聪二人，可见傅雷夫妻对儿子的牵挂。对于儿子的苦闷，傅雷感同身受，身为理想主义者，却生活在污浊的社会环境中，不愿意随波逐流，而遭受很多折磨，承受更多的压力，这或许就是追求理想的代价吧。在这样沉痛的心情中，傅雷依旧关心儿子一家的身体健康，从精神到身体，无微不至。

【思考探究】
　　1."有理想就有苦闷，不随波逐流就到处龃龉"，谈谈你对这句话的理解。

　　2.这封信表达了傅雷怎样的情感？

【写作乐园】

很多人为了梦想而牺牲人生，你想对这些人说些什么？（不少于100字）

_____

_____

七月二十二日

亲爱的孩子：

快三个月了，虽然我一直在想念你，却一个字都没有写给你，对我来说这是绝无仅有的事。也许你可以猜出我久无音讯的原因，这是一种难以言喻的苦恼，可能跟聪不愿提笔的理由差不多。人在饱经现实打击，而仍能不受影响去幻想时，理想主义的确可以予人快乐；但是更多时候理想主义会令人忧郁失望，不满现实。我自忖也许庸人多福，我国的古人曾经辛酸地羡慕过无知庸人，但是实际上，我却不相信他们会比别人更无牵无挂，他们难道不会为自私自利的兴趣及家务琐事而饱受折磨吗？总的来说，我的身体还不错，但除了日常工作外，很少提笔，希望你不要见怪才好。

写

【篇末小结】

傅雷"不愿提笔"写信给儿子，这是"绝无仅有"的事。可见傅雷当时面临着怎样的思想折磨。傅雷是一位理想主义者，残酷的现实与复杂的社会令傅雷越来越忧郁失望，困扰着他的心情，这也是当时知识分子的缩影。

【思考探究】

1.结合傅雷当时的处境，说说他不愿提笔的原因。

2.为什么理想主义可以予人快乐，却又令人忧郁失望？为什么会呈现出这样的两面性呢？

【写作乐园】

请谈谈我们应该如何克服学习生活中的烦恼。（不少于100字）

_____

_____

九月一日

　　很高兴知道你终于彻底休息了一下。瑞士确是避暑最好的地方。三十四年前我在日内瓦的西端，一个小小的法国村子里住过三个月，天天看到白峰（Mont Blanc）上的皑皑积雪，使人在盛暑也感到一股凉意。可惜没有去过瑞士北部的几口湖，听说比日内瓦湖更美更幽。你从南非来的信上本说要去希腊，那儿天气太热，不该在夏季去。你们改变游程倒是聪明的。威尼斯去了没有？其实意大利北部几口湖也风景秀丽，值得小住几天。相信这次旅行定能使你感觉新鲜，精神上洗个痛快的澡。[1] 弥拉想来特别快乐。她到底身体怎样？在 Zurich（苏黎世）疗养院检查结果又怎么样？除了此次的明信片以外，她从五月十日起没有来过信，不知中间有没有遗失？我写到 Gstaad 的信，你们收到没有？下次写信来，最好提一笔我信上的编号，别笼笼统统只说"来信都收到"。最好也提一笔你们上一封信的日期，否则丢了信也不知道。七月下旬勃隆斯丹夫人有信来，报告你们二月中会面的情形，简直是排日描写，不但详细，而且事隔五月，字里行间的感情还是那么强烈，看了真感动。世界上这样真诚，感情这样深的人是不多的！

[1] 写作指导：运用比喻的修辞手法，生动形象地写出了旅游休息对精神上的好处。

写

【篇末小结】

　　对于儿子终于"彻底休息了一下"，傅雷非常开心，因为他一直担心傅聪身体与精神上的过度紧张。我们知道，这时的傅雷正在被现实所折磨，但仍然关心远在国外的儿子，字里行间流露着浓浓父爱。

【思考探究】

1. 傅雷为什么认为傅聪改变游程是聪明的？

2. 傅雷提到勃隆斯丹夫人的来信，有什么含义？

【写作乐园】

请你为傅聪的旅程推荐一个中国的好地方，并说说为什么要去那里。（不少于100字）

_____

_____

九月一日

亲爱的孩子：

一九二九年夏，我在日内瓦湖的西端，Villeneuve（维勒纳夫）对面，半属法国半属瑞士的小村落 St. Gingolphe（圣·欣高尔夫）住过三个月。天天看到白峰（Mont Blanc）上的皑皑积雪。谁会想到三十四年之后，一个中国人至爱的子女竟会涉足同一地区，甚至遍游更远更壮丽的地方？这岂非巧合？聪在寄来的明信片中说，你准备自己驾车直达意大利，甚至远至威尼斯；但是以一个业余驾车者在山区，尤其是在阿尔卑斯山上驾驶，实在是有点"冒险"，这样你也不能在路上游览沿途景色了。不过，现在已经游览完毕，你们也已平安返抵伦敦了。假如可能的话，又假如你有点时间，我很愿意读到你对旅途的详尽描述，我没法子靠阿聪，他写起信来总是只有三言两语。

写

【篇末小结】

傅雷向弥拉分享自己在日内瓦湖的生活，对于儿子、儿媳时隔三十四年踏上同一片土地感到兴奋，表现出血脉相承的激动。对于弥拉要自驾游的想法，傅雷充满了担忧，并希望获知旅途的点点滴滴。寥寥几笔，倾注了傅雷全部的父爱。

【思考探究】

1."谁会想到三十四年之后，一个中国人至爱的子女竟会涉足同一地区，甚至遍游更远更壮丽的地方？"体会这句话表达了傅雷怎样的情感。

2.对于弥拉独自驾车直达意大利甚至威尼斯的想法，傅雷是怎样进行劝告的？

【写作乐园】

你做过什么非常大胆的事情吗？和大家分享一下。（不少于100字）

_____

_____

十月十四日

你赫辛斯基来信和弥拉伦敦来信都收到。原来她在瑞士写过一信，遗失了。她写起长信来可真有意思，报告意大利之行又详细又生动。从此想你对意大利绘画，尤其威尼斯派，领会得一定更深切。瑞士和意大利的湖泊都在高原上，真正是山高水深，非他处所及。再加人工修饰，古迹林立，令人缅怀以往，更加徘徊不忍去。我们的名胜最吃亏的是建筑，先是砖木结构，抵抗不了天灾人祸、风雨侵蚀；其次，建筑也是中国艺术中比较落后的一门。

接弥拉信后，我大查字典，大翻地图和旅行指南。一九三一年去罗马时曾买了一本《蓝色导游》（Guide Bleu）中的《意大利》，厚厚一小册，五百多面，好比一部字典。这是法国最完全最详细的指南，包括各国各大城市（每国都是一厚册），竟是一部旅行丛书。你们去过的几口湖，Maggiore，Lugarno，Como，Iseo，Garda（马焦雷湖，卢加诺湖，科莫湖，伊塞奥湖，加尔达湖），你们歇宿的Stresa（斯特雷萨）和Bellagio（贝拉焦）都在图上找到了，并且每个湖各有详图。我们翻了一遍，好比跟着你们"神游"了一次。弥拉一路驾驶，到底是险峻的山路，又常常摸黑，真是多亏她了，不知驾的是不是你们自己的车，还是租的？

此刻江南也已转入暮秋，桂花已谢，菊花即将开放。想不到伦敦已是风啊雨啊雾啊，如此沉闷！我很想下月初去天目山（浙西）赏玩秋色，届时能否如愿，不得而知。一九四八年十一月曾和仑布伯伯同去东西天目，秋色斑斓，江山如锦绣，十余年来常在梦寐中。

《高老头》已改讫，译序（一九六三年修改《高老头》译文，写了一篇序文，"十年"浩劫中失散于出版社）也写好寄出。如今写序要有批判，极难下笔。我写了一星期，几乎弄得废寝忘食，紧张得不得了。至于译文，改来改去，总觉得能力已经到了顶，多数不满意的地方明知还可修改，却都无法胜任，受了我个人文笔的限制。这四五年来愈来愈清楚地感觉到自己的limit（局限），仿佛一道不可超越的鸿沟。

写

【篇末小结】

傅雷在书中跟着儿子"神游"，领略国外的风光，感慨中国的建筑，由此写到江南秋景，希望去天目山赏玩秋色。傅雷懂得生活，可当时的社会限制了他的生活。最后，他表达自己文笔有限，越来越清晰地认识到自己的局限。这封信将浓浓父爱与智者思考融为一体，和儿子如同朋友一般交流。

【思考探究】

1. 为什么傅雷说"我们的名胜最吃亏的是建筑"？

2. 傅雷写到了暮秋的江南以及曾经去过的东西天目，这样写的用意是什么？

【写作乐园】

中国有不少令人流连忘返的名胜古迹，分享你最喜欢的一处。（不少于100字）

_____

_____

十月十四日

亲爱的弥拉：

收到你在九月二十三日与月底之间所写、在十月一日自伦敦发出的长信，真是十分欣慰，得知你们的近况，是我们最大的快乐，而每次收到你们的信，总是家中一件大事。信是看了一遍又一遍，不停地谈论直到收到下一封信为止。这一次，我们亦步亦趋跟着你们神游意大利。我查阅二十世纪的《拉罗斯大字典》里的地图，也不断地翻阅《蓝色导游》（你们旅游时手上是否有这本《导游》），以便查看意大利北部，你们去过的几口湖，例如 Maggiore，Lugarno，Como，Iseo，Carda（马焦雷湖，卢加诺湖，科莫湖，伊塞奥湖，加尔达湖）等。你们歇宿的 Stresa（斯特雷萨）和 Bellagio（贝拉焦），都在图上找到了。我们还念了 Bergamo（贝尔加莫）城的描绘（也在《蓝色导游》中找到）。这城里有一个高镇，一个低镇，还有中古的教堂，你现在该知道我们怎样为你们的快乐而欢欣了！人不是会在不知不觉中，生活在至爱的亲人身上吗？[1] 我们这儿没有假期，可是你使我们分享你们所有的乐趣而不必分担你们的疲劳，更令我们为之精神大振！

你俩真幸福，得以遍游优美的国度，如瑞士、意大利。我当学生的时候，只于一九二九年在日内瓦湖畔 Villeneuve(维勒纳夫)对面一个小小的村子里度过三个月。此外，我只在一九三一年五月去过罗马、那不勒斯、西西里岛，没能去佛罗伦萨及威尼斯。当时我很年轻，而学生的口袋，你们不难理解，时常是很拮据的。相反的，我反而有机会结识罗马的杰出人士，意大利的作家与教授，尤其是当时的汉学家，还有当地的贵族，其中尤以巴索里尼伯爵夫人（一位七十开外的夫人）以及她那位风度绰约的媳妇 Borghese（博尔盖塞）公主对我特别亲切。由于她们的引荐，我得以在六月份应邀于意大利皇家地理学会及罗马扶轮社演讲，谈论有关现代中国的问题。我那时候才二十三岁，居然在一群不但杰出而且渊博的听众面前演讲，其中不乏部长将军辈，实在有些不知天高地厚。想起三十年之后，我的儿子，另一个年轻人，以优秀音乐家的身份，而不至于像乃父一般多少有点冒充内行，在意大利同样杰出的听众面前演奏，岂不像一场梦！[2]

…………

看到你描绘参观罗浮宫的片段，我为之激动不已，我曾经在这座伟大的博物馆中，为学习与欣赏而消磨过无数时光。得知往日熏黑蒙尘的蒙娜丽莎像，如今经过科学的清理，已经焕然一新，真是一大喜讯，我多么喜爱从香榭丽舍大道一端的协和广场直达凯旋门的这段全景！我也永远不能忘记桥上的夜色，尤其是电灯光与煤气灯光相互交织，在塞纳河上形成瑰丽的倒影，水中波光粼粼，白色与瑰色相间（电灯光与煤气灯光），我每次坐公共汽车经过桥上，绝不会不尽情游览。告诉我，孩子，当地是否风光依旧？

[1] **写作指导：**
反问，加强语气，表现了傅雷对儿子深深的爱与思念。

[2] **情节分析：**
傅雷将自己的经历与傅聪的经历放在一起，意在衬托儿子傅聪的光芒，字里行间流露出对儿子的骄傲自豪之情。

写

【篇末小结】

傅雷在地图中，追寻着儿子的足迹，游遍优美的国度。从儿子的游程中，傅雷回忆起自己的学生时代。自己曾经在意大利皇家地理学会及罗马扶轮社演讲，与儿子在意大利演奏产生跨越时空的奇妙的碰撞，仿佛是一场心灵的交流。对曾经在国外看到的美景至今不能忘怀，可见傅雷对生活充满热爱。

【思考探究】

1. 傅雷从哪些书上"行万里路"，表现了他怎样的情感？

2. 傅雷所言"岂不像一场梦"指的是什么？

【写作乐园】

请你写一篇演讲稿，谈谈有关现代中国发展的问题。（不少于100字）

※十一月三日

[1] 情节分析：
为儿子能从感性转变到理性感到开心自豪。但同时不忘告诫儿子，无论多高深的艺术都不能与群众脱离，因为艺术是为大众服务的。

最近一信使我看了多么兴奋，不知你是否想象得到？真诚而努力的艺术家每隔几年必然会经过一次脱胎换骨，达到一个新的高峰。能够从纯粹的感觉（sensation）转化到观念（idea）当然是迈进一大步，这一步也不是每个艺术家所能办到的，因为同各人的性情气质有关。不过到了观念世界也该提防一个 pitfall（陷阱），在精神上能跟踪你的人越来越少的时候，难免钻牛角尖，走上太抽象的路，和群众脱离。[1]哗众取宠（就是一味用新奇唬人）和取媚庸俗固然都要不得，太沉醉于自己理想也有它的危险。我这话不大说得清楚，只是具体的例子也可以作为我们的警戒。李赫特某些演奏某些理解很能说明问题。归根结底，仍然是"出"和"入"的老话。高远绝俗而不失人间性人情味，才不会叫人感到 cold（冷漠），像你说的"一切都远了，同时一切也都近了"，正是莫扎特晚年和舒伯特的作品达到的境界。古往今来的最优秀的中国人多半是这个气息，尽管 sublime（崇高），可不是 mystic（神秘）（西方式的）；尽管超脱，仍是 warm, intimate, human（温馨、亲切、有人情味）到极点！你不但深切了解这些，你的性格也有这种倾向，那就是你的艺术的 safeguard（保障）。基本上我对你的信心始终如一，以上有些话不过是随便提到，作为"闻者足戒"的提示罢了。

[2] 情节分析：
为傅聪能够改正自己的缺点而兴奋不已。表现了傅雷对儿子音乐上的严格要求。

我和妈妈特别高兴的是你身体居然不摇摆了，这不仅是给听众的印象问题，还是一个对待艺术的态度，掌握自己的感情，控制表现，能入能出的问题，也具体证明你能化为一个 idea（意念），而超过了被音乐带着跑，变得不由自主的阶段。[2]只有感情净化、人格升华，从 dramatic（起伏激越）进到 contemplative（凝神沉思）

的时候，才能做到。可见这样一个细节也不是单靠注意所能解决的，修养到家了，自会迎刃而解。（胸中的感受不能完全在手上表达出来，自然会身体摇摆，好像无意识地要"手舞足蹈"地帮助表达。我这个分析你说对不对？）

相形之下，我却是愈来愈不行了。也说不出是退步呢，还是本来能力有限，以前对自己的缺点不像现在这样感觉清楚。越是对原作体会深刻，越是欣赏原文的美妙，越觉得心长力绌，越觉得译文远远地传达不出原作的神韵。返工的次数愈来愈多，时间也花得愈来愈多，结果却总是不满意。时时刻刻看到自己的 limit（局限），运用脑子的 limit（局限），措辞造句的 limit（局限），先天的 limit（局限）——例如句子的转弯抹角太生硬，色彩单调，说理强而描绘弱，处处都和我性格的缺陷与偏差有关。自然，我并不因此灰心，照样"知其不可为而为之"，不过要心情愉快也很难了。[1]工作有成绩才是最大的快乐，这一点你我都一样。

另外有一点是肯定的，就是西方人的思想方式同我们距离太大了。不做翻译工作的人恐怕不会体会到这么深切。他们刻画心理和描写感情的时候，有些曲折和细腻的地方，复杂烦琐，简直与我们格格不入。我们对人生琐事往往有许多是认为不值一提而省略的，有许多只是罗列事实而不加分析的，如果要写情就用诗人的态度来写；西方作家却多半用科学家的态度、历史学家的态度（特别巴尔扎克），像解剖昆虫一般。译的人固然懂得了，也感觉到它的特色、妙处，可是要叫思想方式完全不一样的读者领会就难了。思想方式反映整个的人生观、宇宙观和几千年文化的发展，怎能一下子就能和另一民族的思想沟通呢？你很幸运，音乐不像语言的局限性那么大，你还是用音符表达前人的音符，不是用另一种语言文字，另一种逻辑。

真了解西方的东方人，真了解东方人的西方人，不是没有，只是稀如星凤。对自己的文化遗产彻底消化的人，文化遗产决不会变成包袱，反而养成一种无所不包的胸襟，既明白本民族的长处短处，又明白别的民族的长处短处，进一步会截长补短，吸收新鲜的养料。[2]任何孤独都不怕，只怕文化的孤独、精神思想的孤独。你前信所谓孤独，大概也是指这一点吧。

尽管我们隔得这么远，彼此的心始终在一起，我从来不觉得和你有什么精神上的隔阂。父子两代之间能如此也不容易，我为此很快慰。

[1] 人物性格： 即使看到自己这么多缺点与局限，但仍不灰心。可见傅雷不服输、不轻言放弃、勇于坚持的特点。

[2] 情节分析： 理解自己国家的文化，借鉴吸收他国的文化，只有这样才能让本民族的文化更加辉煌灿烂。同时告诫儿子音乐上也要如此，要有无限宽广的胸襟。

写

【篇末小结】

这封信主要与儿子谈论了艺术上的问题。一直困扰父子二人关于傅聪在演奏时身体晃动的问题竟然被克服了，而且傅聪有了感性到理性的转变。对于这些进步，傅雷十分兴奋与激动。他高兴的同时告诫儿子音乐不要脱离群众。相比之下，傅雷的事业却似遇到了瓶颈，但他并不灰心，反而由此引发对中西方思想方式上的不同的思考，希望儿子能养成无限宽广的胸襟。

【思考探究】

1. 请简述莫扎特晚年与舒伯特作品的境界是一种怎样的境界。

2. 东方人与西方人在思想方式上有什么区别？

【写作乐园】
　　傅雷在工作中越来越清楚地意识到自己的局限与不足，你认为他真的是退步了吗？请写一封信，向他说明一下你的见解。（不少于100字）

_____

_____

十一月三日

亲爱的孩子：

　　聪上次的巡回演奏使他在音乐事业中向前迈了一大步，你一定跟我们一样高兴。并非每一个音乐家，甚至杰出的音乐家，都能进入这样一个理想的精神境界，这样浑然忘我，感到与现实世界既遥远又接近。这不仅要靠高尚的品格，对艺术的热爱，对人类的无限同情，还有赖于艺术家的个性与气质，这种"心灵的境界"绝不神秘，再没有什么比西方的神秘主义与中国的心理状态更格格不入了（我说中国是指中国的优秀分子）。这无非是一种启蒙人文思想的升华，我很高兴聪在道德演变的过程中从未停止进步。人在某一段时间内滞留不进，就表示活力已经耗尽，而假如人自溺于此，那么他的艺术生命也就日暮途穷了。

　　另一个好消息是现在聪演奏起来身体不摇摆了！这不仅是一个演奏家应有的良好风度，还表示一个人对艺术的态度截然不同了，十年前我就想纠正他身体的摆动，此后又在信中再三提醒他，但是要他在音乐方面更加成熟、更加稳定以求身体的平稳，是需要时间的。你看，我忍不住要跟你讨论这些事，因为你深知其重要，而且这种快乐也应该是阖家分享的。

写

【篇末小结】
　　傅聪在音乐上取得了巨大的进步，傅雷忍不住与弥拉分享这份喜悦。傅聪对艺术境界的领悟，困扰数十年的缺点的消失，这一切都令傅雷兴奋不已，表现了他对儿子取得进步的自豪与开心。

【思考探究】
1.想要在艺术上进入一个理想的精神境界，需要哪些条件？

2."人在某一段时间内滞留不进，就表示活力已经耗尽，而假如人自溺于此，那么他的艺术生命也就日暮途穷了"，谈谈你对这句话的理解。

【写作乐园】
　　对艺术的态度的转变，让傅聪在音乐上取得进步。谈谈我们在学习上应该具备怎样的态度。（不少于100字）

_____

_____

第十一卷 / 一九六四年

【卷首语】

虽然傅聪在音乐上取得了巨大的成就，但傅雷从没有停止过教导、督促的步伐，希望傅聪不断进步。收到弥拉怀孕的消息，傅雷为家庭即将有新的成员感到开心，并嘱咐儿子在生活中要与弥拉相互体谅，在经济上，为了更好地生活，要学会理财。在信中，傅雷告知傅聪自己为孩子起的名字，可见其对未出世的孩子寄予厚望。

在这一年，傅聪为生活所迫，加入英国国籍，这对傅雷来说是一次巨大打击，两人的通信也因此中断，6个月后才得以恢复。傅雷出于对儿子的爱，理解他不得不加入英国国籍的举动，但将民族自尊心看得那样重要的他，内心的痛苦却无法减少。凌霄的出生也冲淡不了这份痛苦。此时傅雷的情感极其复杂，但即便如此，他依旧关心着傅聪的生活、学习。

一月十二日

莫扎特的 Fantasy in b min.（《b 小调幻想曲》）记得一九五三年前就跟你提过。罗曼·罗兰极推崇此作，认为他的痛苦的经历都在这作品中流露了，流露的深度便是韦伯与贝多芬也未必超过。罗曼·罗兰的两本名著：Muscians of the Past（《古代音乐家》），Muscians of Today（《今代音乐家》）英文中均有译本，不妨买来细读。其中论莫扎特、柏辽兹、德彪西各篇非常精彩。名家的音乐论著，可以帮助我们更准确地了解以往的大师，也可以纠正我们太主观的看法。[1] 我觉得艺术家不但需要在本门艺术中勤修苦练，也得博览群书，也得常常做 meditation（冥思默想），防止自己的偏向和钻牛角尖。感情强烈的人不怕别的，就怕不够客观；防止之道在于多多借鉴，从别人的镜子里检验自己的看法和感受。其次磁带录音机为你学习的必需品——也是另一面自己的镜子。我过去常常提醒你理财之道，就是要你能有购买此种必需品的财力。Kabos（卡波斯）太太那儿是否还去？十二月轮空，有没有利用机会去请教她？学问上艺术上的师友必须经常接触、交流，只顾关着门练琴也有流弊。

....

今天看了十二月份《音乐与音乐家》上登的 Dorat：An Anatony of Conducting（多拉：《指挥的剖析》）有两句话妙极——"Increasing economy of means, employed to better effect，is a sign of increasing maturity in every form of art."（"无论哪一种形式的艺术，艺术家为了得到更佳效果，采取的手法越精简，越表示他炉火纯青，渐趋成熟。"）——这个道理应用到弹琴，从身体的平稳不摇摆，一直到 interpretation（演绎）的朴素、含蓄，都说得通。他提到艺术时又说：…calls for great pride and extreme humility at the same time（……既需越高的自尊，又需极大的屈辱）。全篇文字都值得一读。

[1] 情节分析：以人为镜，可以知得失。傅雷希望傅聪能够了解名家、音乐大师，学习他们的长处，纠正自己的错误。

写

【篇末小结】

虽然傅聪在音乐上取得了巨大的进步，但傅雷从没有停止教导、督促的步伐。这封信中，傅雷向儿子推荐罗曼·罗兰的《古代音乐家》和《今代音乐家》，希望儿子能够将以往的大师当作一面镜子，抛掉太过主观的看法，更客观地认识自己，并由此再次提到为什么希望傅聪学会理财，就是希望儿子有足够的财力来购买能提升自己的某种必需品。

【思考探究】

1. 傅雷为什么说磁带录音机是另一面自己的镜子？

2. 傅雷认为艺术家不仅要在本门艺术上勤修苦练，还要博览群书，这样做有什么好处？

【写作乐园】

以人为镜，可以知得失。你有没有这样一面镜子？和大家交流一下。（不少于100字）

_____

_____

三月一日

弥拉的信比你从加拿大发的早到四天。我们听到喜讯，都说不出的快乐，妈妈更是坐也不是，立也不是，兴奋几日。她母性强，抱孙心切，已经盼望很久了，常说："怎么聪还没有孩子呢？"每次长时期不接弥拉来信，总疑心她有了喜不舒服。我却是担心加重你的负担，也怕你们俩不得自由。总之，同样的爱儿女，不过看问题的角度不同而已。有责任感的人遇到这等大事都不免一则以喜，一则以忧。可是结婚的时候早知道有这么一天，也不必临时慌张。回想三十年前你初出世的一刹那，在医院的妇产科外听见你妈妈呻吟，有一种说不出的"肃然"的感觉，仿佛从那时起才真正体会到做母亲的艰苦与伟大，同时感到自己在人生中又迈了一大步。一个人的成长往往是不自觉的，但你母亲生你的时节，我对自己的成长却是清清楚楚意识到的，至今忘不了。相信你和弥拉到时也都会有类似的经验。

有了孩子，父母双方为了爱孩子，难免不生出许多零星琐碎的争执，应当事先彼此谈谈，让你们俩都有个思想准备，既不要在小地方固执，又不必为了难免的小争执而闹脾气。还有母性特强的妻子，往往会引起丈夫的妒忌，似乎一有孩子，自己在妻子心中的地位缩小了很多——这一点不能不先提醒你。因为大多数的西方女子，母性比东方女子表现得更强——我说"表现"，因为东方人的母爱，正如别的感情一样，不像西方女子那么显著地形之于外。但过分地形之于外，就容易惹动丈夫的妒意。

在经济方面，与其为了孩子将临而忧虑，不如切实想办法，好好安排一下。衣、食、住、行的固定开支，每月要多少，零用要多少，以量入为出的原则全面做一个计划，然后严格执行。大多数人的经验，总是零用不易掌握，最需要克制功夫。遇到每一笔非生活必需开支，都得冷静地想一想，是否确实必不可少。我平时看到书画、文物、小玩意（连价钱稍昂的图书在内），从不敢当场就买，总是左思右想，横考虑竖考虑，还要和妈妈商量再决定，很多就此打消了。凡是小玩意儿一类，过了十天八天，欲望自然会淡下来的。即使与你研究学问有关的东西，也得考虑一下是否必需，例如唱片，少买几张也未必妨碍你艺术上的进步。只有每一次掏出钱的时候，都经过一番客观的思索，才能贯彻预算，做到收支平衡而还能有些小小的储蓄。我们在最困难的时候，曾经把每月的每一笔开支，分别装在信封内，写明"伙食""水电""图书"等等；一个信封内的钱用完了，决不挪用别的信封内的钱，更不提前用下个月的钱。现在查看账目，便是那几年花费最少。我们此刻还经常检查账目，看上个月哪几样用途是可用不可用的，使我们在本月和以后的几个月内注意节约。[1] 我不是要你如法炮制，而是举实例给你看，我们是用什么方法控制开销的。

[1] **人物性格：** 傅雷以自身经验告诉傅聪自己是如何控制开销的，让我们看到一位坚守清贫、严于律己的知识分子形象。

"理财"，若作为"生财"解，固是一件难事，作为"不亏空而略有储蓄"解，却也容易做到。只要有意志、有决心，不跟自己妥协，有狠心压制自己的 fancy（一时的爱好）！老话说得好："开源不如节流。"我们的欲望无穷，所谓"欲壑难填"，若一手来一手去，有多少用多少，即使日进斗金也不会觉得宽裕的。既然要保持清白，保持人格独立，又要养家活口，防旦夕祸福，更只有自己紧缩，将"出口"的关口牢牢把住。"入口"操在人家手中，你不能也不愿奴颜婢膝地乞求；"出口"却完全操诸我手，由我做主。你该记得中国古代的所谓清流，有傲骨的人，都是自甘淡泊的清贫之士。清贫二字为何连在一起，值得我们深思。我的理解是，清则贫，亦唯贫而后能清！我不是要你"贫"，仅仅是约制自己的欲望，做到量入为出，不能说要求太高吧！这些道理你全明白，无须我啰唆，问题是在于实践。你在艺术上想得到，做得到，所以成功；倘在人生大小事务上也能说能行，只要及到你艺术方面的一半，你的生活烦虑也就十分中去了八分。古往今来，艺术家多半不会生活，这不是他们的光荣，而是他们的失败。失败的原因并非真的对现实生活太笨拙，而是不去注意，不下决心。因为我所谓"会生活"不是指发财、剥削人或是啬刻，做守财奴，而是指生活有条理，收支相抵而略有剩余。[2] 要做到这两点，只消把对付艺术的注意力和决心拿出一小部分来应用一下就绰绰有余了！

[2] **情节分析：** 傅雷对于"会生活"的理解是并不需要大富大贵，而是生活有条理，收支相抵略有剩余，不至于影响自己的艺术追求。

…………

至于弥拉，记得你结婚以前有过培养她的意思，即使结果与你的理想仍有距离（哪个人的理想能与现实一致呢），也不能说三年来没有成绩。首先，你近两年来信中不止一次地提到，你和她的感情融洽多了，证明你们互相的了解是在增进，不是停滞。这便是夫妇之爱的最重要的基础。其次，她对我们的感情，即使在海外娶的中国媳妇，也未必及得上她。[3] 很多朋友的儿子在外结婚多年，媳妇（还是中国人）仍像外人一般，也难得写信，哪像弥拉和我们这么亲切！最后，她对孩子的教育（最近已和我们谈了），明明是接受了你的理想。她本人也想学中文，无论将来效果如何，总是"其志可嘉"。对中国文化的仰慕爱好，间接表示她对你的赏识。固然她很多孩子气，许多地方还不成熟，但孩子气的优点是天真无邪。她对你的艺术的理解与感受，恐怕在西方女子中也不一定很多。她至少不是冒充风雅的时髦女子，她对艺术的态度是真诚的。

[3] **情节分析：** 傅雷对弥拉有着很高的评价。

五九年八月以前的弥拉和六四年一月的弥拉，有多少差别，只有你衡量得出。我相信你对她做的工作并没有白费。就算是她走得慢一些，至少在跟着你前进。

再说，做一个艺术家的妻子本来很难，做你的妻子，尤其不容易。一般的艺术家都少不了仆仆风尘。可不见得像你我这样喜欢闭户不出，过修院生活。这是西方女子很难适应的。而经常奔波，视家庭如传舍（即驿站、逆旅）的方式，也需要 Penelope（珀涅罗珀）对待 Ulysses（尤利西斯）那样坚贞的耐性才行——要是在这些方面，弥拉多少已经习惯，便是很大的成功，值得你高兴的了。我们还得有自知之明，你脾气和我一样不好，即使略好，也不过五十步与百步。想到这个，夫妇之间的小小争执，也许责任是一半一半，也许我这方面还要多担一些责任——我国虽然有过五四运动，新女性运动（一九二〇年前后），夫权还是比西方重，西方妇女可不容易接受这一点。我特别提出，希望你注意。至于持家之道，你也不能以身作则地训练人家。你自己行事就很难做到有规律有条理，经常旅行也使你有很大困难，只能两人同时学习，多多商量。我相信你们俩在相忍相让上面已有不少成就。只是艺术家的心情容易波动，常有些莫名其妙的骚扰、烦闷、苦恼，影响家庭生活。平时不妨多冷静地想想这些，免得为了小龃龉而动摇根本。你信中的话，我们并不太当真。两个年轻人相处，本来要摸索多年。我以上的话，你思想中大半都有，我不过像在舞台上做一番"提示"工作。特别想提醒你的是信念，对两人的前途的信念。若存了"将来讲究如何，不得而知"的心，对方早晚体会得到，那就动了根本，一切不好办了。往往会无事变小事，小事变大事；反之，信念坚定，就会大事化小，小事化无。再过一二十年，你们回顾三十岁前后的生活，想起两人之间的无数小争执，定会哑然失笑。你不是说你已经会把事情推远去看么？这便是一个实例。预先体会十年二十年以后的感想，往往能够使人把眼前的艰苦看淡。

总之，你的生活艺术固然不及你的音乐艺术，可也不是没有进步，没有收获。安德烈·莫洛阿说过："夫妇之间往往是智力较差，意志较弱的一个把较高较强的一个往下拉，很少较高较强的一个能把较差较弱的对方往上提。"三年来你至少是把她往上提，这也足以使你感到安慰了。

弥拉要学中文，最好先进"东方语言学校"之类开蒙。我即将寄一本《汉英合璧》给她，其中注音字母，你可以先教她。这是外国传教士编的，很不错。China Inland Missiom 中文名叫"内地会"，新中国成立后当然没有了。当年在牯(gǔ)岭，有许多房子便是那个团体的。他们做学问确实下了一番苦功。教弥拉要非常耐性，西方人学东方语言，比东方人学西方语言难得多。先是西方语言是分析的，东方语言是综合的、暗示的、含蓄的。并且我们从小有学西方语言的环境。你对弥拉要多鼓励、少批评，否则很容易使她知难而退。一切慢慢来，不要急。记住盖叫天的话："慢就是快！"你也得告诉她这个道理。开头根基打得扎实，以后就好办。

孩子的教育，眼前不必多想。将来看形势再商量。我们没有不愿意帮你们解决的。名字待我慢慢想，也需要 inspiration（灵感）。弥拉怀孕期间，更要让她神经安静，心情愉快。定期检查等等，你们有的是医生，不必我们多说。她说胃口不好，胖得 like a cow（像头母牛），这倒要小心，劝她克制一些。母体太胖，婴儿也跟着太胖，分娩的时候，大人和小孩都要吃苦的！故有孕时不宜过分劳动，却也不宜太不劳动。

…………

像我们这种人，从来不以恋爱为至上，不以家庭为至上，而是把艺术、学问放在第一位，作为人生目标的人，对物质方面的烦恼还是容易摆脱的，可是为了免得后顾之忧，更好地从事艺术与学问，也不能不好好地安排物质生活；光是瞧不起金钱，一切取消极态度，早晚要影响你的人生最高目标——艺术的！希望克日下决心，在这方面采取行动！一切保重！

写

【篇末小结】

家庭即将有新的成员，傅雷为弥拉要做妈妈、傅聪要做爸爸而感到开心，并由此想到孩子出世后的种种忧患困难，嘱咐儿子和弥拉要相互体谅；在经济上，为了更好的生活，要学会理财，并且现身说法，将自己年轻时控制钱财的方法分享给他，希望傅聪能保持艺术家的清白与骄傲。同时他关心弥拉的成长，肯定弥拉的进步，希望儿子继续培养弥拉。

【思考探究】

1. 傅雷为什么说西方女子的母性比东方女子表现得更强？

2. 傅雷对弥拉的中文学习都有哪些建议？

【写作乐园】

读了这封信，谈谈你对"会生活"标准的理解。（不少于100字）

_____

_____

四月十二日

　　近几月老是研究巴尔扎克，他的一部分哲学味特别浓的小说，在西方公认为极重要，我却花了很大的劲才勉强读完，也花了很大的耐性读了几部研究这些作品的论著。总觉得神秘气息、玄学气息不容易接受，至多是了解而已，谈不上欣赏和共鸣。中国人不是不讲形而上学，但不像西方人抽象，而往往用诗化的意境把形而上学的理论说得很空灵，真正的意义固然不易捉摸，却不至于像西方形而上学那么枯燥，也没那种刻舟求剑的宗教味儿叫人厌烦。西方人对万有的本原，无论如何要归结到一个神，所谓 God（神，上帝），似乎除了 God（神，上帝），不能解释宇宙、不能说明人生，所以非肯定一个造物主不可。好在谁也提不出证明 God（神，上帝）是没有的，只好由他们去说；可是他们的正面论证也牵强得很，没有说服力。他们首先肯定人生必有意义，灵魂必然不死，从此推论下去，就归纳出一个有计划、有意志的神！可是为什么人生必有意义呢？灵魂必然不死呢？他们认为这是不辩自明之理，我认为欧洲人比我们更骄傲、更狂妄、更 ambitious（野心勃勃），把人这个生物看作天下第一，所以千方百计要造出一套哲学和形而上学来，证明这个"人为万物之灵"的看法，仿佛我们真是负有神的使命，执行神的意志一般。在我个人看来，这都是 vanity（虚荣心）作祟。东方的哲学家、玄学家要比他们谦虚得多。除了程朱一派理学家 dogmatic（武断）很厉害之外，别人就是讲什么阴阳太极，也不像西方人讲 God（神）那么绝对，凿凿有据、咄咄逼人，也许骨子里我们多少是怀疑派，接受不了太强的 insist（坚持），太过分的 certainty（肯定）。

　　前天偶尔想起，你们要是生女孩子的话，外文名字不妨叫 Gracia（葛拉齐亚）《约翰·克利斯朵夫》中人物)，此字来历想你一定记得。意大利字读音好听，grace（雅致）一字的意义也可爱。弥拉不喜欢名字太普通，大概可以合乎她的条件。阴历今年是甲辰，辰年出生的人肖龙，龙从云，风从虎，我们提议女孩子叫"凌云"（Lin Yun），男孩子叫"凌霄"（Lin Sio）。你看如何？男孩的外文名没有 inspiration（灵感），或者你们决定，或者我想到了以后再告。这些我都另外去信讲给弥拉听了。（凌云 =to tower over the clouds，凌霄 =to tower over the sky，我和 Mira 就是这样解释的。）

写

【篇末小结】

这封信由巴尔扎克的作品，引发傅雷对东西方哲学差异上的思考。他认为西方的哲学非常抽象，一些相关论证也非常勉强，更认同东方哲学家、玄学家的哲学理论，体现了一个中国传统知识分子的家国情怀。最后为孩子起名，可以看到他对后辈寄予了深厚的期望。

【思考探究】

1. 从哲学角度分析，为什么傅雷不能对巴尔扎克的作品产生共鸣？

2. "在我个人看来，这都是 vanity（虚荣心）作祟"，"这"指的是什么？

【写作乐园】

请为大家介绍一位你欣赏的中国哲学家。（不少于100字）

_____

_____

四月十二日 *

自接喜讯以来，我快乐的心情无法抑制，老在计算生产的日期，弥拉说医生估计在八月里的上两星期，那时正是天气很热的阶段，想来伦敦医院设备好，不用担心，必有冷气，那产妇就不怎么辛苦了。最近一个月来，陆陆续续打了几件毛线衣，另外买了一件小斗篷、小被头，作为做祖母的一番心意，不日就要去寄了，怕你们都不在，还是由你岳父转的。我也不知对你们合适否。衣服尺寸都是望空做的，好在穿绒线衣时要九十月才用得着，将来需要，不妨来信告知，我可以经常代你们打。孩子的名字，我们俩常在商量，因为今年是龙年，就根据龙的特性来想，前两星期去新城隍庙看看花草，有一种叫凌霄的花，据周朝桢先生说，此花开在初夏，色带火黄，非常艳丽，我们就买了一棵回来，后来我灵机一动，"凌霄"作为男孩子的名字不是很好么？声音也好听，意义有高翔的意思；传说龙在云中，那么女孩子叫"凌云"再贴切没有了，我们就这么决定了。再有我们姓傅的，三代都是单名（你祖父叫傅鹏，父雷，你聪），来一个双名也挺有意思。你觉得怎样？

阿敏去冬年假没回来，工作非常紧张，他对教学相当认真、相当钻研，校方很重视他。他最近来信说："我教了一年多书，深深体会到传授知识比教人容易，如果只教书而不教人的话，书绝对教不好，而要教好人，把学生教育好，必须注意身教和言教，更重要的是身教，处处要严格要求自己，以身作则。越是纪律不好的班，聪明的孩子越多，他们就更敏感，这就要求自己以身作则，否则很难把书教好。"他对教学的具体情况，有他的看法，也有他的一套，爸爸非常赞同。你看我多高兴，阿敏居然成长得走正路，这正是我俩教育孩子的目的，我们没有名利思想，只要做好本门工作就很好了，你做哥哥的知道弟弟有些成绩，一定也庆幸。

写

【篇末小结】
　　对于小孙子的到来，朱梅馥激动、喜悦的心情无法抑制。从孩子的预产期到医院的环境，从为孩子准备衣服到名字的含义，字里行间流露出傅雷夫妻对这个小生命的期待。另外，傅敏在教学上的认知，也非常符合傅雷夫妻的教育目的，对孩子的教导，体现了他们夫妻的胸怀。

【思考探究】
　　1.傅敏对于教书育人有哪些认知和看法？

　　2.傅雷夫妻教育孩子的目的是什么？

【写作乐园】
　　和大家分享一下你从自己名字中体会到的爱。（不少于100字）

_____

_____

※ 四月二十四日

　　昨天才寄出一封长信，今日即收到四月十四日信，却未提及我四月十二日由你岳父家转的信，不知曾否收到，挂念得很！

　　孤独的感觉，彼此差不多，只是程度不同，次数多少有异而已。我们并未离乡背井，生活也稳定，比绝大多数人都过得好；无奈人总是思想太多，不免常受空虚感的侵袭。唯一的安慰是骨肉之间推心置腹，所以无论你来信多么稀少，我总尽量多给你写信，但愿能消解一些你的苦闷与寂寞。只是心愿是一件事，写信的心情是另一件事：往往极想提笔而精神不平静，提不起笔来；或是勉强写了，写得十分枯燥，好像说话的声音口吻僵得很，自己听了也不痛快。

　　一方面狂热、执着，一方面洒脱、旷达、怀疑，甚至于消极，这个性格大概是我遗传给你的。[1]妈妈没有这种矛盾，她从来不这么极端。弥拉常说你跟我真像，可见你在她面前提到我的次数不可胜计，所以她虽未见过我一面，也像多年相识一样。

　　你们夫妇关系，我们从来不真正担心过。你的精神波动，我们知之有素，千句并一句，只要基本信心不动摇，任何小争执大争执都会跟着时间淡忘的。我三月二

[1] 情节分析：这是傅雷对自己的认知，同时也是对傅聪的提醒。

日（第五十九封）信中的结论就是这话。人生的每个阶段都是一边学一边过的，从来没有一个人具备了所有的（理论上的）条件才结婚，才生儿育女的。你为了孩子而惶惶然，表示你对人生态度严肃，却也不必想得太多。一点不想是不负责任，当然不好；想得过分也徒然自苦，问题是彻底考虑一番，下决心把每个阶段的事情做好，想好办法实行就是了。

　　"人不知而不愠"是人生最高修养，自非一时所能达到。[1] 对批评家的话我过去并非不加保留，只是增加了我的警惕。即是人言籍籍，自当格外反躬自省，多征求真正内行而善意的师友的意见。你的自我批评精神，我完全信得过；可是艺术家有时会钻牛角尖而自以为走的是独创而正确的路。要避免这一点，需要经常保持冷静和客观的态度。所谓艺术上的 illusion（幻觉），有时会蒙蔽一个人到几年之久的。至于批评界的黑幕，我近三年译巴尔扎克的《幻灭》，得到不少知识。一世纪前尚且如此，何况今日！二月号《音乐与音乐家》杂志上有一篇 Karayan（卡拉扬）的访问记，说他对于批评只认为是某先生的意见，如此而已。他对所钦佩的学者，则自会倾听，或者竟自动去请教。这个态度大致与你相仿。

　　…………

　　认真的人很少会满意自己的成绩，我的主要苦闷即在于此。所不同的，你是天天在变，能变出新体会、新境界、新表演，我则是眼光不断提高而能力始终停滞在老地方。每次听你的唱片心上总想：不知他现在弹这个曲子又是怎么一个样子了。

　　你老是怕对父母不尽心，我老是怕成为你的包袱，尤其从六一年以后，愈了解艺术劳动艰苦，愈不忍多花你的钱。说来说去，是大家顾着大家。

[1] 情节分析： 对于外界批评，傅雷希望儿子能达到人生最高修养。不要因为一些不了解自己的人的批评而困扰。

写

【篇末小结】
　　这是一篇智者的自我剖析以及对孩子的警示。对于儿子目前感到的困扰和所处的境地，傅雷给予耐心的指导与开解。他提出对于孩子的到来不必"惶惶然"，只要把自己每个阶段的事情做好就可以了。另外，对于批评，傅雷希望儿子能达到"人不知而不愠"的境界。这些警示对我们也同样适用。

【思考探究】
1. 艺术上的幻觉指的是什么？

2. "你老是怕对父母不尽心，我老是怕成为你的包袱"，谈谈你对这句话的理解。

【写作乐园】
智者懂得正视自己，请剖析一下你性格上的优点与缺点。（不少于100字）

※ 十月三十一日

几次三番动笔写你的信都没有写成，而几个月的保持沉默也使我魂不守舍、坐立不安（五月间傅聪为了在世界各地演出的生计，无奈入了英国籍，傅雷知道后，整天闷闷不乐，民族自尊心受了伤害，难以平复沉重的心情）。我们从八月到今的心境简直无法形容。你的处境、你的为难（我猜想你采取行动之前，并没和国际公法或私法的专家商量过。其实那是必要的）、你的迫不得已的苦衷，我们都深深地体会到，怎么能责怪你呢？可是再彻底的谅解也减除不了我们沉重的心情。民族自尊心受了伤害，非短时期内所能平复，因为这不是一个"小我"的、个人的荣辱得失问题。[1] 便是万事随和、处处乐观的你的妈妈，也耿耿于怀，伤感不能自已。不经过这次考验，我也不知道自己在这方面的感觉有这样强。一九五九年你最初两信中说的话，以及你对记者发表的话，自然而然地、不断地回到我们脑子里来，你想，这是多大的刺激！[2] 我们知道一切官方的文件只是一种形式，任何法律手续约束不了一个人的心——在这一点上我们始终相信你。我们也知道，文件可以单方面地取消，只是这样的一天遥远得望不见罢了。何况理性是理性，感情是感情，理性悟透的事情，不一定能叫感情接受。不知你是否理解我们几个月沉默的原因，能否想象我们这一回痛苦的深度？无论工作的时候或是休息的时候，精神上老罩着一道阴影，心坎里老压着一块石头，左一个譬解，右一个譬解，总是丢不下，放不开。我们比什么时候都更想念你，可是我和妈妈都不敢谈到你，大家都怕碰到双方的伤口，从而加剧自己的伤口。我还暗暗地提心吊胆，生怕国外的报纸、评论，以及今后的唱片说明提到你这件事。

孩子出生的电报来了，我们的心情更复杂了。这样一件喜事发生在这么一个时期，我们的感觉竟说不出是什么滋味，百感交集，乱糟糟的一团，叫我们说什么好呢？怎么表示呢？所有这一切，你岳父都不能理解。他有他的民族性，他有他民族的悲剧式的命运（这个命运，他们两千年来已经习为故常，不以为悲剧了），看法当然和我们不一样。然而我决不承认我们的看法是民族自大、是顽固，他的一套是开明、是正确。他把国籍看作一个侨民对东道国应有的感激的表示，这是我绝对不同意的！至于说弥拉万一来到中国，也必须入中国籍，所以你的行动可以说是有往有来等等，那完全是他毫不了解中国国情所做的猜测。我们的国家从来没有一条法律，要外国人入了中国籍才能久居！接到你岳父那样的信以后，我并不作复，为的是不愿和他争辩；可是我和他的意见分歧点应当让你知道。

孩子不足两个月，长得如此老成，足见弥拉成绩不错。大概她全部精力花在孩子身上了吧。家里是否有女工帮忙，减少一部分弥拉的劳累？做父母是人生第二大关，你们俩的性情脾气，连人生观等等恐怕都会受到影响。但愿责任加重以后，你们支配经济会更合理，更想到将来（谁敢担保你们会有几个儿女呢），更能克制一些随心所欲的冲动，减少一些不必要的开支。孩子初生（一星期）的模样的确像褓褓中的你。后来几次的相片，尤其七星期的一张，眼睛与鼻梁距离较大，明明有了

[1] 情节分析：
即使理解儿子，但对于傅雷而言，爱国始终是他的底线，从小教育儿子要爱国，自己也一直身体力行，儿子却加入了英国国籍。这是"大我""国家荣辱得失"的问题，傅雷内心的痛苦可想而知。

[2] 知识拓展：
一九五九年，傅聪面对采访时曾说：不入英国国籍；不去台湾省；不说不利祖国的话，不做不利祖国的事。

外家的影子——弥拉也更像她父亲了。不过婴儿的变化将来还多着呢。

爸爸

一九六四年十月三十一日

凌霄出生的那天，中国旧历正是七月初七，叫作七巧，是神话中牛郎织女一年一度相会的一天，因为天上有两颗星，一叫牛郎，一叫织女（constellation of the Herd-boy and the star Vega），一年只有七月七日才同时在天空出现。你不妨跟弥拉谈谈，能知道牛郎织女的故事更有意思！我给凌霄打的毛衣是否可穿？恐怕太小了，看孩子的样子很老练。我不时要看看孩子的照片，你们真不知我心里多快乐！孩子的照片，无论好坏，一有马上寄来，让我们在寂寞的生活中多添一些温暖！

妈妈　附笔

写

【篇末小结】

深爱祖国的傅雷，最令他骄傲与自豪的儿子却加入了英国国籍，出于对儿子的爱，他理解儿子为了生活不得不加入英国国籍的苦，但多少的谅解也减除不了他内心的痛苦，因为他将民族自尊心看得那样重要。凌霄的出生也冲淡不了这份痛苦。尤其在当时的国情下，这对傅雷的打击就更重。即使如此，他也不忘关心傅聪成为爸爸后的生活。这封信中傅雷的情感比较复杂，既有对儿子的体谅，也有民族自尊心受损的痛苦和由孙子出生带来的喜悦，需要我们细细品味。

【思考探究】

1.曾经期盼的小孙子的降生为什么会使傅雷心情更复杂？

2.傅雷与梅纽因对于国籍分别有怎样的看法？为什么会有这样不同的看法？

【写作乐园】

你认为国籍与爱国之间有必然联系吗？谈谈你的看法。（不少于100字）

_____

_____

第十二卷／一九六五年

【卷首语】

朱梅馥对孙子的一点一滴都感到新奇，将每次的照片细细保存，表现了对这个小生命的喜爱。傅雷教育儿子要对凌霄从小严格要求，希望儿子对弥拉多些体谅。此外，傅雷针对傅聪在艺术上的困境给予指导，傅雷于傅聪而言是真正的良师益友。

傅聪的电话，带给了傅雷夫妇巨大的欣喜。收到傅聪的照片，两人将信与照片翻来覆去地看，可见对儿子的思念之深。这通电话使母亲直到一个月之后，依旧在回味，令人动容的同时，不免心酸。傅雷在信中表示希望傅聪在紧张的演奏中照顾好自己的身体，告诫儿子要懂得感恩，希望儿子能有开阔的胸襟，对艺术保持新鲜感。

傅雷的身体每况愈下，工作暂停，而生活的开销却又增大，朱梅馥不得已向儿子开口求助。这对一向要强的傅雷夫妇而言是一件非常困难的事情，使人不免有英雄迟暮之感。

※ 一月二十八日

将近六个月没有你的消息，我甚至要怀疑十月三十一日发的信你是否收到。上月二十日左右，几乎想打电报：如今跟以往更是不同，除了你们两人以外，又多了一个娃娃增加我们的忧虑。大人怎么样呢？孩子怎么样呢？是不是有谁闹病了？[1]……毕竟你妈妈会体贴，说你长期的沉默恐怕不仅为了忙，主要还是心绪。对啦，她一定猜准了。你生活方面、思想方面的烦恼，虽然我们不知道具体内容，总还想象得出一个大概。总而言之，以你的气质，任何环境都不会使你快乐的。你自己也知道。既然如此，还不如对人生多放弃一些理想；理想只能在你的艺术领域中去追求，那当然也永远追求不到，至少能逐渐接近，并且学术方面的苦闷也不致损害我们的心理健康。即使在排遣不开的时候，也希望你的心绪不要太影响家庭生活。归根结底，你现在不是单身汉，而是负着三口之家的责任。用老话来说，你和弥拉要相依为命。外面的不如意事固然无法避免，家庭的小风波总还可以由自己掌握。客观的困难已经够多了，何必再加上主观的困难呢？当然这需要双方共同的努力，但自己总该竭尽所能地去做。处处克制些、冷静些，多些宽恕，少些苛求，多想自己的缺点，多想别人的长处。生活——尤其夫妇生活——之难，在于同弹琴一样，要时时刻刻警惕，才能不出乱子，或少出乱子。总要存着风雨同舟的思想，求一个和睦相处、相忍相让的局面，挨过人生这个艰难困苦的关。这是我们做父母的愿望。能同艺术家做伴而日子过得和平顺适的女子，古往今来都寥寥无几。[2]千句并一句，尽量缩小一个"我"字，也许是解除烦闷、减少纠纷的唯一的秘诀。久久得不到你们俩的信，我们总要担心你们俩的感情，当然也担心你们俩的健康，但对你们的感情更关切，因为你们找不到一个医生来治这种病，而且这是骨肉之间出于本能的忧虑，就算你把恶劣的心情瞒着也没用。我们不但同样焦急，而且因为不知底细而胡乱猜测，急这个，急那个，弄得寝食不安。假如以上劝告你认为毫无根据，那更证

[1] 情节分析：一连三个问句，表现了傅雷对孩子们的担忧与牵挂。

[2] 写作指导：将夫妻之间的相处比作傅聪最重视、最了解的弹琴。希望引起儿子重视，能够与弥拉和谐相处，互相理解。字里行间可见傅雷的良苦用心。

明长期的沉默，会引起我们焦急到什么程度。你也不能忘记，你爸爸所以在这些事情上经常和你唠叨，因为他是过来人，不愿意上一代犯的错误在下一代身上重演。我和你说这一类的话永远抱着自责的沉痛的心情的！

你从南美回来以后，九个多月中的演出，我们一无所知；弥拉提到一言半语又叫我们摸不着头脑。那个时期到目前为止的演出表，可不可以补一份来（以前已经提过好几回了）？在你只要花半小时翻翻记事本，抄一抄。这种惠而不费的，一举手之劳的事能给我们多少喜悦，恐怕你还不能完全体会。还有你在艺术上的摸索、进展、困难、心得，自己的感受、经验，外界的反应，我们都想知道而近来知道得太少了。——肖邦的《练习曲》是否仍排作日课？巴赫练得怎样了？一九六四年练出了哪些新作品？你过的日子变化多、事情多，即或心情不快，单是提供一些艺术方面的流水账，也不愁没有写信的材料；不比我的工作和生活，三百六十五天如一日，同十年以前谈不上有何分别。

说到我断断续续的小毛病，不必絮烦，只要不躺在床上打断工作，就很高兴了。睡眠老是很坏，脑子停不下来，说不上是神经衰弱还是什么。幸而妈妈身体健旺，样样都能照顾。我脑子一年不如一年，不用说每天七八百字的译文苦不堪言，要换二三道稿子，便是给你写信也非常吃力。只怕身体再坏下去，变为真正的老弱残兵。眼前还是能整天整年——除了闹病——地干，除了翻书，同时也做些研究工作，多亏巴黎不断有材料寄来。最苦的是我不会休息，睡时脑子停不下来，醒时更停不住了。[1] 失眠的主要的原因大概就在于此。

你公寓的室内的照片盼望了四年，终于弥拉寄来了几张，高兴得很。孩子的照片，妈妈不知翻来覆去，拿出拿进，看过多少遍了。她母性之强，你是知道的。伦敦必有中文录音带出售，不妨买来让孩子在摇篮里就开始听起来。

[1] 人物性格：
即使病痛缠身，傅雷仍不忘记工作，可见他热爱工作、甘于奉献、兢兢业业的性格特征。

写

【篇末小结】

久久没有收到儿子的来信，傅雷忧思难耐，担忧儿子的生活，渴望知道儿子一家的近况，将一位父亲的思念表达得淋漓尽致。与此同时，他不忘对傅聪进行生活上的指导，希望儿子与弥拉能和谐相处，相互体谅，一起渡过人生的难关。他对儿子南美的演出以及音乐学习的进度也非常关心。傅雷疾病缠身，不忘工作，不忘教导儿子，体现了他作为一位翻译家的兢兢业业以及作为一位父亲的伟大。

【思考探究】

1. 如何理解傅雷说的"尽量缩小一个'我'字"？

2. 从傅雷要求儿子买中文录音带给孩子听，你能感受到怎样的情感？

【写作乐园】

傅雷对工作的态度令人敬佩。请你写一封信给傅雷先生，谈谈你从他身上学到了什么。（不少于100字）

_____

_____

一月二十九日 *

提起笔来真不知千言万语从何说起！你这样长时期的不给我们信，真不知我们思念你的痛苦，爸爸晚上的辗转不能入睡，一大半也在你身上，我们因为想你想得厉害，反怕提到你，可是我们的内心一样焦虑。我常常半夜惊醒，百感交集，"忧心如焚"这四个字，就可以说明父母思念儿子的心情。你现在有了孩子，应该体会得到。这半年来幸而弥拉有信来，还有凌霄可爱的照片，给了我们不少安慰，我真是万分地感谢她。你的行动多少还知道一鳞半爪，弥拉还很有趣地描写孩子的喜怒，我们真是从心底里欢喜。孩子越长越漂亮，朋友们看了，都说鼻子面型像你，额角眼睛有些像他母亲，如今快六个月了，恐怕又变了样，望多拍些照，经常寄来，让我们枯寂的生活中，多一些光彩，多一些温暖。

写

【篇末小结】

儿子久久没有来信，不仅父亲，母亲同样非常担忧。这封信中，朱梅馥诉说了自己对儿子的思念，渴望与儿子交流，希望能多多寄一些孙子的照片，表现了朱梅馥对这个小生命的喜爱。

【思考探究】

1. 傅雷夫妻为什么害怕提到傅聪？

2. 这封信表达了朱梅馥怎样的情感？

【写作乐园】

你有仔细观察过你的外貌吗？请为自己写一段外貌描写。（不少于100字）

_____

_____

※ 二月二十日

半年来你唯一的一封信不知给我们多少快慰。看了日程表，照例跟着你天南地北的神游了一趟，做了半天白日梦。[1] 人就有这点儿奇妙，足不出户，身不离斗室，照样能把万里外的世界、各地的风光、听众的反应、游子的情怀，一样一样地体验过来。你说在南美仿佛回到了波兰和苏联，单凭这句话，我就咂摸到你当时的喜悦和激动。拉丁民族和斯拉夫民族的热情奔放的表现也历历如在目前。

....

[1] 情节分析：傅雷对儿子的思念无法用语言表达，借日程表聊以自慰，仿佛与儿子在一起。表现了傅雷对儿子的思念之深。

你父性特别强是像你妈，不过还是得节制些，第一勿妨碍你的日常工作，第二勿宠坏了凌霄——小孩儿经常有人跟他玩，成了习惯，就非时时刻刻抓住你不可，不但苦了弥拉，而且对孩子也不好。耐得住寂寞是人生一大武器，而耐寂寞也要自幼训练的！疼孩子固然要紧，养成纪律同样要紧；几个月大的时候不注意，到两三岁时再收紧，大人小孩都要痛苦的。[1]

[1] 情节分析：
体现了傅雷的家庭教育观。爱孩子，但不溺爱骄纵，培养孩子从小养成良好的行为习惯。

你的心绪我完全能体会。你说的不错，知子莫若父，因为父母子女的性情脾气总很相像，我不是常说你是我的一面镜子吗？且不说你我的感觉一样敏锐，便是变化无常的情绪，忽而高潮忽而低潮，忽而兴奋若狂，忽而消沉丧气等等的艺术家气质，你我也相差无几。不幸这些遗传（或者说后天的感染）对你的实际生活弊多利少。凡是有利于艺术的，往往不利于生活；因为艺术家两脚踏在地下，头脑却在天上，这种姿态当然不适应现实的世界。我们常常觉得弥拉总算不容易了，你切勿用你妈的性情脾气去衡量弥拉。你得随时提醒自己，你的苦闷没有理由发泄在第三者身上。况且她的童年也并不幸福，你们俩正该同病相怜才对。我一辈子没有做到克己的功夫，你要能比我成绩强、收效早，那我和妈妈不知要多么快活呢！

要说 exile（放逐），从古到今多少大人物都受过这苦难，但丁便是其中的一个。我辈区区小子又何足道哉！据说《神曲》是受了 exile（放逐）的感应和刺激而写的，我们倒是应当以此为榜样，把 exile（放逐）的痛苦升华到艺术中去。以上的话，我知道不可能消除你的悲伤愁苦，但至少能供给你一些解脱的理由，使你在愤懑郁闷中有以自拔。做一个艺术家，要不带点儿宗教家的心肠，会变成追求纯技术或纯粹抽象观念的 virtuoso（演奏能手），或者像所谓抽象主义者一类的狂人；要不带点儿哲学家的看法，又会自苦苦人（苦了你身边的伴侣），永远不能超脱。最后还有一个实际的论点，以你对音乐的热爱和理解，也许不能不在你厌恶的社会中挣扎下去。你自己说到处都是 outcast（逐客），不就是这个意思吗？艺术也是一个 tyrant（暴君），因为做他奴隶的都心甘情愿，所以这个 tyrant（暴君）尤其可怕。你既然认了艺术做主子，一切的辛酸苦楚便是你向他的纳贡，你信了他的宗教，怎么能不把少牢太牢去做牺牲呢？每一行有每一行的 humiliation（屈辱）和 misery（辛酸），能够 resign（心平气和，隐忍）就是少痛苦的不二法门。你可曾想过，肖邦为什么后半世自愿流亡异国呢？他的 Op. 25（作品第二十五号）以后的作品付的是什么代价呢？[2]

[2] 写作指导：
运用反问，加强语气，引发傅聪对苦难的感想，希望他能如肖邦一样将痛苦升华到音乐中去。

…………

任何艺术品都有一部分含蓄的东西，在文学上叫作言有尽而意无穷，西方人所谓 between lines（弦外之音）。作者不可能把心中的感受写尽，他给人的启示往往有些还出乎他自己的意想之外。绘画、雕塑、戏剧等等，都有此潜在的境界。不过音乐所表现的最是飘忽、最是空灵、最难捉摸、最难肯定，弦外之音似乎比别的艺术更丰富、更神秘，因此一般人也就懒于探索，甚至根本感觉不到有什么弦外之音。其实真正的演奏家应当努力去体会这个潜在的境界（即淮南子所谓"听无音之音者聪"，无音之音不是指这个潜藏的意境又是指什么呢）而把它表现出来，虽然他的体会不一定都正确。能否体会与民族性无关。从哪一角度去体会，能体会作品中哪一些隐藏的东西，则多半取决于各个民族的性格及其文化传统。甲民族所体会的和乙民族所体会的，既有正确不正确的分别，又有种类的不同，程度深浅的不同。我猜想你和岳父的默契在于彼此都是东方人，感受事物的方式不无共同之处，看待事物的角度也往往相似。你和董氏兄弟初次合作就觉得心心相印，也是这个缘故。大家都是中国人，感情方面的共同点自然更多了。

写

【篇末小结】

接到傅聪的来信，傅雷的喜悦溢于言表，细细体会儿子的心情，父爱之深令人动容。这封信中，傅雷教育儿子要对凌霄从小严格要求，不要过度宠溺孩子，体现了他严格的家教观。希望儿子对妻子能更加体谅，相互理解。此外，他针对傅聪在艺术上的困境给予指导，开解傅聪，希望傅聪能够为了艺术忍受苦难，理解音乐中潜在的境界，可谓是儿子真正的良师益友。

【思考探究】

1.为什么艺术家不易适应现实的世界？

2."真正的演奏家应当努力去体会这个潜在的境界"，这里"潜在的境界"指的是什么？

【写作乐园】

请你谈谈对傅雷家教观的理解。（不少于100字）

_____

_____

二月二十日*

亲爱的聪、弥拉：

接到你们来信前三四天，我梦见了你们，我暗忖不久该有你的信来了，果然不出所料，对我们来说真是大大的收获。我常有预感，屡次都应验。凌霄的照片真是太美了，一次比一次好看。我托萧伯母寄来一种不用贴照相角的日本货照相簿，专放孩子的照片。凌霄坐在沙发上听你弹琴的一张暂时放在我房内五斗柜上，另外一张（下面有中国画的）放在床头小桌上，我不时可满怀高兴地看着他！我们虽然离得那么远，可是我会譬解，很达观。

…………

凌霄已过了六个月，该会咯咯地笑出声了，会咿咿呀呀地逗人乐了，我们何尝不望着他做梦呢！我打的毛衣恐怕太小，早已不能穿了吧，说来惭愧，我真不知如何表示我做祖母的心意！

此信我本想要爸爸翻成英文让弥拉高兴一下。我的外文，看是没有问题，弥拉每次来信，我总要反复看几遍，可以说是完全理解她的。可惜我不会动笔，有时很想叫爸爸翻译，无奈爸爸他太忙，我也不愿浪费他的时间，所以你一定要为我做这件事，耐心地讲给弥拉听，我才高兴。婆婆（爸爸的乳母）你不会忘记吧！你小时候，她抱着你从楼梯上摔下来，手臂半年多不能动。她今年七十八岁，还相当健康，最近知道你有了孩子，特意赶来看了凌霄的照片，欢喜得尽笑。她说孩子像你，还再三叫我问你和弥拉好。祖姑母年迈孤独，每逢星期日来我家玩，你们的信她都能看，她的英文水平还不错呢！今年过冬一点不冷，我们都没有伤风，爸爸除了埋头工作，难得出门，偶尔我陪他逛逛古玩市场。

写

【篇末小结】

将每次收到的照片细细保存，想象着凌霄的笑声，朱梅馥对孙子的喜爱简直无法言说。她特意让儿子将信件翻译给弥拉看，表现了她对弥拉的喜爱。

【思考探究】

1.朱梅馥特意对凌霄照片的收藏做了详细的描写，体现了她怎样的感情？

2.朱梅馥为什么不让傅雷为自己翻译信件？

【写作乐园】

每张照片都是一个故事。分享你最喜欢的一张照片，说说背后的故事。（不少于100字）

_____

_____

※ 五月十六日夜至二十一日深夜

香港的长途电话给我们的兴奋，简直没法形容。五月四日整整一天我和你妈妈魂不守舍，吃饭做事都有些飘飘然，好像在做梦。我也根本定不下心来工作。尤其四日清晨妈妈告诉我说她梦见你还是小娃娃的模样，喂了你奶，你睡着了，她把你放在床上。她这话说过以后半小时，就来了电话！怪不得好些人要迷信梦！萧伯母（即傅雷挚友成家和，香港著名导演和影星萧芳芳的母亲）的信又使我们兴奋了大半日，她把你过港二十三小时的情形详详细细写下来了，连你点的上海菜都一样一样报了出来，多有意思。信、照片，我们翻来覆去看了又看，电话中听到你的声音，今天看到你打电话前夜的人，这才合起来，成为一个完整的你！[1]（我不是说你声音有些变了吗？过后想明白了，你和我一生通电话的次数最少，经过电话机变质以后的你的声音，我一向不熟悉。一九五六年你在北京打来长途电话，当时也觉得你声音异样。）看你五月三日晚刚下飞机的神态，知道你尽管风尘仆仆，身心照样健康，我们快慰之至。你能练出不怕紧张的神经，吃得起劳苦的身体，能应付二十世纪演奏家的生活，归根结底也是得天独厚。我和你妈妈年纪大了，越来越神经脆弱，一点儿小事就会使我们紧张得没有办法。一方面是性格生就，另一方面是多少年安静的生活越发叫我们没法适应天旋地转的现代 tempo（节奏）。

[1] 情节分析：
信、照片、声音构成一个完整的傅聪，拉近了与儿子的距离，字里行间表达出自己的兴奋与思念。

五月十六日夜

世上巧事真多，五月四日刚刚你来过电话，下楼就收到另外两张唱片：Schubert Sonatas（《舒伯特奏鸣曲集》），Scarlatti Sonatas（《斯卡拉蒂奏鸣曲集》）。至此为止，你新出的唱片都收齐了，只缺少全部的副本，弥拉信中说起由船上寄，大概即指 double copies（副本）。我不担心别的，只担心她不用木匣子，仍用硬纸包装，那又要像两年前贝多芬唱片一样变成坏烧饼了。因为船上要走两个半月，而且堆在其他邮包中，往往会压得不成其为唱片。

至于唱片的成绩，从 Bach，Handel，Scarlatti（巴赫，韩德尔，斯卡拉蒂）听来，你弹古典作品的技巧比一九五六年又大大地提高了，李先生很欣赏你的 touch（触键），说是像 bubble［水泡，水珠］（我们说是像珍珠，白居易《琵琶行》中所谓"大珠小珠落玉盘"）。Chromatic Fantasy（《半音阶幻想曲》）和以前的印象大不相同，根本认不得了。你说 Scarlatti（斯卡拉蒂）的创新有意想不到的地方，的确如此。Schubert（舒伯特）过去只熟悉他的 Lieder（歌曲），不知道他后期的 Sonata（奏鸣曲）有这种境界。我翻出你一九六一年九月二十一日挪威来信上说的一大段话，才对作品有一个初步的领会。关于他的 Sonata（奏鸣曲），恐怕至今西方的学者还意见不一，有的始终认为不能列为正宗的作品，有的（包括 Tovey，即托维）则认为了不起。前几年杰老师来信，说他在布鲁塞尔与你相见，曾竭力劝你不要把这些 Sonata（奏鸣曲）放入节目中，想来他也以为群众不大能接受。你说 timeless and boundless（超越时空，不受时空限制），确实有此境界。总的说来，你的唱片总是带给我们极大的喜悦，你的 phrasing（句法）正如你的 breathing（呼吸），无论在 Mazurka（玛祖卡）中还是其他的作品中，特别是慢的乐章，我们太熟悉了，等于听到你说话一样。

五月二十一日深夜

写

【篇末小结】
第一封信主要表达了傅雷夫妻接到儿子电话的兴奋。长期以来，傅雷通过书信与儿子联系，儿子的电话带给傅雷巨大的欣慰。将信与照片翻来覆去地看，可见傅雷夫妻对儿子思念至深。母亲因为思念以至于梦到儿子的小时候，这种种细节，让我们看到一对孤独的老夫妻对在外漂泊的游子的思念，颇令人感慨。第二封信主要谈到艺术。傅雷与儿子交流了斯卡拉蒂的音乐，对儿子的进步表示肯定与赞扬。

【思考探究】
1. 是什么使得一向专注于工作的傅雷定不下心来工作？

2. 杰老师为什么劝傅聪不要将 Sonata 放入节目中？

【写作乐园】
儿子的电话让傅雷激动不已，请以《儿子的电话》为题将当时的场景想象并描绘下来。（不少于100字）

_____

_____

※ 五月二十七日

[1] 情节分析：
虽然傅雷长期研究西方文化，但他的个性更多融入了中国文化，更能感受中国文化之美。

[2] 情节分析：
保持心胸开阔和新鲜感，才能保持对艺术的热爱。如果有人把艺术当成"做苦工"，那代表他的心胸、身心还没有达到这个高度。

新西兰来信今日中午收到。你谈到中国民族能"化"的特点，以及其他关于艺术方面的感想，我都彻底明白，那也是我的想法。多少年来常对妈妈说："越研究西方文化，越感到中国文化之美，而且更适合我的个性。"[1] 我最早爱上中国画，也是二十一二岁在巴黎罗浮宫钻研西洋画的时候开始的。这些问题以后再和你长谈。妙的是你每次这一类的议论都和我的不谋而合，信中有些话就像是我写的。不知是你从小受的影响太深了呢，还是你我二人中国人的根一样深？大概这个根是主要原因。

一个艺术家只有永远保持心胸的开朗和感觉的新鲜，才永远有新鲜的内容表白，才永远不会对自己的艺术厌倦，甚至像有些人那样觉得是做苦工。你能做到这一步——老是有无穷无尽的话从心坎里涌出来，我真是说不出的高兴，也替你欣幸不止！[2]

写

【篇末小结】

中国文化历史悠久，融入了很多先进的外来文化，有能"化"的特点。傅雷虽然长期研究西方文化，但更欣赏中国文化之美，对于儿子与自己有一致的看法非常开心与欣慰。由中国文化能"化"的特点，引申到艺术上，希望儿子能有开阔的胸襟，对艺术保持新鲜感。中国文化体现本土的智慧，是最优秀的文化之一。傅雷对中国文化的喜爱体现了他的民族自豪感。

【思考探究】

1. 傅雷为什么认为中国文化更适合自己的个性呢？

2. 你认为怎样才能保持感觉的新鲜？

【写作乐园】

谈谈你对中华民族能"化"的特点的理解。（不少于100字）

_____

_____

※六月十四日

这一回一天两场的演出，我很替你担心，好姆妈说你事后喊手筋痛，不知是否马上就过去？到伦敦后在巴斯登台是否跟平时一样？那么重的节目，舒曼的Toccata（《托卡塔》）和 Kreisleriana（《克莱斯勒偶记》）都相当别扭，最容易使手指疲劳。每次听见国内弹琴的人坏了手，都暗暗为你发愁。当然主要是方法问题，但过度疲劳也有关系，望千万注意！你从新西兰最后阶段起，前后紧张了一星期，回家后可曾完全松下来，恢复正常？可惜你的神经质也太像我们了！看书兴奋了睡不好，听音乐兴奋了睡不好，想着一星半点的事也睡不着……简直跟你爸爸妈妈一模一样！但愿你每年暑期都能彻底 relax（放松，休憩），下月去德国就希望能好好休息。年轻力壮的时候不要太逞强，过了四十五岁样样要走下坡路，最要紧及早留些余地，精力、体力、感情，要想法做到细水长流！孩子，千万记住这话，你干的这一行最伤人，做父母的时时刻刻挂念你的健康——不仅眼前的健康，还是十年二十年后的健康！你在立身处世方面能够洁身自爱，我们完全放心；在节约精力、护养神经方面也要能自爱才好！

…………

此外，你这一回最大的收获恐怕还是在感情方面，和我们三次通话，美中不足的是五月四日、六月五日早上两次电话中你没有叫我，大概你太紧张，当然不是争规矩，而是少听见一声"爸爸"好像大有损失。妈妈听你每次叫她，才高兴呢！[1] 好姆妈和好好爹爹（"好姆妈"即成家和；"好好爹爹"即傅雷挚友成家榴）那份慈母般的爱护与深情，多少消解了你思乡怀国的饥渴。昨天同时收到他们俩的长信，妈妈一面念信一面止不住流泪。这样的热情、激动，真是人生最宝贵的东西。我们有这样的朋友（李先生六月四日从下午六时起到晚上九时，心里就想着你的演出。上月二十三日就得到朋友报告，知道你大概的节目），你有这样的亲长（十多年来天舅舅一直关心你，好姆妈五月底以前的几封信，他都看了，看得眼睛也湿了，你知道天舅舅从不大流露感情的），把你当作自己的孩子一般，也够幸福了。他们把你四十多小时的生活行动描写得详详细细，自从你一九五三年离家以后，你的实际生活我们从来没有知道得这么多。他们的信，二十四小时内，我们已看了四遍，每看一遍都好像和你团聚一回。可是孩子，你回英后可曾去信向他们道谢？当然他们会原谅你忙乱，也不计较礼数，只是你不能不表示你的心意。信短一些不要紧，却绝对不能杳无消息。人家给了你那么多，怎么能不回报一星半点呢？何况你只消抽出半小时的时间写几行字，人家就够快慰了！刘抗和陈人浩伯伯处唱片一定要送，张数不拘，也是心意为重。此事本月底以前一定要办，否则一出门，一拖就是几个月。[2]

…………

你新西兰信中提到 horizontal（水平式的）与 vertical（垂直式的）两个字，不

[1] 情节分析：
因一声称呼而遗憾，可见傅雷对儿子的爱和思念之情。

[2] 情节分析：
再次提醒傅聪不要给人留下"忘恩负义"的印象，要懂得感恩，知恩图报，体现了傅雷的处世之道。

225

知是不是近来西方知识界流行的用语？还是你自己创造的？据我的理解,你说的水平的（或平面的、水平式的），是指从平等地位出发,不像垂直的是自上而下的。换言之，"水平的"是取的渗透的方式,不知不觉流入人的心坎里；垂直的是带强制性质的灌输方式,硬要人家接受。以客观的效果来说,前者是潜移默化,后者是被动的（或是被迫的）接受。不知我这个解释对不对？一个民族的文化假如取的渗透方式,它的力量就大而持久。个人对待新事物或外来的文化艺术采取"化"的态度,才可以达到融会贯通、彼为我用的境界,而不至于生搬硬套、削足适履。受也罢、与也罢,从"化"字出发（我消化人家的,让人家消化我的）,方始有真正的新文化。"化"不是没有斗争,不过并非表面化的短时期的猛烈的斗争,而是潜在的长期的比较缓和的斗争。谁能说"化"不包括"批判的接受"呢？

写

【篇末小结】

这封信主要有三个重点。首先表达了对孩子的关心,希望傅聪在紧张的演奏中不忘放松身心,照顾好自己的身体。其次谈做人,告诫儿子对于关爱自己的长辈要懂得感恩,及时回信表达自己的感谢。最后谈到国家民族,傅雷认为想要有真正的新文化,就要采取"化"的态度,真正地融会贯通,而不是生搬硬套。傅雷对儿子的每一点教诲都值得我们去聆听,去吸收。

【思考探究】

1. 傅雷为什么说这回的演出最大的收获在感情方面？

2. 对待新事物或者外来文化,我们应该采取怎样的态度？

【写作乐园】

请以"感恩"为话题写一段话。（不少于100字）

_____

_____

六月十四日

亲爱的孩子：

根据中国的习惯,孩子的命名常常都有一套方式,我们一经选择两个字作为孩子的名字后,例如"凌霄"（"聪"是单名）,就得保留其中一个字,时常是一个动词或形容词,作为下一个孩子的名字的一部分。譬如说,我们给凌霄命名时已经决定他的弟弟叫凌云,假如是个妹妹,则叫"凌波",凌波的意思是"凌于水上"。在中国的神话之中,也有一个出于水中的仙子,正如希腊神话中的"爱神"或罗马神话中的"维纳斯"一般,你一定知道Botticelli（波提切利）的名画《维纳斯的诞生》,是吗？可是并没有严格规定,两个字中的哪一个要保留下来作为家中其他孩子的名字，我们可以用第一个字，也可以用第二个字，然而，我们既已为我们的孙儿、孙女选定"凌"字命名（敏将来的孩子也会用"凌"字排，凌什么，凌什么，你明白吗），那么"凌霄"的小名用"霄"字就比用"凌"字更合乎逻辑。假如你将来生个女孩子，就用"波"作为小名，"凌"是兄弟姐妹共用的名字。就这样，我们很容易分辨两个用同一个字作为名字的人，是否是出自同一个家庭。你会说这一切都太复杂了。这倒是真的，但是怎么说呢？每个民族都有自己的习俗，对别的民族来说，或多或少都是很玄妙的，你也许会问我取单名的孩子，如聪、敏，我们又怎么办？哎！这两个字是同义词，但两者之间，有很明显的区别。"聪"的意思是"听觉灵敏""高度智慧"，"敏"的意思是"分辨力强""灵活"，两个字放在一起"聪敏"，就是常见的词，用以说智慧、灵敏，即"clever"的意思。我希望好孩子念了这一段，你不会把我当作个老冬烘才好！[1]

聪一定跟你提起过，他在一个月之内跟我们通过三次电话，是多么高兴的事，每次我们都谈二十分钟！你可以想象得到妈妈听到聪的声音时，是怎样强忍住眼泪的。你现在自己当妈妈了，一定更可以体会到做母亲的对流浪在外已经八年的孩子的爱，是多么深切！聪一定也告诉你，他在香港演奏时，我们的几位老朋友对他照拂得如何无微不至，她们几乎是看着他出世的，聪叫她们两位"好好姆妈"，她们把他当作亲生儿子一般，她们从五月五日起给我们写了这些感情洋溢的信，我们看了不由得热泪盈眶，没有什么比母爱更美更伟大的了。可惜我没有时间把她们的信翻译几段给你看，信中详细描绘了她们做了什么菜给聪吃，又怎么样在演奏会前后悉心地照顾聪。这次演奏会可真叫人气闷。（同一个晚上演奏两场，岂不是疯了。幸亏这种傻事他永远不会再干。没有什么比想起这件事更令我们不快了！）

[1] 人物性格：傅雷常常是严肃的，此时以"老冬烘"调侃自己，可见他性格中幽默的一面。

写

【篇末小结】

傅雷对弥拉讲解了中国人为孩子起名字的一些习俗，并以傅聪、傅敏为例进行了解说，清晰明了，不仅可以看出他对孩子的祝福，也可看出他对中华文化的认同。此外，傅雷再次表达了自己和傅聪三次通话的兴奋、开心，告诉弥拉自己在香港的好友对傅聪如何关心、爱护。

【思考探究】

1. 中国父母命名的方式有哪些？

2. 为什么傅雷说这次的演奏会叫人气闷？

【写作乐园】

中国人除了起名方式，还有很多习俗流传下来。请分享一个你认为有趣的中国习俗。（不少于100字）

_____

_____

六月十四日 *

亲爱的聪、弥拉：

五月四日到现在，我的心情始终激动得无法平静。这期间好姆妈与我们之间不知来往了多少信，她为了要我们快乐，知道我们热切期待着你的消息，情愿牺牲了睡眠的时间，把你两次逗留香港的行动，不厌其烦地把生活细节都告诉我们（譬如说：六月四日下午我们通话，原来你满身肥皂，在浴缸里跟我们讲话，怪不得你说："明天再谈了，我要穿衣服。"我们满以为你要穿礼服过海，准备上台！我们为之大笑。还有你两口三口地吃掉一个粽子，很有滋味的样子），满足了做父母的贪得无厌的欲望，使我们真的感觉到和你生活在一起。这是多么伟大的深厚的友情！我们衷心感激，永远不会忘记的。我们一生中所能交往的朋友，没有一个不是忠诚老实，处处帮助我们的，总算下来，我们受之于人的大大超过了我们给人的，虽然难免内疚，毕竟也引以自傲。你在各地奔波，只要一碰到我们的知己好友，非但热诚地招待你，还百般地爱护你，好姆妈就是最显著的一个，她来信说，她"对你的热爱是无法形容的"，她爱你的造诣，更爱你的品德。这次在港演出，都是她的关系，给你介绍沈——一个品质高尚难能可贵的挚友。为你样样安排得谨密周详，无微不至，代替了我们应做的事，而且比我们做得更好。你真要当她母亲一般看待，这种至情至意，在世态炎凉的社会中，哪里找得到呢！好好爹爹也有信来，他与往年一样充满了热情，因为你说还常记得他，使他更喜欢得如醉若狂，都在字里行间奔放出来，怎不令人兴奋！我一面流泪一面看他们的信，是欢乐、是辛酸，我无法抑制我的感情。

弥拉最近又寄来了好几张凌霄的照片，孩子一天一天都在变，他的表情也越来越丰富，他的面相有时很像你，有时不十分像，似乎舅家的气息多起来了，眼睛像弥拉的成分多，你看对不对？

写

【篇末小结】

即使过了一个多月，身为母亲的朱梅馥仍在回味那几通电话带来的快乐。通过电话与信件结合，补充与儿子通话的细节，爱子之深，令人动容。他们对于友人的帮助非常的感动，从中也能看出傅雷夫妻二人的择友观，这同样可以给我们带来启发。

【思考探究】

1. 为了使傅雷夫妻二人快乐，他们的好朋友都做了哪些事情？

2. 朱梅馥口中的"好姆妈"是如何爱护傅聪的？

【写作乐园】

你有没有对朋友如此尽心尽力地付出过？分享一下你的经历。（不少于100字）

_____

_____

※ 九月十二日夜

最近正在看卓别林的自传（一九六四年版），有意思极了，也凄凉极了。我一边读一边感慨万端。主要他是非常孤独的人，我也非常孤独，这个共同点使我对他感到特别亲切。我越来越觉得自己 detached from everything（对一切都疏离脱节），拼命工作其实只是由于机械式的习惯，生理心理的需要（不工作一颗心无处安放），而不是真有什么 conviction（信念）。至于嗜好，无论是碑帖、字画、小古董、种月季，尽管不时花费一些精神时间，却也常常暗笑自己，笑自己愚妄、虚空、自欺欺人地混日子！[1]

[1] 情节分析：
傅雷的信中再次流露出消极之意，可见此时他承受的折磨之深，精神状况令人担忧。

卓别林的不少有关艺术的见解非常深刻、中肯；不随波逐流，永远保持独立精神和独立思考，原是一切第一流艺术家的标记。他写的五十五年前（我只二三岁）的纽约和他第一次到那儿的感想，叫我回想起你第一次去纽约的感想——颇有大同小异的地方。他写的第一次大战前后的美国，对我是个新发现。我怎会想到一九一二年已经有了摩天大厦和 Coca-Cola（可口可乐）呢？资本主义社会已经发展到哪个阶段呢？这个情形同我一九三〇年前后认识的欧洲就有很大差别。

一九六五年九月十二日夜

中秋后两日

今年敏和她相继回校以后，三五天茫茫然若有所失，心头一片寂寞，比前几年更难受。大概心情更进入老境了，小蓉这孩子天真朴实，整日嘻嘻哈哈，二十四岁只像十五十六岁，可爱之极。只是如此无邪的性格，在任何时代都不合时宜，看了叫人 sad（悲哀）！

写

【篇末小结】

傅雷由卓别林的自传引发了一系列的感想。他第一次说出自己的工作不是为了信仰，而是机械的习惯、生理心理的需要，并笑自己是自欺欺人地混日子，可见他当时的处境非常的糟糕。社会越来越轻视知识分子，这让他常常对自己产生怀疑。不过，直到此时，他仍追求艺术，追求新的东西。

【思考探究】

1. 为什么傅雷对卓别林感到非常亲切？

2. 一切第一流艺术家的标记是什么？

【写作乐园】

每个人都有情绪低落感到孤独的时候，分享一下你排解消极情绪的方法。（不少于 100 字）

_____

_____

九月十二日

亲爱的弥拉：

我在阅读查理·卓别林一本卷帙浩繁的自传，这本书很精彩，无论以美学观点来说或从人生目标来说都内容翔实，发人深省。我跟这位伟大的艺术家，在许多方面都气质相投，他甚至在飞黄腾达、声誉隆盛之后，还感到孤独，我的生活比他平凡得多，也恬静得多（而且也没有得到真正的成功），我也非常孤独，不慕世俗虚荣，包括虚名在内。我的童年很不愉快，生成悲观的性格，虽然从未忍饥挨饿——人真是无可救药，因为人的痛苦从不局限于物质上的匮缺。也许聪在遗传上深受影响，正如受到家庭背景的影响一般。卓别林的书，在我的内心勾起无尽忧思，一个人到了相当年纪，阅读好书之余，对人事自然会兴起万端感慨，你看过这本书吗？假如还没有，我郑重地推荐给你，这本书虽然很叫人伤感，但你看了一定会喜欢的。

写

【篇末小结】

傅雷读了一部好的作品，忍不住分享给孩子们，表达了自己读完后产生的孤独的感觉，并深入剖析自己悲观性格形成的原因。

【思考探究】

1. "人的痛苦从不局限于物质上的匮缺"，谈谈你对这句话的理解。

2. 傅雷认为自己悲观性格的形成源自哪里？

【写作乐园】

读书可以与作者产生共鸣，你最欣赏哪位作家？说说理由。（不少于 100 字）

_____

_____

九月二十三日 *

亲爱的聪、弥拉：

凌霄生日的照片收到了，给了我们不知多少欢喜，孩子一天一天地长大，我们虽远隔万里，但是也跟着你们一起生活，让我们多些幻想、梦境。恐怕孩子已开始学步，会叫爸爸妈妈了吧！你说他整天笑，多好玩！但是寄来的照片，笑的不多，给孩子照相，笑的镜头不易捉住。以后再寄时，遇到表情十足的，一定要放大，而且要重复几份，马伯伯他们不知要了多少回，可我们又不肯割爱，真叫为难。今天寄你的几张我们的照片，假期里发个狠，不管好坏，让你们看看比没有好。

凌霄的保姆走了，弥拉怎么忙得过来？我一点忙都帮不上，心里说不出的内疚。希望能早日找个新保姆，否则长期下来，我担心弥拉会吃不消的。你看怎么办呢？有没有临时工可找，至少粗活可以分去一部分。有空多写信来，我们太孤独了，需要孩子的温暖！

写

【篇末小结】
这封信字里行间流露着朱梅馥对小孙子的喜爱。她幻想着孩子的点点滴滴，并表示希望能有更多更可爱的照片。另外，对于保姆的离开，表达了自己的内疚与担忧。最后一句话，读来颇令人感到辛酸。

【思考探究】
1. "我们虽远隔万里，但是也跟着你们一起生活"，怎样理解这句话？

2. 朱梅馥为什么会感到内疚？

【写作乐园】
你一定从信中感受到了朱梅馥对儿子的思念，请你写封信给自己的母亲。（不少于100字）

_____

_____

※ 十月四日

九月二十九日起眼睛忽然大花，专科医生查不出原因，只说目力疲劳过度，且休息一个时期再看。其实近来工作不多，不能说用眼过度，这几日停下来，连书都不能看，枯坐无聊，沉闷之极。

[1] 情节分析： 因为身体的病痛，工作都已搁置，但仍勉强拿起笔来，可见对儿子的关心与重视。

但还想在你离英以前给你一信，也就勉强提起笔来。[1]

两周前看完《卓别林自传》，对一九一〇至一九五四年间的美国有了一个初步认识。那种物质文明给人的影响，确非我们意料所及。一般大富翁的穷奢极欲，我实在体会不出有什么乐趣而言。那种哄闹取乐的玩意儿，宛如五花八门、光怪陆离的万花筒，在书本上看看已经头晕目迷，更不用说亲身经历了。像我这样，简直一天都受不了，不仅心理上憎厌，生理上、神经上也吃不消。东方人的气质和他们相差太大了。听说近来英国学术界也有一场论战，有人认为要消灭贫困必须高度发展工业，有的人说不是这么回事。记得一九三〇年我在巴黎时，也有许多文章讨论过类似的题目。改善生活固大不容易，有了物质享受而不受物质奴役，弄得身不由己，无穷无尽地追求奢侈，恐怕更不容易。过惯淡泊生活的东方旧知识分子，也难以想象二十世纪西方人对物质要求的胃口。其实人类是最会生活的动物，也是最不会生活的动物。我看关键是在于自我克制。[2]以往总觉得奇怪，为什么结婚离婚在美国会那么随便。《卓别林自传》中提到他最后一个（也是至今和好的一个）妻子乌娜时，有两句话：As I got to know Oona I was constantly surprised by her sense of humor and tolerance; she could always see the other person's point of view...（我认识乌娜后，发觉她既幽默，又有耐性，常令我惊喜不已；她总是能设身处地，善解人意……）从反面一想，就知道一般美国女子的性格，就可部分地说明美国婚姻生活不稳固的原因。总的印象，美国的民族太年轻，年轻人的好处坏处全有；再加工业高度发展，个人受着整个社会机器的疯狂般的 tempo（节奏）推动，越发盲目，越发身不由己，越来越身心不平衡。这等人所要求的精神调剂，也只能是粗暴、猛烈、简单、原始的娱乐；长此以往，恐怕谈不上真正的文化了。

[2] 情节分析： 傅雷对物质要求符合他一贯节俭的作风。不仅物质上要克制，在很多诱惑、欲望面前也需要克制。

二次大战前后，卓别林在美的遭遇，以及那次大审案，都非我们所能想象。过去只听说法西斯蒂在美国抬头，到此才看到具体的事例。可见在那个国家，所谓言论自由、司法独立等等的好听话，全是骗人的。你在那边演出，说话还得谨慎小心，犯不上以一个青年艺术家而招来不必要的麻烦。于事无补，于己有害的一言一语、一举一动，都得避免。当然你早领会这些，不过你有时仍旧太天真、太轻信人（便是小城镇的记者或居民也难免没有 spy［密探］注意你），所以不能不再提醒你！

写

【篇末小结】

傅雷再次就《卓别林自传》分享自己的感受。对于物质上的过度享受，傅雷表达了自己的厌恶，并认为在生活中，我们应该学会克制。工业的高度发展固然推动了社会进步，但也带来了很多坏处。他由卓别林在美国的遭遇告诫儿子说话要谨慎小心，不要招来不必要的麻烦，处处体现傅雷的人生哲学与处世态度。

【思考探究】

1.对大富翁的穷奢极欲，傅雷表达了怎样的观点？

2. "人类是最会生活的动物，也是最不会生活的动物"，谈谈你对这句话的理解。

【写作乐园】
请以"克制"为话题写一段话。（不少于100字）

_____

_____

十一月二十六日 *

前几天爸爸才有过信给你，本来不需要我马上动笔，可是有些心事已经考虑了几个月，但等你回伦敦商量。今年六月底爸爸工作时头脑发热，空洞好似一张白纸，觉得再硬撑下去有危险了，自动停止。八月初恢复工作，到九月底忽然眼睛发花，每分钟都有云雾在眼前飘动，不得不又放下工作。你知道爸爸是闲不住的人，要他不做事并且不能看书，真是难上又难，此次自动停止，我深深体会到问题严重。经过眼科医生检查，眼睛本身除了水晶体浑浊，无其他毛病，还是脑力视力用得太多，疲劳过度所致，但无什么特效药可治，只有彻底休息，不用目力，长期休养。现在一面休息，一面服中药，着重肝肾两补，把整个身体的健康恢复起来，据说慢慢可能复原的。爸爸近年来体弱多病，像机器一样，各部分生锈不灵活，需要大大整修。[1] 可是爸爸为了将来生计，前途茫茫，不免焦急。专业作家不像大学教授，有固定薪金，体弱或年迈时可享受退职退休待遇，他只能活一天做一天，为此不容易安心养病。回想今年五月初与你通话时，你再三问我要不要多汇些钱，我再三说不用，你已经为我们花费了不少，同时满以为爸爸这副老骨头还能工作，生活不成问题。谁料事隔数月，忽然大有变化，真叫人生什么事都不能单凭主观愿望。除了健康衰退，生产又少又慢之外，稿酬办法又有改变，版税只在初版时拿一次，再版稿酬全部取消，总的说来，不及过去的三分之一。爸爸以前每年可译二十万字，最近一年来只有十万字光景，[2] 要依靠稿费过活，的确很难。即使眼睛不出毛病，即使稿费维持老标准，因为体力脑力衰退而减产，收入也大受影响。何况现在各方面都有了问题。我们一九五八年以来的生活，都是靠当时在平明出版的书归入人民文学出版社时多得了一笔稿费，陆续贴补的。目前积存无几，更使我忧虑。故上月底爸爸排开重重顾虑，向中央做了汇报。本月下旬接"人文"来信，说经各方领导商榷后，今后决定由"人文"按月津贴固定生活费一百二十元。领导对爸爸如此关怀照顾，不用说我们都十分感激。不过事实上我们的房租五十五元，加上水电、电话、煤气以及工资已经要花到九十余元，吃用还不在内，如今又加上一笔长期的医药费。当然我们不愿意把这副重担加在你身上，你终年在外奔波，成家立业全靠千

[1] **写作指导：**
运用比喻的修辞手法，生动形象地写出了傅雷的现状，不免令人担忧。

[2] **写作指导：**
通过薪酬以及傅雷工作完成进度的对比，写出了傅雷此时的落魄困难。

辛万苦的劳动得来，有了孩子，开支更大。怎么忍心再要你为父母多开几次音乐会呢？再说，暂时我们还不到山穷水尽的地步，手头的积存尚可逐月贴补。但若你能分去一部分，我们自己贴补的钱就好多拖一个时期。但我们对你的经济情况不了解，决不能，也不愿意给你定什么具体的数目。希望你冷静地思考一下，不要单从感情出发，按照你的实际能力，每月酌汇多少（我看至多也不要超过"人文"的数字）。若有困难，再少些也行。只要我们少量的积存可以支持得更久一些，而且也可以作为应付万一的准备金，我们也就放心了！人老了，总不能不想到意外之事。孩子，你深知你父母的为人，不到万不得已决不肯在这方面开口的。这种矛盾的心理，想必你很理解。同时我们自己也想法节省用途，不过省了这样又多了那样（例如最近药费忽然增加），实在解决不了多少问题。

写

【篇末小结】

这是一封非常令人心酸的信。傅雷身体每况愈下，工作暂停，而生活的开销却又增大，即使有"人文"的一些补贴，仍然非常困难，朱梅馥不得已只能向儿子开口。对于一向要强的傅雷夫妻而言，这是一件非常困难的事情，不免有英雄迟暮之感。

【思考探究】

1. 傅雷为什么停止了自己的工作？

2. 信中"这种矛盾的心理"指的是什么心理？

【写作乐园】

一文钱难倒英雄汉，这也正是傅雷多次向儿子强调理财的原因。请你谈谈我们应该如何对待财富。（不少于100字）

_____

_____

第十三卷／一九六六年

【卷首语】

傅雷夫妇收到来信及照片，内心感到快慰，对弥拉成为自己儿媳而感到幸运。小孙子的点点滴滴都令夫妇二人感到开心，在其即将过两周岁生日之际，傅雷夫妇却只能在梦中、在幻想中与他相见，令人潸然泪下。

历时十年的"文化大革命"已经开始，傅雷面对突如其来的阶级斗争，感到措手不及。面对莫名的指控，傅雷夫妇不堪忍受折磨，留下最后一封信，从从容容、坦坦荡荡地含恨弃世，以死证明自己的清白。傅雷就这样离开了人世，没能和他亲爱的儿子再见一面。这份家书，包含着他为人处世的态度，很多东西对我们今天仍有很大的教育意义。

一月四日

为了急于要你知道收到你们俩来信的快乐，也为了要你去瑞典以前看到此信，故赶紧写此短札。昨天中午一连接到你、弥拉和你岳母的信，还有一包照片，好像你们特意约齐有心给我们大大快慰一下似的，更难得的是同一邮班送上门！你的信使我们非常感动，我们有你这样的儿子也不算白活一世，更不算过去的播种白费气力。我们的话，原来你并没当作耳边风，而是在适当的时间都能一一记起，跟你眼前的经验和感想作参证。凌霄一天天长大，你从他身上得到的教育只会一天天加多。人便是这样，活到老，学到老，学到老，学不了！可是你我都不会接下去想：学不了，不学了！相反，我们都是天生的求知欲强于一切。即如种月季，我也决不甘心以好玩为限，而是当作一门科学来研究，养病期间就做这方面的考据。[1]

[1] 情节分析：即使身体衰老，疾病缠身，也绝不会有不学了的念头。并以养月季为例，可见傅雷求知欲旺盛，终身学习的思想根植于骨髓。

提到莫扎特，不禁想起你在李阿姨（蕙芳）处学到最后阶段时弹的 Romance（《浪漫曲》）和 Fantasy（《幻想曲》），谱子是我抄的，用中国式装裱；后来弹给百器听（第一次去见他），他说这是 artist（音乐家）弹的，不是小学生弹的。这些事、这些话，在我还恍如昨日，大概你也记得很清楚，是不是？

关于柏辽兹和李斯特，很有感想，只是今天眼睛脑子都已不大行，不写了。我每次听柏辽兹，总感到他比德彪西更男性、更雄强、更健康，应当是创作我们中国音乐的好范本。据罗曼·罗兰的看法，法国史上真正的天才（罗曼·罗兰在此对天才另有一个定义，大约是指天生的像潮水般涌出来的才能，而非后天刻苦用功来的）作曲家只有比才和他两个人。

你每月寄二十五镑，以目前而论还嫌多了些；不过既然常有税款支出，也好借此捏注。但愿此数真的不至于使你为难！我们尽管收了你的钱，心里总是摆脱不开许许多多矛盾。弥拉这回的信，感情特别重，话也说得真体贴，有此好媳妇，我们也是几生修得！希望你也知足，以此自豪，能有这样的配偶也是你的大幸，千万别得福不知。家里有了年轻的保姆，处处更得小心谨慎，别闹误会。

[1] 语言赏析：
"好玩"一词，写出了傅雷对凌霄的喜爱，仿佛傅雷在哄孩子玩耍一样。

你们俩描写凌霄的行动笑貌，好玩极了。[1] 你小时也很少哭，一哭即停，嘴唇抖动未已，已经抑制下来，大概凌霄就像你。你说的对，天真纯洁的儿童反映父母的成分总是优点居多；教育主要在于留神他以后的发展，只要他有我们的缺点露出苗头来，就该想法防止。他躺在你琴底下的情景，真像小克利斯朵夫，你以前曾以克利斯朵夫自居，如今又出了一个小克利斯朵夫了，可是他比你幸运，因为有着一个更开明更慈爱的父亲！你信上说他 completely transferred， dreaming（完全转移了，像做梦似的入神），应该说 transported（欣喜若狂）；"transferred（转移）"一词只用于物，不用于人。我提醒你，免得平日说话时犯错误。三月中你将在琴上指挥，我们听了和你一样 excited（兴奋）。望事前多作思想准备，万勿紧张！

写

【篇末小结】

这封信一改之前的沉闷忧郁，积极向上。傅雷与儿子关于学习精神的讨论让我们受益良多。傅雷身体衰弱至此都能保持探究精神，更何况我们呢？之后傅雷将话题转回儿子的家庭生活上。傅雷对弥拉成为自己儿媳而感到幸运，凌霄的照片更是让傅雷开怀不已，充满温情。最后傅雷又纠正儿子关于字词的运用，一位博学而慈爱、认真而严谨的父亲形象活跃在我们眼前。

【思考探究】

1. 罗曼·罗兰认为法国真正的天才都有谁？

2. 傅雷为什么说"小克利斯朵夫"更幸运？

【写作乐园】

看到傅雷关于终身学习的态度，你有怎样的感想？（不少于100字）

四月十三日

一百多天不接来信，在你不出远门长期巡回演出的期间，这是很少有的情况。不知今年各处音乐会的成绩如何？李斯特的奏鸣曲练出了没有？三月十八日自己指挥的效果满意不满意？一月底曾否特意去美和董氏合作？即使忙得定不下心来，单是报道一下具体事总不至于太费力吧？我们这多少年来和你争的主要是书信问题，我们并不苛求，能经常每隔两个月听到你的消息已经满足了。我总感觉为日无多，别说聚首，便是和你通讯的乐趣，尤其读你来信的快慰，也不知我还能享受多久。

…………

两目白内障依然如故，据说一般进展很慢，也有到了某个阶段就停滞的，也有进展慢得觉察不到的，但愿我能有此幸运。不然的话，几年以后等白内障硬化时动手术，但开刀后的视力万万不能与以前相比，无论看远看近，都要限制在一个严格而极小的范围之内。此外，从一月起又并发慢性结膜炎，医生说经常昏花即由结膜炎分泌物沾染水晶体之故。此病又是牵丝得厉害，有拖到几年之久的。大家劝我养身养心，无奈思想总不能空白，不空白，神经就不能安静，身体也好不起来！一闲下来更是上下古今地乱想，甚至置身于地球以外，不是陀思妥耶夫斯基式的胡思乱想，而是在无垠的时间与空间中凭一些历史知识发生许多幻想、许多感慨。总而言之是知识分子好高骛远的通病，用现代语说就是犯了客观主义，没有阶级观点……其实这类幻想中间，也掺杂不少人类的原始苦闷，对生老病死以及生命的目的等等的感触与怀疑。我们从五四运动中成长起来的一辈，多少是怀疑主义者，正如文艺复兴时代和十八世纪法国大革命前的人一样，可是怀疑主义又是现在社会的思想敌人，怪不得我无论怎样都改造不了多少。假定说中国的读书人自古以来就偏向于生死的慨叹，那又中了士大夫地主阶级的毒素（因为不劳而获才会有此空想的余暇）。说来说去自己的毛病全知道，而永远改不掉，难道真的是所谓"彻底检讨，坚决不改"吗？我想不是的。主要是我们的时间观念，或者说 time sense（时间观念）和 space sense（空间观念）比别人强，人生一世不过如白驹过隙的话，在我们的确是极真切的感觉，所以把生命看得格外渺小，把有知觉的几十年看作电光一闪似的快而不足道，一切非现实的幻想都是从此来的，你说是不是？明知浮生如寄的念头是违反时代的，无奈越老越是不期然而然地有此想法。当然这类言论我从来不在人前流露，便在阿敏小蓉之前也绝口不提，一则年轻人自有一番志气和热情，我不该加以打击或者泄他们的气；二则任何不合时代的思想绝对不能影响下一代。因为你在国外，而且气质上与我有不少相似之处，故随便谈及。你要没有这一类的思想根源，恐怕对 Schubert（舒伯特）某些晚期的作品也不会有那么深的感受。

…………

近一个多月妈妈常梦见你，有时在指挥，有时在弹 concerto（协奏曲），也梦见弥拉和凌霄在我们家里。她每次醒来又喜欢又伤感。昨晚她说现在觉得睡眠是桩乐事，可以让自己化为两个人，过两种生活。每夜入睡前都有一个希望——不仅能与骨肉团聚，还能和一二十年隔绝的亲友会面。我也常梦见你，你琴上的音乐在梦中非常清楚。

写

【篇末小结】

饱受病痛折磨的傅雷对于人生有了更多的思考与感慨,感慨和怀疑生老病死以及生命目的。人在年老时，总是不免思考生死、时光、宇宙这些深奥的东西，字里行间充斥着悲凉之感。

【思考探究】

1.人类的原始苦闷指的是什么？对这些苦闷，你有怎样的感触？

2.关于浮生如寄的念头，傅雷从不对傅敏提起，却与傅聪交流，这是为什么？

【写作乐园】

时光易逝，请你谈谈我们应该怎样珍惜时间。（不少于100字）

_____

_____

六月三日

[1] 语言赏析：
"惊心动魄""万万想不到"，生动地写出了傅雷对于阶级斗争的来临感到难以置信，却又不得不面对它的惊诧与无奈。

[2] 情节分析：
傅雷曾被错误地划为右派，饱受折磨。如今社会又开始了对知识分子的迫害，比以往更甚，可见他内心的痛苦。

国内"文化大革命"闹得轰轰烈烈，反党集团事谅你在英亦有所闻。我们在家也为之惊心动魄，万万想不到建国十七年，还有残余资产阶级混进党内的分子敢如此猖狂向党进攻。[1] 大概我们这般从旧社会来的人对阶级斗争太麻痹了。愈写眼愈花，下回再谈。一切保重！问弥拉好！妈妈正在为凌霄打毛线衣呢！

一九六六年六月三日

五月底来信及孩子照片都收到。你的心情我全体会到。工作不顺手是常事，顺手是例外，彼此都一样。我身心交疲，工作的苦闷（过去）比你更厉害得多。[2]

写

【篇末小结】

历时十年的"文化大革命"已经开始了。经历过社会主义建设取得的巨大成就，面对突如其来的阶级斗争，傅雷内心的痛苦难以言表。对于儿子的劝慰，何尝不是告诫自己直面人生的不如意，只是此时，他尚不能想象未来会给他带来怎样的折磨。

【思考探究】

1.对于突如其来的阶级斗争，傅雷表示"惊心动魄"，为什么又说"太麻痹了"？

2. 这封信表达了作者怎样的思想感情？

【写作乐园】

傅雷此时内心的痛苦难以形容。请你写封信鼓励傅雷。（不少于100字）

_____

_____

八月十二日

——原信无日期，但根据信之内容判断，此信写于一九六六年八月十二日，离凌霄两周岁生日仅两天；离他们走上不归路，也不过三周左右的时间。这是父母亲给儿子儿媳的最后一封信。

……有关凌霄的点点滴滴都叫我们兴奋不已。尤其是你们的妈妈，她自从七月初就不停数日子。"一个月后凌霄就过生日了；三星期后凌霄就过生日了。"昨晚她说："现在只剩下三天了。"那语气，简直像小宝宝就跟她在身边似的。[1]

你们眼看着自己的孩子一天天成长，真是赏心乐事！想象我们的孙儿在你们的客厅及厨房里望着我们的照片，从而认识了远方的爷爷奶奶，这情景，又是多么叫人感动！尽管如此，对于能否有一天亲眼看见他、拥抱他，把他搂在怀里，我可一点都不抱希望……妈妈相信有这种可能，我可不信。

收到毛线衣可别道谢，妈妈这么爱你们及宝宝，但只能借此聊表心意，她常常因此而耿耿于怀……

我们在等凌霄两周岁的照片，假如能寄一张他的正面照片，我们一定会很高兴。

生活中困难重重，我们必须不断自我"改造"，向一切传统的、资本主义的、非马克思主义的思想、感情与习俗做斗争，我们必须抛弃所有旧的人生观和旧的社会准则。对于一个在旧社会中生活逾四十年、满脑子"西方资本主义民主反动思潮"的人来说，他（毛）的"自我改造"自然是一项十分艰巨的任务。我们正在竭尽所能、用尽全力去满足当前"无产阶级文化大革命"加诸身上的种种要求……[2] 我每次只能看五分钟书，报上的长文都是妈妈念给我听的。这封信是由我口述由她打出来的……

挚爱你们的　爸爸、妈妈

[1] 段落分析：
妻子对凌霄生日的期盼，何尝不是傅雷的期盼呢？只是这样惹人喜爱的小孙子却始终不能被自己抱在怀里，令人感到辛酸落寞。

[2] 情节分析：
傅雷的自嘲自讽。在当时的社会，傅雷被认为是满脑子"西方资本主义民主反动思潮"的人，对于热爱祖国的傅雷来说何其讽刺。

写

【篇末小结】

小孙子即将过两周岁生日，傅雷夫妻兴奋不已，然而在我们看来却多么辛酸。傅雷夫妇对凌霄充满了爱，却只能在梦中、在幻想中与他相见，令人潸然泪下。最后由傅雷的自嘲，可见他对当时社会现象的不理解、不认同，却无能为力。

【思考探究】

1. 你认为傅雷为什么对于能亲眼见到凌霄不抱希望？

2. "这封信是由我口述由她打出来的"，从这句话中，我们能得到哪些信息？

【写作乐园】

读了傅雷最后一段的自嘲，谈谈自己的感想。（不少于100字）

_____

_____

九月二日夜

——此系傅雷夫妇留下的遗书，写于一九六六年九月二日深夜，九月三日凌晨傅雷夫妇从从容容、坦坦荡荡地含恨弃世。遗书是写给朱人秀的。

人秀：

尽管所谓反党罪证（一面小镜子和一张褪色的旧画报）是在我们家里搜出的（小镜子后有蒋介石的头像，画报上登有宋美龄的照片。这是我姨妈在新中国成立前寄存于我家箱子里的东西。他人寄存的东西，我们家是从来不动的），百口莫辩的，可是我们至死也不承认是我们自己的东西（实系寄存箱内理出之物）。[1] 我们纵有千万罪行，却从来不曾有过变天思想。我们也知道搜出的罪证虽然有口难辩，在英明的共产党领导和伟大的毛主席领导之下的中华人民共和国，决不至因之而判重刑。只是含冤不白，无法洗刷的日子比坐牢还要难过。何况光是教育出一个叛徒傅聪来，在人民面前已经死有余辜了！更何况像我们这种来自旧社会的渣滓早应该自动退出历史舞台了！[2]

因为你是梅馥的胞兄，因为我们别无至亲骨肉，善后事只能委托你了。如你以立场关系不便接受，则请向上级或法院请示后再行处理。委托数事如下：

一、代付九月份房租五十五元二角九分（附现款）。

二、武康大楼（淮海路底）六〇六室沈仲章托代修奥米茄自动男手表一只，请交还。

三、故老母余剩遗款，由人秀处理。

[1] 情节分析：以死明志，力证自己的清白，可见傅雷做人的态度。

[2] 情节分析：这些都是傅雷的原罪，所谓的反党罪证只不过是一个借口，即使没有这些，傅雷也难逃迫害。

四、旧挂表（钢）一只，旧小女表一只，赠保姆周菊娣。

五、六百元存单一纸给周菊娣，作过渡时期生活费。她是劳动人民，一生孤苦，我们不愿她无故受累。

六、姑母傅仪寄存我们家存单一纸六百元，请交还。

七、姑母傅仪寄存之联义山庄墓地收据一纸，此次经过红卫兵搜查后遍觅不得，很抱歉。

八、姑母傅仪寄存我们家之饰物，与我们自有的同时被红卫兵取去没收，只能以存单三纸（共三百七十元）又小额储蓄三张，作为赔偿。

九、三姐朱纯寄存我们家之饰物，亦被一并充公，请代道歉。她寄存衣箱两只（三楼）暂时被封，瓷器木箱一只，将来待公家启封后由你代领。尚有家具数件，问周菊娣便知。

十、旧自用奥米茄自动男手表一只，又旧男手表一只，本拟给敏儿与魏惜蓉，但恐妨碍他们的政治立场，故请人秀自由处理。

十一、现钞五十三元三角，作为我们火葬费。

十二、楼上宋家借用之家具，由陈叔陶按单收回。

十三、自有家具，由你处理。图书字画听候公家决定。

使你为我们受累，实在不安，但也别无他人可托，谅之谅之！

傅　雷

梅　馥

一九六六年九月二日夜

写

【篇末小结】

这是傅雷夫妻在人世间留下的最后一封信。对于莫名的指控，傅雷夫妻不堪受辱，以死证明自己的清白，体现了傅雷夫妻性格上的刚毅。他们对于自己的身后事，交代得清楚明白，甚至保姆的生活都有所考虑。如此正直、善良、爱国的傅雷，就这样离开了人世，没能和他亲爱的儿子再见一面。这份遗书，包含着他为人处世的态度，没有一丝抱怨，反而一丝不苟、从容镇定，读来让人备感震撼。

【思考探究】

1. 你认为傅雷是一位怎样的父亲？

2. 这些家书包含着傅雷对儿子最深切的爱，其中蕴含的教育理念至今对我们仍有很大的教育意义，请你举例说明。

【写作乐园】

读完《傅雷家书》，你有怎样的感想？（不少于100字）

_____

_____

　　同学们，读完《傅雷家书》后，你一定被书中满满的舐犊之情所打动了。傅聪在国外求学，尽管父子相隔万里，但傅雷仍不忘在学习和生活上对自己的孩子进行指导。在书信中，傅雷无话不谈，事无巨细，只要是认为正确的都会给傅聪一一进行讲解。而对于近在身旁的亲人，我们却往往把话语藏在心里，缺少表达。现在，请拿起笔，敞开心扉，给自己的亲人写封信，写下最想对他（她）说的话吧！

给_____的一封信

《傅雷家书》

课程设计手册

目　录

说明:为便于使用,特将《参考答案》夹于本册中间位置。

阅读规划

1 阅读建议

阶 段	时 间	阅读内容	阅读方法
快速通读	第一周	第一天 一九五四年 第二天 一九五五年 第三天 一九五六年 一九五七年 第四天 一九五八年 一九五九年 第五天 一九六○年	1.每天选择性阅读一些信件,在阅读的时候随手圈点、勾画和批注,每读完一封信,停下来思考,简要概括主要内容。 2.对信件进行分类整理。选择自己感兴趣的阅读专题和阅读方法。 3.通过选择性精读,感受傅雷蕴含在字里行间的深深父爱。 4.感悟《傅雷家书》的教子之道,进而理解父母对自己的用心良苦。 5.读懂家书,体会说教背后的期望和情感。
	第二周	第一天 一九六一年 第二天 一九六二年 第三天 一九六三年 一九六四年 第四天 一九六五年 第五天 一九六六年	
重点精读	第三周	第一天 一九五四年 第二天 一九五五年 第三天 一九五六年 第四天 一九六五年 第五天 一九六六年	
评价探究	第四周	第一天 做人 第二天 生活 第三天 艺术 第四天 情感 第五天 语言特色	

2 阅读任务

专题一:选择性阅读

任务一:初读家书,按照自己的兴趣浏览跳读,完成下表。

初读体验	
最触动我的内容	
打动我的原因	
家书的价值	

任务二：分类整理，从"做人""生活""艺术"三个方面对家书进行分类，写好日期及关键词。

做人	
生活	
艺术	

任务三：结合任务二的分类，摘抄家书中触动你的格言警句，并运用到写作片段中。

（一）做人

格言 1：＿＿＿＿＿＿＿＿＿＿＿＿＿＿＿＿＿＿＿＿＿＿＿＿＿＿＿＿＿＿＿＿＿

＿＿＿＿＿＿＿＿＿＿＿＿＿＿＿＿＿＿＿＿＿＿＿＿＿＿＿＿＿＿＿＿＿＿＿＿＿＿

写作片段：

格言 2：＿＿＿＿＿＿＿＿＿＿＿＿＿＿＿＿＿＿＿＿＿＿＿＿＿＿＿＿＿＿＿＿＿

＿＿＿＿＿＿＿＿＿＿＿＿＿＿＿＿＿＿＿＿＿＿＿＿＿＿＿＿＿＿＿＿＿＿＿＿＿＿

写作片段：

格言3：_____

_____

_____

写作片段：

(二)生活

格言1：_____

_____

写作片段：

格言2：_____

_____

写作片段：

格言3：

写作片段：

(三)艺术

格言1：

写作片段：

格言2：

写作片段：

格言3：

格言 3：_____

_____

_____

写作片段：

专题二：问题性阅读

任务一：从家书中选择一则或几则,发挥联想和想象,改编设计三则父子对话,在父子的交流中感受浓浓的父子情。

家书片段	
对话设计	

家书片段	
对话设计	

家书片段	
对话设计	

任务二:结合你的阅读体会,请从不同的角度感受傅雷,用一句话评价傅雷,并结合家书内容阐述你的理由。

• 一个（　　　　）的父亲

_____

_____

• 一个（　　　　）的朋友

• 一个（　　　　）的学者

• 一个（　　　　）的中国人

• 一个（　　　　）的教育家

任务三：傅雷在家书中教导儿子如何为人处世，那么傅雷自己又是如何做的呢？请你结合书中相关事例分析。

专题三：目的性阅读

任务一：选择阅读1955年前四封家书中的相关内容并思考：在成长过程中，你是否有各种各样的困惑和烦恼？你是否也希望从师长那里获得引导和点拨？你对傅雷教育儿子的哪些方面最感兴趣？《傅雷家书》中的哪些语段让你茅塞顿开？你还有哪些疑惑想要寻求解答呢？在下方空白处写下你的思考。

任务二：书信中经常出现一些数字，如"第六封信""二十七天"。选择性回读，简述数字背后的故事，并分析这些数字的作用。

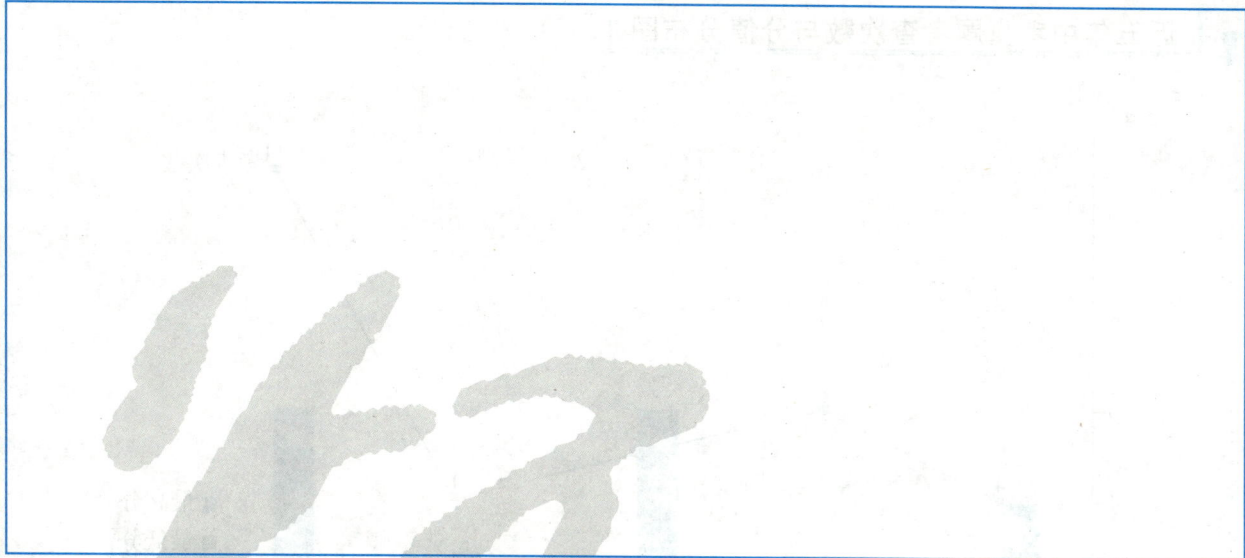

任务三：从《傅雷家书》中，我们认识了傅雷和傅聪这对父子，家书中的字字句句，影响着千千万万的中国人。2020 年 12 月 28 日，傅聪因感染新冠病毒逝世，享年 86 岁，音乐家、艺术家傅聪先生永远地离开了我们。作为孩子，在我们的成长之路上，可以从傅雷的教子之道中学到什么？请以此为话题，试从父母和子女两个角度入手，撰写一篇演讲稿，与同学在班级读书会上分享交流。

应考 指南

1 近五年中考真题考查次数与分值分布图

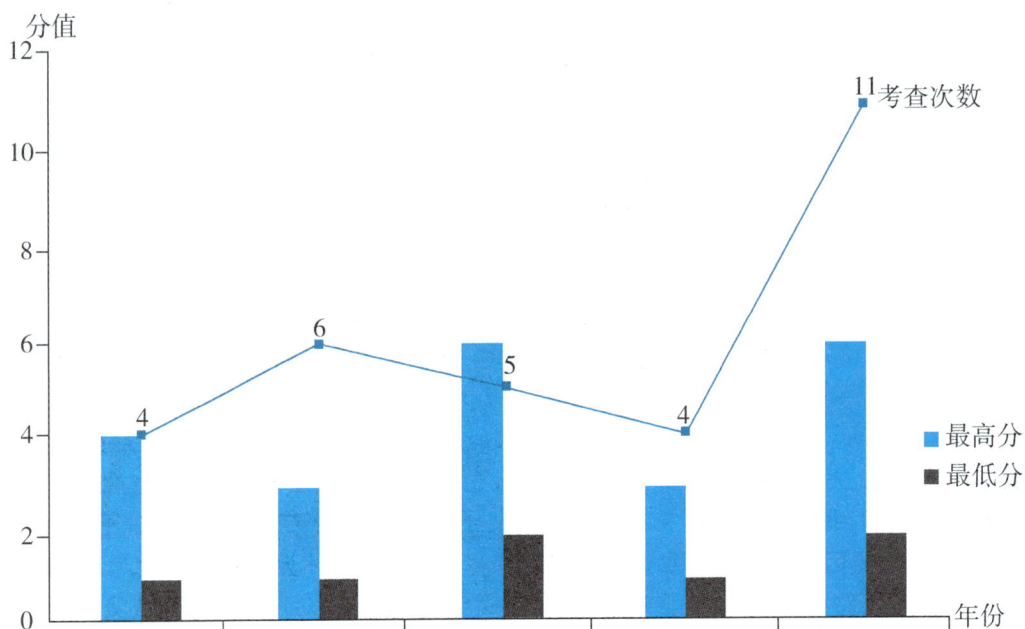

2 近五年中考真题常考内容与高频考点对比图

常考题型

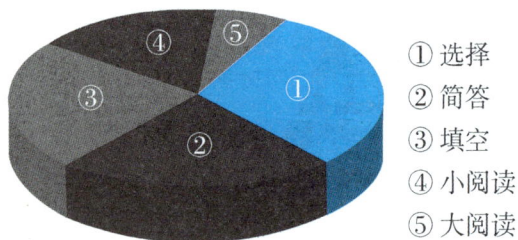

① 选择
② 简答
③ 填空
④ 小阅读
⑤ 大阅读

高频考点

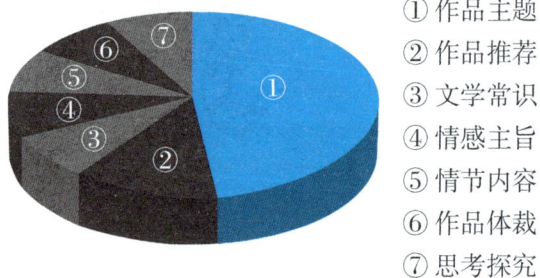

① 作品主题
② 作品推荐
③ 文学常识
④ 情感主旨
⑤ 情节内容
⑥ 作品体裁
⑦ 思考探究

常考内容

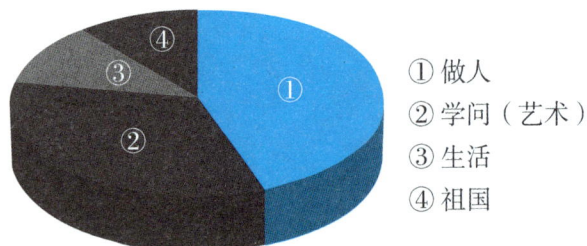

① 做人
② 学问（艺术）
③ 生活
④ 祖国

常考章节

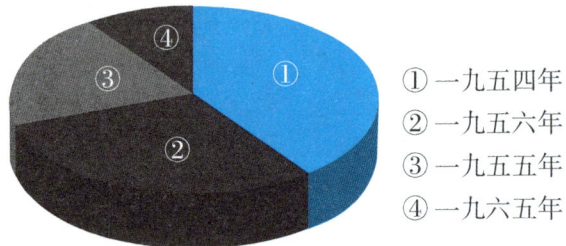

① 一九五四年
② 一九五六年
③ 一九五五年
④ 一九六五年

名著 概览

1 作者简介

傅雷（1908—1966 年），字怒安，号怒庵，著名翻译家、作家、教育家、美术评论家，中国民主促进会（简称民进）的重要缔造者之一。他翻译了大量的法文作品，包括巴尔扎克、罗曼·罗兰、伏尔泰等名家著作。20 世纪

60年代初,傅雷因在翻译巴尔扎克作品方面的卓越贡献,被法国巴尔扎克研究会吸收为会员。1966年9月3日,傅雷夫妇在"文革"中不堪凌辱,双双自尽。

主要著作有:《傅雷家书》,译著《约翰·克利斯朵夫》《夏倍上校》《人间喜剧》等。

2 创作背景

1954年,傅聪赴波兰留学。从1月傅聪离家开始,傅雷便与傅聪通过书信联系,直至1966年傅雷夫妇在"文革"中不堪受辱自杀。在这十多年间,一家人通信数百封。这些书信既述说着傅聪从出国学习、演奏成名到结婚生子的成长经历,又映照着傅雷的翻译工作、朋友交往以及傅雷一家的命运起伏。

傅雷夫妇非常细心,将傅聪的信妥善收藏,重点内容分类抄录成册,编为《聪儿家信摘录》。傅聪的信在"文革"中遗失,直至十几年后才被意外发现。

3 内容简介

《傅雷家书》中大部分书信是傅雷写给在波兰留学的儿子傅聪的,也有一部分是写给儿媳弥拉和次子傅敏的,字里行间充满了父亲对儿子的挚爱、期望以及对国家和世界的高尚情感。

家书内容主要包含四个方面:

第一,傅雷把儿子"当作一个讨论艺术、讨论音乐的对手"。

傅雷跟儿子傅聪谈贝多芬、谈莫扎特、谈李斯特、谈肖邦、谈巴赫;谈他参加音乐会的感受,也谈儿子的演出及演奏;不仅如此,他还跟儿子谈文学,谈绘画,谈哲学,谈东西方文化。

第二,傅雷"极想激出"儿子"一些青年人的感想",让他这个做父亲的"得些新鲜养料,同时也可以间接传播给别的青年"。

通过书信,傅雷与儿子一起讨论艺术,研究乐曲的内涵,交流对事物的看法。他希望通过自己对人生和艺术的理解,教育和引导儿子,激发儿子在学习和生活上的感想。一方面他及时发现儿子的各种问题,给予帮助和指导;另一方面他也希望从儿子的成长过程中获得新的思想、艺术和生活的感悟。

第三,傅雷欲"借通信训练"儿子的文笔与思想。

傅雷常常"逼"儿子多写信,"多写有内容有思想实质的信",希望借写信提升儿子对事物的认知水平、思维能力和人生境界。

第四,傅雷希望随时随处给儿子"做个警钟,做面'忠实的镜子',无论在做人方面,在生活细节方面,在艺术修养方面,在演奏姿态方面"。

傅雷在教育儿子的同时,总是结合自己的人生经验,一再无情地自我解剖,引导儿子认真地对待自身的问题和不足。

4 主要人物

傅 雷

人物概述:幼年丧父,在寡母的严教下,养成严谨、认真、一丝不苟的性格。早年留学法国,学习艺术理论。人生阅历丰富,善于说教,慈祥仁爱,爱子深切,有很高的艺术造诣,对古今中外的文学、绘画、音乐等,都有着独到的见解。

性格特点:严谨认真、一丝不苟、正直、有良知、为人坦荡、秉性坚毅、慈祥仁爱。

典型情节:

严父的自责——在傅聪年幼时,傅雷对他严加管教、一丝不苟。回忆起往事,傅雷开始后悔和自责,觉得对儿子的管教过于严格,手段过于残忍。傅雷在信中说自己"虐待"了傅聪,把对儿子的管教当成"罪过"。

父爱浓浓——在傅聪走后第二天,傅雷就想给他写信,但是担心被"嫌烦"。儿子离开后,他每天睡不着觉,开始回忆傅聪小时候的事。傅雷夫妇含辛茹苦地将儿子哺育成人,如今儿子离开父母远赴海外求学,傅雷既希望他学有所成,又深深地想念他。浓浓父爱,感人至深。

肯定和希望——傅雷听完傅聪演奏的录音之后,进行了客观的评价,肯定傅聪在音乐上取得的成绩,同时希望傅聪"从此注意整个的修养",为傅聪指明了前进道路和发展方向。

父亲的告诫——傅聪到波兰后,为赶任务影响学习而苦闷。傅雷在信中告诫傅聪要坚持"学问第一、艺术第一、真理第一、爱情第二"的原则,用自己的人生经验,提醒"少年得志"的儿子少走弯路。

朱梅馥

人物概述：傅雷妻子，原名朱梅福。父亲朱鸿，清朝秀才，以教书为业。初中就读于上海教会学校稗文女校，高中进入另一所教会学校晏摩氏女校。杨绛称其集温柔的妻子、慈爱的母亲、沙龙里的漂亮夫人、能干的主妇于一身。

性格特点：温柔善良，文静随和，贤淑豁达，因材施教。

典型情节：

爱情和事业——与傅雷在艺术和做人方面教育傅聪不同，朱梅馥更加细心。她关注傅聪的感情问题，告诉傅聪在处理自己的感情与事业问题时，要"把全部精力放在研究学问上，多用理智，少用感情"。

傅　聪

人物概述：1934年出生于上海，8岁半开始学习钢琴。1954年赴波兰留学。1955年3月获"第五届肖邦国际钢琴比赛"第三名和"玛祖卡"最优奖。为了艺术背井离乡，浪迹五大洲，只身驰骋于国际音乐舞台，有"钢琴诗人"的美誉。

性格特点：刻苦、严谨、执着。

典型情节：

内心困惑——傅聪认为自己非常软弱，讨厌这个"自己"；他觉得自己"根本不懂如何生活"，所以心里很烦，精神很累。他经常在内心斗争，无法做到真正的冷静。他觉得自己缺少一些重要的"什么"，写信向父亲求助，希望父亲告诉自己该怎么办。

5 作品主题

　　《傅雷家书》的特殊之处在于：它是傅雷思想的折射，甚至可以说是傅雷毕生最重要的著作之一。傅雷与儿子之间的书信往来，体现了父亲对儿子的苦心孤诣和深厚期望。书中处处体现着浓浓的父爱。每个父亲对自己的孩子都疼爱有加，但傅雷在疼爱孩子的同时，也不忘对其进行音乐、美术、哲学、历史、文学乃至健康等全方面的教育。

6 艺术特色

书信形式

　　读者在阅读中可以直接、清楚地感受傅雷做人、做学问的细致、严谨和认真。

感情真挚

　　书中不仅客观地描述了当时的社会背景与现实生活，还反映了傅雷对孩子深沉的爱。傅雷写给儿子的家书，就如同与孩子聊家常，没有任何遮掩与虚伪。可以说，《傅雷家书》最大的特点就是感情的"真"——真诚、纯真、真实，它是傅雷的内心独白，是傅雷思想的准确反映。

蕴含广博的学识与深刻的哲理，发人深省

　　书中涉及的艺术领域相当广泛，谈到了美术、音乐作品及一些表现技巧，"是一部最好的艺术学徒修养读物"。在谈论人生感悟时，傅雷以真挚朴实的言语表达其对世道人生的感受与见解，流畅的言语中充满深邃的思想，发人深省。

阶段练习

阶段练习(一) 一九五四年

总分:75分 时长:60分钟 得分: 分

1.【四川南充】下列表述有误的一项是( )。(2分)

A.《西游记》中的猪八戒,虽然给人的普遍印象是好吃懒做、偷奸耍滑,但在"智激美猴王"中却表现出了忠勇善良又不失机智聪明的一面。

B.《红星照耀中国》描述了中国工农红军长征的经过,首次向全世界全面报道了这一举世无双的"军事壮举"。

C.《傅雷家书》首先强调的是如何做人的问题。傅雷常教导儿子:待人要谦虚,做事要严谨,礼仪要得体;要有国家民族的荣辱感;要有艺术、人格的尊严。

D.虎妞与祥子结婚后,一心想再拉祥子到人和厂做事,但刘四爷一气之下将人和厂变卖了,虎妞的希望彻底破灭,在万般无奈下出钱给祥子买了一辆人力车。

2.【吉林】下列关于名著内容表述正确的一项是( )。(1分)

A.《钢铁是怎样炼成的》讲述了主人公奥斯特洛夫斯基从不懂事的少年最终成为一名钢铁般战士的故事。

B.《傅雷家书》是傅雷夫妇在1954年到1966年写给父母的家信摘编。

C.《骆驼祥子》中的祥子最大的梦想是拥有一辆自己的车。他风里来雨里去,省吃俭用攒了三年,终于买下了一辆车,但这车很快就被霸道的刘四抢走了。

D.《朝花夕拾》是鲁迅回忆童年、少年和青年时期不同生活经历与体验的一部散文集,《从百草园到三味书屋》《五猖会》《范爱农》《藤野先生》等都是其中的作品。

3.【贵州贵阳】下列人物是师生(师徒)关系的一组是( )。(3分)

A.刘四　　　　　　祥子

B.约翰·克利斯朵夫　傅聪

C.阿龙纳斯教授　　尼摩船长

D.菩提祖师　　　　孙悟空

4.【四川广安】名著之所以"著名",不仅因文字,更因情怀。《傅雷家书》是一部书信集,凝聚着傅雷先生对祖国、对儿子　　　　　　(填人名)深厚的爱;《昆虫记》在真实记录和描写昆虫生活的同时,还渗透着　　　　　　(填作者)对人类的思考。(2分)

5.【黑龙江齐齐哈尔】"他的家教如此之严,望子成龙的心情如此之热烈。他要把他的儿子塑造成符合于他的理想的人物。这种家庭教育是相当危险的,没有几个人能成功,然而他成功了。"这段话中的"他"指的是　　　　　　,他与儿子的来往书信被他的家人辑录为《　　　　　　》,他在书信中分别从　　　　　、　　　　　等方面对儿子进行了指导。(4分)

6.【黑龙江绥化】被称为"苦心孤诣教子篇"的名著是《　　　　　　》,教育儿子胜不骄、败不馁,要有国家和民族的荣誉荣辱感。做一个"　　　　　、人格卓越的艺术家"。(2分)

7.【宁夏】完成下面的读书卡片。(共6分)

摘抄一:我高兴的是我又多了一个朋友;儿子变成朋友,世界上有什么事可以和这种幸福相比的!

摘抄二:心中的苦闷不在家信中发泄,又哪里去发泄呢?孩子不向父母诉苦向谁诉呢?我们不来安慰你,又该谁来安慰你呢?

摘抄三:只有事实才能证明你的心意,只有行动才能表明你的心迹。待朋友不能如此马虎。生性并非"薄情"的人,在行动上做得跟"薄情"一样,是最冤枉的,犯不着的。正如一个并不调皮的人要调皮而结果反吃亏,一个道理。

(1)名著:《　　　　　　》。(1分)

(2)梗概:这部作品处处体现着舐犊深情。父亲很关心儿子　　　　　(人名)的生活与成长,用书信与儿子主要交流了　　　　、　　　　　等方面的内容,平常的语言中蕴含着深邃的道理和厚重的文化。(3分)

(3)读书笔记:以上摘抄给我的感受是:

　　　　　　　　　　　　　　　　　(2分)

8.【湖北恩施】阅读下面名著《傅雷家书》选段,完成问题。(共6分)

一切学问没有速成的,尤其是语言

记得我从十三岁到十五岁念过三年法文;老师教的方法既有问题,我又念得很不用功,成绩很糟(十分之九已忘了)。从十六岁到二十岁在大同改念英文,也没念好,只是比法文成绩好一些。二十岁出国时,对法文的知识只会比你现在的俄文程度差。到了法国,半年之间,请私人教师与房东太太双管齐下补习法文,教师管读本与文法,房东太太管会话与发音,整天的改正,不用上课方式,而是随时在谈话中纠正。半年以后,我在法国的知识分子家庭中过生活,已经一切无问题。十个月以后开始能听几门不太难的功课。可见国外学语文,以随时随地应用的关系,比国内的进度不啻一与五六倍之比。这一点你在莫斯科遇到李德伦时也听他谈过。我特意跟你提,为的是要你别把俄文学习弄成"突击式"。一个半月之间念完文法,这是强记,决不能消化,而且过了一晌大半会忘了的。我认为目前主要是抓住俄文的要点,学得慢一些,但所学的必须牢记,这样才能基础扎实。贪多务得是没用的,反而影响钢琴业务,甚至使你身心困顿,一空下来即昏昏欲睡。这问题希望你自己细细想一想,想通了就得下决心更改方法,与俄文老师细细商量。一切学问没有速成的,尤其是语言。倘若你目前停止上新课,把已学的从头温一遍,我敢断言,你会发觉有许多已经完全忘了。

一九五四年四月七日

(1)针对语言学习,本文作者阐述的主要观点是什么?(2分)

(2)文中画线句对你的语言学习有什么启示?(2分)

(3)读了《傅雷家书》,请你给同学写一段关于整本书的推介词。(60字左右)(2分)

9.傅雷,字_____,号_____,中国文学翻译家、文艺评论家,_____的重要缔造者之一。他从 20 世纪 30 年代起就致力于_____文学的译介工作,翻译作品有:_____、_____。(6分)

10.《傅雷家书》是傅雷及其夫人写给_____、_____的家信,主要讲的是_____。(4分)

11.傅雷在信中说"_____第一、_____第一、_____第一、_____第二,这是我至此为止没有变过的原则"。(4分)

12.傅雷最喜欢的两位宋代词人是_____、_____。(2分)

13.傅聪被誉为"_____",曾在 1955 年第五届肖邦国际比赛获得第_____名及《玛祖卡》演奏最优奖。(2分)

14.傅雷认为中国有史以来,《_____》是最好的文学批评。(1分)

15."人生没有一桩幸福不要付代价的。"这句话中的"幸福""代价"分别指什么?你从中得到了哪些启示?(3分)

16.傅聪感觉性极强、极快,傅雷对此评价说:"这是你的特长,也是你的缺点"。从这句话中,我们可以得到怎样的启示?(3分)

17."跟着你痛苦的童年一起过去的,是我不懂做爸爸的艺术的壮年",傅雷认为自己给了儿子一个痛苦的童年。作家毕飞宇也曾经说过,他致敬傅雷,但不愿意成为傅雷的儿子。如果给你一个选择的机会,你愿意成为傅雷的儿子吗?(4分)

18.阅读名著选段,回答问题。(共8分)

收到九月二十二日晚发的第六封信,很高兴。我们并没为你前信感到什么烦恼或是不安。我在第八信中还对你预告,这种精神消沉的情形,以后还是会有的。我是过来人,决不至于大惊小怪。你也不必为此担心,更不必硬压在肚里不告诉我们。心中的苦闷不在家信中发泄,又哪里去发泄呢?孩子不向父母诉苦向谁诉呢?我们不来安慰你,又该谁来安慰你呢?人一辈子都在高潮低潮中浮沉,唯有庸碌的人,生活才如死水一般;或者要有极高的修养,方能廓然无累,真正地解脱。只要高潮不过分使你紧张,低潮不过分使你颓废就好。太阳太强烈,会把五谷晒焦;雨水太猛,也会淹死庄稼。我们只求心理相当平衡,不至于受伤而已。你也不是栽了筋斗爬不起来的人。我预料国外这几年,对你整个的人也有很大的帮助。这次来信所说的痛苦,我都理会得;我很同情,我愿意尽量安慰你、鼓励你。克利斯朵夫不是经多少回这种情形吗?他不是一切艺术家的缩影与结晶吗?慢慢地你会养成另外一种心情对付过去的事,就是能够想到而不再惊心动魄,能够从客观的立场分析前因后果作将来的借鉴,以免重蹈覆辙。一个人唯有敢于正视现实、正视错误,用理智分析,彻底感悟,终至于不被回忆侵蚀。我相信你

逐渐会学会这一套,越来越坚强的。我以前在信中和你提过感情的 ruin(创伤,覆灭),就是要你把这些事当作心灵的灰烬看,看的时候当然不免感触万端,但不要刻骨铭心地伤害自己,而要像对着古战场一般地存着凭吊的心怀。倘若你认为这些话是对的,对你有些启发作用,那么将来在遇到因回忆而痛苦的时候(那一定免不了会再来的),拿出这封信来重读几遍。

(1)从这段话中,我们可以看出,傅雷希望儿子成为一个什么样的人?(4分)

(2)作者举克利斯朵夫的例子用意是什么?请你再补充一个事实论据。(4分)

19.阅读名著选段,回答问题。(共4分)

你为了俄国钢琴家(指苏联著名钢琴家李赫特)兴奋得一晚睡不着觉;我们也常常为了些特殊的事而睡不着觉。神经锐敏的血统都是一样的,所以我常常劝你尽量节制。那钢琴家是和你同一种气质的,有些话只能增加你的偏向。比如说每次练琴都要让整个人的感情激动。我承认在某些 romantic(浪漫底克)性格,这是无可避免的;但"无可避免"并不一定就是艺术方面的理想,相反有时反而是一个大累!为了艺术的修养,在 heart(感情)过多的人还需要尽量自制。中国哲学的理想、佛教的理想,都是要能控制感情,而不是让感情控制。假如你能掀动听众的感情,使他们如醉如狂、哭笑无常,而你自己屹如泰山,像调度千军万马的大将军一样不动声色,那才是你最大的成功,才是到了艺术与人生的最高境界。你该记得贝多芬的故事,有一回他弹完了琴,看见听的人都流着泪,他哈哈大笑道:"嘿!你们都是傻子。"艺术是火,艺术家是不哭的。这当然不能一蹴即成,尤其是你,但不能不把这境界作为你终生努力的目标。罗曼·罗兰心目中的大艺术家也是这一派。

(1)选段中的"你"是_____,"我们"指_____。(2分)

(2)"罗曼·罗兰心目中的大艺术家也是这一派","这一派"指的是哪一派?(2分)

20.阅读名著选段,回答问题。(共8分)

你走后第二天就想写信,怕你嫌烦,也就罢了。可是没一天不想着你,每天清早六七点就醒,翻来覆去睡不着,也说不出为什么,好像克利斯朵夫的母亲独自守在家里,想起孩子童年一幕幕的形象一样;我和你妈妈老是想着你二三岁到六七岁间的小故事——这一类的话我们不知有多少可以和你说,可是不敢说,你这个年纪是一切向前的,不愿意回顾的;我们啰里啰唆的抖出你尿布时代与一把鼻涕一把眼泪时代的往事,会引起你的憎厌。孩子,这些我都很懂得,妈妈也懂得。只是你的一切终身会印在我们脑海中,随时随地会浮起来,像一幅幅的小品图画,使我们又快乐又惆怅。

真的,你这次在家一个半月,是我们一生最愉快的时期;这幸福不知应当向谁感谢,即使我没宗教信仰,至此也不由得要谢谢上帝了!我高兴的是我又多了一个朋友;儿子变成朋友,世界上有什么事可以和这种幸福相比的!尽管将来你我之间离多聚少,但我精神上至少是温暖的、不孤独的。我相信我一定会做到不太落伍、不太冬烘,不至于惹你厌烦。也希望你不要以为我在高峰的顶尖上所想的、所见的,比你们的不真实。年纪大的人终是往更远的前途看,许多事你们一时觉得我看得不对,日子久了,现实会给你证明我并没大错。

(1)傅雷夫妇很想与儿子分享儿子小时候的小故事,为什么却不敢说?这表现了傅雷怎样的情感?(4分)

(2)傅雷认为与儿子以朋友关系相处,是世界上最幸福的事情,他将儿子当成朋友体现在哪里?(4分)

阶段练习(二)　一九五五年

总分:45分　　时长:40分钟　　得分:＿＿＿分

1.【湖北孝感】选出下列对作家作品的解读不正确的一项(　　)。(3分)

A.傅雷常常现身说法,教导儿子,想随处给儿子"做个警钟","做面'忠实的镜子'",使儿子成为他的影子。

B.在"大闹天宫"时,孙悟空表现出勇于反抗、敢作敢为的精神;在"西天取经"中,孙悟空表现出勇往直前、积极进取的精神。

C.鲁滨孙到巴西成为种植园主,因缺乏人手等原因,与他人到非洲贩卖黑奴,在途中遇到风暴,被海浪冲到一座荒无人烟的海岛上。

D."正行处,忽见一座高山,那怪把红光结聚,现了本相,撞入洞里,取出一柄九齿钉钯来战。"这里所说的"那怪"就是后来的猪八戒。

2.【天津】请根据你的阅读积累,在下列空缺处填写相应的作品或人物。(4分)

作　品	内　容
《西游记》	那厮原来是牛魔王的妻,红孩儿的母,名唤罗刹女,又唤＿＿＿。
《＿＿＿》	聪,你想,我这些联想对我是怎样的一种滋味!四月三日(第三十号)的信,我写的时候不知怀着怎样痛苦、绝望的心情,我是永远忘不了的。
《名人传》	从这个忧伤的深渊深处,＿＿＿着手歌颂欢乐了。这是他毕生的规划。自1793年,在波恩的时候,他就对此有所考虑。他一辈子都在想歌颂欢乐,并以此作为他的大作中的一部终曲。
《钢铁是怎样炼成的》	人生应当这样度过:当回首往事,不会因虚度年华而悔恨,也不会因碌碌无为而羞愧……怀着这样的思想,离开了烈士墓地。

3.【天津】阅读名著,我们经常被作品中个性鲜明的人物所吸引。阅读下列文段,写出加点代词所指代的人物。(4分)

作　品	文　段	人　物
《骆驼祥子》	上半天倒觉得这怪有个意思,赶到过午,因有点疲乏,就觉出讨厌,也颇想找谁叫骂一场。到了晚上,她连半点耐性也没有了,眉毛自己较着劲,老直立着。	
《名人传》	直到那一天,绝望顿生,也许是由于临死前的狂热飓风,他突然离开了住所,四处流浪,奔逃,在一所修道院投宿,然后又上了路,最后病倒途中,在一个无名的小城中一病不起。	
《傅雷家书》	音乐院院长说你的演奏像流水、像河,更令我想到克利斯朵夫的象征。天舅舅说你小时候常以克利斯朵夫自命;而你的个性居然和罗曼·罗兰的理想有些相像了。	
《西游记》	这流沙河的妖怪,因为在天有罪,堕落此河,忘形作怪。他曾被菩萨劝化,愿归师父往西天去的。	

4.傅雷对于傅聪的勤勉感到欣慰,但不忘嘱咐他放松精神,并举了＿＿＿这一反面例子。(1分)

5.傅雷认为生机蓬勃的明证是有＿＿＿,没有它,艺术家不会进步、不会演变、不会深入。(1分)

6.傅雷告诫儿子对音乐的理解除了直觉外,"仍需要＿＿＿方面的、＿＿＿方面的、＿＿＿方面的知识来充实","治一切学问都要有这个态度。所谓＿＿＿,就是指这种实际的态度"。(4分)

7. 《傅雷家书》首先强调了一个年轻人如何做人，如何对待生活，书中贯穿的精神是 _____，这也是傅雷做人的出发点与立足点。(1分)

8. 在谈到青年人的骄傲自满时，傅雷曾说："我始终是中国 _____ 的门徒，遇到极盛的事，必定要有'_____'的格外郑重、危惧、戒备的感觉。"(2分)

9. 面对傅聪的"不答复"，傅雷向他说明自己常常写信有哪些作用？从中可以看出傅雷希望自己在儿子的成长过程中充当什么角色？(4分)

10. "一个人空有爱同胞的热情是没用的，必须用事实来使别人受到我的实质的帮助。"傅雷说的"事实"是什么？(3分)

11. "现在我们感到多么快乐，多么幸运！有这样的儿子，有这些精神上的女儿，对我们都那么热爱！"这句话中"精神上的女儿"指的是谁？(2分)

12. 阅读名著选段，回答问题。(共9分)

你二十九信上说 Michelangeli(米开兰琪利)至少在"身如 rock(磐石)"一点上使我很向往。这是我对你的期望——最殷切的期望之一！唯其你有着狂热的感情，无穷的变化，我更希望你做到身如 rock，像统率三军的主帅一样。这用不着老师讲，只消自己注意，特别在心理上、精神上，多多修养，做到能入能出的程度。你早已是"能入"了，现在需要努力的是"能出"！那我保证你对古典及近代作品的风格及精神，都能掌握得很好。

你来信批评别人弹的肖邦，常说他们 cold(冷漠)。我因此又想起了以前的念头。欧洲自从十九世纪，浪漫主义在文学艺术各方面到了高潮以后，先来一个写实主义与自然主义的反动(光指文学与造型艺术言)，接着在二十世纪前后更来了一个普遍的反浪漫底克思潮。这个思潮有两个表现：一是非常重感官(sensual)，在音乐上的代表是 R. Strauss(理查·施特劳斯)，在绘画上是马蒂斯；一是非常的 intellectual(理智)，近代的许多作曲家都如此，绘画上的 Picasso(毕加索)亦可归入此类。

近代与现代的人一反十九世纪的思潮，另走极端，从过多的感情走到过多的 mind(理智)的路上去了。演奏家自亦不能例外。肖邦是个半古典半浪漫底克的人，所以现代青年都弹不好。反之我们中国人既没有十九世纪像欧洲那样的浪漫底克狂潮，民族性又是颇有 olympic(奥林匹克)(希腊艺术的最高理想)精神，同时又有不太过分的浪漫底克精神，如汉魏的诗人，如李白、杜甫(李后主算是最 romantic 的一个)，但比起西洋人，还是极含蓄而讲究 taste(品味，鉴赏力)的，所以我们先天的具备表达肖邦相当优越的条件。

(1)联系之前的信件，解释傅雷说的"能入能出"是什么意思。(2分)

(2)欧洲的思想潮流是如何演变的？这造成了哪些后果？(3分)

(3)有人认为《傅雷家书》中的家教家风，显示的底色是中西方文化的融合，在选段中表现在哪里？傅雷对中西方文化分别持怎样的看法？(4分)

13. 阅读名著选段，回答问题。(共7分)

别怕我责备(这也是 _____ 的怯懦)！也别怕引起我心烦，爸爸不为儿子烦心，为谁烦心？爸爸不帮助孩子，谁帮助孩子？儿子苦闷不向爸爸求救，向谁求救？你这种顾虑也是一种短视的温情主义，要不得！懦怯也罢，温情主义也罢，总之是反科学，反马列主义。为什么一个人不能反科学、反马列主义？因为要生活得好，对社会尽贡献，就需要把大大小小的事，从日常生活、感情问题，一直到学习、工作、国家大事，一贯地用科学方法、马列主义的方法，去分析、去处理。批评与自我批评所以能成为有力的武器，也就在于它能培养冷静的科学头脑，对己、对人、对事，都一视同仁，做不偏不倚的检讨。而批评与自我批评最需要的是勇气，只要存着一丝一毫怯懦的心理，批评与自我批评便永远不能做得彻底。我并非说有了自我批评(即挖自己的根)，一个人就可以没有烦恼。不是的，烦恼是永久免不了的，就等于矛盾是永远消灭不了的一样。但是不能因为眼前的矛盾消灭了将来照样有新矛盾，就此不把眼前的矛盾消灭。挖了根，至少可以消灭眼前的烦恼。将来新烦恼来的时候，再去消灭新烦恼。挖一次根，至少可以减轻烦恼的严重性，减少它危害身心的可能；不挖根，老是有些思想的、意识的、感情的渣滓积在心里，久而久之，成为一个沉重的大包袱，慢慢地使你心理不健全，头脑不冷静，胸襟不开朗，创造更多的新烦恼的因素。这一点不但与马列主义的理论相合，便是与近代心理分析和精神病治疗的研究结果也相合。

(1)为了帮助儿子在思想上有所进步，傅雷为儿子寄了"毛选"中的《_____》和《_____》，

选段中的空白处应填_____。(3分)

(2)为什么说批评与自我批评是有力的武器？(从原文中寻找答案)(2分)

(3)理解文中画线句。(2分)

阶段练习(三)　一九五六年

总分:45分　　时长:30分钟　　得分:_____分

1.【贵州贵阳】《傅雷家书》中父亲与儿子_____(姓名)论及艺术家的修养时，提到"_____"是第一把艺术的钥匙，是做人的根本，必须从小培养。(2分)

2.【黑龙江龙东地区】阅读下列选段,回答问题。(共4分)

【甲】这一回可不然，你的确和莫扎特起了共鸣，你的脉搏跟他的脉搏一致了，你的心跳和他的同一节奏了；你活在他的身上，他也活在你的身上；你自己与他的共同点被你找出来了、抓住了，所以你才会这样欣赏他、理解他。

【乙】一个人耗尽一生的光阴来观察、研究昆虫，已经算是奇迹了；一个人一生专为昆虫写出十卷大部头的书，更不能不说是奇迹。这些奇迹的创造者就是法布尔，他的《昆虫记》被誉为"_____"。

(1)语段【甲】中的文字选自《_____》，作者现身说法，教导文中的"你"做一个"_____"的艺术家。(2分)

(2)语段【乙】中《昆虫记》被誉为"_____"，在这本书中，_____在地下"潜伏"四年；_____在编织"罗网"方面独具才能；_____善于利用"心理战术"制服敌人。(2分)

3.【四川凉山州】名著阅读。(共4分)

昨天整理你的信，又有些感想。

··········

这一回可不然，你的确和莫扎特起了共鸣，你的脉搏跟他的脉搏一致了，你的心跳和他的同一节奏了；你活在他的身上，他也活在你的身上；你自己与他的共同点被你找出来了、抓住了，所以你才会这样欣赏他、理解他。

(1)以上文段选自《_____》。(1分)

(2)在做人方面作者在书中是怎样教育儿子的？请概述其中两点。(3分)

4.针对傅聪技巧上的问题,傅雷提到要克服困难,不要操之过急,要注重_____的修养、_____的修养。傅雷认为儿子_____的紧张和整个身心有关系。(3分)

5.傅雷谈论音乐时说道："艺术不但不能限于_____，而且不能限于_____，必须进行第三步的_____。"(3分)

6.傅雷认为"一切伟大的艺术家(不论是作曲家、文学家、画家……)必然兼有_____与_____"。(2分)

7.傅雷提到很多年轻人"太不关心大局，对社会主义的改造事业很冷淡"，这样的坏处是什么？你通过哪些方式关心国家大事？(3分)

8.傅雷在信中多次谈到莫扎特,说说你认为傅雷多次提及莫扎特的用意是什么。(3分)

9.如何理解"短视的软心往往会对人对己造成长时期的不必要的痛苦"这句话？(3分)

10. 傅雷认为"一个音乐家(指演奏家)大多只能限于演奏某几个作曲家的作品"的原因是什么?(3分)

11. 阅读名著选段,回答问题。(共10分)

　　你回来了,又走了(傅聪于一九五六年八月下旬回到上海与父母团聚,并应邀在上海举行了一场钢琴独奏会和两场莫扎特钢琴协奏曲音乐会,并于九月底去京转赴波兰继续留学);许多新的工作、新的忙碌、新的变化等着你,你是不会感到寂寞的;我们却是静下来,慢慢地恢复我们单调的生活,和才过去的欢会与忙乱对比之下,不免一片空虚——昨儿整整一天若有所失。孩子,你一天天地在进步、在发展。这两年来你对人生和艺术的理解又跨了一大步,我愈来愈爱你了,除了因为你是我们身上的血肉所化出来的而爱你以外,还因为你有如此焕发的才华而爱你;正因为我爱一切的才华,爱一切的艺术品,所以我也把你当作一般的才华(离开骨肉关系),当作一件珍贵的艺术品而爱你。你得千万爱护自己,爱护我们所珍视的艺术品! 遇到任何一件出入重大的事,你得想到我们——连你自己在内——对艺术的爱! 不是说你应当时时刻刻想到自己了不起,而是说你应当从客观的角度重视自己。你的将来对中国音乐的前途有那么重大的关系,你每走一步,无形中都对整个民族艺术的发展有影响,所以你更应当战战兢兢、郑重其事! 随时随地要准备牺牲目前的感情,为了更大的感情——对艺术、对祖国的感情。你用在理解乐曲方面的理智,希望能普遍地应用到一切方面,特别是用在个人感情方面。我的园丁工作已经做了一大半,还有一大半要你自己来做了。爸爸已经进入人生的秋季,许多地方都要逐渐落在你们年轻人的后面,能够帮你的忙将要越来越减少。一切要靠你自己努力,靠你自己警惕,自己鞭策。你说到技巧要理论与实践结合,但愿你能把这句话用在人生的实践上去;那么你这朵花一定能开得更美、更丰满、更有力、更长久!

　　谈了一个多月的话,好像只跟你谈了一个开场白。我跟你是永远谈不完的,正如一个人对自己的独白是终生不会完的。你跟我两人的思想和感情,不正是我自己的思想和感情吗?清清楚楚的,我跟你的讨论与争辩,常常就是我跟自己的讨论与争辩。父子之间能有这种境界,也是人生莫大的幸福。除了外界的原因没有能使你把假期过得像个假期以外,连我也给你一些小小的不愉快,破坏了你回家前的对家庭的期望。我心中始终对你抱着歉意。但愿你这次给我的教育(就是说从和你相处而反映出我的缺点)能对我今后发生作用,把我自己继续改造。尽管人生那么无情,我们还是应当把自己尽量改好,少给人一些痛苦,多给人一些快乐。说来说去,我仍抱着"宁天下人负我,毋我负天下人"的心愿。我相信你也是这样的。

(1)赏析文中画线句。(3分)

(2)如何理解"我的园丁工作已经做了一大半,还有一大半要你自己来做了"?(3分)

(3)曹操"宁我负天下人,毋天下人负我"的人生境界和傅雷有何不同?(4分)

12. 阅读名著选段,回答问题。(共5分)

　　看到内地的建设突飞猛进,自己更觉得惭愧,总嫌花的力量比不上他们,贡献也比不上他们,只有抓紧时间拼下去。从黄山回来以后,每天都能七时余起床,晚上依旧十一时后睡觉。这样可以腾出更多的时间。因为出门了一次,上床不必一小时、半小时的睡不着,所以既能起早,又能睡晚,我很高兴。

(1)这段话带给你怎样的启示?(2分)

(2)"《傅雷家书》之所以'著名',不仅因为其文字,更因傅雷的爱子之心。"结合家书谈谈作者的爱子之心。(3分)

阶段练习（四）　一九五七年

总分：20分　　时长：15分钟　　得分：＿＿＿分

1.傅雷对儿子的教育是全面的,不仅在音乐上,还在于做人——不是狭义的做人,而是包括对＿＿＿＿、对＿＿＿＿的看法与态度。(2分)

2.谈及傅聪想要转苏联学习,傅雷认为苏联文化界的空气固然比较健全,但也有一些＿＿＿＿,他们的音乐界属于＿＿＿＿型。(2分)

3.傅聪留学波兰期间,面对波兰的低气压,傅雷给了儿子怎样的建议?(4分)

4.1957年,傅雷忙于奔波,这段时间很多信都是由母亲朱梅馥写给儿子的。从这些信中,我们可以看到一位怎样的母亲形象?(4分)

5.阅读名著选段,回答问题。(共8分)

　　二十世纪的人,生在社会主义国家之内,更需要冷静的理智,唯有经过铁一般的理智控制的感情才是健康的,才能对艺术有真正的贡献。孩子,我千言万语也说不完,我相信你一切都懂,问题只在于实践!我腰酸背疼、两眼昏花,写不下去了。我祝福你,我爱你,希望你强、更强,永远做一个强者,有一颗慈悲的心的强者!

(1)理解文中画线句的深意。(4分)

(2)当今社会,互联网高速发展,打破了家人亲友间的时空阻隔。因此有人认为,家书已经没有存在的必要了。读了《傅雷家书》后,你同意这种观点吗,为什么?(4分)

阶段练习（五）　一九五八年

总分：15分　　时长：15分钟　　得分：＿＿＿分

1.傅雷是如何看待他国直接向波兰学校提出邀请让傅聪去演出这一做法的?从中可以看出傅雷是个怎样的人?(4分)

2.在1958的信件中,傅雷要求儿子政治思想“非要赶上前来不可”,这是为什么?（3分）

3.中国人、波兰人对傅聪分别持有怎样的看法?傅雷的夫人朱梅馥认为产生不同看法的原因是什么?(4分)

4.傅雷为什么一直督促傅聪“加紧学波兰文,至少要能看书、写信”?(4分)

阶段练习(六) 一九五九年

总分:15分　　时长:15分钟　　得分:_____分

1. 傅雷认为,傅聪过多地参加音乐会,会有成为钢琴匠,甚至_____的危险。(1分)

2. 傅雷认为傅聪的感情问题间接影响到国家民族的荣誉,并且英国人对男女问题的看法始终_____气息很重,因此要求儿子要_____。(2分)

3. 傅雷建议在订演出合同方面、在感情方面、在政治行动方面,主要得避免"_____",这是傅聪最大的弱点。(1分)

4. 1958年的反右运动中,傅雷受到长达一年的错误批判。1959年3月,他特意写信对儿子做了哪些叮嘱?(3分)

5. "十个月来我的心绪你该想象得到;我也不想千言万语多说,以免增加你的负担。你既没有忘怀祖国,祖国又没有忘了你,始终给你留着余地,等你醒悟。我相信,祖国的大门是永远向你开着的。"傅雷是在什么情况下写的这些话,表达了他怎样的情感?(4分)

6. 对于傅聪频繁登台演出,傅雷有哪些建议?(4分)

阶段练习(七) 一九六〇年

总分:35分　　时长:20分钟　　得分:_____分

1. 在谈到斯卡拉蒂的时代时,傅雷建议傅聪去_____提升自己的艺术修养。(1分)

2. 关于对伴侣的要求,傅雷说:"最主要的还是_____、_____、_____。有了这三样,其他都可以逐渐培养;而且有了这三样,将来即使遇到大大小小的风波也不致变成悲剧。"(3分)

3. 傅雷认为只有_____的感情方能持久。(1分)

4. 谈到男女感情时,傅雷认为"无论男女,只有把兴趣集中在_____,尽量抛开_____,才有快活的可能,才觉得活得有意义"。(2分)

5. "但愿你将来在这一门艺术中得到像你在音乐艺术中一样的成功!""这一门艺术"指的是什么?(2分)

6. 傅雷认为奥诺丽纳的不幸是什么原因造成的?他举这一例子的用意是什么?(4分)

7. 傅雷在1960年10月21日的信中向弥拉推荐了哪些书?他推荐这些书的目的是什么?(4分)

8. 傅雷由批评家音乐听得太多而麻痹引出哪方面的忧虑?对此,他提出了怎样的建议?(4分)

9. 怎样理解朱梅馥说的"孩子,你给了我们痛苦,也给了我们欢乐"?(4分)

10. 阅读名著选段,回答问题。(共4分)

　　生活不仅充满难以预料的艰苦奋斗,还包含许许多多日常琐事,也许叫人更难以忍受。因为这种烦恼看起来这么渺小、这么琐碎,并且常常无缘无故,所以使人防不胜防。夫妇之间只有彻底谅解、全心包容、经常忍让,并且感情真挚不渝,对生活有一致的看法,有共同的崇高理想与信念,才能在人生的旅途上平安渡过大大小小的风波,成为琴瑟和谐的终身伴侣。

(1)这段话选自傅雷写给_____的信,傅雷在_____方面给予指导。(2分)

(2)这段话包含哪几层意思?(2分)

11.阅读名著选段,回答问题。(共6分)

聪看到这些话,也许会耸耸肩膀,可是,亲爱的孩子,请严肃考虑这个问题,你的幸福大部分有赖于如何解决这个问题。你如今不是单身汉了!别忘了在人生艺术上成功与在任何其他艺术中的成功一样,也值得钦慕与重视,也需要高度的聪慧与才智。主宰人生艺术的不外是调度钱财的能力。不错,假如我们需要或短缺金钱,过分无度为钱财所役,损人利己征物敛财,好比吝啬鬼、守财奴、资本家……那

么,金钱确是万恶的。可是那些分明有钱而不知善用的人,可真是咎由自取!啊!亲爱的孩子,我们衷心希望你们在生活中各方面都美满幸福!为了你们好,宁愿让聪觉得我们唠唠叨叨,而不愿在操持家务最重要的篇章上保持缄默。弥拉学过家政,自然明白在家常琐务上能不厌其烦,一丝不苟,就是不出大纰漏的最佳保证。因此,弥拉在钱财上必须抓紧,而聪也必须乐于跟她合作。我知道你们两人对我所说的都很清楚,但要紧的是能知行合一,而不仅是纸上谈兵而已。

(1)如何理解文中画线句?(3分)

(2)联系全书,说说傅雷怎样教导孩子对待生活的。(3分)

阶段练习(八)　一九六一年

总分:35分　　时长:20分钟　　得分:_____分

1.面对朋友的帮助、照应与爱护,傅雷希望儿子能够_____。(1分)

2.谈论生活的苦恼时,信中提到傅聪欣赏_____精神,傅雷希望儿子能培养_____。(2分)

3.傅雷认为_____代表了地道的中国绘画精粹。(1分)

4.傅雷认为“从异教变到_____,就是人从健康变到病态的主要表现与主要关键”。(1分)

5.傅雷认为“中国古代素来以‘_____’为最主要的人生哲学”。(1分)

6.傅雷告诫儿子维系一个人身心平衡的最佳方式是_____。(1分)

7.为了让儿子不沉迷在希腊罗马雕塑中,无法欣赏中国雕刻的照片,傅雷特意将“_____”寄给儿子。(1分)

8.傅雷的教育信条是什么?(2分)

9.怎样理解“真正的艺术是历久弥新的”?(3分)

10.傅雷向儿子求证“猫儿画家”“一块旧铁作为雕塑品而赢得头奖”真伪的用意是什么?(3分)

11.贝多芬的作品中有两个主题,这两个主题分别代表着什么?(4分)

12. 在谈到艺术时,傅雷说"人究竟是社会的动物,不能完全与世隔绝",意在告诉儿子什么道理?(3分)

13. 在谈到与朋友交往时,傅雷说这"不但是应有的调剂,使自己不致与现实隔膜,同时也表示别人喜欢你,是件大好事",但并不是毫不顾忌地交往。傅雷谈到与人交往的禁忌是什么?(3分)

14. 傅雷不断寄中国的艺术复制品给傅聪的原因是什么?(4分)

15. 阅读名著选段,回答问题。(共5分)

　　亲爱的孩子,果然不出所料,你的信我们在十三号收到。从伦敦的邮戳看来是七号寄的,所以很快,这封信真好!这么长,有意思及有意义的内容这么多!妈妈跟我两人把信念了好几遍(每封

你跟弥拉写来的信都要读三遍),每遍都同样使我们兴致勃勃,欣喜莫名!你真不愧为一个现代的中国艺术家,有赤诚的心、凛然的正义感,对一切真挚、纯洁、高尚、美好的事物都衷心热爱,我的教育终于开花结果。你的天赋禀资越来越有所发挥;你是对得起祖国的儿子!你在非洲看到欧属殖民地的种种丑恶行径而感到义愤填膺,这是难怪的,安德烈·纪德(Andre Gide)三十年前访问比属刚果,写下《刚果之行》来抗议所见的不平,当时他的印象与愤怒也与你相差无几。你拒绝在南非演出是绝对正确的;当地的种族歧视最厉害,最叫人不可忍受。听到你想为非洲人义演,也使我感到十分高兴。了不起!亲爱的孩子!我们对你若非已爱到无以复加,就要为此更加爱你了。

(1)"我的教育终于开花结果"指的是什么?(2分)

(2)有同学认为将选段最后一句改为"我们比以前更加爱你了"更有感情上递进的效果,对此你怎么看?(3分)

阶段练习(九)　一九六二年

总分:10分　时长:10分钟　得分:　　分

1. 傅雷在写给傅敏的信中说爱情可贵的具体表现是　　　　　。(1分)

2. 傅雷认为新中国成立以来谈艺术最好的书是把"人生——教育——伦理——艺术"结合得最完满的《　　　　》。(1分)

3. 傅雷建议傅敏交友期间尽量少送礼物、少花钱的目的有哪些?(4分)

4. 傅雷在写给傅敏的信中提到了中国"固有文化中的精华",他是如何归纳这一"精华"的?(4分)

阶段练习(十)　一九六三年

总分：5分　　时长：10分钟　　得分：＿＿＿＿分

1."一切都远了,同时一切也都近了",体会这句话的含义。(2分)

2.从下面选段中,我们能看到一个怎样的傅雷?(3分)
《高老头》已改讫,译序也写好寄出。如今写序

要有批判,极难下笔。我写了一星期,几乎弄得废寝忘食,紧张得不得了。至于译文,改来改去,总觉得能力已经到了顶,多数不满意的地方明知还可修改,却都无法胜任,受了我个人文笔的限制。

阶段练习(十一)　一九六四年

总分：20分　　时长：15分钟　　得分：＿＿＿＿分

1.为了让儿子了解莫扎特、柏辽兹、德彪西等艺术家,傅雷推荐了罗曼·罗兰的作品《＿＿＿＿＿＿》和《＿＿＿＿＿＿》。(2分)

2.谈及夫妻相处,持家之道时,傅雷说:"像我们这种人,从来不以恋爱为至上,不以家庭为至上,而是把＿＿＿＿＿＿放在第一位。"(1分)

3.傅雷最困难时在经济上采取了什么办法?(4分)

4.傅雷是如何理解"清贫"二字的?(3分)

5.阅读名著选段,回答问题。(共10分)
　　不知你是否理解我们几个月沉默的原因,能否想象我们这一回痛苦的深度?无论工作的时候或是休息的时候,精神上老罩着一道阴影,心坎里老压着一块石头,左一个譬解,右一个譬解,总是丢不下,放不开。我们比什么时候都更想念你,可是我

和妈妈都不敢谈到你,大家都怕碰到双方的伤口,从而加剧自己的伤口。我还暗暗地提心吊胆,生怕国外的报纸、评论,以及今后的唱片说明提到你这件事。

(1)请说说傅雷夫妻这几个月沉默的原因。(3分)

(2)赏析文中画线句。(3分)

(3)"我还暗暗地提心吊胆,生怕国外的报纸、评论,以及今后的唱片说明提到你这件事。"这句话表达了傅雷怎样的思想感情?(4分)

阶段练习(十二)　一九六五年

总分:40分　　时长:30分钟　　得分:＿＿＿分

1.【山东潍坊】阅读名著选段,回答问题。(共5分)

　　【甲】但是,当我旁边的人听见远处有笛声而我却一点也听不见的时候,或者他听见牧童在歌唱,而我却什么也没听见的时候,那是多大的耻辱啊!这样的一些经历使我陷入完全绝望的边缘;我几乎想要了结自己的生命了。是艺术,只有它把我挽留住了。啊!我感到在完成上苍赋予我的全部使命之前,我是不可能离开这个世界的。就这样,我苟活于世了——那真的是一种悲惨的生活——这具躯体是那么虚弱,哪怕微小的一点变化就能把我从最佳状态带入到最糟糕的境地!"要忍耐!"别人就是这么说的;现在,我应该选作指南的就是忍耐。我有了耐心。但愿我抗御的决心能够长久,直到无情的死神想来掐断我的生命线为止。

　　【乙】两周前看完《卓别林自传》,对一九一〇至一九五四年间的美国有了一个初步认识。那种物质文明给人的影响,确非我们意料所及。一般大富翁的穷奢极欲,我实在体会不出有什么乐趣而言。那种哄闹取乐的玩意儿,宛如五花八门、光怪陆离的万花筒,在书本上看看已经头晕目迷,更不用说亲身经历了。像我这样,简直一天都受不了,不仅心理上憎厌,生理上、神经上也吃不消。

(1)【甲】段中的"我"是指＿＿＿＿＿＿,【乙】段中的"我"是指＿＿＿＿＿＿。(2分)

(2)阅读以上材料后,你从中得到了哪些启示?(3分)

2.在谈及夫妻生活时,傅雷认为解除烦闷、减少纠纷的唯一的秘诀是＿＿＿＿＿＿。(1分)

3.傅雷在写给傅聪的信中说:"任何艺术品都有一部分含蓄的东西,在文学上叫作＿＿＿＿＿＿,西方人所谓＿＿＿＿＿＿。"(2分)

4.谈到中西方文化,傅雷父子二人观点总是不谋而合,傅雷认为其主要原因是父子二人＿＿＿＿＿＿。(1分)

5.傅雷认为自己与＿＿＿＿＿＿同样孤独。(1分)

6."你说在南美仿佛回到了波兰和苏联,单凭这句话,我就咂摸到你当时的喜悦和激动。"从字词角度品析这句话中蕴含的感情。(3分)

7.对于傅聪宠溺儿子的行为,傅雷为什么劝告儿子要节制?(4分)

8.对于儿子声音的变化,傅雷有怎样的解释?(4分)

9."我最早爱上中国画,也是二十一二岁在巴黎罗浮宫钻研西洋画的时候开始的",傅雷最早爱上中国画却从欣赏西洋画开始的,这是为什么,表达了他怎样的情感?(4分)

10.傅雷认为弹琴损伤手除了方法上的原因,还有什么原因?他说这些话意在表达什么?(3分)

11.傅雷认为怎样才能产生真正的新文化?(2分)

12.傅雷认为,美国婚姻关系不稳定的原因是什么,借此想告诉傅聪什么道理?(4分)

13.阅读名著选段,回答问题。(共6分)

　　要说 exile(放逐),从古到今多少大人物都受过这苦难,但丁便是其中的一个。我辈区区小子又何足道哉!据说《神曲》是受了 exile(放逐)的感应和刺激而写的,我们倒是应当以此为榜样,把 exile(放逐)的痛苦升华到艺术中去。以上的话,我知道不可能消除你的悲伤愁苦,但至少能供给你一些解脱的理由,使你在愤懑郁闷中有以自拔。做一个艺术家,要不带点儿宗教家的心肠,会变成追求纯技术或纯粹抽象观念的 virtuoso(演奏能手),或者像所谓抽象主义者一类的狂人;要不带点儿哲学家的看法,又会自苦苦人(苦了你身边的伴侣),永远不能超脱。最后还有一个实际的论点,以你对音乐的热爱和理解,也许不能不在你厌恶的社会中挣扎下去。你自己说到处都是 outcast(逐客),不就是这个意思吗?艺术也是一个 tyrant(暴君),因为做他奴隶的都心甘情愿,所以这个 tyrant(暴君)尤其可怕。你既然认了艺术做主子,一切的辛酸苦楚便是你向他的纳贡,你信了他的宗教,怎么能不把少牢太牢去做牺牲呢?每一行有每一行的 humiliation(屈辱)和 misery(辛酸),能够 resign(心平气和,隐忍)就是少痛苦的不二法门。你可曾想过,肖邦为什么后半世自愿流亡异国呢?他的 Op. 25(作品第二十五号)以后的作品付的是什么代价呢?

(1)傅雷认为做一个艺术家,要保持怎样的态度?(3分)

(2)理解文中画线句。(3分)

阶段练习(十三)　一九六六年

总分:45分　　时长:50分钟　　得分:_____分

1.【浙江衢州】《童年》是外国长篇小说,《傅雷家书》是多篇书信汇编,根据这些特点,可以分别采用哪些方法阅读?(6分)

2.【四川眉山】家国情怀是一个人对自己国家和民族所表现出来的深情大爱,《傅雷家书》中鲜明地体现了这一主题。结合作品内容分析《傅雷家书》是如何体现家国情怀的。(100字左右)(6分)

3.【江苏盐城】结合相关情节分析傅雷的父亲形象。（2分）

4.【山东滨州】表格中是三位同学的读后感标题,请从下列名著中选择合适的书名,将标题补充完整。（3分）
《昆虫记》《朝花夕拾》《海底两万里》《西游记》《傅雷家书》

标题	①见字如面　纸短情长——读《　　　》有感
	②旧事重提　韵味醇厚——读《　　　》有感
	③想象奇幻　预见未来——读《　　　》有感

5.【浙江衢州】九(1)班进行了名著阅读问卷调查,发现喜欢非文学作品的人数较少。为吸引更多的同学去阅读,请从下列作品中任选一部,写一则简短的推荐语。（4分）
A.《傅雷家书》
B.《给青年的十二封信》
C.《昆虫记》
D.《寂静的春天》

6.【四川广安】在初中的学习生活中,你一定读过不少名著,对其中的人物和情节还记忆犹新吧。请从以下备选名著中任选一部,仿照示例制成书签,送给学弟学妹们。（2分）
备选名著:《钢铁是怎样炼成》《名人传》《傅雷家书》
示例:名著《海底两万里》——阿龙纳斯探险海底世界,彰显科学精神。
名著《　　　》——
　　　　　　　　　　　　

7.傅雷认为创作中国音乐的好范本是　　　　　　。（1分）

8.傅雷经常为儿子翻译音乐家的资料,这些音乐家有　　　　、　　　　和　　　　等。（3分）

9.根据《傅雷家书》,完成下表。（4分）

姓名	职业	成就	评价
傅雷	著名翻译家	A_____	严谨、认真、正直、刚毅,对儿子无私奉献,对国家有着赤诚的热爱。
傅聪	B_____	当代世界乐坛最受欢迎和最有洞察力的莫扎特作品的演奏家。	C_____
D_____	特级英语教师	一生兢兢业业教授学生,为祖国教育事业的发展做出自己的贡献。	正直,善良,勤勤恳恳,默默无闻,不因有父亲和哥哥的光环而骄傲。

10.阅读名著选段,回答问题。（共5分）
　　你们俩描写凌霄的行动笑貌,好玩极了。你小时也很少哭,一哭即停,嘴唇抖动未已,已经抑制下来,大概凌霄就像你。你说的对,天真纯洁的儿童反映父母的成分总是优点居多;教育主要在于留神他以后的发展,只要他有我们的缺点露出苗头来,就该想法防止。他躺在你琴底下的情景,真像小克利斯朵夫,你以前曾以克利斯朵夫自居,如今又出了一个小克利斯朵夫了,可是他比你幸运,因为有着一个更开明更慈爱的父亲!你信上说他 completely transferred, dreaming(完全转移了,像做梦似的入神),应该说 transported(欣喜若狂);"transferred(转移)"一词只用于物,不用于人。我提醒你,免得平日说话时犯错误。三月中你将在琴上指挥,我们听了和你一样 excited(兴奋)。望事前多作思想准备,万勿紧张!

(1)这段话体现了傅雷怎样的教育思想？(2分)

(2)读了这段话,结合相关情节分析傅雷是个怎样的人。(3分)

11.阅读下列选段,回答问题。(共5分)

片段一:我们纵有千万罪行,却从来不曾有过变天思想。我们也知道搜出的罪证虽然有口难辩,在英明的共产党领导和伟大的毛主席领导之下的中华人民共和国,决不至因之而判重刑。只是含冤不白,无法洗刷的日子比坐牢还要难过。何况光是教育出一个叛徒傅聪来,在人民面前已经死有余辜了！更何况像我们这种来自旧社会的渣滓早应该自动退出历史舞台了！

片段二:2020年12月28日,钢琴家傅聪于英国病逝,死因是新冠肺炎。

傅聪之死,在英国并没有激起太大浪花。欧美因为新冠死了太多人了,他不过是抗疫失败的众多受害者之一。然而,在他的母国,他的死却引发了轩然大波。他的死讯登上微博热搜的头条,无数人为了他互相争论。有人为他惋惜,竟然以这样的方式陨落。

但还有另外一种刺耳的声音:"一个英国国籍的人,值得上头条？别跟我扯音乐无国籍！""他对不起他爹。""叛国都能洗,还有什么洗不了？"在这些痛骂者的眼里,于国于家,傅聪都是一个令人不齿的叛徒。于国,他"抛弃"了祖国,"叛逃"到英国;于家,他"害死"了亲生父母。

《傅雷家书》是多少中国人心中的经典,被称为"教子圣经",是傅雷写给长子傅聪的书信合集。然而,这对父子后来的命运,却令人唏嘘不已。

(1)从片段一中画线句可以看出傅雷怎样的性格特征？(2分)

(2)对于网上那些"刺耳的声音",你认同吗？(3分)

12.阅读选段,回答问题。(4分)

你们眼看着自己的孩子一天天成长,真是赏心乐事！想象我们的孙儿在你们的客厅及厨房里望着我们的照片,从而认识了远方的爷爷奶奶,这情景,又是多么叫人感动！尽管如此,对于能否有一天亲眼看见他、拥抱他,把他搂在怀里,我可一点都不抱希望……妈妈相信有这种可能,我可不信。

收到毛线衣可别道谢,妈妈这么爱你们及宝宝,但只能借此聊表心意,她常常因此而耿耿于怀……

我们在等凌霄两周岁的照片,假如能寄一张他的正面照片,我们一定会很高兴。

生活中困难重重,我们必须不断自我"改造",向一切传统的、资本主义的、非马克思主义的思想、感情与习俗做斗争,我们必须抛弃所有旧的人生观和旧的社会准则。对于一个在旧社会中生活逾四十年、满脑子"西方资本主义民主反动思潮"的人来说,他(毛)的"自我改造"自然是一项十分艰巨的任务。我们正在竭尽所能、用尽全力去满足当前"无产阶级文化大革命"加诸身上的种种要求……我每次只能看五分钟书,报上的长文都是妈妈念给我听的。这封信是由我口述由她打出来的……

傅敏说傅聪对父亲在这封信中流露出来的"悲凉之情印象很深",结合具体内容,说说傅雷的"悲凉之情"体现在哪里。

参考答案

阶段练习(一) 一九五四年

1.D(2分) 2.D(1分) 3.D(3分)

4.傅聪 法布尔(每空1分,共2分)

5.傅雷 傅雷家书 示例:做人 示例:生活(每空1分,共4分)

6.傅雷家书 德艺俱备(每空1分,共2分)

7.(1)傅雷家书(1分)

(2)傅聪 做人 生活(每空1分,共3分)

(3)示例:傅雷与儿子之间亲密如友人般的父子关系令我感动,他不仅关心儿子的成长,教育他正确的为人处世的方法,还理解儿子的内心。面对这样的父亲,哪个孩子不会敞开心扉,茁壮成长?(2分)

8.(1)学外语不能速成,学得慢一些,但所学的必须牢记,这样才能基础扎实。(2分)

(2)示例:学习外语,要随时随地地应用,学习效率才会高。(2分)

(3)示例:《傅雷家书》既是一本"充满着父爱的苦心孤诣、呕心沥血的教子篇",也是一部"最好的艺术学徒修养读物"。这本书字字珠玑,字里行间充满着父亲对孩子的殷殷期望,包含着对人生、对艺术的深刻思考以及对国家、对世界的高尚情感。(2分)

9.怒安 怒庵 中国民主促进会 法国 示例:《约翰·克利斯朵夫》 示例:《夏倍上校》(每空1分,共6分)

10.傅聪 傅敏 弥拉 如何教育孩子(每空1分,共4分)

11.学问 艺术 真理 爱情(每空1分,共4分)

12.苏轼 辛弃疾(每空1分,共2分)

13.钢琴诗人 三(每空1分,共2分)

14.人间词话(1分)

15."幸福"指傅聪是当时中国学音乐外部条件最好的人,可以放心追求音乐,即将出国到波兰参加比赛。(1分)"代价"指的是爱情。(1分)启示:鱼与熊掌不可兼得,必须学会取舍,懂得知足。(1分)

16.示例:傅聪能够很快地感悟到演奏并运用到音乐中,但这种感觉往往流于表面,保持不住。这告诉我们天下事有利有弊,只有将学到的东西加以巩固,才能真正地变为自己的东西。(3分)

17.示例一:愿意。从《傅雷家书》中,我们可以看到傅雷虽然对儿子要求严格,但他关心儿子的生活,能在艺术上指导儿子,能够在儿子意志消沉的时候给儿子鼓励和建议,教导儿子成为"德艺俱备、人格卓越"的艺术家。能有这样一位艺术修养极高、教子严格、深爱孩子的父亲,可以促进孩子的成长。示例二:不愿意。从《傅雷家书》中,我们可以看到傅雷对儿子的教导过于严苛,对傅聪造成较大的伤害。另外,不论是生活还是艺术,傅雷都按自己的意志、观念要求儿子,这是对孩子思想上的禁锢。(4分)

18.(1)傅雷希望儿子能成为一个坚强的人,能够正确对待情绪上的消沉和低落,冷静客观地分析事理,正视现实与苦难。(4分)

(2)傅雷希望傅聪能够像克利斯朵夫一样坚强、乐观、宠辱不惊,振奋精神,勇敢地直面困难。(2分)示例:贝多芬患了耳疾,又遭遇失恋的打击,但他没有放弃对音乐的追求,以达观而超然的态度面对人生,创造出《命运交响曲》。(2分)

19.(1)傅聪 傅雷夫妻(每空1分,共2分)

(2)能够控制自己的感情,达到艺术和人生的最高境界:观众如醉如狂,而自己屹如泰山。(2分)

20.(1)傅聪这个年纪是一切向前的,不愿意回顾的;傅雷夫妇害怕啰里啰唆地抖着其屎布时代与一把鼻涕一把眼泪时代的往

事,会引起傅聪的憎厌。(2分)傅雷不仅关心儿子的生活、学习,对儿子可能出现的不开心的心理也时刻关注,害怕儿子讨厌自己,小心翼翼的背后是父母对孩子的爱。(2分)

(2)首先在感情上、精神上互相理解与慰藉。当傅聪情绪消沉时,可以毫无顾忌地向父亲倾诉,父亲能够充分理解儿子的痛苦,尽力地安慰他,让儿子觉得温暖、放心;然后以平等的口气给他提出一些人生的忠告。(2分)两人志同道合,互为知音,对音乐艺术有许多共同的感受可以交流,互相补充、互相借鉴。(2分)

阶段练习(二) 一九五五年

1.A(3分)

2.铁扇公主 傅雷家书 贝多芬 保尔(每空1分,共4分)

3.虎妞 列夫·托尔斯泰 傅聪 沙悟净(每空1分,共4分)

4.霍洛维兹(1分)

5.矛盾(1分)

6.理论 逻辑 史的发展 冷静、客观、谦虚(每空1分,共4分)

7.赤子之心(1分)

8.儒家 如临深渊,如履薄冰(每空1分,共2分)

9.第一,把傅聪当作一个讨论艺术、讨论音乐的对手;第二,极想激出傅聪一些青年人的感想,让傅雷得些新鲜养料,同时也可以间接传播给别的青年;第三,借通信训练傅聪的——不但是文笔,而尤其是思想;第四,想时时刻刻随处给傅聪做个警钟,做面"忠实的镜子",无论在做人方面,在生活细节方面,在艺术修养方面,在演奏姿态方面。傅雷希望做儿子成长中的伙伴、艺术上的对手、生活中的老师、心灵的导师等。(4分)

10.把自己的感想、心得,时时刻刻传达给别人,让别人去作为参考的或者是批判的资料。做演奏家的同时,兼做一名教育家,为祖国的音乐事业奉献自己的力量。(3分)

11.牛恩德,(1分)刘英伦(1分)

12.(1)"能入"是体会音乐所传达的感情,弹琴时感情充沛。(1分)"能出"是能控制自己的感情,达到理智与情感的一种平衡。(1分)

(2)19世纪,浪漫主义发展到高潮,之后是写实主义与自然主义的反动,20世纪前后迎来反浪漫底克思潮,近代与现代的人走入另一个极端,过于理智。(2分)后果:欧洲现代青年弹不好肖邦。(1分)

(3)中国人既没有19世纪像欧洲那样的浪漫底克狂潮,民族性又是颇有奥林匹克精神,同时又不太过分的浪漫底克精神。(2分)傅雷认为西方文化严重有缺陷,对中国文化充满赞赏。(2分)

13.(1)实践论 矛盾论 小布尔乔亚(每空1分,共3分)

(2)它能培养冷静的科学头脑,对己、对人、对事,都一视同仁,做不偏不倚的检讨。(2分)

(3)示例:矛盾是无法完全消灭的,但我们不能因此就忽略它。我们要不断地解决眼前的矛盾,防止产生沉重的大包袱,危害身心。(2分)

阶段练习(三) 一九五六年

1.傅聪 真诚(每空1分,共2分)

2.(1)傅雷家书 德艺俱备、人格卓越(每空1分,共2分)

(2)昆虫的史诗 蝉 蜘蛛 螳螂(每空0.5分,共2分)

3.(1)傅雷家书(1分)

(2)傅雷用自己的经历现身说法,教导儿子:待人要谦虚,做事要严谨,礼仪要得体;遇到困难不气馁,获大奖不骄傲;要

有国家和民族的荣辱感,要有艺术、人格的尊严,做一个"德艺俱备、人格卓越的艺术家"。(3分)

4.内心　性情　手(每空1分,共3分)

5.感性认识　理性认识　感情深入(每空1分,共3分)

6.独特的个性　普遍的人间性(每空1分,共2分)

7.会造成与社会脱节,思想低沉,对祖国缺乏热爱。(2分)方式:电视、互联网、报纸书籍等。(1分)

8.与儿子交流莫扎特的艺术特色与内心情感的关系,普及更多音乐方面知识,循循善诱,希望儿子在音乐上取得进步、成功。(3分)

9.这是傅雷对儿子在感情上的告诫。单纯地逞一时之情,在未来会带给自己以及他人更多苦果。我们要以长远的眼光看待问题,从大局着手。(3分)

10.因为他们的胸襟不够宽广,容不下广大的艺术天地,接受不了变化无穷的形与色。(3分)

11.(1)运用比喻的修辞手法,(1分)结合自己对艺术的感受,生动形象地表达了对儿子的爱。(2分)

(2)傅雷将傅聪比喻成花朵,而自己是养育花朵的园丁,但他不能陪伴儿子一生,剩下的一大半要靠傅聪自己了。(3分)

(3)曹操是极端利己的野心家,小人的人生境界。(2分)傅雷是完全利他的、充满牺牲精神的君子的、圣人的境界。(2分)

12.(1)示例:珍惜时间,利用每一分钟为祖国做贡献。(2分)

(2)示例一:傅聪从事音乐工作,因此傅雷谈莫扎特的艺术特色与内心情感的关系,与傅聪交流,循循善诱,充分体现了一位父亲在专业上望子成才的良苦用心。示例二:傅雷用自己的经历现身说法,教导儿子待人要谦虚、谨慎,礼仪要得体;遇困难不气馁,获大奖不骄傲,要有国家和民族的荣辱感,要有艺术、人格的尊严。这体现了父亲从儿子一生成长角度的考虑,是对儿子人格的培养,可见用心之良苦。(3分)

阶段练习(四)　一九五七年

1.世界　政局(每空1分,共2分)

2.教条主义味儿　cold(或冷静)(每空1分,共2分)

3.不要去管它,好好学习,把学到的东西带回到祖国来,在中国播一些真正对波兰友好的种子。(4分)

4.隐忍、慈爱、有较高艺术修养、温和、正直。(4分)

5.(1)没有理智控制的感情有损身心健康,会带给我们难以磨灭的痛苦,用理智控制情感,才能在艺术上取得成功。(4分)

(2)不同意。(1分)示例:写家信,付出情感会更多,例如傅雷,我们可以看到一位父亲对儿子的生活和艺术进行悉心的指导,循循善诱,感情真挚,拉近彼此距离。互联网固然成本低、速度快,却降低了交往的质量和品位,使人们失去了交流的动力。(3分)

阶段练习(五)　一九五八年

1.相当突兀,因为傅聪是中国人,应该向中国提出邀请,由中国政府决定。(2分)傅雷考虑问题全面,从大局着手,考虑国家尊严,可以看出他是一位细心严谨、爱国的知识分子。(2分)

2.国内形势一日千里,政治思想一旦落后会吃亏的。为了傅聪将来容易适应环境,在社会主义制度下过得心情愉快做准备。(3分)

3.波兰人认为傅聪很好,中国人则认为他很骄傲。(2分)朱梅馥认为波兰人只看傅聪成绩的一面,而中国人就不同,要从政治观点上看待傅聪。(2分)

4.虽然傅聪是学音乐的,但傅雷觉得如果他不能用波兰文与老师同学通信,会令他们失望;(2分)同时,还会丢了国家的面子。(2分)

阶段练习(六)　一九五九年

1.奏琴的机器(1分)

2.清教徒　自爱(每空1分,共2分)

3.身不由己(1分)

4.对外只谈艺术,言必失,防人利用。(1分)行动慎重,有事多与老辈商量,三思而行。(1分)生活节俭,用钱要计算。(1分)

5.傅聪听到关于父亲的政治传言,在波兰艺术家的协助下,出走英国。(2分)傅雷对儿子出走英国感到心痛,希望儿子重新回到祖国,肯定儿子的爱国情怀。(2分)

6.跟经理人商量——必要时还得坚持——减少一半乃至一半以上的音乐会,把已定的音乐会一律推迟一些,中间多一些空隙,一个月只登台一两次(至多三次)。(4分)

阶段练习(七)　一九六〇年

1.大英博物馆(1分)

2.本质的善良　天性的温厚　开阔的胸襟(每空1分,共3分)

3.平静、含蓄、温和(1分)

4.事业上、学问上、艺术上　渺小的自我(每空1分,共2分)

5.恋爱、婚姻的艺术。(2分)

6.一大半是咎由自取,一小部分也因为丈夫教育她的态度伤了她的自尊心。(2分)希望儿子能将自己的信念灌输给对方,培养自己伴侣的同时不要将自己童年禁受的痛苦施加给对方,不要给对方"好为人师"的感觉,要温柔、谨慎。(2分)

7.《恋爱与牺牲》《人生五大问题》《两个新嫁娘的回忆》《奥诺丽纳》《艺术哲学》。(2分)希望弥拉人生艺术方面有所提高,能与傅聪的理想、追求更加接近,两人能和谐相处。(2分)

8.演奏家太多沉浸在音乐中和过度的工作或许也有害处。(2分)建议傅聪多到郊外森林中去散步或者上博物馆欣赏名画,从造型艺术中去求恬静闲适。(2分)

9.傅聪在1958年出走英国,带给傅雷夫妻难以磨灭的打击与痛苦。(2分)但是傅聪在艺术上的成就,仍然是祖国的光荣,傅聪仍然是爱国的,这给了傅雷夫妻安慰与快乐。(2分)

10.(1)弥拉　感情(每空1分,共2分)

(2)他提出生活不可能永远一帆风顺,充满柴米油盐等日常琐事,提前为弥拉预警。(1分)告诉弥拉夫妻之间应该如何相处。(1分)

11.(1)物质的确不应该是我们主要追求的,但是想要过好自己的生活,追求自己想要的东西,物质是必不可少的。因此只有拥有调度金钱、掌控金钱的能力才能主宰人生艺术。(3分)

(2)日常生活中如何劳逸结合,正确理财,以及如何正确理恋爱婚姻等问题,傅雷都像良师益友一样提出意见和建议。(3分)

阶段练习(八)　一九六一年

1.写信表达感谢(1分)

2.希腊　恬静与智慧(每空1分,共2分)

3.敦煌壁画(1分)

4.基督教(1分)

5.不滞于物,不为物役(1分)

6.欣赏造型艺术(1分)

7.武梁祠石刻片(1分)

8.先为人,次为艺术家,再为音乐家,终为钢琴家。(2分)

9.真正的艺术是对每一代人都有感染力,经过时间的打磨,更加鲜活、有价值。(3分)

10.讽刺当时的艺术氛围。(1分)画家大多是骗子狂徒,只会向附庸风雅的愚人榨取钱财。(2分)

11.一个往往代表意志、代表力,或者说代表一种自我扩张的个人主义;(2分)另外一个往往代表狂野的暴力,或者说代表命

运,或者说是神。(2分)

12.与世隔绝的任何一种艺术家都不会有生命,不能引起群众的共鸣。全部心神沉浸在艺术中,不是很健康的做法,希望儿子能多接触大自然、接触社会。(3分)

13.主要是这些应酬也得有限度、有计划。最忌有求必应,每会必到,也最忌临时添出新客新事。(3分)

14.一方面是满足他思念故国、缅怀祖国古老文化的饥渴,(2分)一方面也想用具体事物来影响弥拉,加强两人的精神契合。(2分)

15.(1)傅聪成长为一个有赤诚的心、凛然的正义感,对一切真挚、纯洁、高尚、美好的事物都衷心热爱的现代的中国艺术家。(2分)
(2)示例一:我认为原文更好。因为父爱与母爱是天生的、本能的,即使孩子平庸,父母的爱也永不会打一点折扣,这样更能体现出父母爱的纯粹。示例二:我认为修改后会更好。这段话主要表达父亲对儿子的成长感到欣喜,如果有感情上的递进,这种情感会更加强烈。(3分)

阶段练习(九)　一九六二年

1.同情心扩大(1分)
2.粉墨春秋(1分)
3.一方面表明自己的恋爱观念与物质关系极少牵连,(2分)另一方面也是考验对方。(2分)
4.又热烈又恬静,(1分)又深刻又朴素,(1分)又温柔又高傲,(1分)又微妙又率直。(1分)

阶段练习(十)　一九六三年

1.伟大的艺术家应该达到一种"高远绝俗而不失人性人情味""不会叫人感到cold(冷漠)"的境界。(2分)
2.为写译序废寝忘食,可见他热爱工作;(1分)总是改来改去,可见他追求完美,对工作认真负责;(1分)认为自己无法胜任,可见其谦虚。(1分)

阶段练习(十一)　一九六四年

1.古代音乐家　今代音乐家(每空1分,共2分)
2.艺术、学问(1分)
3.把每月的每一笔开支,分别装在信封内,标明用途。(2分)一个信封内的钱用完了,决不挪用别的信封内的钱,更不提前用下个月的钱。(2分)
4.清则贫,亦唯贫而后能清。(3分)
5.(1)傅雷深爱祖国,儿子傅聪却加入英国国籍。(3分)
(2)运用比喻的修辞手法,(1分)将痛苦比作"阴影""石头"生动形象地写出了儿子加入英国国籍后,傅雷苦闷、沉痛的心情。(2分)
(3)即使对傅聪加入英国国籍痛心,仍担心外界对他的评价,爱子之情溢于言表。(2分)另外,他担心这件事情让民族尊严受损,对国家不利。(2分)

阶段练习(十二)　一九六五年

1.(1)贝多芬　傅雷(每空1分,共2分)
(2)要勇敢面对命运的挑战;(1分)要坚持对梦想的追求;(1分)要抵御物质的诱惑。(1分)
2.尽量缩小一个"我"字(1分)
3.言有尽而意无穷　弦外之音(每空1分,共2分)
4.中国人的根一样深(1分)
5.卓别林(1分)

6."咂摸"是仔细辨别的意思,细细品味儿子的每一句话,想象儿子此时的心情,表现了一位父亲对儿子的爱与思念。(3分)
7.第一害怕妨碍傅聪的日常工作,(2分)第二害怕宠坏了凌霄,也对弥拉造成负担。(2分)
8.通话较少;(2分)经过电话机声音变质。(2分)
9.有对比才有鉴别。正是看了西洋画,才能对比感悟到中国画之美。(2分)表达了傅雷对中国画乃至中国文化的认同与热爱。(2分)
10.过度疲劳。(1分)将手的损伤与过度疲劳放在一起,引起热爱音乐的儿子的重视,希望儿子能够劳逸结合,注意自己的身体。(2分)
11.对待新事物或外来的文化艺术要采取"化"的态度,融会贯通、彼为我用。(2分)
12.美国的民族太年轻,年轻人的好处坏处全有;再加工业高度发展,个人受着整个社会机器的疯狂般的tempo(节奏)推动,越发盲目,越发身不由主,越来越身心不平衡。这等人所要求的精神调剂,也只能是粗暴、猛烈、简单、原始的娱乐。(2分)借此告诫傅聪不要被物质控制。(2分)
13.(1)带着宗教家的心肠;(1分)带着哲学家的看法;(1分)心甘情愿为艺术牺牲。(1分)
(2)既然选择信奉艺术,将艺术看得比一切都重要,就要忍受为了艺术付出的辛酸苦楚。(3分)

阶段练习(十三)　一九六六年

1.示例一:《童年》是长篇小说,为了解内容与写法,适宜通篇阅读;《傅雷家书》是书信汇编,独立成篇,可以根据自己的兴趣选择性阅读。示例二:《童年》是文学作品,通过阅读可以丰富自己的人生体验,阅读时要调动联想与想象,运用体验式的阅读方法;《傅雷家书》是非文学作品,是一位知识渊博的父亲给孩子的人生指导,阅读这本书,感受父子深情的同时,还可以丰富文化、艺术、历史等各领域的知识,适合采用摘记、批注的方法阅读。示例三:《童年》是翻译作品,有条件的可以与多种译文以及原著比较阅读,它是高尔基自传体三部曲中的一部,可以拓展阅读其他两部作品;《傅雷家书》的作者是翻译家,在家书中多次提到他翻译的《约翰·克利斯朵夫》,可以拓展阅读这本书。(6分)
2.示例:傅雷在得知傅聪音乐会获奖消息时给他的回信说应保持赤子之心,为国争光;在十周年国庆之际,傅雷遭遇不公平的待遇,但他给儿子的信中却告诫儿子应以国家民族的荣誉为重。(6分)
3.示例:傅雷是一位教子有方、爱子情深、严格的父亲。在傅聪遭遇挫折的时候,鼓励他的同时又告诫他不要过分焦急。傅雷让儿子立下的三个原则:不说对不起祖国的话,不做对不起祖国的事,不入他国国籍。(12分)
4.傅雷家书　朝花夕拾　海底两万里(每空1分,共3分)
5.示例一:我推荐《傅雷家书》。两地书,父子情。傅雷通过书信的形式关心在外求学的儿子的生活、事业,与儿子谈做人、文学、艺术等话题,指导、激励儿子做"德艺俱备、人格卓越"的艺术家。阅读这本书,我们能获得思想的启迪、艺术的熏陶,懂得做人的道理,还可以学习如何和父母沟通相处。示例二:我推荐《给青年的十二封信》。这本书与青年人谈人生修养、谈文学、谈艺术、谈学习生活等,亲切平等的对话方式、优美的散文笔调、生动的比喻说理,把深刻的人生道理讲得有理有趣,给我们指明人生的方向,解决生活中的难题。示例三:我推荐《昆虫记》。这本书会带你进入一个有趣的昆虫世界,书中有会心理战的螳螂,被称为"齐嵩鬼"的杨柳天牛、做苦工的蝉等有趣的昆虫。阅读这本书,能让你在紧张的学习之余获得片刻放松,可以学到科学知识,还可以跟法布尔学写作。示例四:我推荐《寂静的春天》。明天的寓言、死神之药、消失的歌声……你一定会被书中描述的现象所震惊。本书用众多的

273

真实案例、数据分析论证了农药对自然及人类自身的危害,对人类提出警告。作者研究的方式、分析的方法有益于培养我们的实证精神,也让我们对化学药品的使用更谨慎。(4分)

6.示例一:名人传 贝多芬扼住命运咽喉,奏响生命乐章。

示例二:傅雷家书 傅雷苦心孤诣教子,彰显拳拳父爱。(2分)

7.柏辽兹(1分)

8.示例:莫扎特 示例:舒伯特 示例:肖邦(每空1分,共3分)

9.致力于法国文学译著工作,一生翻译三十多部法国文学著名的钢琴艺术家 刻苦用功,严谨,热爱音乐,是热爱祖国的"德艺俱备、人格卓越"的艺术家。 傅敏(每空1分,共4分)

10.(1)教育从小抓起。(2分)

(2)要求傅聪在凌霄缺点露出苗头时就防止,可见他注重教育;(1分)对儿子用词上的纠正,可以看出他的严肃认真;(1分)最后对儿子的叮嘱,可见他关心儿子。(1分)

11.(1)刚硬不屈,无畏生死。(2分)

(2)不认同。(1分)示例:傅聪出走英国是特殊的时代背景造成的,他的离开是可以理解的。傅聪加入英国国籍是为了维持生计。傅聪加入英国国籍后,始终没有说过不利于祖国的话,没有做过不利于祖国的事。(2分)

12.傅雷对未来没有一点希望,并不认为自己有和孩子见面的一天。(2分)最后一段话,充满对自己的嘲讽,他不理解社会上的种种现象,充满辛酸悲凉。(2分)

《傅雷家书》阅读检测卷

一、简答题。

1.(1)傅雷一再向傅聪强调理财对于生活的重要性,提醒儿子要有长远打算。(2分)

(2)知音(2分)

(3)当傅聪精神消沉时,傅雷宽慰儿子要慢慢养成另外一种心情对付过去的事情。(2分)

2.示例:人生不可能一直风平浪静,没有起伏的人生是碌碌无为的人生。有得意,也会有失意,要做到胜不骄,败不馁,学会用达观的心态坦然面对人生的得失。(4分)

3.傅雷用自己的经历现身说法,教导儿子做人要谦虚、严谨,面对困难不气馁,面对顺境不骄傲,礼仪要得体;对待艺术要真诚,有艺术尊严,有民族荣辱感,做"德艺俱备、人格卓越"的艺术家;在日常生活中要劳逸结合,正确理财,正确对待恋爱婚姻。(4分)

4.示例:不以恋爱至上,将艺术、学问放首位;合理安排家用;对终身伴侣要求不要太苛刻,注重内在;态度心情保持冷静;多沟通交流,提高自己,提高对方。(4分,答出两点即可)

5.赤子之心清新、纯洁无邪,是一种能够完全理解他人的爱;人类美好纯洁的感情是相通的,让普天下的赤子之心相契相抱,足以让赤子无惧孤独。(4分)

6.示例:傅雷是一位有高深造诣的艺术家,有着朴素的爱子之心,更有崇高的爱国之情。热爱自己的事业,工作认真。他将有限的生命活出了无限的价值。(4分)

7.(1)运用比喻的修辞手法,把辛酸的眼泪比作促使人历练蜕变的心灵的"酒浆",写出了磨难与痛苦对人心灵成长的促进作用,文字生动形象。(2分)

(2)从"禁不住涕泗横流""最高的最纯洁的欢乐""莫过于"等词句中可以看出傅雷因儿子取得成功而抑制不住的喜悦与激动,文字中流露着对儿子深深的爱。(2分)

8.(1)示例一:道德:傅雷在家书中非常强调年轻人如何做人的问题,他认为做人是第一位,并且教育傅聪"做艺术家先要学做人",要胸襟宽广、真诚虚心。我们阅读时也能学到为人处世的道理。示例二:文化:傅雷在家书中对儿子说知识是相

通的,不断给儿子寄去中外经典著作,使儿子的学养更加深厚,让儿子能够融汇各种文化艺术之优长,成为真正的文化艺术者。这告诉我们汲取文化知识的重要性。示例三:艺术:傅雷在艺术方面有很深的造诣,信中常用大量篇幅谈美术、谈音乐,谈表现技巧和艺术修养,能为学习艺术的同学提供很多帮助。(6分)

(2)示例:在您的严厉要求下,我的各方面都有了很好的发展,感谢您一直以来对我的付出。但是我现在在长大了,我想跟您一起交流想法,像傅雷和儿子傅聪一样成为能在精神上相互安慰,相互学习彼此优点的朋友。我希望能让您看到一个不断成长的儿子,一个让您骄傲的儿子。(6分)

(3)示例一:赞同。因为傅雷的教育非常严格,他希望儿子按照他的设定来发展,如果儿子不愿意听从他的安排,或者在成长过程中较为叛逆,那么不仅事与愿违,反而会影响父子二人的关系。示例二:不赞同。因为天下父母都希望自己的孩子能够成才,所以严厉的教育能够让孩子更好地成长。傅雷自身的修养非常高,可以给儿子很多具体而有效的指导。(6分)

二、阅读题。

1.(1)因回忆儿子的往事而快乐,因儿子离开父母而惆怅。(2分)

(2)儿子变成了朋友。(2分)

(3)A。(1分)A句与全篇语气、口吻一致,态度谦和,语气亲切,像朋友谈心一般。(2分)

(4)青年人应该理解长辈的情感,尊重长辈的意见。(2分)长辈应克服落伍、迂腐、不够耐心、不太讲说话技巧等弱点。(2分)他希望两代人建立和谐融洽、没有隔膜的朋友般的关系。(2分)

2.(1)艺术上要谦卑,不要被掌声和赞美冲昏头脑;生活学习上要不怕失败、挫折、打击;精神上做一个不怕孤独的人。(4分)

(2)傅雷是一位爱孩子的父亲,为孩子的成绩感到骄傲;(2分)同时是一位善于教育孩子的父亲,对傅聪的要求非常严格,同时给予他人生路上的指导。(2分)

(3)①"谦卑"指傅聪面对掌声和赞美依然保持谦虚的态度,表达了作者的高兴和欣慰之情。(2分)

②"孤独"指孤单、寂寞,因为生活中傅聪有良师益友和书籍的陪伴,内心世界丰富,所以不会孤单。傅雷希望儿子能够做一个精神上强大的人。(2分)

(4)《傅雷家书》是傅雷通过书信对儿子的生活和艺术追求进行悉心指导的书信集,内容涉及道德、文化、历史、艺术、人生、家庭琐事等多个领域。(3分)采用"选择性阅读"的读书方法,可以更好地提高阅读效率。(3分)

3.(1)内因:加强学习,认识教养的重要性;(1分)从日常小事做起;(1分)持之以恒,形成习惯。(1分)外因:老师家长的督促鼓励。(1分)

(2)①傅雷所说的重要的事表面看只是日常生活中的小事,但这些习惯却是影响一生的大事,代表一个人的个人修养。(3分)

②运用比喻的修辞手法,将抽象化为具体,把艺术比作一座宝库,只有用"真诚"这把钥匙才能打开这座宝库,步入目的地,生动形象地说明了真诚的重要性。(3分)

(3)傅雷对儿子有着无私的爱,教导儿子要注意自己的礼仪;傅雷有极高的艺术修养,给儿子有效的建议;傅雷正直、严谨,他教导儿子要真诚、谦虚,不要自以为是,要放下虚伪去了解别人。(5分,答出两点即可)

(4)示例:《傅雷家书》是我国著名翻译家傅雷的家信集。这些书信主要记录了傅雷对儿子傅聪在音乐、艺术、生活、为人处世等方面的悉心教导,洋溢着真挚、热烈的情感,让人读来倍感温暖。(6分)

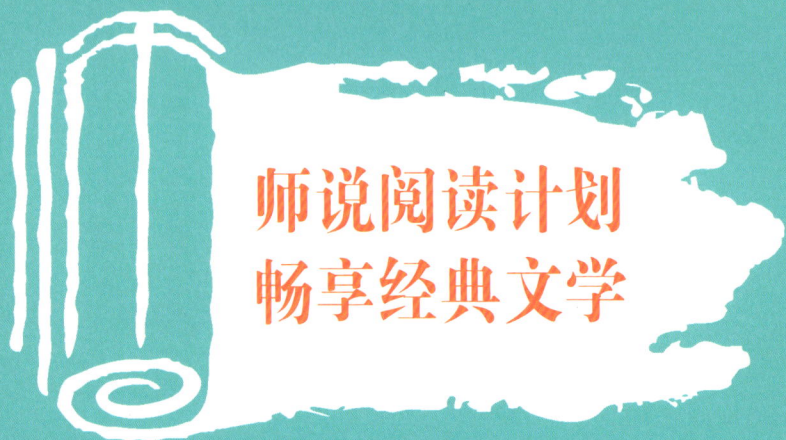

师说阅读计划
畅享经典文学

读 全本阅读
讲 名师精讲
写 边读边写
练 同步训练
考 综合检测

随书赠送

"邑起共读"
配套用书